PERRO DE FUEGO

EDITORIAL ATLANTIDA

SUPERVISIÓN EDITORIAL
Silvia Portorrico

COORDINACIÓN EDITORIAL
Y CORRECCIÓN
Marisa Corgatelli

DISEÑO Y SUPERVISIÓN DE ARTE
Patricia Lamberti

PRODUCCIÓN INDUSTRIAL
Sergio Valdecantos

TAPA
DISEÑO **Vicky Aguirre**
MAQUILLAJE **Mashenka Jacovella**
PEINADOR **Gabriel Oyhanarte,
Leo Lina**
FOTOS **Vicky Aguirre y Hugo Arias**
PRODUCCIÓN **Hoby De Fino**
VESTUARIO **Mona Estecho**

INTERIOR Y PÓSTER
ILUSTRACIONES **Karin von Hermann**

DIRECCIÓN DE INTERNET
www.atlantidalibros.com.ar

COLABORACIONES ESPECIALES
FENG-SHUI
**Macarena Argüelles Q.,
Mashenka Jacovella Q.**
*Predicciones mundiales,
España, latinoamérica*
Ana Isabel Veny

COLABORACIONES
Cecilia Herrera
Jaime J. Cornejo Saravia
Bárbara von Hermann
Escuela Manuel Belgrano
de Las Rabonas
Fito Vega, rata
Felicitas Córdoba, dragón
Mónica Banyik, Sergio Valdecantos,
Marisa Corgatelli
Revista MARILÚ, Editorial Atlántida

AGRADECIMIENTOS
HIJAS DE LA LUNA
MARINA CAHEN D´ANVERS
LAURA ORCOYEN
VIVIANA BRAGONI
NACHO GUTIÉRREZ ZALDÍVAR
JUAN CRUZ SÁENZ
AMADEUS PETS SHOP
PET SHOP MASKOTAS
PSICO, LOLA, LUCY Y LETICIA

A los espíritus que quieren que salga el
libro en el año del perro.

DIRECCIÓN DE INTERNET
www.ludovicasquirru.com.ar

CORREO ELECTRÓNICO
lsquirru@ludovicasquirru.com.ar

DEDICATORIA

A MARILÚ DARI, la madre labradora que elegí para encarnar en esta vida e intuyo en otras, a quien extraño, valoro, admiro y espero reencontrar en el misterioso viaje hacia la eternidad.

A CHINA ZORRILLA, perro de agua que con su vida me da aliento para seguir con alegría aunque la existencia se opaque un rato.

A GIPSY BONAFINA, perra amiga, hermana elegida en el camino sembrado de arte y poesía.

A MONA ESTECHO, perra diseñadora de texturas que cubren las goteras del alma.

A MARIANA PAZ, perra de metal atenta a las señales de aprendizaje del arte de vivir.

A CORINA LÓPEZ, perrita creativa, solidaria y cariñosa que se animó a partir cuando era cachorrita en busca de su destino.

A SILVIA PORTORRICO, editora guardiana y comprensiva.

A MÓNICA BANYIK, por su incondicionalidad.

A ANELI por estar a través de la vida.

A MARIANA y MEMA AVELLANEDA, amigas twins.

A KARIN VON HERMANN, perra valiente en la paleta de la existencia.

A HORTENSIA, perra protectora, curiosa, estimulante y madre coraje.

A MARTA SUSANA, una perra de pedigrí que conocí en tierras mayas.

A CRISTINA, mi yoga guía.

A LUCRECIA HERRERA, perra cósmica.

A los perros que cuidan mis jardines, plantas, animales y humanos en Traslasierra.

A ABRAHAM DOMÍNGUEZ, perro de madera, patrimonio de la humanidad.

A ALDO DÍAZ y OSCAR LÓPEZ.

A ALDO MAURINO, perro con olfato.

A los perros de la familia.

A CHARLY SQUIRRU, por su corazón latiendo al compás del dos por cuatro.

A MARY DODD, mi madrina inglesa.

A MARÍA, mi sobrina italiana.

A mis perros reales con los que convivo, camino, paseo y ladro mis secretos a las estrellas: YOLSIE, la hija de la lágrima; MAGA; NATAL y CAÍN.

Y a todos los perros que son los avatares de cada uno, con amor, pulgas y caricias, les deseo un placentero viaje al universo canino.

L. S. D.

 # ÍNDICE

PRÓLOGO
2006

MI ESPÍRITU QUEDÓ ATRAPADO EN LA MATERIA.
TENGO QUE LIBERARLO
PARA RECUPERAR EL ORDEN DIVINO.
ABANDONAR LO CONOCIDO
DEJANDO QUE EL VACÍO
SEA MI AMIGO EL TIEMPO QUE SEA.
PERDONARME.
AGRADECER LO QUE HAY Y NO HAY
SIN RECOMPENSAS.
ESTAR DE PIE
AUNQUE LA GRAVEDAD EXISTA
PORQUE ASÍ ME QUIEREN
DESDE EL CIELO Y EN LA TIERRA.
RECIBO LAS SEÑALES EN CÁMARA LENTA.
ATRÁS, LO QUE DEJÉ QUE HICIERAN,
HOY LO QUE PUEDA
MAÑANA ES DEMASIADO LEJOS
PARA PREDECIR...

L. S. D.

DOS MIL SEIS · AÑO DEL PERRO

EL FIN DE LA ILUSIÓN

Hoy amanecí practicando la meditación del tercer ojo y llenando de luz la coronilla.

De pronto sentí un gran vacío.

Tomé mi libro *Horóscopo chino 2005* y lo abrí deteniéndome en el prólogo y sintiendo que dejaba traslucir mi experiencia para desatar nudos y lianas que son parte del eterno aprendizaje.

Después leí partes del libro, ese hijo que creció bien aspectado desde que lo parí hace un katún (20 años), y me cuestioné (en eso estoy en medio de una mañana porteña y silenciosa) si los animales y sus características, renovados y transmutados, son el reflejo de mi AQUÍ Y AHORA y de lo que me gustaría explorar.

Abrí una puerta en mi país, América y España, con la misión de juglar de Oriente en Occidente, tejiendo la trama del telar inspirada por mi padre, que vivió en China; por mi propio viaje a Oriente para seguir decodificando el misterio de haber nacido; por mi insaciable curiosidad de aprender sin ir a la escuela, arriesgando mi integridad en la búsqueda del sentido de la vida y de la muerte sin puerto ni red que me contuviera.

Los animales son arquetipos humanos que me dieron la oportunidad de aceptar al otro con más cariño, humor, respeto, responsabilidad, entusiasmo, sensibilidad e inteligencia.

Así como los Stones y el rock son uno, no puedo separar a nadie de su signo: quien llega a mí trae un universo de señales y mensajes que son la sustancia, esencia, polvo cósmico del que están hechos. Estos ingredientes no se compran en ningún exótico mercado ni se reemplazan por otros.

Es el ADN de cada persona, su mensaje secreto, único e intransferible, su propio OM.

Tuve una herencia espiritual dejada por mi padre de la que me hice cargo y, acompañada por las huellas de su viaje que fue el mío desde siempre, contemplé atenta este legado sin dudar que debía profundizarlo y transmitirlo con la certeza que me da ser parte de él.

En un tiempo que ya no es humano, muchos espíritus curiosos se nutren de estos signos, animales emblemáticos y de su energía, ascendente, posición en el cuadro mágico del KI NUEVE ESTRELLAS, de su comportamiento, tendencias, síntomas y señales teñidas de encanto y poesía.

Viví tan intensamente cada etapa de empleada del cosmos que hoy siento que, con viento a favor y buena recepción en la tierra, creció y se expandió el legado que dejó Buda antes de entrar al NIRVANA.

Seguir un camino cuando es aceptado resulta aparentemente más fácil que hacerlo cuando es rechazado.

Hubo y hay aún grandes pruebas: espinas, piedras... Por suerte. Para recorrerlo con más fe y aceptando el sendero paralelo entre el aprendizaje y la enseñanza. En el proceso, crear, investigar, viajar, ser tántrica, integrando lo que pasa en el propio cielo y en el propio infierno y no claudicar, a pesar de las largas noches sin velas o faroles que iluminen lo que se gesta en mi útero espacial para parirlo en la embriagadora dulzura de noviembre en el sur, estrenando jazmines.

El gran trabajo que tenemos que atender en este tiempo es que los problemas personales, familiares, afectivos, sociales, laborales, comunales, nacionales y mundiales no nos invadan como un ácido corrosivo y nos destruyan antes de empezar el día.

Es tan cruda la vida, tan cruel lo que tenemos que atravesar día a día con el entorno, que es muy difícil concentrarse, producir, generar algo sin contaminarse.

Y creo que ésta es la gran enfermedad de la presente era: la destrucción física, psíquica y anímica de cada ser humano.

¿Cómo zafar, salir de esta ciénaga? ¿Integrando o apartando?

Es cierto que cuando estamos atravesando el dolor, el fin de la ilusión, el tiempo de transición entre el antes y el después de la consumación, no estamos en ninguna parte.

Es la antesala de un tiempo que no tiene horarios y, si la disciplina no sale de nosotros, de nuestras partes que luchan entre el EROS y el TÁNATOS estamos destinados a quedar paralizados, hibernados e hipnotizados por LA MATRIX.

Quiero que sepan que tampoco depende de la elección de un paisaje de gran belleza. El cielo y el infierno están dentro, y los lugares pueden potenciar nuestra frecuencia llevándonos al *túnel del tiempo* donde dejamos sin resolver lo esencial enmascarándolo con un barniz que tiene fecha de vencimiento.

Enfrentarnos a nuestros ángeles y demonios y seguir trabajando, rindiendo exámenes, pues a nadie le importa si el recorrido ha sido bueno; tenemos que tratar de no LLEGAR AL LÍMITE DESGASTADOS POR EL BOMBARDEO. Hay en cada uno un camino, una luz, una señal que tenemos que descubrir.

Por eso es un trabajo arduo, sinuoso, lleno de recovecos, laberintos, donde están muy mezclados los mandatos, los roles, las elecciones inconscientes que hemos hecho y que nos convirtieron en un *juguete rabioso*.

CALMA.

HAY QUE RETORNAR AL ORIGEN.

DESENCARNAR EN ESTA VIDA PARA ENCONTRAR NUESTRO LUGAR Y MISIÓN.

En medio de situaciones que nos sacuden día a día por la injusticia terrenal, tenemos que seguir con la mochila llena de impotencia, enojo, ira y encauzar la poca energía que queda para no cometer *crímenes y pecados*.

Es peligroso estar tan desamparados. Por eso el apoyo o ayuda que nos procuremos es fundamental.

"Alimentar nuestras partes nobles", diría el I-CHING.

Buscar o rescatar la inocencia, la ingenuidad, la buena fe, la alegría, la imaginación, la dulzura, el tiempo para el ocio creativo, recreos para salir de la ciénaga e inhalar buen CHI, oxígeno, que nos permitan seguir más conscientes y optimistas para expandir nuestra energía luminosa y contagiarla.

Agradezco la orientación que me ha dado la astrología oriental para entender cada etapa de mi vida. Es un mapa que recorro sobre el mapamundi y me acerca a la comprensión de las causas de mis acciones, decisiones, relaciones y estados ciclotímicos.

Y, desde ya, a la de los demás.

Creo que una persona en evolución sabe que nada es inmodificable; tenemos en nuestras manos las herramientas para mejorar y cambiar síntomas que nos limitan y atrasan.

Integrar el macrocosmos al microcosmos, ser un canal entre cielo y tierra, recibiendo las energías *yang* y *yin* que interactúan permanentemente abriendo los chakras, los sentidos y la conciencia es el inicio del despertar.

En un mundo alienado, caótico y sin rumbo es muy difícil vivir sin caer en dependencias que nos limiten la evolución.

No hay que ser un BUDA ni un elegido para vislumbrar el horizonte del equilibrio. Sin embargo, llegar a pararnos con la columna derecha es un arte.

La vida tiene un flujo y acompañarla es la clave.

La incertidumbre en que vivimos a causa de los cambios inesperados en las reacciones de la gente es el reflejo del cambio de humor del planeta y del sistema solar.

Estamos afectados por lo que ocurre con el clima, el cambio brusco de las estaciones, el *jet lak* de adaptación ante la incoherencia, la falta de principios éticos, morales y espirituales que nos asaltan en cada esquina dejándonos ateridos y paralizados.

La sensación es que no hay tiempo de reubicarse antes del próximo chubasco.

Como soldados de un ejército fantasma tenemos que entrenarnos con los brotes nuevos que surjan de la hojarasca. No se repiten las fórmulas;

cada ser humano tiene su camino y descubrirlo es el aprendizaje.

Llegué al *valle de pasiones* donde vivo, muero y renazco como cada árbol, flor y animal en cada estación, dejando la médula viva al sol.

Los pájaros tan diversos, coloridos y variados me despiertan anticipando como profetas el mensaje del cielo que debo escuchar, que es el reflejo de mi conciencia.

Mi vida, teñida por EL OSCURECIMIENTO DE LA LUZ en los últimos años, está tocando fondo y para no sentirme tan sola en este naufragio cito la frase del flamante Papa cuando era cardenal: "Otra vez tu barca está llena de agujeros y a punto de hundirse, y en tu campo hay más cizaña que trigo".

Como les anticipé, la ilusión ha sido vencida por el vacío en el que me encuentro, la aceptación de quien se descubre día a día en la experiencia intransferible que nos desnuda sin aviso y nos conduce a un nuevo ciclo.

Mis herramientas, instrumentos y fórmulas están evaporándose como la niebla en el lago al amanecer.

Transito el sueño de Chuang Tsé de oruga a mariposa y vivo en un día la plenitud de la eternidad.

En un mediodía pletórico de otoño observo lo que me rodea y estimula como un espejo.

Un nido de espinas secas y despeinadas sobre la rama del espinillo custodia la casa. No hay pájaros en él ahora, pero fue el nido de quienes emigraron volando hacia otros climas y países, exponiendo sus vidas para procurarse la nutrición del cuerpo y del alma y retornar nuevamente a su morada si pasan las inclemencias del tiempo y de la adversidad.

Así estoy. Transmigrando el alma.

Acompañando al mundo que gira y gira sin compás, ni ritmo, ni rumbo fijo, porque es un átomo de la galaxia en que nadie sabe con certeza su destino y evolución, aunque los científicos expongan sus teorías y nos tranquilicen por un rato; hasta que nuestro corazón alocado nos marque la línea que se dibuja en el cielo y la sigamos sin dudar.

El oleaje es cada vez más intenso, el magma está hirviendo, los vientos soplan furiosos, el sol quema el pasto, las plantas mueren antes de nacer, los ríos se secan o desbordan, los hielos de los polos se desprenden y viajan sin pasaporte hundiendo en segundos las costas, los pueblos, ciudades, imperios, y somos llevados al más allá como Federico García Lorca, con versos, poemas y canciones sin estrenar.

Al mediodía fui a Nono, el pueblo vecino. Cuando salí del mercadito donde la amabilidad de los dueños le da un gusto más rico a la comida, sonó la campana de la iglesia.

"Eligieron al nuevo Papa", dijo con júbilo el dueño del lugar, y casi en el estribo del auto sentí ganas de compartir el histórico y emotivo acontecimiento con la afectuosa familia que me invitó a su casa a esperar, como millones de personas, que apareciera el nuevo pontífice en la televisión.

Quizás esperaba que fuera quien fue el elegido.

Uní mi deseo al de la multitud congregada en la plaza San Pedro y en el mundo, sintiendo el latido de la humanidad que una vez más espera que el milagro venga del exterior, de otra persona, del más allá, de la fe depositada en un hombre elegido por otros para ser Dios en la Tierra.

En la familia también existía la sensación de que éramos testigos contemporáneos de un cambio milagroso.

Volví a casa envuelta en un halo tibio y protector.

La expresión acompañada de las palabras de Benedicto XVI me conmovieron.

DESTINO Y CARÁCTER. Pensé en sus años, en su camino, TAO, en lo que sentiría en el momento en que apareció en la ventana a tomar contacto con su misión.

Y me conecté con el karma, acción incompleta de lo que se hace, dice y piensa.

Sigo buceando en las causas profundas de mi transformación, convencida de que se requiere vocación para integrar la experiencia del día a día con aceptación, buena onda, concentración y fe en el insondable misterio de vivir.

Cerca de mí, en la mesa, el I-CHING (el libro que más leo, sin consultar a esta altura) me recordó las sesenta y cuatro posibilidades humanas que se reflejan en la naturaleza y que nos suceden cíclicamente. Mensajero vital y atemporal que responde sin fallar según se abra el corazón primero y el alma después para escuchar sus consejos.

Acercarse al I-CHING es conectarse con la esencia de la vida en todas sus posibilidades.

Y que se asiente como un buen vino.

Pues de la resonancia dependerá que nos despierte o nos confunda, si no estamos en el TAO.

Llegó el ladrido interior.

Ladran, ladran, ladran, señal que cabalgamos.

ADIÓS A LA ILUSIÓN. DESPEDIRLA CUESTA CARO.

Atravesar el infierno en la Tierra, el sueño dentro del gran sueño, es una cita a solas, sin testigos.

Sentir cada vez más nuestro dolor, miedo, miserias, y aceptarlos es un buen síntoma.

Descansar. Sacarse la mochila de varias vidas y desechar lo que no sirve como abono es dar un paso más dentro del NAJT (tiempo y espacio).

LA MAESTRÍA DE LOS ESTADOS DE ÁNIMO.

Imagen de una parábola citada por Osho, que me conectó con la sutil línea entre el paraíso y el infierno y la identificación de cada estado anímico o situación de dicha o desdicha por la que atravesamos en el agridulce aprendizaje de vivir.

Cada día sentimos más la ley de gravedad sobre nuestra vida.

Toda acción se traduce en un INSTANT KARMA que se manifiesta y trae una enseñanza.

Navegar a vela con los *tsunamis* que aparecen repentinamente y nos hunden o, con suerte, nos hacen naufragar en islotes que nos enseñan el arte de vivir sin CUIT, CUIL, DGI ni impuestos al aire que respiramos.

Cuando nos colocamos en esta transición del mundo y del planeta, insertándonos en el cambio vertiginoso se produce el gran desafío.

Recuperar las vísceras comidas por las aves de rapiña que acechan en cada rincón de nuestra mente, pues nos hemos maltratado tanto esperando que el milagro llegue y nos salve sin que trabajemos como jardineros en nuestro humus, bacterias, estiércol.

ES TIEMPO DE INTEGRAR LO QUE HAY, LO QUE SOMOS Y LO QUE APRENDIMOS.

REINVENTARNOS, ACEPTARNOS, SABER QUE RECIÉN ESTAMOS GATEANDO EN LA RUEDA DEL SAMSARA DE LAS VIDAS.

Vivir es ser testigo de la profunda INVOLUCIÓN en la que nos encontramos al descender en la condición humana y espiritual, y los miles de caminos que se ofrecen son para desviarnos aún más si no atravesamos la prueba o el examen personal, intransferible, único que nos ladra la existencia.

Como las pircas, piedra sobre piedra, se construye el destino, y también esas piedras milenarias pueden derrumbarse en un instante por las adversidades temporales y humanas que las sacuden y destruyen hasta convertirlas en polvo.

DESENCARNAR.

Es una estación que nos aguarda en la vida.

Antes o después, a veces coincide con el cambio cronológico y otras con el cambio de estructuras que se desmoronan porque la base no es la misma que las sostuvo durante tanto tiempo.

La cuestión es que en esta vida, no sé en otra, morimos en cada situación inexorable que nos lleva a un país desconocido, deshabitado, donde tenemos que aprender un nuevo idioma y, sobre todo, donde nos parimos a nosotros mismos pues somos adultos huérfanos que heredamos la historia de la civilización en nuestro ADN.

Es cierto que esta etapa desmoralizadora donde la vida puede perderse por culpa de una bengala, un tiro al azar en la calle, un maremoto, terremoto, o por amor, o falta de amor, es tan incierta que resulta difícil poder imaginar un destino, un futuro, porque apenas hay un presente y el pasado se borra como las huellas en la arena.

¿Hacia dónde vamos como civilización?

Cada vez más creo en el propio recorrido para insertarnos en lo que hicimos del mundo y del planeta.

El despertar, la conciencia no llegan por ósmosis ni se contagian.

El peaje es más caro que la autopista que nos lleva a los lugares más paradisíacos del país, pues la máquina de picar seres humanos está trabajando sin descanso para dejar seres automatizados, sin mente, sentimientos ni alma y transformarnos en robots que cumplen órdenes de *la matrix*.

Salir, correrse, apartarse de estos sistemas de destrucción humana dependerá de la capacidad espiritual de cada uno.

La mayoría dirá: "no es así, pues debo sobrevivir y ser cómplice de esta masificación para estar vivo".

Hay superpoblación en el planeta y nadie pidió nacer; sólo podrán trascender quienes tengan conciencia de que vinimos aquí con un plan divino para mejorar determinadas pautas que están encarnadas hace millones de años y que tenemos la oportunidad de: primero, ACEPTARLAS; segundo, INTENTAR CAMBIARLAS, tercero, COMPARTIRLAS; y cuarto, TRANSFORMARLAS.

Ocurre de adentro hacia afuera y de afuera hacia adentro cuando seguimos la sincronicidad.

Si nos sacaran una foto desde la Luna, los seres humanos desentonaríamos con el resto del paisaje pues la alienación en la que nos encontramos alteró la vibración planetaria cambiando intrínsecamente el destino del conjunto.

Somos la consecuencia de cada hombre y mujer que vivió en la Tierra y sus experiencias tendrían que ayudarnos, alumbrarnos y guiarnos para orientar la brújula en este tiempo acelerado de cambios profundos que nos encuentra perdidos dentro de nuestra casa, familia, barrio, país y mundo externo.

La gran plaga de esta era es la demencia, el desconcierto, la improvisación para salvarnos en cada situación desenfrenada donde vivir es un acertijo que no resiste predicciones astrológicas si no tenemos claridad interna para atravesar el día a día mirando con lupa lo que nos rodea.

Creo que somos testigos y protagonistas al unísono; pasan situaciones cada vez más difíciles de metabolizar y nuestro organismo, como el de las plantas, no puede adaptarse a los abruptos cambios ni a la intemperie.

Mi experiencia en Traslasierra ha dejado huellas profundas en mi visión del universo.

Como un monje que elige ir a un monasterio y acepta las pruebas de los maestros que con rigor, severidad, dureza, lo entrenan para aprender las lecciones que tienen que ver con la disolución del EGO, la ILUSIÓN y el DESAPEGO, también a mí me ha tocado aceptar que no hay un lugar donde podamos vivir en paz, por más espectacular que sea, si no somos capaces de atravesar cada prueba con total convicción de lo que generamos consciente e inconscientemente en nuestro karma.

Hay mucho por hacer, querido zoo: apenas hemos desmalezado algunos yuyos y seguimos en la periferia sin llegar al centro.

No nos rindamos aunque desfallezcamos y sepamos que estamos gateando en el paleolítico inferior, que hemos involucionado y que tenemos que desaprender el camino recorrido.

Estamos juntos en el mismo barco; con corriente a favor o en contra tenemos que llegar a la otra orilla renovados y más ligeros de equipaje.

EL GÉNESIS DENTRO DEL APOCALIPSIS.

Cada día trae, dentro de la desintegración, un germen nuevo, y es muy difícil detectarlo.

Hay que estar enamorado, entusiasmado, con ideales, vocación, alguna dosis de energía que transforme el estado de ánimo personal y general para construir un microclima en la vida cotidiana.

Somos islas de un archipiélago que raras veces se comunican y crean puentes para calmar la soledad.

Vivimos con el agua hasta el cuello, herrumbrados.

Nos perdemos amaneceres y atardeceres mirando televisión o discutiendo.

Llevamos mochilas milenarias y las descargamos sobre los inocentes, aplastándolos.

La intolerancia es la reina de esta época tan caótica y hostil.

¿¿¿Hacia dónde voy???

Empiezo por mí.

No sé.

Pues llegó la época del balance, de tomar distancia de lo que me hizo ser tan fuerte para lidiar con el mundo y tan débil para ser yo misma, para elegir con conciencia cada parte del camino sabiendo lo que dejaba atrás, sin detenerme ni dudar.

Las dudas me visitan una a una y no me dejan espacio para actuar.

El arte de conjugar la realidad con lo que podemos o pudimos es el gran desafío.

Miles de caminos se abren delante de nosotros: algunos son conocidos, otros desconocidos.

Si pudiéramos jugar, deshojar la margarita y abrirnos como una flor de loto a lo desconocido y entregarnos, estaríamos preparados para el DESPERTAR.

Hay tanto miedo, fobias, paranoia, nihilismo, que se siente el cansancio de la humanidad en el alma, en la mirada extraviada de la gente en la calle.

¿En qué curva, rotonda o pantano lateral perdimos el rumbo como especie?

Tanta guerra y tan poco amor.

¿O el amor está tan contaminado de desechos tóxicos que no podemos valorarlo?

Prisioneros de un destino que no sabemos desatar aunque la VIRGEN DESATADORA DE NUDOS sea milagrosa.

Como en un bazar turco convivimos con lo que heredamos de nuestros antepasados y, salvo excepciones, nos olvidamos de hacer rituales y ceremonias para que nos sigan guiando, y preferimos evadirnos con fórmulas *light* del mundanal ruido.

Frente a mí las ramas secas de la enredadera que trepan por la medianera hacia el cielo.

Me detengo a observar el enjambre de venas de madera que se unen entre sí, protegiéndose de la intemperie, del sacudón del dislocado clima que arrancó de a poco o bruscamente las hojas que cumplieron su ciclo para volver al origen en el pasado otoño, y compruebo que todo y todos en el universo estamos ligados intrínsecamente.

Conectados desde lo invisible, las moléculas que respiran en silencio formando su trama, el tejido que hemos abandonado, olvidado, mutilado, desovillado, cortado en jirones para cubrirnos como fantasmas, olvidando el hilo con el que está hecho.

A cada uno nos toca atravesar pruebas que no imaginamos y que son coincidentes y están ligadas con nuestro prójimo, hermana, parientes terrenales y galácticos que están esperando que nos ILUMINEMOS para colaborar en este plan.

Cada mirada, corazón, pensamiento, repercute como un eco, se refleja en la mirada del testigo que nos acompaña, la conciencia se expande cada vez más y nos devuelve, como una ola en la playa, las respuestas que estamos buscando.

El silencio aturde; empalaga el ruido, la locura nos visita sin pasaporte dentro y fuera, el mundo se puso raro, feroz, como Cronos devora a sus hijos y los escupe; el mundo se transforma día a día, necesitamos fortaleza, una cadena infinita e ininterrumpida de amor, cataratas de compasión, piedad, amor filial, arremangarnos y darle una mano al que está en medio de la tormenta; pero más importante aún es darnos una mano a nosotros y revisar la forma en que ayudamos hasta ahora, pues estamos pagando las "falsas ayudas o culpas" con la propia vida.

Fundarse nuevamente, matando el yo para que nazca el nuevo aunque el miedo nos invada rumbo a lo desconocido.

Estamos desencarnando en la vida conscientemente para encarnar en otra vibración.

Es hora de trabajar con nosotros como las hormigas y las abejas lo hacen: en comunidad, con un sentido solidario, práctico y altruista.

Debemos conectar nuevamente al cielo y a la tierra ese cable que se oxidó o interrumpió y recibir la energía *yang* del cielo, y *yin* de la tierra, para ser unos buenos transmisores de mensajes sanadores, curativos, amorosos, telepáticos, en gran magnitud.

Si estás deprimido salí a la calle, da la vuelta a la manzana y mantenete atento a lo que pasa a tu alrededor. Desde allí fijate si podés dar tu mano, una sonrisa, un pan, un caramelo a ese chico que forma parte del paisaje cotidiano y compartir algo de su vida.

O con esa viejita que apenas puede mantener su equilibrio para cruzar la calle y que podría ser tu madre, tía, abuela o vos dentro de poco.

El zoológico está hambriento de juego, de ternura, de dulzura, buenos decibeles y tonos de voz que nos acurruquen como un capullo de seda y nos acunen para dormir sin pastillas y amanecer saludando al sol, que está cansado de que lo ignoremos, y va abdicando de su reinado progresivamente.

Calmar la ansiedad, la furia, el odio, el rencor, la bola de nieve kármica que crece y se agiganta pues no encauzamos el caudal que nos quedó atascado de pasiones, amores inconclusos que nos asaltan en medio de otras relaciones que creamos para no hacer los duelos, pensando que el universo no lo notará.

Estamos sueltos en medio de la jungla procurándonos la supervivencia. Y nadie nos dará el manual de instrucciones para indicarnos el camino; tenemos que encontrarlo como en *la isla del tesoro*.

Estamos bendecidos por nuestros ancestros para seguir buscando la luz a través de la fe; y el camino que cada cual elija solo o en compañía.

Hagamos un balance de lo que logramos hasta hoy; a fondo, como cuando encontramos alguien en quien confiar y con el que nos confesamos.

Salgamos de la ostra, del caparazón, del útero, para sentir el frío, el calor, la humedad, el espacio, el magma que bulle dentro de la Pacha y nos centrifuga mientras vivimos en rascacielos creyéndonos semidioses.

No depositemos nuestro destino en alguien que no conocemos; seamos intuitivos, sensibles, oceánicos, presintiendo el puente que tendremos que atravesar para reencontrarnos y recuperar la inocencia.

EPÍLOGO

Terminando el libro de la transmutación personal, del mundo, del planeta y del sistema solar, reflexiono en una tibia siesta donde la ansiosa primavera se presentó sin aviso e hizo estallar de color y perfume a los ciruelos, duraznos, aromos de los churquis, coronas de novia, malvones y azahares.

SÓLO SÉ QUE NO SÉ NADA.

Lo que precedió está evaporándose entre el conocimiento y la ignorancia que se encontraron finalmente.

He transmitido a través del NAJT (tiempo y espacio) mi experiencia como una cantadora de remotas civilizaciones, china y maya, donde no dudo que viví en otras vidas y adonde tal vez retorne.

Ser instrumento para abrir nuevas puertas, entusiasmar a niños, jóvenes y ancianos para que se redescubran es parte de lo que naturalmente fluye en mi sedienta esencia de quemarme en el fuego para transformarme.

Nadie nos regala un futuro mejor si no vivimos el presente con plenitud.

Quien se entrega en el día a día a la experiencia de ser humano es quien más sabiduría obtendrá y la contagiará con onda expansiva.

VIVIR Y MORIR SON DOS POLOS DEL MISMO MILAGRO.

LA CUENTA LARGA SE ACORTA Y LOS MENSAJES FLOTAN EN EL AIRE.

NO HAY FÓRMULAS.

NO HAY PREDICCIÓN SIN CONCIENCIA QUE NOS LIBERE.

Estoy reformulando mi vida en el umbral del medio siglo de vida cronológica pues la del otro tiempo, sin medición de reloj ni calendarios, es eterna.

Estoy repitiendo errores que recuerdo cuando los corrijo y recuperando la memoria para no caer en las mismas zanjas del olvido.

El mundo que somos y buscamos está entre cuatro paredes, en nuestros siete cuerpos, en nuestra imaginación, cosmovisión y aceptación.

NO BUSQUEN AFUERA MÁS RESPUESTAS.

ABRAN LA PUERTA CON LA LLAVE MAESTRA.

NO HAY TIEMPO PARA ESTAR DISTRAÍDO.

HAY QUE ENAMORARSE DE LA VIDA QUE NOS TOCA TRANSITAR SIN COMPARARNOS CON NADIE.

En mis viajes por el mundo he capturado el néctar de las enseñanzas y las he volcado en estos libros que nacen de las ganas de aprender y transmitir entre ustedes y yo.

Estoy transitando NIRJARA, que es descondicionar, librarse de la acumulación del condicionamiento de karmas que se van depositando en uno a través de varias vidas.

NIRJARA significa el desprendimiento de los átomos de las acciones.

Por eso estamos molecularmente atados a estados emocionales que nos limitan el crecimiento, la evolución del alma y quedan atrapados en nuestro ADN.

SALIR DE ESTA TRAMPA es el gran trabajo de limpieza profunda que tenemos la obligación de hacer.

Cuando seguimos atados al pasado, sea con una madre, hermana, pareja o maestro, y no podemos despegar, esta energía *shan* (negativa) nos acompañará millones de vidas más.

Hay que desactivar la peor bomba para sacarnos pesos milenarios que nos atrasan, paralizan y enferman.

Estamos gateando.

No tenemos memoria de quiénes fuimos ayer para seguir hoy intentando una vida sin alarmas, rejas ni custodios.

Dejemos una noche la puerta de nuestra casa abierta, sin llave, y enfrentemos el miedo interno hasta aceptar que en la oscuridad somos *Alí Babá y los cuarenta ladrones.*

Estamos pagando indexada, en incómodas cuotas, la gran deuda kármica de la humanidad que se manifiesta en la gran reacción de la Pacha y sus secuelas devastadoras que aumentarán en la medida que no armonicemos lo que podamos en acciones, buenos pensamientos y sentimientos.

Septiembre trajo una gran nevada en las sierras, alargando el invierno antes de la supuesta primavera.

No hay más estaciones que se cumplan cíclicamente, pues salimos del orden natural y lo alteramos como especie.

Somos ciegos que avanzamos en la penumbra de un tiempo sin luz pues la fuimos derrochando por creer que era eterna.

Nada es eterno en la tierra, y estamos asustados porque el agua se acaba y está mayormente contaminada, los combustibles se terminan antes de ser comprados, en la demanda mundial donde los utilizan para matarnos antes que salvarnos.

DESPERTEMOS DEL LARGO SUEÑO.

ESTAMOS A TIEMPO DE RECONOCERNOS ANTES DE PARTIR HACIA UN NUEVO DESTINO.

Soy una mujer que recorre su camino tropezando con su sombra, con su soledad, con sus penas y alegrías y las comparte con quienes se arrimen al fogón.

L. S. D.

DOS MIL SEIS · AÑO DEL PERRO

INTRODUCCIÓN A LA
ASTROLOGÍA
CHINA

SU ORIGEN

En China la astrología es considerada como una de las cinco artes más antiguas e importantes de la adivinación.

En su origen milenario, la astronomía y la astrología fueron gemelas; no había distinción entre ellas. Observaban las estrellas y cómo se ordenaban en el cosmos para predecir qué pasaría en la tierra y, por supuesto, que sucedería con la humanidad.

Desde sus inicios hasta el presente siglo, los astrónomos-astrólogos fueron funcionarios en la Corte Imperial. Los estudios y observaciones que realizaron durante aproximadamente 3000 años son los documentos astronómicos más importantes del mundo. Aún hoy para los chinos la astrología sigue siendo parte fundamental en sus vidas y la consultan a diario.

El almanaque chino se llama T'ung Shu. Rige día a día la vida en los aspectos positivos y negativos para la salud, el dinero, el amor y los negocios.

El origen de este calendario data del año 2256 a. C. y se le adjudica al emperador Yao y a sus hermanos Hsis y Ho. Se basa en distintos tiempos, el de la siembra y el de la cosecha, además de los movimientos del vasto espacio que van delineando y calculando el Sol, la Luna y las estrellas.

"El año lunar es más corto que el solar, en diez, once o doce días"

El enfoque de estas ciencias fue cambiando a través de los años; en sus comienzos la astrología servía para saber qué pasaba en un estado, o las reglas de ese estado. No era una ciencia de adivinación para saber el destino de la gente.

La astrología como ciencia adivinatoria comenzó a aplicarse en la era cristiana. Durante el año 100 se comienza a escribir la enciclopedia astrológica más completa, que se fusionaba con el arte de esa época, de la dinastía T'ang (618 a 907 d. C.) y que es, desde entonces, una tradición en China.

Es por esto que la científica y holística visión china de la astrología se basa esencialmente en los doce animales, las ramas celestes y terrestres, los sesenta años del ciclo y la estrella polar.

EL CICLO
DE LOS 60 AÑOS

Existen varias leyendas y mitos sobre cómo se formó este horóscopo. La más popular se le adjudica a Buda, quien antes de partir hacia su última reencarnación decidió formar un zodíaco y convocó a todos los animales que existen en la naturaleza para que se presentaran, prometiéndoles un signo a cada uno, según el orden de llegada.

Aparecieron sólo doce: la rata, el búfalo, el tigre, el conejo-gato o liebre, el dragón, la serpiente, el caballo, la cabra, el mono, el gallo, el perro y el chancho.

Otras leyendas adjudican la creación de este ciclo al semimitológico y semihistórico emperador Amarillo, quien en el año 2637 a. C. formó el zodíaco. Pero estos datos son inciertos, pues tal vez ya se lo conocía desde épocas más remotas.

Me parece divertido contarles este año la versión del Rey de Jade, que estaba aburridísimo en el cielo, pues no tenía nada que hacer rodeado de ayudantes y sirvientes. "He gobernado durante milenios, y no conozco los animales que están en la tierra. ¿Cómo son?", le preguntó un día a su ayudante más cercano. Éste le respondió que había muchos animales en la Tierra, y le preguntó al rey si quería conocerlos. El monarca respondió: "¡Ahh, no!, perdería mucho tiempo conociéndolos a todos. Selecciona tú a los doce más interesantes, y que se presenten ante mí mañana a la mañana".

El consejero pensó durante largo tiempo sobre qué animales podrían complacer al rey. Primero pensó en invitar a la rata, y le dijo a ella que invitara al gato. Luego invitó al búfalo, al tigre, al conejo, al dragón, a la serpiente, al caballo, a la cabra, al mono, al gallo y al perro, citándolos para el día siguiente en el palacio imperial.

La rata estaba demasiado orgullosa con ser la primera en visitar al rey, y se olvidó de avisarle al gato. A la mañana siguiente, los once animales estuvieron alineados delante del Rey de Jade. Éste, al notar que faltaba uno, dijo: "Son todos muy interesantes,

pero ¿por qué hay sólo once?". El consejero no supo qué responder y, temeroso de que el rey pensara que no había respondido a su orden, le pidió a un sirviente que fuera urgente a la Tierra, tomara el primer animal que encontrara y lo llevara al cielo. Al llegar a la Tierra, el sirviente vio a un hombre que cargaba un chancho; tomó al animal y lo llevó con él para unirlo a los otros. El gato se despertó tarde y fue a curiosear y, al enterarse de que la rata no lo había invitado, comenzó la guerra que duraría por los siglos de los siglos...

Esta versión, tan popular y antigua como otras, tiene gran significado en China, y describe las características esenciales de cada animal.

El ciclo de los 60 años está formado por la combinación de las ramas celestes y las terrestres. Las diez progresiones de orden celestial, basadas en la naturaleza de la energía y el tipo de energía constitutivo de cada signo (*yin* y *yang*) crean nuestro orden espiritual, mental y emocional. Las doce ramas del orden terrenal crean nuestro orden físico material y social.

Combinados cielo y tierra, crean ciento veinte posibles condiciones atmosféricas, a su vez distintas situaciones determinadas por los años, meses, días y horas.

Estos estudios dieron origen a la astrología macrobiótica. La influencia terrestre más la influencia celeste crean la atmósfera: las diez progresiones de energía activa, más las doce ramas terrenales de energía pasiva, producen nueve cargas de energía o destino.

En el Antiguo Oriente, este tercer método fue llamado Ki 9 estrellas.

Cada una de las energías correspondientes a cada año es mayor o menor, esto significa que dentro de cada energía hay un principio *yang* y otro *yin*; el mayor corresponde al *yang* y el menor corresponde al *yin*. La combinación de los 10 Kan, que son las energías a las que pertenecemos, más los doce Chin (nuestros amigos) y el año de nacimiento, determinarán el Ki 9 estrellas, que es de gran importancia en nuestro destino. La vuelta de cinco signos de los doce animales (según las cinco energías: madera, fuego, tierra, metal y agua) componen un ciclo completo de 60 años.

En China todavía hoy, siguiendo esta tradición, se les festeja a algunas personas, el primer cumpleaños cuando llegan a cumplir este ciclo (de 60 años).

El origen del ciclo de los 60 años fue descripto en el *Shu Ching*, o *El libro histórico de documentos*, alrededor del año 1000 a. C. Y el sistema de las ramas celestes (*yang*) y las terrestres (*yin*) ya era aceptado.

El calendario chino se basa en el año lunar, a diferencia del calendario occidental, que lo hace en el año solar.

Los años solares y lunares no coinciden exactamente: el año lunar consta de doce meses, de veintinueve días y medio cada uno. Por eso el calendario chino se divide en "seis pequeños meses de veintinueve días y seis grandes meses de treinta días", que produce un año de trescientos cincuenta y cuatro días, un año con "siete grandes meses y cinco pequeños meses", con trescientos cincuenta y cinco días; y un año con "cinco grandes meses y siete pequeños meses", con trescientos cincuenta y tres días.

En consecuencia, el año lunar es más corto que el solar, en diez, once

o doce días. Para que coincidan ambos años, lunar y solar, es necesario que al almanaque chino se le agregue un mes extra cada dos o tres años.

La carta natal de la astrología china se obtiene según datos precisos del día, mes, año, lugar y hora del país donde se nace. Su estudio es una de las más completas radiografías que pueden sacarse del alma, cuerpo y mente de un ser humano.

Como veremos, hay varios ingredientes que tienen gran importancia en la astrología china. El énfasis de la luna, determinado por las veintiocho casas lunares y su influencia sobre las personas y sucesos. Las casas lunares o Hsiu se refieren a cada una de las veintiocho constelaciones del zodíaco lunar y a los segmentos del cielo que contienen esas constelaciones. Las constelaciones equivalen al ciclo de la luna en el cielo. La importancia de las casas lunares radica en la práctica de la observación.

Según el día y la hora de nuestro nacimiento, la luna estaba en una casa determinada que será clave en nuestra vida.

Para estudiarnos con particularidad, es necesario combinar los signos animales con las cinco energías del credo lunar, que son:

LA MADERA: regida por Júpiter
EL FUEGO: regido por Marte
LA TIERRA: regida por Saturno
EL METAL: bajo la influencia directa de Venus
EL AGUA: obedece los dictados de Mercurio

Estas energías se escinden además en polos magnéticos, positivo y negativo, que los chinos llaman *yang* y *yin* respectivamente.

En el oráculo chino, igual que en el horóscopo occidental, según la hora exacta de nuestro nacimiento, tendremos un ascendente correspondiente. En este estudio, será un animal cuya influencia puede ser muy fuerte.

Cada signo animal es positivo o negativo, tiene una dirección cardinal, una estación y un mes principal.

La energía Tierra no está en la tabla porque la lógica china sostiene que está compuesta por las otras cuatro energías. Por lo tanto, la consideran como una energía secundaria.

No sólo las personas pertenecemos a un signo en el horóscopo. También los países, las ciudades y hasta las entidades tienen el suyo determinante, de acuerdo con la fecha exacta de su iniciación. Por ejemplo, la Argentina, según estos cálculos, es Rata (su independencia fue en 1916).

La grandeza de los chinos es que describen a las personas con sus defectos y sus virtudes. Nuestra sabiduría se encuentra en tomar conciencia de nuestras debilidades y mejorarlas para convivir mejor (como dicen ellos) con el resto de la humanidad.

Cada signo tiene características sumamente positivas y negativas. Un punto muy positivo de los chinos es que no son fatalistas ni deterministas con el destino, sino que siempre contemplan la necesidad de mejorarlo en base a la voluntad.

El año lunar se divide en doce meses de veintinueve días y medio. Cada dos años y medio se intercala un mes adicional para ajustar debidamente el calendario. El mes adicional se intercala consecutivamente entre los meses del año lunar, del segundo al undécimo.

La adición de este mes produce el *año lunar bisiesto*.

El comienzo de cada mes lunar coincide con la fecha en que el calendario occidental señala la Luna nueva.

El calendario chino comienza el primer día de la primavera, que se llama Lap-Chun, que se da siempre entre mediados de enero a febrero.

Algunos años lunares pueden tener dos Lap-Chun y otros ninguno. Esto ocurre cuando el año nuevo chino empieza después del cinco de febrero y termina antes del primer día de la primavera del año siguiente.

Los astrólogos chinos afirman que un año sin Lap-Chun es un año "ciego", porque no posee "primer día de la primavera". Son años en los que no conviene casarse.

Para tener una radiografía de nosotros mismos, debemos estudiar el animal del año en que nacimos, el signo lunar que corresponde a su signo solar, la energía del año de nacimiento, y la energía del signo animal.

Con todos estos factores descubriremos qué se oculta en nuestro corazón y en el de los otros y podremos predecir relaciones personales y profesionales, así como todas las posibilidades que se nos pueden brindar en un año determinado.

Muchas veces la compatibilidad de los signos, según la tabla del año de nacimiento, no guarda entera relación con lo descripto.

Esto obedece a que en muchos casos el ascendente es más poderoso en influencia que el signo mismo; entonces, para encontrar compatibilidad con el signo de otra persona, se deberá tener esta afinidad con su ascendente, o los puntos de coincidencia se darán a través de la energía a la cual pertenece.

Una rata nacida durante las horas de la rata es un signo "puro"; un dragón nacido durante las horas del gato mantendrá posiblemente las características dominantes del dragón; pero una cabra nacida durante las horas del tigre tendrá rasgos de tigre, es decir, le corresponderán características predominantes de su signo ascendente y podrá ser por lo tanto, compatible con un perro. Cosa que normalmente no sería factible rigiéndose estrictamente por las tablas de compatibilidad.

Una manera segura de establecer qué signo es dominante en una persona consiste en observar los signos lunares de la gente con la que "sin saber por qué" prefiere trabajar o se siente inexplicablemente atraída.

Aquí doy un ejemplo de cómo analizar los tres signos animales más importantes en la vida de una persona.

Una persona nacida el 12 de Septiembre de 1923, 4 pm.
Signo natal: CHANCHO
1° grado de importancia
Ascendente: MONO
2° grado de importancia
Mes de nacimiento: SEPTIEMBRE, está regido por el Gallo
3° grado de importancia
Su energía por el año: AGUA
4° grado de importancia
Su energía fija: AGUA
5° grado de importancia

Con estos elementos se puede crear su carta natal, sumado al Ki 9 estrellas que dará una visión más exacta de su carácter y destino.

PASOS PARA ENCONTRARNOS EN LAS TABLAS

Hay muchas personas que todavía no entienden el sistema funcional para saber a qué animal pertenecen en el horóscopo chino.

Este horóscopo se basa principalmente en el año de nacimiento; por eso lo primero que debemos hacer es fijarnos en qué año nacimos. Cada signo se repite cada doce años; por lo cual, sabiendo el signo de un año y agregando o restando doce, sabremos qué años corresponden al mismo animal.

Por ejemplo, 1918 corresponde al caballo, 1930 y 1942 también son años regidos por el caballo.

Las personas nacidas en enero y febrero deben fijarse en la tabla más completa porque en esa época cambia el año y entonces pueden pertenecer al animal del año anterior.

Otro tema que se presta a grandes confusiones es la correspondencia o equivalencia de cada signo oriental con el occidental. Esto tiene que ver con las estaciones que equivalen a los zodíacos, pero no implica que si nuestros signos occidental y oriental no coinciden resulte algo malo o no tan bueno; lo mismo ocurre con las energías fijas de cada signo animal. A veces coinciden con nuestro año y otras veces no.

Cuando coinciden significa que hay mayor reciprocidad y originalidad en los nativos del signo. Por ejemplo, una Serpiente Tauro de energía fuego, que vive en la Argentina tiene la conjunción ideal para desarrollar su vocación en este lugar sin la necesidad de moverse. Su dirección es sur. Tenemos una Serpiente a la que le equivale el signo Tauro y cuya energía fija es el fuego.

Los chinos dan mucha importancia a las energías, las estaciones y las direcciones que nos indican el hemisferio ideal para vivir y desarrollarnos.

A través del Ki nueve estrellas podemos cambiar el lugar, la casa y la profesión.

La vida es mutación y cambio, por eso nada es estático en nuestra existencia. Así como cambian las estaciones, los días, los años, junto a la naturaleza y al universo, así debemos aceptar nosotros el ciclo vital.

LAS ENERGÍAS Y USTED

Los factores que ejercen influencia directa sobre nuestro destino son la energía del signo lunar y del año de nacimiento, pero también la hora, el mes y el país en que se nace.

En la carta natal china, también hay una serie de cinco energías, cuya trascendencia en nuestra vida tiene el siguiente orden descendente de importancia.

Energía del año de nacimiento
Energía del signo animal
Energía de la hora de nacimiento
Energía del mes de nacimiento
Energía del país de nacimiento

LAS CINCO TRANSFORMACIONES

El *yin* y el *yang* son la dinámica y la base que mantienen a las artes orientales y las ciencias. Más tarde se desarrollaron en los campos de la salud y la medicina. En la tradicional medicina china el *yin* y el *yang* le otorgaron al sanador las herramientas básicas para el diagnóstico. Alrededor del año 2600 a. C., el Emperador Amarillo escribió el *Nei Ching*, el clásico manuscrito original de la medicina chi-

na. En él introduce una profunda mirada del *yin* y del *yang* que incluye estadios de cambios o transformaciones que ocurren a través de un ciclo.

Estos estadios de transformación forman la base de los principales nueve números que están asociados con los caracteres de la astrología del Ki 9 estrellas. ¿Cómo y cuándo evolucionó este sistema del *yin* y el *yang*?

CÓMO SURGIERON LAS TRANSFORMACIONES

Como se puede ver en el diagrama, en la mitad superior del círculo la energía de la izquierda representa la naturaleza *yin* (elevándose) mientras que en la mitad inferior se representa la naturaleza *yang* (descendiendo).

Más tarde el ciclo fue dividido en cuatro etapas claras que pueden ser apreciadas en el siguiente diagrama.

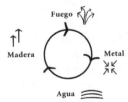

Al lado ascendente del ciclo le fue dada la energía Madera, mientras que en la parte superior la energía fue el Fuego. Al cuarto descendente del ciclo se le dio la energía Metal y finalmente al lado más bajo del ciclo se le asignó la energía Agua.

Sin embargo, a estas etapas también se las puede representar como a las cuatro estaciones (Madera=Primavera,

Fuego=Verano, Metal=Otoño, y Agua=Invierno). Al parecer hubo una quinta etapa de la que dependían las cuatro estaciones anteriores. Se le dio una posición única en el centro del círculo y se la llamó Tierra. A medida que cada estación avanzaba hacia la otra, pasaba a través de la etapa Tierra.

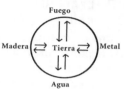

La estación Tierra fue tomada como esa estación impura entre las demás, donde el tiempo y el clima podían revertir con facilidad a la estación anterior por algunos pocos días y después avanzar nuevamente a la próxima por otros pocos días. Ya conocemos todos ese punto en el cual no estamos seguros, por ejemplo, de cuándo es primavera o verano, por más que la fecha lo exprese. Finalmente, a Tierra se le dio su propio lugar en el círculo, entre Fuego y Metal.

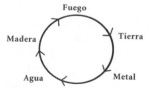

Estas etapas de cambio fueron tradicionalmente conocidas como "energías", pero la palabra "transformación" hace mucho más clara la naturaleza de este círculo. Cada una de estas transformaciones se relaciona con los nueve números principales que usamos en el Ki 9 Estrellas.

LAS CUALIDADES DE LAS CINCO TRANSFORMACIONES

Observar más de cerca estas cinco etapas de cambio nos ayudará a apreciar las cualidades que dan individualidad a nuestra naturaleza astrológica. Pueden ser aplicadas a cualquier modo de vida, actividad, comida, estilos de cocina, construcción, música, expresiones artísticas, etcétera. En la astrología Ki 9 Estrellas usamos la teoría de las bases de las cinco transformaciones para empezar a describir las características de los nueve números principales. En la medicina tradicional china, estas transformaciones o energías son usadas para describir los órganos de nuestro cuerpo: Fuego, por ejemplo, es la fuerza conductora responsable del corazón y del intestino delgado.

FUEGO

Ésta es la etapa que mejor expresa el florecimiento de energía dentro del círculo; su naturaleza se encuentra arriba y fuera de éste. En el FENG-SHUI la expresión fuego está conectada con nuestra fama y apariencia externa. Representa al mediodía, el verano y el calor. Aquellos que tengan una fuerte presencia de fuego en sus cartas tienden a ser sociables, expresivos, cálidos y apasionados.

TIERRA

Esta etapa representa el resultado de la presencia del fuego, la creación de cenizas, abono y tierra. Su naturaleza yace más abajo del círculo y en el suelo. La tierra representa la energía de la tarde y el final del verano, y es asociada con los climas húmedos. Aquellos que tengan tierra en sus cartas tienden a ser sedentarios, prácticos y como la tierra y el abono, capaces de nutrir y ayudar a los demás.

METAL

Esta etapa es una consolidación más allá de la energía Tierra. Dándole tiempo y presión, la tierra se transforma en roca y mineral. Su naturaleza es, por ende, densa y consolidada. Ésta es la energía de la tarde y el otoño, un momento en que estamos más en nuestro hogar o empezamos a disfrutar de nuestros futuros laborales. El clima asociado con esta etapa es seco. Personas que tengan presencia Metal en sus cartas serán claras y decisivas, prestarán atención a los detalles y tendrán un sentido natural de la autoridad.

AGUA

Si los minerales y rocas fueran puestos eventualmente bajo más presión, se derretirían. A pesar de que llamamos a esta etapa Agua, podría ser vista igualmente como fluido. Ésta es la etapa del círculo donde la energía está flotando en el aire, latente. En términos de clima, representa el frío y el invierno. Personas que tengan Agua en sus cartas tienden a tener calma y una oculta expresión que es profunda y reflexiva.

MADERA

La naturaleza del Agua fluye a través de las plantas, en la madera, dentro del círculo. La medicina china describe esta etapa como la madera, que es una literal traslación, pero no capta realmente la calidad de crecimiento y desarrollo de esta energía que por eso, a veces, se menciona como Árbol. Su naturaleza está asociada con el movimiento superior de energía en el círculo, como también con el nacimiento y comienzo de un nuevo ciclo. Está relacionada con la puesta del sol, el atardecer, con la primavera y con el clima ventoso e inestable. La persona con Madera en su carta tiende a tener una cabeza llena de ideas, energía y entusiasmo, pero carece de habilidad para completar sus tareas.

LA INTERACCIÓN DE LAS CINCO TRANSFORMACIONES

La forma en que las cinco etapas interactúan provee una visión interna fascinante de nuestras relaciones con otros. Una vez que ha establecido qué energía (Fuego, Tierra, Agua, Metal, Madera) gobierna su número principal, ya puede descubrir cómo se relaciona con otros individuos. Naturalmente, si comparte una etapa de transformación con alguien más, probablemente tengan mucho en común. A continuación, una descripción de las dos mayores relaciones.

APOYO

En este aspecto de las cinco transformaciones, la etapa que precede es la que alimenta o apoya a la siguiente energía. Por ejemplo, el Fuego es el creador de la Tierra, y significa que cuando el fuego está del todo extinto crea tierra o cenizas. Esa Tierra, al estar bajo considerable presión por un determinado tiempo, crea la próxima etapa, Metal, que en este contexto significa rocas o minerales. Bajo considerable presión eventualmente se derretirá y se convertirá en líquido, que llamaremos Agua. El Agua en su naturaleza es la madre natural de la vegetación, como los árboles. Esta Madera es el combustible del Fuego, lo que completa la naturaleza de "apoyo" en este ciclo.

CONTROL

La naturaleza de este ciclo está bien interpretada en la medicina tradicional china: cuando un órgano en particular se torna tanto hiperactivo como bajo en su funcionamiento, tiene un efecto en la energía u órgano opuesto en el otro lado del círculo. Esta misma teoría contiene la razón si consideramos nuestra propia energía natural en relación con los que nos rodean. El principio general es el siguiente:

Fuego controla Metal: el Fuego puede derretir el Metal

Metal controla Madera: el Metal puede cortar la Madera

Madera controla Tierra: las raíces de una planta se abren paso a través de la Tierra.

Tierra controla Agua: la Tierra puede ser usada para bloquear Agua o absorberla.

Agua controla Fuego: el Agua puede apagar el Fuego.

LAS CINCO TRANSFORMACIONES Y EL KI 9 ESTRELLAS

Para realizar una práctica mirada interna a las cualidades de estas diferentes energía naturales, imagine llevar una parte significativa de cada una de estas energías dentro de un bolso en un transporte público. Sería relativamente simple llevar una planta comprada en el merca-

do (Madera), o una bolsa con piedras (Metal), o una bolsita con compost o abono (Tierra). Sin embargo no sería lo mismo si lo hacemos con un bolso lleno de agua. Imagínese el desastre. Tampoco podríamos hacerlo con el fuego, tendríamos un problema similar. Estos ejemplos nos permiten ver la relativa estabilidad de la Tierra, el Metal, y la Madera comparada con la naturaleza plásmica del Fuego y del Agua. Aunque son diametralmente opuestas en la naturaleza, sí tienen cualidades similares que son apoyadas por la astrología Ki 9 Estrellas, que como ya fue explicado, abastecen tanto el comienzo como el final del círculo.

Agua es vista como la energía más *yin* dentro del espectro, mientras que fuego es etiquetada como la más *yang*. Por eso, en la astrología Ki 9 Estrellas, al Agua se le asigna el número 1 y al Fuego el número 9.

La Tierra es vista como el punto de equilibrio o centro del sistema de las cinco transformaciones, por lo que uno de sus números es el 5. La Tierra no sólo representa el centro del círculo sino que también es neutralizadora entre las demás energías. Observen lo que sucede con las estaciones: siempre hay una etapa inconclusa cuando una termina y otra es inminente. Tradicionalmente fue conocida como la etapa Tierra. Es por eso que después de Agua (1), tenemos Tierra (2), y anterior a Fuego (9) tenemos otra Tierra (8). A la energía creciente de la Madera se le asignan dos números (3 y 4), como a la naturaleza de contraerse del Metal (6 y 7).

CÓMO DETERMINAR SU NÚMERO PRINCIPAL

En este sistema todos los años empiezan entre fines de enero y mediados de febrero del siguiente año. Es decir, si nació en ese período recuerde que su "fecha de nacimiento" es el año anterior.

MÉTODO 1

Para años de nacimiento en el siglo XX ignore los dos primeros dígitos (1 y 9) y agregue los últimos dos. Si su suma es menor que diez, deberá restarle ese resultado para obtener su número del año. Sin embargo, si es mayor o igual que diez, sume esos dos dígitos y reste ese resultado a diez. A continuación se presentan unos simples ejemplos:

1927	2 + 7 = 9	
	10 – 9 = 1	**Agua**
1980	8 + 0 = 8	
	10 - 8 = 2	**Tierra**
1955	5 + 5 = 10	
	1 + 0 = 1	
	10 - 1 = 9	**Fuego**

1958	5 + 8 = 13	
	1 + 3 = 4	
	10 – 4= **6**	**Metal**
1934	3 + 4= 7	
	10 – 7 = 3	**Madera**

MÉTODO 2

Éste es un método alternativo que funciona para cualquier fecha de la historia. Sume todos los dígitos del año a tratar.

Ejemplo: 1996, 1 + 9 + 9 + 6 = 25

Sume nuevamente el resultado (en caso de que sea necesario) hasta obtener una cifra menor o igual que diez.

Ejemplo: 2 + 5 = 7

Reste el número obtenido a once.

Ejemplo: 11 - 7 = 4

Este resultado da como número principal el 4, Madera, para el año 1996.

LOS AÑOS LUNARES EXACTOS DESDE 1900 A 2008

SIGNO					
Rata	31/01/1900	a	18/02/1901	metal	+
Búfalo	19/02/1901	a	07/02/1902	metal	-
Tigre	08/02/1902	a	28/01/1903	agua	+
Conejo	29/01/1903	a	15/02/1904	agua	-
Dragón	16/02/1904	a	03/02/1905	madera	+
Serpiente	04/02/1905	a	24/01/1906	madera	-
Caballo	25/01/1906	a	12/02/1907	fuego	+
Cabra	13/02/1907	a	01/02/1908	fuego	-
Mono	02/02/1908	a	21/01/1909	tierra	+
Gallo	22/01/1909	a	09/02/1910	tierra	-
Perro	10/02/1910	a	29/01/1911	metal	+
Chancho	30/01/1911	a	17/02/1912	metal	-
Rata	18/02/1912	a	05/02/1913	agua	+
Búfalo	06/02/1913	a	25/01/1914	agua	-
Tigre	26/01/1914	a	13/02/1915	madera	+
Conejo	14/02/1915	a	02/02/1916	madera	-
Dragón	03/02/1916	a	22/01/1917	fuego	+
Serpiente	23/01/1917	a	10/02/1918	fuego	-
Caballo	11/02/1918	a	31/01/1919	tierra	+
Cabra	01/02/1919	a	19/02/1920	tierra	-
Mono	20/02/1920	a	07/02/1921	metal	+
Gallo	08/02/1921	a	27/01/1922	metal	-
Perro	28/01/1922	a	15/02/1923	agua	+
Chancho	16/02/1923	a	04/02/1924	agua	-
Rata	05/02/1924	a	24/01/1925	madera	+
Búfalo	25/01/1925	a	12/02/1926	madera	-
Tigre	13/02/1926	a	01/02/1927	fuego	+
Conejo	02/02/1927	a	22/01/1928	fuego	-
Dragón	23/01/1928	a	09/02/1929	tierra	+
Serpiente	10/02/1929	a	29/01/1930	tierra	-
Caballo	30/01/1930	a	16/02/1931	metal	+
Cabra	17/02/1931	a	05/02/1932	metal	-
Mono	06/02/1932	a	25/01/1933	agua	+
Gallo	26/01/1933	a	13/02/1934	agua	-
Perro	14/02/1934	a	03/02/1935	madera	+
Chancho	04/02/1935	a	23/01/1936	madera	-

LOS AÑOS LUNARES EXACTOS DESDE 1900 A 2008

SIGNO					
Rata	24/01/1936	a	10/02/1937	fuego	+
Búfalo	11/02/1937	a	30/01/1938	fuego	-
Tigre	31/01/1938	a	18/02/1939	tierra	+
Conejo	19/02/1939	a	07/02/1940	tierra	-
Dragón	08/02/1940	a	26/01/1941	metal	+
Serpiente	27/01/1941	a	14/02/1942	metal	-
Caballo	15/02/1942	a	04/02/1943	agua	+
Cabra	05/02/1943	a	24/01/1944	agua	-
Mono	25/01/1944	a	12/02/1945	madera	+
Gallo	13/02/1945	a	01/02/1946	madera	-
Perro	02/02/1946	a	21/01/1947	fuego	+
Chancho	22/01/1947	a	09/02/1948	fuego	-
Rata	10/02/1948	a	28/01/1949	tierra	+
Búfalo	29/01/1949	a	16/02/1950	tierra	-
Tigre	17/02/1950	a	05/02/1951	metal	+
Conejo	06/02/1951	a	26/01/1952	metal	-
Dragón	27/01/1952	a	13/02/1953	agua	+
Serpiente	14/02/1953	a	02/02/1954	agua	-
Caballo	03/02/1954	a	23/01/1955	madera	+
Cabra	24/01/1955	a	11/02/1956	madera	-
Mono	12/02/1956	a	30/01/1957	fuego	+
Gallo	31/01/1957	a	17/02/1958	fuego	-
Perro	18/02/1958	a	07/02/1959	tierra	+
Chancho	08/02/1959	a	27/01/1960	tierra	-
Rata	28/01/1960	a	14/02/1961	metal	+
Búfalo	15/02/1961	a	04/02/1962	metal	-
Tigre	05/02/1962	a	24/01/1963	agua	+
Conejo	25/01/1963	a	12/02/1964	agua	-
Dragón	13/02/1964	a	01/02/1965	madera	+
Serpiente	02/02/1965	a	20/01/1966	madera	-
Caballo	21/01/1966	a	08/02/1967	fuego	+
Cabra	09/02/1967	a	29/01/1968	fuego	-
Mono	30/01/1968	a	16/02/1969	tierra	+
Gallo	17/02/1969	a	05/02/1970	tierra	-
Perro	06/02/1970	a	26/01/1971	metal	+
Chancho	27/01/1971	a	14/01/1972	metal	-

LOS AÑOS LUNARES EXACTOS DESDE 1900 A 2008

SIGNO					
Rata	15/01/1972	a	02/02/1973	agua	+
Búfalo	03/02/1973	a	22/01/1974	agua	-
Tigre	23/01/1974	a	10/02/1975	madera	+
Conejo	11/02/1975	a	30/01/1976	madera	-
Dragón	31/01/1976	a	17/02/1977	fuego	+
Serpiente	18/02/1977	a	06/02/1978	fuego	-
Caballo	07/02/1978	a	27/01/1979	tierra	+
Cabra	28/01/1979	a	15/02/1980	tierra	-
Mono	16/02/1980	a	04/02/1981	metal	+
Gallo	05/02/1981	a	24/01/1982	metal	-
Perro	25/01/1982	a	12/02/1983	agua	+
Chancho	13/02/1983	a	01/02/1984	agua	-
Rata	02/02/1984	a	19/02/1985	madera	+
Búfalo	20/02/1985	a	08/02/1986	madera	-
Tigre	09/02/1986	a	28/01/1987	fuego	+
Conejo	29/01/1987	a	16/02/1988	fuego	-
Dragón	17/02/1988	a	05/02/1989	tierra	+
Serpiente	06/02/1989	a	26/01/1990	tierra	-
Caballo	27/01/1990	a	14/02/1991	metal	+
Cabra	15/02/1991	a	03/02/1992	metal	-
Mono	04/02/1992	a	22/01/1993	agua	+
Gallo	23/01/1993	a	09/02/1994	agua	-
Perro	10/02/1994	a	30/01/1995	madera	+
Chancho	31/01/1995	a	18/02/1996	madera	-
Rata	19/02/1996	a	06/02/1997	fuego	+
Búfalo	07/02/1997	a	27/01/1998	fuego	-
Tigre	28/01/1998	a	15/02/1999	tierra	+
Conejo	16/02/1999	a	04/02/2000	tierra	-
Dragón	05/02/2000	a	23/01/2001	metal	+
Serpiente	24/01/2001	a	11/02/2002	metal	-
Caballo	12/02/2002	a	31/01/2003	agua	+
Cabra	01/02/2003	a	21/01/2004	agua	-
Mono	22/01/2004	a	08/02/2005	madera	+
Gallo	09/02/2005	a	28/01/2006	madera	-
Perro	29/01/2006	a	17/02/2007	fuego	+
Chancho	18/02/2007	a	06/02/2008	fuego	-

CORRESPONDENCIA SEGÚN FECHA DE NACIMIENTO

AÑO	10 KAN		12 SHI		KI 9 ESTRELLAS	
1900	Metal mayor	9	Rata	1	Agua blanca	
1901	Metal menor	6	Vaca (buey-búfalo)	9	Fuego púrpura	
1902	Agua mayor	3	Tigre	8	Tierra blanca	
1903	Agua menor	9	Conejo (liebre-gato)	7	Metal rojo	
1904	Árbol mayor	6	Dragón	6	Metal blanco	
1905	Árbol menor	3	Serpiente	5	Tierra amarilla	
1906	Fuego mayor	9	Caballo	4	Árbol verde oscuro	
1907	Fuego menor	6	Oveja (cabra)	3	Árbol verde brillante	
1908	Tierra mayor	3	Mono	2	Tierra negra	
1909	Tierra menor	9	Gallo	1	Agua blanca	
1910	Metal mayor	6	Perro	9	Fuego púrpura	
1911	Metal menor	3	Jabalí (cerdo-chancho)	8	Tierra blanca	
1912	Agua mayor	9	Rata	7	Metal rojo	
1913	Agua menor	6	Vaca (buey-búfalo)	6	Metal blanco	
1914	Árbol mayor	3	Tigre	5	Tierra amarilla	
1915	Árbol menor	9	Conejo (liebre-gato)	4	Árbol verde oscuro	
1916	Fuego mayor	6	Dragón	3	Árbol verde brillante	
1917	Fuego menor	3	Serpiente	2	Tierra negra	
1918	Tierra mayor	9	Caballo	1	Agua blanca	
1919	Tierra menor	6	Oveja (cabra)	9	Fuego púrpura	
1920	Metal mayor	3	Mono	8	Tierra blanca	
1921	Metal menor	9	Gallo	7	Metal rojo	
1922	Agua mayor	6	Perro	6	Metal blanco	
1923	Agua menor	3	Jabalí (cerdo-chancho)	5	Tierra amarilla	
1924	Árbol mayor	9	Rata	4	Árbol verde oscuro	
1925	Árbol menor	6	Vaca (buey-búfalo)	3	Árbol verde brillante	
1926	Fuego mayor	3	Tigre	2	Tierra negra	
1927	Fuego menor	9	Conejo (liebre-gato)	1	Agua blanca	
1928	Tierra mayor	6	Dragón	9	Fuego púrpura	
1929	Tierra menor	3	Serpiente	8	Tierra blanca	
1930	Metal mayor	9	Caballo	7	Metal blanco	
1931	Metal menor	6	Oveja (cabra)	6	Metal blanco	
1932	Agua mayor	3	Mono	5	Tierra amarilla	
1933	Agua menor	9	Gallo	4	Árbol verde oscuro	
1934	Árbol mayor	6	Perro	3	Árbol verde brillante	
1935	Árbol menor	3	Jabalí (cerdo-chancho)	2	Tierra negra	
1936	Fuego mayor	9	Rata	1	Agua blanca	
1937	Fuego menor	6	Vaca (buey-búfalo)	9	Fuego púrpura	
1938	Tierra mayor	3	Tigre	8	Tierra blanca	
1939	Tierra menor	9	Conejo (liebre-gato)	7	Metal rojo	
1940	Metal mayor	6	Dragón	6	Metal blanco	
1941	Metal menor	3	Serpiente	5	Tierra amarilla	
1942	Agua mayor	9	Caballo	4	Árbol verde oscuro	
1943	Agua menor	6	Oveja (cabra)	3	Árbol verde brillante	
1944	Árbol mayor	3	Mono	2	Tierra negra	

Y KI NUEVE ESTRELLAS

AÑO	10 KAN		12 SHI		KI 9 ESTRELLAS
1945	Árbol menor	9	Gallo	1	Agua blanca
1946	Fuego mayor	6	Perro	9	Fuego púrpura
1947	Fuego menor	3	Jabalí (cerdo-chancho)	8	Tierra blanca
1948	Tierra mayor	9	Rata	7	Metal rojo
1949	Tierra menor	6	Vaca (buey-búfalo)	6	Metal blanco
1950	Metal mayor	3	Tigre	5	Tierra amarilla
1951	Metal menor	9	Conejo (liebre-gato)	4	Árbol verde oscuro
1952	Agua mayor	6	Dragón	3	Árbol verde brillante
1953	Agua menor	3	Serpiente	2	Tierra negra
1954	Árbol mayor	9	Caballo	1	Agua blanca
1955	Árbol menor	6	Oveja (cabra)	9	Fuego púrpura
1956	Fuego mayor	3	Mono	8	Tierra blanca
1957	Fuego menor	9	Gallo	7	Metal rojo
1958	Tierra mayor	6	Perro	6	Metal blanco
1959	Tierra menor	3	Jabalí (cerdo-chancho)	5	Tierra amarilla
1960	Metal mayor	9	Rata	4	Árbol verde oscuro
1961	Metal menor	6	Vaca (buey-búfalo)	3	Árbol verde brillante
1962	Agua mayor	3	Tigre	2	Tierra negra
1963	Agua menor	9	Conejo (liebre-gato)	1	Agua blanca
1964	Árbol mayor	6	Dragón	8	Fuego púrpura
1965	Árbol menor	3	Serpiente	8	Tierra blanca
1966	Fuego mayor	9	Caballo	7	Metal rojo
1967	Fuego menor	6	Oveja (cabra)	6	Metal blanco
1968	Tierra mayor	3	Mono	5	Tierra amarilla
1969	Tierra menor	9	Gallo	4	Árbol verde oscuro
1970	Metal mayor	6	Perro	3	Árbol verde brillante
1971	Metal menor	3	Jabalí (cerdo-chancho)	2	Tierra negra
1972	Agua mayor	9	Rata	1	Agua blanca
1973	Agua menor	6	Vaca (buey-búfalo)	9	Fuego púrpura
1974	Árbol mayor	3	Tigre	8	Tierra blanca
1975	Árbol menor	9	Conejo (liebre-gato)	7	Metal rojo
1976	Fuego mayor	6	Dragón	6	Metal blanco
1977	Fuego menor	3	Serpiente	5	Tierra amarilla
1978	Tierra mayor	9	Caballo	4	Árbol verde oscuro
1979	Tierra menor	6	Oveja (cabra)	3	Árbol verde brillante
1980	Metal mayor	3	Mono	2	Tierra negra
1981	Metal menor	9	Gallo	1	Agua blanca
1982	Agua mayor	6	Perro	9	Fuego púrpura
1983	Agua menor	3	Jabalí (cerdo-chancho)	8	Tierra blanca
1984	Árbol mayor	9	Rata	7	Metal rojo
1985	Árbol menor	6	Vaca (buey-búfalo)	6	Metal blanco
1986	Fuego mayor	3	Tigre	5	Tierra amarilla
1987	Fuego menor	9	Conejo (liebre-gato)	4	Árbol verde oscuro
1988	Tierra mayor	6	Dragón	3	Árbol verde brillante
1989	Tierra menor	3	Serpiente	2	Tierra negra

CORRESPONDENCIA SEGÚN FECHA DE NACIMIENTO Y KI NUEVE ESTRELLAS

AÑO	10 KAN		12 SHI		KI 9 ESTRELLAS
1990	Metal mayor	9	Caballo	1	Agua blanca
1991	Metal menor	6	Oveja (cabra)	9	Fuego púrpura
1992	Agua mayor	3	Mono	8	Tierra blanca
1993	Agua menor	9	Gallo	7	Metal rojo
1994	Árbol mayor	6	Perro	6	Metal blanco
1995	Árbol menor	3	Jabalí (cerdo-chancho)	5	Tierra amarilla
1996	Fuego mayor	9	Rata	4	Árbol verde oscuro
1997	Fuego mayor	6	Vaca (buey-búfalo)	3	Árbol verde brillante
1998	Tierra mayor	3	Tigre	2	Tierra negra
1999	Tierra menor	9	Conejo (liebre-gato)	1	Agua blanca
2000	Metal mayor	6	Dragón	9	Fuego púrpura
2001	Metal menor	3	Serpiente	8	Tierra blanca
2002	Agua mayor	9	Caballo	7	Metal rojo
2003	Agua menor	6	Oveja (cabra)	6	Metal blanco
2004	Árbol mayor	3	Mono	5	Tierra amarilla

S

Buena suerte y viajes de placer	Alegría Fortuna Felicidad	Problemas Mala suerte Amor con disgustos
Salud, Alegría Honores	Cambio de empleo o domicilio. Dificultades. Falta de dinero Accidentes. Robos	Dinero Buena suerte en todo Amor
Desgracias Enfermedades Muerte	Melancolía Tranquilidad Serenidad	Fortuna Buenos negocios Mejora la situación

E — O

N

LO SHU PARA 2006

2	7	9
1	3	5
6	8	4

COMPATIBILIDADES
ENTRE EL ZOO

Cada día creo más en que antes de preocuparnos por la compatibilidad que tengamos con alguien del zoo, debemos llevarnos mejor con nosotros mismos.

Es un trabajo profundo que no tiene escapatoria. Reconciliarnos con nuestras partes oscuras, ásperas, negadoras, cóncavas y convexas; sumergirnos en las profundidades del camino recorrido es una tarea que nos ayudará a ser íntegros, dueños de nuestras decisiones y más tolerantes con el otro.

Desde allí empezaremos a integrarnos con más naturalidad, menos prejuicios y expectativas y más tolerancia con quienes compartan un pedazo de destino.

Es cierto que hay signos más afines y compatibles entre sí; pero es cierto que a veces los clásicos terminan en rupturas o despedidas imprevistas que no coinciden con lo esperado.

La posibilidad de conocernos a través de nuestro signo es cruzar el umbral hacia el infinito, desestructurarnos, no condicionarnos por modelos que no tienen nada que ver con nuestros hábitos, gustos o costumbres.

Es por eso que una persona que quiere evolucionar, avanzar, no se queda atrapada en el karma de "me llevo mal, regular o bien con fulano" sino que trabaja sus zonas oscuras, ásperas, estructuradas para dar un paso más y acercarse a quien lo rechaza o no lo comprende de entrada.

Creo que la astrología china es un vehículo indispensable para mejorar lo que traemos como misión y aceptar al otro con su bagaje, reflejarnos alma a alma, corazón y mente.

El tiempo requiere que no nos condicionemos con la tabla de compatibilidades, cada persona es un universo para explorar y salir de la periferia hacia el centro, es una experiencia única e intransferible.

Fluyamos con libertad para estar con quienes nos sentimos en la misma vibración, sintonía y frecuencia.

No nos encasillemos con el menú básico, probemos otros gustos, sabores, variedades, seamos audaces en la búsqueda del amigo, pareja, socio, compañero de destino.

El mundo necesita que estemos mejor, más equilibrados, livianos de karma y utilicemos los ingredientes del animal emblemático, del ascendente, de la energía, del Ki 9 estrellas para convivir en este planeta que pide cada día más armonía, paz, solidaridad y amor.

En la última página de cada signo encontrarás una guía de las compatibilidades del zoo para que en el año del perro investigues como un sabueso y disfrutes de las mejores relaciones.

ASTROLOGÍA POÉTICA

RATA

WU-WEI.
DETRÁS DE MIS OJOS
SE HUNDIÓ EL MUNDO
PARA QUE NAZCA OTRO.
EN LAS TINIEBLAS ENTREGO
EL FUTURO
SOLTANDO AMARRAS
EN UN MAR DESCONOCIDO.
NAVEGO EN UNA CÁSCARA
ENTRE LO VISIBLE E INVISIBLE
SOSTENIENDO EL ALMA.
NO HAY GAVIOTAS QUE ME INDIQUEN
POR EL MOMENTO UN PUERTO SEGURO.
LA INCERTIDUMBRE
EL SALTO AL VACÍO
LO DESCONOCIDO
ME HABITAN
OLVIDÁNDOME.

L. S. D.

鼠

RATA

FICHA TÉCNICA

NOMBRE CHINO DE LA RATA SHIU

NÚMERO DE ORDEN PRIMERO

HORAS REGIDAS POR LA RATA 11 PM A 1 AM

DIRECCIÓN DE SU SIGNO DIRECTAMENTE HACIA EL NORTE

ESTACIÓN Y MES PRINCIPAL INVIERNO-DICIEMBRE

CORRESPONDE AL SIGNO OCCIDENTAL SAGITARIO

ENERGÍA FIJA AGUA

TRONCO POSITIVO

ERES RATA SI NACISTE

31/01/1900 – 18/02/1901
RATA DE METAL

18/02/1912 – 05/02/1913
RATA DE AGUA

05/02/1924 – 24/01/1925
RATA DE MADERA

24/01/1936 – 10/02/1937
RATA DE FUEGO

10/02/1948 – 28/01/1949
RATA DE TIERRA

28/01/1960 – 14/02/1961
RATA DE METAL

15/02/1972 – 02/02/1973
RATA DE AGUA

02/02/1984 – 19/02/1985
RATA DE MADERA

19/02/1996 – 06/02/1997
RATA DE FUEGO

Tal vez sea el último viaje de los tantos que hice en movimiento o estático.

Atravesé la vida infiltrándome por los espacios que separan las maderas de los muelles que conocí en cada puerto en que anclé con mi propia vela o como miembro de una tripulación, donde me colaba para evadirme del mundo.

Nací en primavera en el Río de la Plata entre ambas orillas, por eso el mar y el río son mi posibilidad de salir y entrar en el universo convirtiéndome en un nómade sin destino.

Ahora siento que viví tan intensa como fugazmente.

El tiempo nunca me importó, pues desde chico supe que estaba adelantado millones de años luz y que el reloj era necesario sólo para quienes cumplen horarios, tienen compromisos ineludibles, una familia con responsabilidades, un avión o un tren que tomar para fugarse de los líos en los que se meten para sobrevivir a la amenaza de estar vivo.

Yo entro y salgo de cada estado con la misma facilidad.

Soy ciclotímico y en un día atravieso la furia, la exaltación, la tristeza, la alegría, como el control remoto que manejo aunque no lo tenga en la mano.

Mi mente es mi peor enemiga y mejor amiga.

Mi instinto de supervivencia me permitió abrir cajas de Pandora, castillos medievales, cajas de seguridad de bancos blindados, cofres hundidos en el triángulo de las Bermudas y encontrar más de lo esperado aunque para mí siempre sea poco.

Soy una rata que heredó un buen linaje, genes que se encauzaron en una educación prusiana que me dediqué a mejorar en cada oportunidad que me daba la vida.

Siempre listo para la aventura, el cambio con comodidad, la conversión del usufructo ajeno en propio, la vida fácil, sin esfuerzo, pues soy consciente de que nací con *handicap* y de que no hay mucho tiempo para perder en esfuerzos.

No paso por alto ningún agujero donde pueda meterme.

La vida es sólo experiencia, y sumergirme sin hundirme es parte de mi talento; mi intuición sobre las cosas, personas o situaciones son muy acertadas y eso me hace ser desconfiado. Esa fina intuición me dicta textos cuando me alecciona: "EN LA ARGENTINA... PIENSA MAL Y ACERTARÁS", no quise creerlo, pero quien nació en este país sabe que es cierto.

Muchas veces me pregunté por qué me gustan los sonidos de los instrumentos graves; supongo que la rata desde las catacumbas o sótanos debe escuchar el rebote de los sonidos graves y lo utiliza como ondas para saber en qué momento salir a trabajar o dar un paseo sin peligro.

Cuando escucho vibrar una cuerda metálica de contrabajo inmediatamente aparecen imágenes de Scott Lafaro con Bill Evans, Charlie Mingus y P. Chambers, a veces me pregunto si cantar y tocar con el bajo FRETLESS una melodía de J. Pastorius no será una variante del sonido OM.

La soledad hace la conexión con fuerzas muy sutiles que están en esos silencios, el exceso de ruido pone *knock out* mi radar ratúnico, generando pánico y muchas ganas de huir o de estar protegido en mi covacha.

Soy amante de todo lo oriental, tal vez porque para los chinos nuestra presencia en los silos, graneros, almacenes, es un signo de abundancia que se refleja en el conocimiento, tradición, artes marciales, música, negocios, inventos, medicina.

Adoro ver los adornos FENG-SHUI como dioses de la abundancia y las peceras al lado de la caja con los nueve pescaditos en supermercados y restaurantes chinos.

En el silencio de la noche la rata me conecta y mi cerebro es inducido a aprender constantemente sobre nuevas experiencias y tecnologías, me siento fascinado; me impulsa a escuchar ideas nuevas por absurdas que sean, me obliga a prestarle atención, tengo un cuaderno de inventos que es mi testigo fiel. El aprendizaje es fundamental, no me acuesto sin haber aprendido algo nuevo, puede ser un standard de jazz de piano, algún ítem sobre el tiempo según los mayas, un KOAN de meditación o cómo cambiarle la extensión a un archivo de una PC.

La rata está muy emparentada con la humanidad; con ellas siguen experimentando en los laboratorios para saber cómo combatir algunos males y hasta para llegar a descubrir el elixir de la juventud.

Aun en contra de mi voluntad, soy abnegado, curioso y me preocupa el futuro de la humanidad, de ese diez por ciento que podría salvarse, según lo escuchado y leído por ahí.

Contemplo con preocupación la autodestrucción de esta humanidad. También debe hacerlo la rata salvaje australiana cuando ve que su especie, al intuir la falta de alimentos y el exceso de población, corre y se arroja por un acantilado para suicidarse en masa.

Las ratas somos adictas en general. Supongo que de tanto frecuentar sótanos de antiguas panaderías francesas debe haber sido la primera en comer el pan de centeno contaminado con el hongo del L.S.D., ¿será por eso la curiosidad por el mundo chamánico de brebajes y alcaloides?

En cuanto a lo sexual, no soporto que nadie utilice nuestro ADN lleno de experiencia milenaria, somos altamente posesivos, no paramos hasta dejar simiente espiritual o carnal. Me encanta seducir mujeres que tengan un cierto misterio, belleza, talento y encanto, protegerlas y cuidarlas es el paso siguiente, si no lo perciben es otra cosa.

Dentro de lo que sería la visión de las cosas, pienso que esta realidad está construida a base de química y convención; observo el sufrimiento de las personas, cuando alguien me cuenta sobre sus penas inmediatamente invoco a Buda para que me ilumine y hable por mí, no soporto ver cómo la gente sufre estúpidamente. Los hago reflexionar, les digo que esto es un simple sueño más, que miren las cosas sin identificarse, que aprendan algo y pasen a otra cosa.

La telepatía que tenemos las ratas es muy sofisticada: sé y conozco cosas que por momentos hacen la vida un poco aburrida; me permite saber todo por adelantado, jamás me equivoco. Trato de no escuchar ese chillido infernal cuando viene algún flautista con su melodía; varias veces me he visto con la malla de baño puesta (por suerte fue falsa alarma).

Me llaman la atención las casas o lugares donde no hay libros, animales o niños, amo los ámbitos antiguos que tienen *glamour*, en especial los hoteles cinco estrellas donde habitualmente trabajo como músico, los recovecos de estos hoteles me llevan a fantasear sobre la vida de otros tiempos y percibir la adrenalina generada por los pasajeros después de un viaje.

Soy muy supersticioso, quizás en el aspecto mágico. En un hotel que frecuento hay una estatuilla de Mercurio, el dios griego, y disimuladamente voy a tocar sus pies como si fuera un santo para que me inspire, me ampare y me proteja, lo mismo que hace la gente con la virgen de la estación de subte Primera Junta en Buenos Aires.

Soy de soñar con el panteón de dioses griegos, haciendo el amor a la diosa Shakti; con ovnis; también me soñé hablando en inglés con el Dalai Lama a quien le escribí un *e-mail*

> *"La telepatía que tenemos las ratas es muy sofisticada"*

disculpándome por no haberlo atendido y tratado (en mi sueño) como corresponde.

Detesto a rajatabla la estupidez y el consumismo humanos, me encantan las personas con sentido del humor y honestos con ellos mismos.

Mal aspectado me reconozco huraño, neurótico, absolutamente desconfiado.

Peleador, un poco EMILIANO ZAPATA, SI NO LA GANA LA EMPATA; deprimido, a veces deseo dormir el sueño eterno de John Lennon; abandonado, no se qué hacer con los objetos atesorados a lo largo de una vida; vacío, con la mirada perdida en las liquidaciones de fin de temporada de alguna tienda o negocio.

Tengo el don de saber el instante exacto en que debo desaparecer y aparecer.

Es muy difícil que me olviden, pues a pesar de mis múltiples funciones y talentos sé crear dependencia y cumplir con trabajos específicos que producen admiración, fascinación y entusiasmo en quien amo.

APUESTO A TODO O NADA.

La moderación no es para mí, pero a veces desaparezco en las tinieblas y penumbras de la noche aunque sea de día.

Calidad más que cantidad.

Soy eficaz en cumplir con trabajos que a otros les llevarían meses, y necesito ser admirado, estimulado y altamente cotizado.

Los vicios valen la pena y, si puedo, pruebo todo lo que me ponen en el camino.

Puedo ser Otelo y disimularlo, como el gran actor que soy en cada *situación límite*.

La posesión de personas es más importante que la de bienes, aunque siempre estoy alerta para poder combinar ambas cosas.

Me rebelo ante los mandatos y busco situaciones originales que me inspiren para encontrarle un sentido a la vida.

Cuando me enamoro, sólo cuando ocurre este fenómeno poco frecuente, pierdo el control de todo y soy capaz de transformarme en alguien indispensable que cumple con compromisos, protege a sus seres queridos y prevé el futuro.

Leer, ir al cine, meterme en acueductos, gasoductos, tuberías de metal, acechando, siendo *voyeur*, espía, un infiltrado, es lo que me mantiene vivo, alerta, pendiente de nuevas criaturas a las que trato de chupar el prana para nutrirme.

Soy ciclotímico y puedo cambiar el ánimo mil veces durante un día.

Irritable, intolerante, pertenezco a las entrañas de la tierra, símbolo de actividades ilegales nocturnas y clandestinas.

Paso por la vida sin visa ni pasaporte.

Y también desaparezco.

HISTORIA

En la mitología oriental la rata es una criatura que anida en las profundidades del agua, de la tierra, de las madrigueras.

En la India, una rata llamada MUSHAKA, se revela como una entidad imaginativa, caprichosa e impredecible.

La divinidad Ganesha es servida por la diminuta rata MUSHANKA y tienen una relación de intercambio entre el mundo espiritual y terrenal que eleva a la rata como una deidad.

Atraviesan la vida juntos como socios, compinches, amigos, amantes, hermanos, un mundo de apariencias y realidades igualmente efímeras.

Juntos son dinamita como Maradona y Coppola en otras épocas, más allá del bien y del mal.

Esta rata es una especie de Lucifer, capaz de falsificar las evidencias, pero finalmente obliga al discípulo a refinar sus sentimientos y a disipar sus dudas.

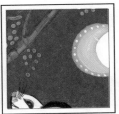

El roedor tiene más de un as debajo de la manga.

LA RATA EN EL TRABAJO

Hay dos tipos de ratas: las adictas al trabajo porque tienen una vocación profunda y se desviven por alcanzar la perfección sacrificando su vida personal, afectiva, familiar y con absoluta fe logran destacarse en la profesión que eligen, y las que se infiltran en la vida de los que trabajan y sacan una buena tajada de ello.

Como buena rata les digo que soy individualista y no me gusta trabajar en equipo.

Tengo el don de inspirar, estimular y aportar ideas originales a la gente, soy conflictiva pues no admito otras opiniones y no me gusta que me contradigan.

Soy una luz para los negocios rápidos, peligrosos y la especulación; maquiavélica en mis estrategias y apuesto a TODO O NADA.

Me gusta ahorrar, amarrocar el dinero y soy capaz de dilapidarlo en un instante cuando siento que lo puedo perder o lo tengo que compartir con otras personas.

Avara y pródiga a la vez, a veces la juego con perfil bajo y otras veces con mucha ostentación.

Soy buena administradora si me encuentro bien emocionalmente y resulto una gran asesora o consejera para el resto del zoo.

Me las sé rebuscar en épocas difíciles y siempre encuentro gente que se apiade de mí cuando llega el invierno.

Celebren si los invito al cine o a comer afuera, a comprar un auto o hacer un *tour* a Nueva Zelandia. Tal vez sea porque encontré el dinero en el asiento de algún avión o tirado en el piso.

Me sentiré muy orgullosa y mejor que aprovechen la movida.

Soy la reina del trueque y siempre saldré con ventaja.

Resulto experta en negocios, en los que siempre logro hacerle el bocho a quienes inviertan conmigo; además, la sartén por el mango la tengo YO.

OM. OM. OM.

LA RATA EN EL AMOR

Hoy me confesó una mujer rata: Siempre engañé a todos los hombres menos una vez que me engañaron a mí.

¡¡¡Ayyy!!!

Naturaleza apasionada, volcánica, violenta, colérica, exaltada, no puedo contra mi naturaleza.

Vivo cada relación con entrega, poniendo todas las fichas y sin medir las consecuencias.

Posesiva, celosa, manipuladora, combino mi sofisticada inteligencia con mis zonas oscuras y perversas produciendo relaciones tipo *Fatal attraction* o sadomasoquistas.

Me enamoro una vez en la vida y cuando lo hago soy capaz de ser una gran amiga, compañera, amante y dar mi vida a cambio.

Admiro a la gente que tiene misterio, vida propia y mucha energía para alcanzar sus metas.

Estar conmigo es asegurarse una relación tipo *Star wars*.

LA RATA EN LA FAMILIA

Hay dos tipos: hogareñas y apegadas a sus raíces familiares y a la tradición, o callejeras y del mundo.

En ambos casos mis hermanas y yo somos muy posesivas, dominantes y exigentes con hijos y cónyuge y necesitamos controlar la situación para no sentirnos fuera del juego.

Estoy en casa cuando menos me lo exigen y si me siento excluida salgo a la caza de nuevos riesgos.

Puedo ser muy prolífica y cuidar de mi prole con mucho amor.

Es necesario que esté ocupada, activa y con laborterapia para no deprimirme y quedar atrapada en un callejón sin salida.

Soy intrínsecamente muy destructiva y puedo llegar a aislarme o deprimirme si no estoy rodeada de afecto y estabilidad.

Siempre me recomiendan que practique deportes, medite, haga yoga o busque expresarme libremente sobre escenarios o en medios de difusión. Es por lo que comentan de mí: RATA OCUPADA ES MEJOR QUE DESOCUPADA.

LA RATA Y SU ENERGÍA

RATA DE MADERA
(1924-1984)

La Rata de Madera tiene muchos principios, y no demora demasiado en hacerlo saber. Pero no es tan insistente como otros tipos de ratas. Genuinamente necesita el respeto y la aprobación de los demás. En general es una rata que ve a la distancia, trabaja siempre duro, motivada por un profundo sentimiento de inseguridad.

Es muy práctica y eficaz para aprender; habitualmente triunfa en lo que se propone. Posee una excelente percepción de lo que hace falta para avanzar en la vida. Está muy bien dotada y por su naturaleza persuasiva obtendrá, casi con seguridad, gran parte de lo que desea en su vida.

RATA DE FUEGO
(1936-1996)

Estamos ante una roedora considerablemente más impulsiva que el resto de sus pares. Tal condición la puede volver muy competitiva y agresiva, a veces, incluso, en contra de su propio interés. De hecho, la Rata de Fuego es la más inquieta de todas, y para ella resulta imposible permanecer en reposo más de un minuto. Esta energía, que no conoce límites, genera una corriente permanente de proyectos e ideas nuevas, pero muchos de ellos no valen ni el entusiasmo ni el trabajo que se necesitaría para llevarlos a cabo.

El problema definitivo de esta roedora reside en que se aburre con gran facilidad. Si no está todo el tiempo corriendo de un lado al otro y generando nuevos proyectos, puede volverse loca con la rutina.

RATA DE TIERRA
(1948)

Esta rata no es tan ejecutiva como las otras de su especie. Prefiere usar los viejos y conocidos métodos antes que arriesgarse a lo desconocido. La Rata de Tierra es definitivamente pragmática, con un afilado sentido de la "realidad" de las cosas. Como su energía lo indica, no es dada a los vuelos de la fantasía y tiene bien plantados los pies en la tierra.

Sus aspectos negativos son la falta de generosidad y un comportamiento dictatorial. Pero estos puntos oscuros casi nunca aparecerán con su familia y en su casa, donde la rata es generalmente desprendida y amorosa. Esté atenta a los aspectos negativos porque pueden traer problemas en la relación con los que no integren su círculo familiar.

RATA DE METAL
(1900-1960)

Será una experta en conseguir las cosas o la posición social que desea. Está completamente determinada a llegar al tope del árbol, tanto financiero como social. La Rata de Metal muestra un considerable talento para hacer dinero e invertirlo correctamente. Esto último no implica avaricia ya que también le gusta gastar dinero en las cosas y personas que le interesan.

Puede ser muy generosa, en especial con las grandes fiestas que le encanta realizar en su espléndida casa. Dichas fiestas no tendrán como objetivo final la pura diversión porque la rata nunca pierde la posibilidad de aumentar su influencia social. Aunque aparezca casi siempre encantadora, considerada y simpática, esa actitud disfraza una naturaleza que es menos autosuficiente y mucho más emocional de lo que a la misma rata le gustaría que los demás supieran.

RATA DE AGUA
(1912-1972)

Este tipo de rata vive más a través de su cabeza que de su corazón, y considera los trabajos intelectuales los más importantes, por eso resulta la más pragmática de las ratas. Por no ser tan competitiva como los otros tipos de ratas, puede a veces bajarse de la rueda de la ambición y alcanzar un relax genuino. Menos ambiciosa que sus hermanas, se rodeará, no obstante, con las cosas finas y agradables del mundo.

Esta roedora no sólo es muy perceptiva, sino que tiene un excelente manejo de las palabras, por eso le encanta aprender, escribir y hablar en público. Este talento hace de ella una buena escritora y periodista, pero tal necesidad de comunicación suele volverse indiscriminada. Cuando eso sucede puede encontrarse en dificultades si se asocia con personas que modifican sus palabras, cambiando el sentido.

LA RATA
Y SU ASCENDENTE

RATA ASCENDENTE
RATA: 11 p.m. a 1 a.m.

Usted conoce su *charme* y cómo utilizarlo. Tiene muchas contradicciones; es lúcida crítica, manipuladora, agresiva y muy ambiciosa. Su punto G son los instintos. Buena escritora y ávida lectora.

RATA ASCENDENTE
BÚFALO: 1 a.m. a 3 a.m.

El búfalo templa las extravagancias de la rata y limita su acción. Es obstinada y planea los proyectos con tiempo. Solidaria, tendrá amistades y amores sólidos estables.

RATA ASCENDENTE
TIGRE: 3 a.m. a 5 a.m.

Noble, pasional y justiciera, con un marcado sentido de la justicia. Será muy generosa y bastante derrochadora con su dinero. Deberá aprender a concentrarse más y a usar su cabeza en las situaciones límite.

RATA ASCENDENTE
CONEJO: 5 a.m. a 7 a.m.

Esta rata será una mezcla de encanto y astucia difícil de resistir. Irá segura de sí misma por la vida y no confiará en cualquiera. Su criterio será muy esperado por los demás, quienes la tendrán en cuenta para las decisiones importantes.

RATA ASCENDENTE
DRAGÓN: 7 a.m. a 9 a.m.

Será expansiva y de gran corazón. Afecta a darse todo tipo de gustos lujuriosos; adora agasajar a quien ama. Peca por exceso de ambición, pero tiene mucha suerte y cae siempre parada. Sus amores son sinceros y profundos.

RATA ASCENDENTE
SERPIENTE: 9 a.m. a 11 a.m.

Esta nativa es tan astuta que atraviesa los muros. Resulta un genio para las finanzas y una especuladora magistral. Envolvente, mágica, fascinante, tendrá intuición para huir de los peligros y jamás será atrapada.

RATA ASCENDENTE CABALLO: 11 a.m. a 1 p.m.

Se verá mezclada en todo tipo de situaciones. Tendrá una vida sentimental muy enrollada, llena de altos y bajos. Por su tendencia a arriesgarse más de lo normal a veces perderá la conciencia casi por completo. Es un poco hipocondríaca.

RATA ASCENDENTE CABRA: 1 p.m. a 3 p.m.

Será más liberal que pasional. Artista, sibarita y sensata, en su vida logrará una posición importante con respecto al trabajo, a las amistades y al amor. Su sentido de la responsabilidad y la pasión por el orden resultarán admirables.

RATA ASCENDENTE MONO: 3 p.m. a 5 p.m.

El mono reforzará la lucidez de la rata aumentando su clarividencia. No tendrá ningún tipo de moral. Hábil, diabólica, gentil, culta, será irresistible. No tendrá corazón pero sí sentido del humor, genial y negro.

RATA ASCENDENTE GALLO: 5 p.m. a 7 p.m.

Es inteligente y voluntariosa. Su contradicción consistirá en ahorrar dinero y gastarlo. No soportará la crítica, le costará enfrentar la verdad y tratará de evitarla. Es la rata más soberbia.

RATA ASCENDENTE PERRO: 7 p.m. a 9 p.m.

Se mantendrá siempre al margen y difícilmente se vea involucrada en grandes escándalos. Excelente compañía, es capaz de brindar momentos muy gratos cuando se lo propone. Sus amistades siempre claman por su presencia, ya que a veces se pone un poco en *vedette*.

RATA ASCENDENTE CHANCHO: 9 p.m. a 11 p.m.

Ciclotímica y contradictoria, atravesará momentos de depresión muchas veces por tonterías. Ama la vida, la gente y la familia y, cuando se enamora, es sumamente sensual y pasional. Un personaje difícil de olvidar.

ALINEACIÓN Y BALANCEO

Les aconsejo:

EL VIAJE INTERIOR ES PRIORITARIO.

Hay que buscar apoyo, ayuda y autoayuda para salir de las trampas.

Técnicas de autoayuda: zazen (meditación sentado), hatha yoga.

Pilates, fitness, trekking, esquí, polo, caminatas nocturnas.

Control de los vicios ocultos, equilibrar la vida sedentaria con salidas, viajes cortos o prolongados.

Retiro a un monasterio.

EL TAO DEL AMOR Y DEL SEXO con su alma gemela.

Detener la promiscuidad.

Contemplación, introspección.

Dejar por un tiempo las relaciones por Internet y conectarse con los seres humanos.

Salir de la luz mortecina hacia el sol y sumar millas en el amor.

PERSONAJES FAMOSOS

RATA DE MADERA
(1864-1924-1984)

Scarlett Johanson, Marlon Brando, William Shakespeare, Lauren Bacall, Marcello Mastroianni, Doris Day, Hugo Guerrero Marthineitz, Johan Strauss (padre), Charles Aznavour, Carolina Oltra, Narciso Ibáñez Menta, Henry Mancini, Eva Gabor, Henri Toulouse-Lautrec.

RATA DE FUEGO
(1876-1936-1996)

Wolfang Amadeus Mozart, Anthony Hopkins, Norma Aleandro, Charlotte Brontë, Rodolfo Bebán, Padre Luis Farinello, Pablo Casals, Glenda Jackson, Kris Kristofferson, Richard Bach, Bill Wyman, Úrsula Andress, Mata Hari.

RATA DE TIERRA
(1888-1948)

Vitico, Leon Tolstoi, Rubén Blades, Gerard Depardieu, Olivia Newton-John, Donna Karam, Robert Plant, príncipe Carlos de Inglaterra, James Taylor, Chacho Álvarez, Brian Eno, Thierry Mugler, Karlos Arguiñano.

RATA DE METAL
(1900-1960)

Neil Gaiman, Diego Maradona, Jorge Lanata, Ayrton Senna, Antonio Banderas, Bono, Sean Penn, Gabriel Corrado, José Luis Rodríguez Zapatero, John John Kennedy, Esther Goris, Ginette Reynal, Alejandro Sokol, Luis Buñuel, Daryl Hannah, Nastassia Kinsky, Lucrecia Borgia, Tchaikovsky, Spencer Tracy, Tomás Ardí.

RATA DE AGUA
(1912-1972)

Letizia Ortiz, Alejandro Amenabar, Gene Kelly, George Washington, Antonio Rossini, Loretta Young, Lawrence Durrell, Roy Rogers, Eve Arden, Pity Álvarez, Valeria Mazza, Pablo Rago, Cameron Díaz, Valentina Bassi, Facundo Arana, Segundo Cernadas, Diego Ramos, Magdalena Aicega, Antonio Gaudí, Figo.

BONO

TESTIMONIO *Yo soy una Rata*

HUGO PAREDERO
PERIODISTA Y ESCRITOR

asta los 30 años viví creyendo que en el mapa del cielo y de la tierra yo era sólo un occidental y cristiano de Piscis, para mí no había vida más allá de ese zodíaco. Hasta que una noche, quién si no Ludovica le reveló a mi existencia su mitad oriental y budista. Por ella supe que además de pisciano por mes de nacimiento, era, por el año, rata. "¿Rata? ¡Hmm, qué asco si uno no es químico!". "¿Por qué asco?". "Y... por ser como son: roedoras de nacimiento, repugnantes de aspecto, transmisoras de muchas enfermedades, quién tiene ganas de acariciar a una rata, ¿no se puede nacer de nuevo y cambiar de animal?". "No, en esta vida no se puede". Estrenando conciencia de rata pensé: "¡Pero se puede cambiar de queso!". ¿A qué ritmo? ¡Febril! Lamentable y afortunadamente, la rata vive todo el tiempo con hambre (insaciable, claro) de alguien o de algo. La suerte es que sobran quesos... La desgracia es que sobran trampas (propias y ajenas, por eso las ratas nos refugiamos mucho entre paréntesis... que a veces electrificamos).

Alumbrada por luces chinas, Ludovica empezó a contarme de la rata, y yo a ver radiografías de mi vida (de rata). El asco mutó en autoconsidera-

ción, me fui consustanciando, *anche* envalentonando, pero mirá vos la rata, pero mirame vos. Me gustó enterarme de que cuando Buda hizo la convocatoria a todos los animales, ella fue la primera en llegar, aunque me avergonzaron los medios que –cuentan las leyendas– empleó para conseguirlo (¿cuánto vale tu silencio, buey? ¿Y el tuyo, conejo-gato-liebre?). Me sobresaltó que la primera virtud a destacar en la rata fuera... un defecto, mejor dicho medio defecto, porque el diccionario afirma que astucia es tanto habilidad para engañar como para ser engañado. Consejito astuto al respecto: recordar que habilidad es sinónimo de inteligencia y machacar ahí, así el engaño en cuestión se nota menos. Entonces, como suena feo decir (y saber) que las ratas tenemos inteligencia engañadora, usemos como defensa esta frase de la Rata Magna William Shakespeare: "Vale más ser completamente engañado, que desengañado". Igual no nos ufanemos de nuestra astucia, una virtud de bolsillo interior más que de solapa. Aunque eso de las virtudes, hoy por hoy... ¿No había un programa televisivo de entretenimientos llamado *Codicia* porque en él se exaltaba, obviamente como virtud, tal apetito enfermizo por obtener riquezas? Al lado de la codicia (esto lo firmarían Cristo y Buda en cualquier época), nuestra astucia de ratas queda a la altura de una virtud teologal, salvo cuando nos ponemos paranoicas por pasarnos de astutas... (Ah, me olvidaba, también se dice de la rata que es muy pero muy codiciosa, total, para lo que le luce)... ¿qué más se dice de la rata?

De la rata se dice que es seductora, intuitiva, brillante, gran observadora y detallista. Bueno, muchas gracias (desde aquí nomás, sin subir al podio), y además, que los adjetivos vengan de donde vienen, estos sí que son quesos ricos. ¿Si me los como me los creo para toda la vida? (¡Uy ya me los había comido, y sin masticarlos!). Lo de la seducción es verdad, me funciona fácil... siempre y cuando no ocupe mi mente en seducir. Lo de las intuiciones también, ¡y cómo!, suceden todo el tiempo, son parte de mi respiración, ya ni las llamo intuiciones, acostumbrado como estoy a saber antes de saber, a ver antes de ver, a sufrir y gozar antes de sufrir o gozar por quien corresponda (o no). Con respecto a lo brillantes que somos, giro la cabeza sonrojado (ya que debo coincidir), y agrego: así como somos de brillantes somos de apagantes. Grandes observadoras y detallistas también, es cierto. Las ratas sabemos taladrar con la mirada sin perder suavidad ni hacer doler, y estamos en todos los detalles que hagan falta (y los que no), aunque quizá, más que observar nos gusta observarnos mientras observamos.

"La piedra en que suele tropezar es su exceso de ambición"

Pero entonces... ¿por qué dos por tres soy capaz de perder tiempo y humor buscando por toda mi casa los anteojos que tengo puestos?

De la rata se dice que su inteligencia es aguda, lúcida y cortante. Que sabe mejor que nadie criticar, dar consejos y limpiar las malezas en jardines ajenos. Y así será no más, no voy a ser tan rata de contradecir a los que saben. Pero déjenme confesar que mi inteligencia no sería aguda si no completara mi claringrilla todos los días (menos los odiados 25 de diciembre, 1° de enero y 1° de mayo, que no hay diario), que no sería lúcida sin la intuición que dicta, que no sería cortante si no me sintiera tan acomplejado por todo lo que no sé, y tan atemorizado por olvidarme de lo que sabía. En cuanto a lo de criticar mejor que nadie, no me cabe un orgullo por eso en tanto el primerísimo criticado siempre soy yo (tengo coronita... de alambre de púas). Víctima preferida de mí mismo, me aplico castigos que van desde amonestaciones hasta penas de distintos tipos de muerte, no me dejo vivir. En cambio tengo mucha facilidad para ayudar a vivir a otros (desde seres muy queridos hasta desconocidos), mis consejos útiles suelen ser para ellos, y a veces ni hay consejos, es sólo una manera de acompañar, de ponerle una alegría a la cosa y ya está. Me encanta limpiar malezas en jardines ajenos porque cuando lo hago me voy a vivir allí el tiempo que haga falta, me olvido de mis propias malezas y siempre vuelvo cargado de flores regaladas por sus dueños (más alguna que otra maleza ajena que se me pega a las mías y entonces ya es propia).

De la rata se dice que la piedra en que suele tropezar es su exceso de ambición, intenta hacer demasiado y pronto, como resultado de lo cual dispersa sus energías. Debo coincidir con el ceño fruncido, ¿a quién le divierte admitir una tara de esas? Exceso de ambición en mí quiere decir exceso de mente, y exceso de mente quiere decir en cualquiera carencia de acción. Dicen que si la rata pudiera perseverar hasta finalizar cada cosa que empieza, terminaría haciéndose rica, ya que a las ratas les encanta el dinero. ¡Dios los oiga! Y me mande una perseverancia que no destiña, un buen antidispersador de energías, la medicación correspondiente y... ¿un chequecito de adelanto podrá ser?

De la rata se dice que su punto más débil es la vesícula biliar, que vive el amor con mucha entrega y es capaz de ser agresiva si siente celos. Lo primero es tal cual porque vivo comiendo quesos y quesos, o pasados de vencimiento, o en buen estado pero muuuuuuucha cantidad, por suerte alguien inventó el limón. En cuanto al amor, sí, lo vivo con mucha entrega. Soy de poner toda la carne en la parrilla (incluso puedo ver brasas donde no las hay), me entrego en cuerpo y alma. Como supe entregarme durante años al no amor ("Estoy bien así, no lo necesito, elijo estar solo"), y entregarme a simulacros de amor como si no lo fueran. ¿Capaz de ser agresivo si siento celos? ¡Sí, claro, soy celoso, como no debe ser! Sé perfectamente que los celos son una enfermedad, que no son parte del amor sino su ausencia, que son el humo del vínculo, no la llama... Y cuando me lo olvido pregunto (a los cuatro vientos y a los gritos): ¿se puede no sentir celos por el ser amado? ¿se puede sentir celos sin ponerse agresivo? ¿se puede celar y agredir sin que se note?...

Quisiera terminar este testimonio sin preguntas... ¿podré?

RATA

ENTREGATE Y FLUÍ
AMOR

ENCUENTROS CERCANOS
DE ALGÚN TIPO

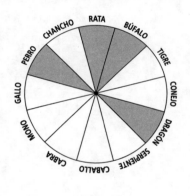

CORTOCIRCUITO ASTRAL
DANGER

HACETE CARGO • TE AVISÉ

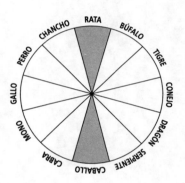

TRABAJO
SOCIEDADES

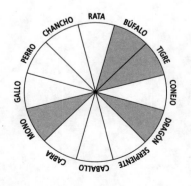

AFINIDAD-EMPATÍA
**BENDICIONES
DISFRAZADAS**

BÚFALO

牛

Encontré dos pétalos de rosas rojas
pisoteados en la playa.
Los tomé sintiendo que es la única forma
que casarme pudiera.

L. S. D.

牛
BÚFALO

FICHA TÉCNICA

NOMBRE CHINO DEL BÚFALO NIU
NÚMERO DE ORDEN SEGUNDO
HORAS REGIDAS POR EL BÚFALO 1 AM A 3 AM
DIRECCIÓN DE SU SIGNO NOR-NORDESTE
ESTACIÓN Y MES PRINCIPAL INVIERNO-ENERO
CORRESPONDE AL SIGNO OCCIDENTAL CAPRICORNIO
ENERGÍA FIJA AGUA
TRONCO NEGATIVO

ERES BÚFALO SI NACISTE

19/02/1901 - 07/02/1902
BÚFALO DE METAL

06/02/1913 - 25/01/1914
BÚFALO DE AGUA

25/01/1925 - 12/02/1926
BÚFALO DE MADERA

11/02/1937 - 30/01/1938
BÚFALO DE FUEGO

29/01/1949 - 16/02/1950
BÚFALO DE TIERRA

15/02/1961 - 04/02/1962
BÚFALO DE METAL

03/02/1973 - 22/01/1974
BÚFALO DE AGUA

20/02/1985 - 08/02/1986
BÚFALO DE MADERA

07/02/1997 - 27/01/1998
BÚFALO DE FUEGO

TODO SOBRE MÍ *Soy un Búfalo*

Nací en China en primavera, cuando los ciruelos empiezan a florecer después del invierno, que dura una eternidad.

Cuando era un niño supe que pertenecía al signo del buey, sinónimo de trabajo, esfuerzo, honestidad y, sobre todo, de una gran fortaleza física y espiritual que me permitió atravesar las pruebas más duras y difíciles sin quejarme y resistiendo las estampidas con estoicismo.

En China el búfalo es venerado y respetado pues sobre su lomo viajó Lao Tsé predicando el TAO en cada rincón, pueblo y aldea durante su larga vida.

La vida es la maestra que nos enseña a cada paso lo que debemos aprender y, según la actitud que tengamos, podremos avanzar o retroceder en nuestra evolución.

Por eso soy consciente de esta oportunidad y a pesar de ser rumiante en cada decisión, reconozco que mi paso es firme y seguro.

Mis sentimientos están escondidos bajo mi gruesa piel y cuando afloran producen fuertes conmociones.

El amor y el odio son como el *yin* y el *yang*: se transforman en el otro en un instante sin que pueda diferenciarlos. Y soy capaz de convertirme en una bestia salvaje que se derrite ante la caricia de un niño.

Comparado con otros signos chinos tengo un don especial para afrontar la adversidad y el sufrimiento; la vida es una preparación para la muerte y estar atento a las señales es fundamental para la existencia.

Siempre fui aplicado en la escuela: precoz, curioso, lleno de iniciativa, por eso me destaqué siendo el preferido de los maestros que me encargaban el doble o el triple de tareas que a los demás.

Desde chico fui muy solitario.

Salía temprano de mi casa rumbo a la escuela y me detenía a contemplar la salida del sol desde la montaña como un ritual, una ceremonia secreta, dejando que el rocío me humedeciera los pies, las piernas, las manos, para despertarlos junto al día y prepararlos para las múltiples tareas que me esperaban en la escuela, en mi casa y en la comunidad.

Ser único hijo varón es una carga sin IVA responsable en China.

Las expectativas son siderales y creo que es parte del gran crecimiento y expansión del pueblo chino, hay que producir de cualquier manera y vender lo que se hace, menos el alma.

Siempre me sentí parte de la naturaleza, una prolongación de cada brote de los pinos, cipreses, abetos que crecen paralelos a mi vida y a los que cuido, riego, podo y protejo como si fueran parte de mi familia.

Cuando una planta muere o la arrancan siento un dolor en las entrañas que me dura hasta que veo nacer otra.

Me conecto más con las plantas y los animales que con los humanos.

Hablo con las entidades invisibles, duendes, hadas, elfos que están aunque nadie los vea y crean que estoy loco.

Van Gogh era búfalo y sufrió el aislamiento pues su voltaje era tan inmenso que sólo los girasoles, las flores, las batatas, zapallos, langostas que pintaba podían ser parte de sus vísceras, corazón y alma para expresarlos sobre la tela con tanta pasión.

Vivo cada minuto con mucha intensidad sintiéndome útil. El deber es parte de mi esencia. No concibo la vida sin obligaciones ni compromisos, y eso no significa que no me guste el ocio creativo.

Me gusta estar *full time* en lo que hago, ya sea leer, coser, limpiar, pintar, cocinar: no delego y me gusta asumir los riesgos de las responsabilidades que tomo.

Tengo autodisciplina y soy bueno organizando la vida ajena. A veces me desbordo y paso momentos incómodos, pues a nadie le gusta que le digan de manera tan contundente lo que tiene que hacer.

Puedo pasar días sin dormir porque soy perfeccionista, detallista y muy responsable y cargo sobre mi espalda las responsabilidades de los otros, sintiéndolas propias.

AL PAN PAN Y AL VINO VINO.

Por eso adoro la gente con imaginación, ideas originales, de vanguardia, que puedan aportar algo a mi metodología, rutina y espíritu conservador.

La ecología es esencial; un modo de vivir en el día a día y ponerla en práctica a cada momento; desde no tirar un papel en la calle hasta no contaminar el ambiente con pensamientos negativos y preservar el planeta de las mutilaciones diarias que padece ante nuestra indiferencia.

Creo en la ley de CAUSA Y EFECTO.

Soy medido en el hablar: el pez por la boca muere.

Tengo mis prioridades: mi espacio y tiempo son sagrados. No soporto que invadan mi privacidad.

La base es la familia. Aunque no la vea mucho, la cuido, protejo y trato de inculcarle mis principios.

Soy un educador constante, trato de transmitir mis ideas a quienes se arrimen y tengo pocos pero buenos amigos.

Los lazos afectivos son la sal de mi vida. Puedo amar a una mujer una vez en la vida, pero jamás la olvido.

"Para mí la familia es el eje de mi vida"

Soy paciente y sé que es una gran virtud en épocas de violencia e impaciencia desenfrenadas.

Disfruto la soledad: leer, escribir, reencontrarme con mi mundo, mis hobbies, caminar meditando o compartir un asado con mis amigos, un partido de ajedrez o de poker son mis distracciones.

Tengo un carácter irascible, a veces malhumorado.

No conozco las variaciones pero a causa de la cantidad de técnicas espirituales prácticas que aprendí en China estoy más flexible y moderado.

Practico EL TAO DEL AMOR Y DEL SEXO con maestría. Esto contribuye a equilibrar mi estado anímico con el emocional y sé que creo dependencia o un fuerte rechazo en mis amantes.

La graduación es un arte que aprendí en la madurez.

Podría perder mi trabajo o mi reputación cuando me gusta mucho una mujer. Tal vez sea mi debilidad o mi gran necesidad de afecto.

Admiro a la gente que mantiene un equilibrio entre cuerpo y alma.

Soy obsesivo. Demandante y muy pesado. A veces siento que llego a un lugar y la gente se acerca o se aleja; es mi energía, que absorbe o eyecta.

Puedo vivir solo y crear un universo en cualquier parte del mundo.

Atravesé mares, desiertos, dunas, valles, montañas, colinas, mesetas, para llegar a destino. Caminando o en un auto último modelo.

Soy desapegado.

Con un cuenco de arroz, una alfombra y una vela puedo vivir. Tengo manías y utopías.

Estar limitado físicamente es una forma de amputación que me atormenta. Necesito sentirme sano y útil. Me educaron para servir, estar siempre bien y ser atento.

Soy creyente, tengo fe en la vida y siempre aposté por ella. Me dediqué a estudiar cada religión profundamente pues creo que conociendo los dogmas se puede elegir libremente.

En mi monasterio interno trato de mantener el orden, la armonía y la privacidad.

Detesto el ruido, la muchedumbre, la invasión a mi espacio físico e intelectual.

Me expreso abiertamente cuando encuentro gente que sabe escuchar y hay *feed back*.

En mi corazón siempre hay ternura. Me cuesta mucho demostrar mi afecto con caricias o palabras, pero en la acción no hay nadie que me iguale.

Soy fiel a mis creencias y trato de difundirlas sin medir las consecuencias. Con mi presencia inspiro respeto y a veces miedo.

A pesar de experimentar la meditación, el zazen, el yoga, el tai-chi que en China es parte de la vida cotidiana, siento que mi naturaleza es indomesticable y que cuando me invade la ira soy un *alien*.

Por eso a veces sufro en silencio. Y me arrepiento de mis acciones o de mis desaforadas palabras que hieren y lastiman.

PARA MÍ LA FAMILIA ES EL EJE DE MI VIDA. Puedo estar alejado un tiempo, no ser muy comunicativo o no interesarme en los problemas de hijos, hermanos o esposa, pero estoy atento y presente cuando me necesitan.

Cuando era joven viajaba donde el trabajo, los amigos o la curiosidad me llevaran. Con el tiempo afirmo lo que decía Buda "TODO MOVIMIENTO ES UNA IMPERFECCIÓN".

Sufro el traslado de mi hábitat, me siento perdido en hoteles o casas donde no pueda encontrar mis anteojos, libros y PANTUFLAS.

Los amigos son el gran patrimonio que tengo en la vida. Sin ellos no hubiera podido atravesar las pruebas más absurdas, los momentos más difíciles, la frontera entre la cordura y la locura que me acompañó toda la vida y en la que a veces creí naufragar, hasta que un amigo me rescató de la marejada con sus brazos abiertos y cálidos para darme, como el tronco del ombú, su apoyo.

También soy un buen amigo y un defensor del arte, la ecología, los derechos humanos en todas sus manifestaciones.

Sobre mi lomo he llevado a mucha gente a puerto seguro.

Me enamoro profundamente y siento que es para siempre.

Creo en el gran motor de inspiración que es el amor y soy capaz de convertirme en Don Quijote desafiando los molinos de viento.

Soy maniático, hipocondríaco y malcriado cuando no se ocupan de mí. Aunque parezca lo contrario, exijo atención *full time*.

Necesito tener el control remoto de las situaciones y no me gusta dejar nada librado al azar.

Creo en la buena y en la mala suerte. En la existencia de gente predestinada y también en el esfuerzo del trabajo cotidiano para alcanzar las metas.

Mi *egotrip* fue alimentado por diversas musas y duendes; con los años aprendí a pulverizarlo cuando la vida me dejó a la vera del camino.

La edad nunca me importó pues, a diferencia de lo que la gente cree, es una recompensa: "MÁS SABE EL DIABLO POR VIEJO QUE POR MALO".

Disfruto escuchando música clásica, viendo partidos de fútbol o jugando al truco con mis amigos.

Reconozco que soy sectario, implacable y muy primitivo emocionalmente.

Tengo el don de la paciencia china y la ejerzo cuando siento que el mundo se cae a pedazos.

He vivido de mi trabajo y sólo una vez contraje una deuda, y recién pude dormir tranquilo cuando la pagué.

Creo que somos lo que imaginamos, damos lo que recibimos y no pedimos nada extragaláctico.

La vida es una experiencia vital e intransferible.

Me gusta comer lo que cocino, sacar la verdura de la tierra, y regar mi jardín.

Soy consciente de lo que ocurre a mi alrededor y, si puedo dar una mano, la doy.

A veces sueño que soy una golondrina que vuela lejos y retorna a su nido.

HISTORIA

El búfalo nació de la esencia de un pino muy antiguo.

Símbolo de inmortalidad y longevidad, es *yin* pues representa el suelo, la tierra húmeda y su fertilidad.

En todas las culturas el buey o vaca es apreciado por su capacidad de trabajo, rendimiento, seriedad en lo que emprende.

Equivalente al minotauro, guardián de los círculos del infierno en *La divina comedia* de Dante, o representando a Júpiter con cara de toro cuando seduce y secuestra a Europa.

En China el búfalo representa el emblema de la agricultura y la primavera, base de la economía, de la familia, la tradición y el trabajo.

Es protector y custodio de los ríos, lagos y estanques donde moran entidades malignas, por eso sobre el lago artificial del Palacio de Verano, en los alrededores de Pekín, hay un búfalo de bronce.

Su pezuña partida marca la energía *yin* de este signo. El hombre en el campo necesita al búfalo para sembrar, cosechar y trasladarse, por eso matar un búfalo para carnearlo está considerado un crimen.

En la antigüedad cada año, cuando empezaba la primavera, se hacía el sacrificio ritual de un búfalo, luego fue reemplazado por la destrucción simbólica de un búfalo de barro cocido.

Antes de un combate se sacrificaba a un buey para conocer la suerte. Después del sacrificio se inspeccionaban las pezuñas del animal: si los dedos quedaban juntos, era un excelente presagio, si quedaban separados, se tenía que estar muy alerta.

En la India y en el Tíbet el búfalo es reconocido como la deidad de la muerte.

En los templos de Shinto, China, abundan las estatuas de bueyes.

Es sinónimo de abundancia doméstica e incluso territorial.

El emperador Shennog pasó a la historia con cabeza de buey por ser el creador de la agricultura.

EL BÚFALO EN EL TRABAJO

¡¡¡No abusen de mí!!!

Se corrió la bola de que soy el que carga con el laburo de los demás.

El que hace todo a la perfección, trabaja horas extras y no descansa ni en los feriados ni en Navidad.

Soy obsesivo, disfruto resolviendo cada etapa de la labor que realizo.

Es cierto que prefiero los trabajos independientes y ser el que dirige la batuta. Tengo un estilo propio, personal, que irrita y descoloca a la gente, pues soy famoso por mis ataques de "bufalitis" cuando no cumplen con el deber, y puedo convertirme en un tirano.

Prefiero el trabajo donde pueda desplegar mi vocación ecológica, altruista y humanitaria.

Soy THE BOSS, y aunque sea mujer soy temido como Margaret Thatcher.

Cargo sobre mi lomo el trabajo ajeno y soy feliz ayudando a la gente.

Me gusta disfrutar de los logros de mi trabajo y aunque soy modesto en mi forma de vivir, ahorro y administro el dinero como nadie.

"No conozco los matices, soy tímido y poco comunicativo"

Tal vez no cumpla el 9 a 5 pm, pero rindo más que quienes marcan tarjeta.

La constancia, el esfuerzo, la concentración y la capacidad de aguante son mis aliadas: puedo pintar *Los girasoles* de Van Gogh exactos por la repetición de la obra en mi memoria y en mis manos.

Cuando no trabajo molesto a quienes me rodean y por eso prefiero la soledad de mi casa para seguir inventando la vida a mi manera.

Sé que hay búfalos que hacen quedar mal al signo, pues son lo opuesto a lo que conté; pero HAY EXCEPCIONES A LA REGLA. Serán de ascendente conejo, mono o rata, pero algún talento oculto deben tener.

EL BÚFALO EN EL AMOR

Tengo un corazón de acero inolvidable. Cuando amo soy capaz de seguir a mi amante por el mundo, como Adela H.

Soy fiel en mi mente aunque a veces tenga algunos revolcones en los arrozales con algún animal muy cariñoso, pero siempre vuelvo a casa, a menos que me exilien.

Soy pasional, me gusta arder como un leño cuando hago el amor y me olvido de todo, incluso de mis secretos y vocaciones.

Necesito canalizar mi amor en una persona y darle todo lo que soy en cómodas e incómodas cuotas.

A veces puedo ser pesado, invasor y tirano con mi pareja.

No conozco los matices, soy tímido y poco comunicativo; vale más una caricia que una palabra, un hecho que mil *promesas en el bidet*.

Me enamoro profundamente y exijo del otro la misma intensidad.

Por eso sufro tanto, pues nadie puede amar con tanto ímpetu aunque al principio arranque como un *jumbo* y termine en parapente. Aprendí a no ser tan exigente y aceptar el amor en épocas de *tsunami*.

EL BÚFALO EN LA FAMILIA

Les cuento que en China el buey representa "DIOS, PATRIA, HOGAR". Inspira autoridad y respeto.

Soy un padre o madre muy exigente; protector, generoso, atento y muy predispuesto a ayudar a los demás.

No acepto otras opiniones y mientras esté cerca mi familia tendrá que respetar mis órdenes y reglas sin escapatoria. Educo a mis hijos severamente, les exijo el máximo rendimiento y los estimulo en su vocación.

No soy de andar con vueltas, así que claramente les digo: HAY QUE ACEPTARME COMO SOY O HUIR A LA ESTEPA SIBERIANA.

EL BÚFALO Y SU ENERGÍA

BÚFALO DE MADERA
(1925-1985)

De todos los búfalos, el Búfalo de Madera es, lejos, el más elocuente y, a veces, capaz de volverse ingenioso. Puede no ser muy hábil en asuntos del corazón, pero es posible que resulte encantador en las esferas sociales, sobre todo si percibe que existe una ventaja y, si esa ventaja es económica, muchísimo más.

Es conservador por naturaleza, pero al mismo tiempo abierto hacia proyectos e ideas nuevas. Sin alejarse del postulado que dice que sólo en él reposa la razón, ese grado de flexibilidad al menos le permite trabajar en equipo con otra gente.

BÚFALO DE FUEGO
(1937-1997)

Por haber nacido bajo la energía fuego, existe en este búfalo cierto grado de combustibilidad que se transforma en capricho obcecado: una contradicción en el caso del búfalo, que es naturalmente imperturbable. El fuego tiende a incendiar su temperamento y hace desaparecer su actitud normal de placidez hacia la vida. Como consecuencia, resulta muchas veces notable en su campo de acción, aun cuando la manera que utiliza para llegar al tope sin pensar en otros pueda generar sentimientos amargos. El fuego suele tener la inclinación hacia la arrogancia pero también una fuerte tendencia hacia la lealtad. Y este búfalo tiene lealtad en abundancia. Su familia puede estar segura de que la navegación será tranquila y protegida.

BÚFALO DE TIERRA
(1949)

Esa combinación produce un tipo bovino que tiende a ser extremadamente placentero, si bien un poco lento. Esa lentitud puede resultar una ventaja ya que el Búfalo de Tierra nunca pierde su camino, nunca toma riesgos innecesarios y nunca expone a la gente que quiere a cualquier tipo de peligro o desarreglo.

Sumamente trabajador, advierte que sólo el duro trabajo le servirá para alcanzar sus objetivos. No hay atajos para él. De manera que donde vaya se aplicará en forma total y disciplinada durante todo el tiempo que sea necesario. Por eso acumulará un considerable éxito material, que será bien merecido por el esfuerzo que invirtió para lograrlo.

BÚFALO DE METAL
(1901-1961)

Él tiene extremadamente claros sus creencias, sus deseos y la manera de actuar para conseguirlos; nunca se lo verá dudando al obrar y expresar sus opiniones. El Búfalo de Metal está dotado de una personalidad particularmente fuerte y espera que el resto de la gente, tanto en el trabajo como en la casa, acepten su conocimiento superior. Desde ya, esa tendencia a ser tan dominante puede llevar a conflictos y desacuerdos, en los cuales este búfalo casi nunca cede en su opinión o su posición. De todas formas esa actitud puede ser un gran don, sobre todo cuando se encuentra contra la pared y hay que realizar algo que no puede esperar.

BÚFALO DE AGUA
(1913-1973)

El peso del agua hace que este tipo de búfalo sea aún más lento que lo acostumbrado, pero al mismo tiempo posee un grado de flexibilidad que sus hermanos no poseen. Esta lentitud otorga al Búfalo de Agua una enorme paciencia, que le permite perseguir objetivos a largo plazo, en cuyo desarrollo avanza metódicamente y con calma, paso a paso. Sin importar lo que suceda, él no se apurará, y con sus estrategias de largo aliento muchas veces provocará la incomprensión de la gente. Como resultado, puede tardar años en vencer los obstáculos de un plan trazado por él para que finalmente el Búfalo de Agua consiga lo que su corazón desea.

EL BÚFALO Y SU ASCENDENTE

BÚFALO ASCENDENTE
RATA: 11 p.m. a 1 a.m.

El roedor inyecta en el búfalo una dosis de *glam rock* y autoestima. Será elegante, *cool*, siempre rodeado por un interesante abanico de amistades y amantes.

BÚFALO ASCENDENTE
BÚFALO: 1 a.m. a 3 a.m.

Será un búfalo inflexible. Sólido, protector, taciturno, no está hecho para las bromas. Su cólera puede ser exterminadora. Exigirá incondicionalidad y orden militar.

BÚFALO ASCENDENTE
TIGRE: 3 a.m. a 5 a.m.

Valiente, ambicioso y sin pelos en la lengua, sumamente exigente con él y con los demás. Le gustan los viajes y el *electroflash*. Un romántico a la vieja usanza.

BÚFALO ASCENDENTE CONEJO: 5 a.m. a 7 a.m.

Éste será un búfalo refinado, más liviano y con un ácido sentido del humor. Buscará la belleza, la armonía y la estética en todo lo que se proponga y siempre caerá bien parado.

BÚFALO ASCENDENTE DRAGÓN: 7 a.m. a 9 a.m.

El cielo es el límite para esta bestia alada. Artista, ambicioso y distante, este búfalo nació para el *underground*.

BÚFALO ASCENDENTE SERPIENTE: 9 a.m. a 11 a.m.

Un ejemplar muy misterioso y atractivo. Será reservado, rencoroso, astuto y tendrá suerte en el azar.

BÚFALO ASCENDENTE CABALLO: 11 a.m. a 1 p.m.

Inconformista, rebelde y atractivo. La libertad será primordial para la salud mental de este amante transpirado.

BÚFALO ASCENDENTE CABRA. 1 p.m. a 3 p.m.

Un búfalo con tendencias artísticas y muy tierno. Sabrá hacer dinero con su talento, elegirá la vida cerca de la naturaleza y fomentará la ecología.

BÚFALO ASCENDENTE MONO: 3 p.m. a 5 p.m.

Sabrá poner la cara acorde con la ocasión. Improvisará en sus acciones sin perder nunca la imagen de seriedad. Tendrá dinero y el gusto ecléctico para aprovecharlo.

BÚFALO ASCENDENTE GALLO: 5 p.m. a 7 p.m.

Un búfalo mundano. Tiene pasta de orador y es muy expresivo. Será exigente y muy minucioso para el trabajo. Puede resultar un artista.

BÚFALO ASCENDENTE PERRO: 7 p.m. a 9 p.m.

Luchará por la justicia y en ocasiones se arriesgará a salir perjudicado. Su coraje y sus sentimientos lo harán transitar caminos llenos de emociones intensas.

BÚFALO ASCENDENTE CHANCHO: 9 p.m. a 11 p.m.

Este búfalo es muy sensual, adora vivir bien, será muy sociable, gentil, armónico y realista. No se privará de nada y en su vida tendrá amor.

ALINEACIÓN Y BALANCEO

Les aconsejo:

Seguir con la rutina aeróbica.

Dedicarse a la jardinería, a la ecología y a la horticultura; los nutrirá y conectará con el verde y con la tierra.

Y ya que hablamos de la tierra, cabalgatas, doma y folklore son ideales para mantenerlos en forma.

Practicar ejercicio físico dentro del lugar que habiten, caminar más, intercalar elongaciones o abdominales dentro de sus actividades diarias.

Descubrir y ejercitar sus aptitudes para el *bricolage* y las manualidades que enseñan en televisión.

Trueque de mano de obra a cambio de servicios.

Deportes: natación, esquí, fútbol, básquet.

Y sobre todo buen humor.

PERSONAJES FAMOSOS

BÚFALO DE MADERA
(1885–1925–1985)

Tato Bores, Johann Sebastian Bach, Malcolm X, Peter Sellers, Paul Newman, Carlos Balá, Rafael Squirru, Roberto Goyeneche, Tony Curtis, Johnny Carson, Jimmy Scott, Richard Burton, Rock Hudson, Bill Halley, Dick van Dyke, Jack Lemmon, Sammy Davis Jr.

BÚFALO DE FUEGO
(1877–1937–1997)

Rey Don Juan Carlos de España, Robert Redford, Dustin Hoffman, Jane Fonda, Herman Hesse, Norman Brisky, Jack Nicholson, Bill Cosby, Diego Baracchini, José Sacristán, Warren Beatty, Trini Lopéz, Facundo Cabral, Boris Spassky.

BÚFALO DE TIERRA
(1889–1949)

Charles Chaplin, Luis Alberto Spinetta, Napoleón Bonaparte, Joaquín Sabina, Richard Gere, Jean Cocteau, Oscar Martínez, Meryl Streep, Lindsay Wagner, Rodrigo Rato, Jessica Lange, Renata Schussheim, Paloma Picasso, Bill Brudford, Mark Knopfler, Billy Joel, Gene Simmons.

BÚFALO DE METAL
(1901–1961)

Louis Armstrong, Walt Disney, Andrés Calamaro, Alejandro Agresti, Boy George, Alejandro Awada, Juana Molina, Ronnie Arias, Eddie Murphy, Jim Carrey, The Edge, Andrea Frigerio, Lucía Galán, Nadia Comaneci, Enzo Francescoli.

BÚFALO DE AGUA
(1853–1913–1973)

Conny Ansaldi, Lorena Paola, Vivien Leigh, Albert Camus, Nicolás Pauls, Carolina Fal, Martín Palermo, Alan Ladd, Iván González, Juliette Lewis, Loly López, Carlo Ponti, Cecilia Carrizo, Bruno Stagnaro, Burt Lancaster, Inés Sastre, Jane Wyman.

MARTÍN PALERMO

TESTIMONIO *Yo soy un Búfalo*

MARGARITA BARRIENTOS
RESPONSABLE DE LA FUNDACIÓN MARGARITA BARRIENTOS

Soy una persona fuerte y emprendedora. Me gusta dar y trabajar para los demás.

No me pongo límites. Cuando proyecto algo me gusta prepararlo y llevarlo a cabo de inmediato, trabajo con decisión y empeño, sin desmayos. Necesito tener todo al día y en orden, eso me da seguridad, hace que me sienta resguardada, sobre todo en los asuntos legales; afortunadamente la gente que me rodea y colabora conmigo me da seguridad con su eficiencia.

Considero que la educación es sumamente importante; respeto y admiro a quienes estudian. Por las circunstancias de mi vida sólo fui hasta tercer grado y me acostumbré a desarrollar y aplicar mi inteligencia en forma práctica, a convertir lo cotidiano en aprendizaje.

Me gustan mucho las sorpresas, los gestos espontáneos de mis amigos. Me hace feliz que la gente me reconozca y salude en la calle.

Mi vida es un compromiso que afirmo y llevo adelante cada día.

COMPATIBILIDADES ENTRE EL ZOO

❧ BÚFALO ❧

ENTREGATE Y FLUÍ
AMOR

**ENCUENTROS CERCANOS
DE ALGÚN TIPO**

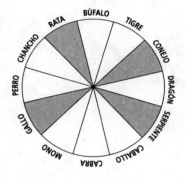

CORTOCIRCUITO ASTRAL
DANGER

HACETE CARGO • TE AVISÉ

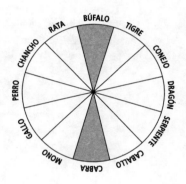

TRABAJO
SOCIEDADES

AFINIDAD-EMPATÍA
**BENDICIONES
DISFRAZADAS**

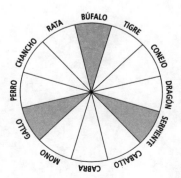

TIGRE

虎

EL SOL ESTÁ CANSADO
DE DAR VIDA A TANTA MUERTE.
LA LUNA CRECE DESPACIO
PRESINTIENDO QUE NO ES ETERNA.
LOS PLANETAS INVADIDOS
POR TERRÁQUEOS SE DESVELAN.
VIVIR ES UNA AVENTURA DESIERTA.
VISLUMBRO UN ÉXODO HACIA LAS ESTRELLAS
CUANDO LA TIERRA SEA FUEGO
EL AGUA HIELO
EL AIRE NO SE RESPIRE
Y OLVIDEMOS
EL ORIGEN DEL UNIVERSO.
PRESIENTO REVOLOTEAR
A LOS ÁNGELES DE LOS EVANGELIOS
EVACUANDO HUMANOS
EN NAVES DORADAS
HACIA OTRO CIELO
DONDE FINALMENTE
NOS RECONOZCAMOS
DESPOJADOS DE ILUSIONES
QUE NOS DISOLVIERON
CONTAMINANDO EL FLORECIMIENTO
DE LA MISIÓN QUE TRAEMOS.
EL SATORI LLEGARÁ EN UN INSTANTE
CUANDO OLVIDEMOS QUE FUIMOS HUMANOS
Y NOS EXTRAÑEMOS.

L. S. D.

虎

TIGRE

FICHA TÉCNICA

NOMBRE CHINO DEL TIGRE HU
NÚMERO DE ORDEN TERCERO
HORAS REGIDAS POR EL TIGRE 3 AM A 5 AM
DIRECCIÓN DE SU SIGNO ESTE-NORDESTE
ESTACIÓN Y MES PRINCIPAL INVIERNO-FEBRERO
CORRESPONDE AL SIGNO OCCIDENTAL ACUARIO
ENERGÍA FIJA MADERA
TRONCO POSITIVO

ERES TIGRE SI NACISTE

08/02/1902 - 28/01/1903
TIGRE DE AGUA

26/01/1914 - 13/02/1915
TIGRE DE MADERA

13/02/1926 - 01/02/1927
TIGRE DE FUEGO

31/01/1938 - 18/02/1939
TIGRE DE TIERRA

17/02/1950 - 05/02/1951
TIGRE DE METAL

05/02/1962 - 24/01/1963
TIGRE DE AGUA

23/01/1974 - 10/02/1975
TIGRE DE MADERA

09/02/1986 - 28/01/1987
TIGRE DE FUEGO

28/01/1998 - 15/02/1999
TIGRE DE TIERRA

TODO SOBRE MÍ *Soy un Tigre*

Ya tenía ganas de salir de la placenta antes de los nueve meses que sabía que tardaba una vida en formarse.

Si bien disfruté de esa tibieza, del alimento que me llegaba a través del cordón umbilical, del tiempo en el que mi madre dormía sobresaltada por las contracciones que me encargaba de mandarle como vibraciones de alta tensión en la panza, me deleitaba pensando en el momento de emerger al *planeta de los simios* e iniciar la travesía por la jungla con mis aptitudes, mi rugido, mis garras que se asentaron como un tatuaje chino en la piel de los caminantes del cielo.

Sentí que la vida era dolor y alegría, desgarro y poesía, hambre y empacho, lucha con guerra, poca tregua y paz.

Siempre fui mitad dependiente, mitad independiente; aunque me gusta más demostrar que soy fuerte como una ceiba, con ramas que rozan las estrellas, y flores rojas que se transforman en algodón.

Fui amada por mis padres, tíos, hermanos, quizás porque las rayas de mi piel destilaban un aroma afrodisíaco y animal que sigue despertando pasiones aunque esté vestida como un esquimal.

Con buena contextura física, mi columna vertebral es flexible, infinita, capaz de dar saltos cuánticos, hacer piruetas y contorsiones dignas de las pruebas de acrobacia de las Olimpíadas, dejando embelesados a quienes tengan la suerte de verme en acción, pues es cierto que nací con tanta destreza física como mental; y cuando combino ambas se alinean los planetas en el universo.

Desde chica me decían que encandilaba con la mirada; que producía mareos, huracanes, tempestades y dejaba un tendal a mi paso.

Mi cara es el espejo de mi turbulenta alma y es por eso que soy transparente como un lago del sur argentino, que puede congelarse en invierno o derretirse en verano, según sea el estado anímico que transite.

Soy ciclotímica, antojadiza, emocional, volcánica, imprevisible y feroz con quienes me desafían y tratan de torcer mi destino.

La vida es un banquete lleno de manjares que elijo cuidadosamente, pues sé que tengo *handicap* para dar en el blanco y, mientras otros pasan su vida meditando, yo actúo.

Vibro como un acordeón, un buen piano afinado, una flauta al viento, una campana tibetana; cuando siento que estoy EN EL LUGAR EXACTO EN EL MOMENTO EXACTO, un talento especial me abre puertas blindadas donde sola entro como si fuera mi reino, mi espacio, mi lugar en el mundo.

A través de la vida y especialmente en mi juventud he seguido los latidos de la intuición que me ha llevado a territorios de alto riesgo, inconmensurable placer y gran entendimiento.

Probé todo lo que me pusieron en el camino: desde personas dispuestas a compartir una noche en el desierto, un *resort* cinco mil estrellas, un safari por el Amazonas hasta una transfusión de sangre cuando un anciano estaba agonizando en un hospital perdido en la Puna y era el único mortal por esos parajes.

Inhalo y exhalo el aire, el prana, la energía vital que entra para confirmar que soy capaz de involucrarme en cada situación a pleno, sin medir las consecuencias.

No especulo cuando mi corazón me llama para participar en actos solidarios: soy líder y mi voz arenga a la gente a colaborar en lo que puedan: comedores, ayuda a gente necesitada social, psicológica, humanamente.

Convivo con el dolor, la miseria, la mezquindad, el egoísmo, y soy un lazo de fe, amor y ganas para ahuyentar a los fantasmas que bloquean nuestra existencia.

Milité políticamente y soy una sobreviviente de una época que diezmó el país y la posibilidad de ser humano.

Mi sangre siempre está caliente, hierve como una caldera, pues la fe jamás me abandonó aunque tuve que rendirme ante la justicia terrenal en la que no creo; pues el mundo de las leyes es una gran trampa que nos destruye la posibilidad de evolucionar como seres humanos y nos convierte en robots.

Entro y salgo de las situaciones más surrealistas que ni Artaud imaginó.

Comparto con el mismo placer un banquete con reyes que un asado de obra.

Luzco joyas, vestuarios de estrellas de Hollywood, manejo autos último modelo antes de que salgan al mercado, aviones privados; me muevo en el *jet set* como pez en el agua y cuando quiero doy un zarpazo y me apodero de los bienes ajenos disfrutándolos hasta el hartazgo.

Soy una mezcla de juglar, empresaria, exploradora, antropóloga, sanadora, bailarina, diseñadora de jardines propios y ajenos, gladiadora, bombera voluntaria, ejecutiva, maestra, filósofa, enfermera, jardinera de tierras y almas, *chef*, cineasta que filma como testigo y protagonista lo que ocurre por dentro y por fuera, en cámara lenta, compaginando lo que me interesa y desechando el resto como abono para fertilizar nuevas ideas.

Busco las causas de todo lo que ocurre en la selva cuando me detengo a digerir al sol una presa que corrí velozmente para saborearla con lentitud, orgullosa de mi certera puntería.

Tengo memoria para lo que me conviene y olvido lo que me molesta, me atrasa, me enfrenta como un espejo con mis zonas oscuras.

Siempre estoy preparada, alerta, en estado de vigilia. Soy veloz como el rayo, mis pensamientos son flechas que perforan el tercer ojo y producen el SATORI (la iluminación) o MATAN por su intensidad.

Soy respetada, temida, marginada por mis creencias e ideología, y aunque trato de adaptarme, me doy cuenta de que este mundo no está diseñado para los espíritus libres.

Convivo con mis dudas, traumas, inseguridades, cuotas de resentimiento, competencia, pecados mortales y capitales que me afloran en los momentos donde el amor está en juego.

He viajado por el mundo con mi propio patrimonio; mi astucia, mi habilidad para ganarme el techo y la comida; ninguna compra extra que me atrasara en el aprendizaje, haciendo con mis manos pan casero, telares, labores domésticas, cantando mis *zambas de la esperanza* y sapo cancionero, reservando los atardeceres cuando sale el lucero y el sol se esconde hasta que levanto la persiana, tal vez después de varios días en que el tiempo no es un reloj de cuerda sino de arena.

Tengo claustrofobia y agarofobia.

En medio del escenario me siento capaz de quedarme a vivir o de escapar sin dejar rastros; dependerá del entorno, del ambiente que me rodee, de los fluidos, de las caricias que me hagan, o de si estoy conectada con los chakras, el KUNDALINI y el firmamento.

Mi risa es contagiosa; estalla en medio del silencio y descarrila trenes, ilumina catacumbas y retumba como un tambor maorí hasta fundirse con el mar en los acantilados.

Los dioses me dotaron con gracia, simpatía, belleza, inteligencia y talento para emprender grandes y riesgosas empresas.

Consultando los dictámenes del

"Mi risa es contagiosa, estalla en medio del silencio y descarrila trenes"

I-CHING, he seguido los consejos y a veces me he rebelado, pagando las consecuencias.

Creo en mi propio dios, karma, destino: hago sincretismo y profundizo en la práctica de la teología.

Soy caótica, arbitraria, generosa con mi tiempo y conocimiento y avara cuando me arrinconan contra el ring para que cambie mi naturaleza felina por buenos modales.

Soy libre como el viento que no se puede atrapar ni controlar, que sigue su rumbo hacia los cuatro puntos cardinales.

Nunca me faltó nada: he claudicado ante ofertas en las que me tentó el diablo, y he vuelto mansa a refugiarme debajo de un árbol hasta recuperar el orgullo, la dignidad, la autoestima, el sentido de las pequeñas cosas de la vida, el espíritu, los sueños, las utopías.

Podría contar mi vida a quien le interesara escucharla y transmitirle mis experiencias como medicina preventiva.

¡Ahhh! La salud es el gran tesoro que conservo intacto.

He temido, en las luchas encarnizadas por defender mis derechos, la posibilidad de perder alguna víscera, el corazón, los intestinos, los brazos o las piernas que nunca descansan, sedientas de soles, lunas y estrellas fugaces que me guíen en mi vocación inconstante de aprendiz de todas las lecciones y experiencias que sumen millas para conocerme y poder aceptar al prójimo con tolerancia y buen humor.

La dolce vita.

Hace frío, es mi cumpleaños; no quiero recordar cuántos, pero los siento en el abrigo que me pongo para salir a la calle, en los labios secos que necesitan ser besados, en la manera de caminar y en el ritmo que ha cambiado.

Hay una manifestación de gente que reclama justicia porque sus hijos murieron cantando y bailando, encendidos por una bengala, me adhiero a ella, soy parte de esas almas, de esos seres que se inmolaron por otros en distintas épocas de la humanidad; porque no aprendimos nada, o muy poco.

ESTOY SEGURA: ES EL MEJOR MOMENTO PARA CAMBIAR.

HISTORIA

En China el tigre es el rey de la tierra y de los animales, representado por la energía *yang* y *yin*.

Venerado, respetado desde tiempos remotos por ser protector del fuego y ahuyentar a los ladrones y los fantasmas; posee una armadura divina, una túnica rayada que inspira confianza.

Esta túnica es una verdadera protección, que le otorga al tigre "esta unidad en el aspecto doble *yin yang*", la cual le da un rol más grande que el de cualquier señor de la jungla.

Protege a los niños contra los espíritus malignos. Los jóvenes a veces usan un sombrero con forma de cabeza de tigre para repeler a los espíritus celosos que planean llevarlos lejos.

Venerado o temido, encarnación de la fe o símbolo de la tolerancia, baluarte de los sabios, su protección es particularmente invocada.

Es por eso que a veces el hombre cubre las garras del tigre con plata y joyas y tiene un collar de dientes de tigre para proteger su virilidad.

Algunos son tigres blancos, símbolos del valor real, otros están montados por dioses inmortales que los convierten en inmortales a ellos, y hay otros que son la compañía de los hechiceros.

También hay tigres de papel, habitan el zoo y su "piel" se utiliza para crear lámparas que evocan su magia y su misterio.

Todos, reales o simbólicos, son excepcionales.

Montado o cazado, el tigre pude fascinar o aterrar.

En el hexagrama 10 del I-CHING, llamado LA PISADA dice: "Pisa la cola de un tigre, no muerde al hombre".

Una interpretación de esto es que "la situación es en realidad difícil. El fuerte y el débil están parejos. El débil sigue al fuerte y se preocupa. El fuerte, sin embargo, obedece en silencio y no lastima al débil ya que el contacto se produce de buen humor y es inofensivo".

Este comentario es para advertirnos que debemos acercarnos al tigre con respeto y no subestimarlo.

Hay una historia filosófica zen que dice: "Todas las mañanas, un hombre sabio desparramaba cantidades de semillas alrededor de su casa. Un discípulo, observando, le preguntó:

—Maestro, por qué arroja estas semillas alrededor de su casa?

—Para mantener alejados a los tigres —replicó el sabio.

El discípulo respondió:

—Pero maestro, no hay tigres en la región.

—Exactamente, mi método es efectivo.

Los cuatro puntos cardinales y el centro de la tierra están señalados y guardados por los cinco tigres de los siete sabios, que se referían a ellos como la seguridad del mundo, por lo que después se dio la denominación de "cinco tigres" (WU HO) a todo un grupo de guerreros que se distinguía por su coordinación y su efectividad, nacidos de un valor a toda prueba.

El río Tigris se llama así debido a que Dionisio, ansioso por seducir a una ninfa asiática, se transformó en tigre y la persiguió en las aguas hasta que logró que se entregara.

El tigre vive mil años; en la mitad de su edad, su pelaje se vuelve blanco y deja de devorar a los seres vivientes.

La aparición de un tigre blanco es un excelente presagio.

EL TIGRE EN EL TRABAJO

Como tigre que soy puedo decirles que cada uno de nosotros sabe cómo encauzar su misión o su vocación.

No hay fórmulas: tenemos el don de encontrar los recursos para vivir sin gran esfuerzo ni trabajando horas extras.

Mi espíritu rebelde me lleva por situaciones y lugares que me procuran contactos humanos y posibilidades de trabajo en las que entro y salgo con gran facilidad.

La libertad es fundamental para que funcione; siempre busco trabajos independientes, bien remunerados y que me diviertan.

Oscilo entre la riqueza y la pobreza; a veces gano mucho y lo invierto en sueños y utopías, olvidando lo esencial.

Soy rebelde, peleador y revolucionario.

Es habitual que resulte el líder del gremio, entonces tengo que estar atento a las trampas que me tienden para no enfermarme ni deprimirme.

Sé que si soy constante tengo capacidad para llegar a la cima, ser el rey del mambo, y generar fuentes de trabajo e inspiración para los demás.

Tengo luz propia, ideas brillantes y una voracidad por el poder que me puede alejar de mi centro.

Me conviene ocuparme en alguna tarea y/o laborterapia para mantener el *training* y luchar contra el tiempo libre y la pereza, padre y madre de todos los vicios.

EL TIGRE EN EL AMOR

TE AMARÉ HASTA LA MUERTE.

Tal vez el mío sea el signo que dedica su vida a amar a quien pueda respetar, admirar, seguir en sus vuelos celestiales y terrenales a cualquier precio.

Necesito sentirme amado desde que empieza el día hasta que decido escaparme, aburrido de tanta incondicionalidad, en busca de aventuras más riesgosas y prohibidas.

Destilo adrenalina cuando estoy de caza; elijo cuidadosamente a mi presa y mientras la saboreo, la veo

pasear; le hago el cortejo como nadie en el zoo, desplegando mi seducción, *sex appeal*, inteligencia, calidez, sentido del humor y osadía.

Soy felino; huelo a la distancia al animal que me mantendrá entretenido, eufórico, apasionado, en buen estado atlético, alborotándome las hormonas, estirándome la columna vertebral en el ámbito que elija para hacer el amor y que variará en cada ocasión, pues mi imaginación es mi gran patrimonio y el motor para conquistar a quien se me cruce en el safari.

Cuando estoy enamorado me enceguezco: soy capaz de llegar a estados alterados, situaciones límite; de atravesar umbrales y portales galácticos para estar con mi pareja.

Necesito un territorio infinito para revolcarme, jugar, pelear y hacer las paces.

Dominante, celoso, posesivo, demandante, nunca acepto las reglas del juego ni perder.

Si me hieren en el corazón, sangraré por la herida antes de reconocer que tengo la culpa o algo que ver.

Omnipotente, ególatra, orgulloso, necesito un ejército de *fans* para sentirme admirado, en buen estado, atractivo e irresistible.

La coquetería jamás me abandona y siento que los años me sientan como a un buen vino.

Soy un excelente amante, buen confidente, amigo y compañero de destino.

Si alguna vez me voy de tu vida, me extrañarás FOR EVER.

EL TIGRE EN LA FAMILIA

OM. OM. OM.

La familia es un concepto muy especial para mí; me gusta la idea, pero ponerla en práctica es otro cantar.

Cuando formo mi propia familia impongo las reglas; y hay que adaptarse sin protestar. Como contrapartida les digo que mi originalidad, alegría, humor y sentido común son altamente positivos.

Invierto CALIDAD MÁS QUE CANTIDAD de tiempo, energía y actividades con hijos, cónyuge, hermanos y padres.

Detesto que me impongan cumpleaños, aniversarios y una rutina donde me sienta enjaulado.

Mantengo la casa confortable aportando un buen FENG-SHUI; respaldo las decisiones importantes y soy el encargado diplomático para resolver los imprevistos.

No me pidan que esté atento a las reuniones de consorcio, ni que haga las compras en el super... Y confieso que encima no respeto los horarios de comida, extingo lo ahorrado y entro y salgo sin marcar tarjeta.

Cuando parto de viaje no se sabe cuándo retorno.

CALMA CHINA Y MAYA. SOY UN TIGRE.

EL TIGRE Y SU ENERGÍA

TIGRE DE MADERA
(1914-1974)

Muy feliz de conversar con cualquier persona en cualquier momento, el Tigre de Madera es una criatura verdaderamente sociable que cuenta con una bodega llena de encanto y anécdotas inteligentes y graciosas… no hay una fiesta completa sin esos recursos. El Tigre de Madera es definitivamente muy carismático y emprendedor pero sufre la inconstancia felina con mayor agudeza que otros de su misma raza.

No es, por su naturaleza, un pensador profundo, prefiere deslizarse por la vida sin tomarse nada demasiado en serio. Esta característica puede ser un problema en el ambiente de trabajo, aunque por lo general para él sigue siendo posible dominar la situación y resultar exitoso en su trabajo. El problema es que el Tigre de Madera tiene la costumbre de conseguir que el resto del personal se haga cargo de los negocios mientras él viaja o se va por ahí y, si nadie se ocupa de los detalles, la empresa estará pronto en problemas.

TIGRE DE FUEGO
(1926-1986)

Si lo que tú quieres es acción sin interrupciones, acompañada con una buena dosis de situaciones dramáticas… entonces el Tigre de Fuego es ideal, siempre y cuando tengas la energía suficiente para seguirle los pasos. Cuenta con la mayor dosis de energía y resulta el más excitante y caprichoso de la banda. Siempre trata de ser la vida y el alma de la fiesta, y en efecto es una placentera compañía.

Pero hay que tener cuidado con los comentarios acerca de sus acciones por si los interpreta como una crítica. Esta vulnerabilidad hacia las opiniones es un problema casi perpetuo con los tigres, pero con el Tigre de Fuego se vuelve un tema muy serio. Afortunadamente tiene memoria de corta duración, entonces las enérgicas reacciones malhumoradas no suelen durar mucho tiempo.

TIGRE DE TIERRA
(1938-1998)

El Tigre de Tierra no es tan estridente como el resto de sus hermanos. Tiene una naturaleza un poco más práctica, acompañada por un nivel de excitación más bajo. La impulsividad, que es la marca característica del Tigre, tiene manifestaciones mucho mas débiles. Existen historias sobre tigres de esta energía que han reflexionado seriamente en vez de saltar a una conclusión que al poco tiempo se manifiesta como incorrecta.

El "me-importa-un-comino", actitud normalmente asociada a los tigres, no se evidencia demasiado en los de esta clase. Este tigre es incluso capaz de mantener un trabajo por un tiempo considerable sin sufrir la parálisis del aburrimiento. Más importante aún: puede mantener relaciones por razones más allá de la mera atracción sexual.

TIGRE DE METAL
(1950)

Este felino supera a sus hermanos, los otros tigres, en su capacidad de aferrarse a la vida y a lo que el universo ofrece. Pero lamentablemente esta característica está acompañada por las suyas propias.

Este tipo de tigre resulta "extraactivo", con gran empuje, "extraagresivo" y ambicioso, "extraestrepitoso", impetuoso, indiscreto, presuntuoso y notablemente "extra" en todos los aspectos. El Tigre de Metal puede muy bien tener una dosis extra de todo, especialmente de carisma, pero también está acompañado de una buena dosis de egoísmo y arrogancia. Espera que todo el mundo esté a su disposición y esperando su llamado. Y si por alguna razón sus planes se complican, se vuelve inaguantablemente malhumorado. Está convencido de lo que quiere y se lanza con todos sus recursos para obtenerlo. Pero muchas veces descubre en el último minuto que quizá la idea original no fue tan adecuada y correcta como él mismo creyó al principio.

TIGRE DE AGUA
(1902-1962)

El Tigre de Agua es más sofisticado y de mente más abierta que el tigre promedio. Por lo general antes de saltar en pos de un objetivo hace un análisis más correcto y de esa manera evita esos errores causados por la impulsividad, tan característicos en los otros tigres.

La energía agua le da un grado de intuición que permite a este tigre sentir lo que los demás están experimentando. En ese sentido puede considerárselo como el más comunicativo entre sus hermanos. La capacidad intuitiva combinada con una mente aguda y sagaz otorga al Tigre de Agua una gran percepción, pero aun sigue sufriendo los mismos problemas de demoras por indecisión que resultan endémicos a los tigres. Afortunadamente disfruta de temperamentos estables, uniformes, y puede acompañar la corriente de la vida más fácil y suavemente que otros tigres.

EL TIGRE Y SU ASCENDENTE

TIGRE ASCENDENTE RATA: 11 p.m. a 1 a.m.

Esta combinación tendrá energía y optimismo, pasión instantánea y explosiva. Será un tigre independiente con una gran cuota de posesividad e inseguridad.

TIGRE ASCENDENTE BÚFALO: 1 a.m. a 3 a.m.

Una combinación muy favorable. Será un tigre previsor y perseverante, dotado para las grandes causas, más realista que los otros. Solitario, tenaz y entusiasta, llegará a sus fines en forma honesta.

TIGRE ASCENDENTE TIGRE: 3 a.m. a 5 a.m.

Vivirá sonriente y en forma dionisíaca, lo cual le permitirá lanzarse a la aventura con total seguridad. Él marca las reglas y, muy divino, vive a su manera. Ciudadano del mundo, su voracidad está globalizada.

TIGRE ASCENDENTE CONEJO: 5 a.m. a 7 a.m.

Tendrá suerte y elegirá siempre lo que más le convenga. Buscará la belleza, la armonía y las relaciones influyentes. Actuará con cautela, midiendo los riesgos, asegurándose la herencia y la trascendencia.

TIGRE ASCENDENTE DRAGÓN: 7 a.m. a 9 a.m.

Un prodigio de energía y comunicación. No conoce los obstáculos y juega con las mejores cartas. Amante del lujo, el placer y los viajes.

Muy narcisista, cuando se equivoca le cuesta admitirlo.

TIGRE ASCENDENTE SERPIENTE: 9 a.m. a 11 a.m.

Se reserva los comentarios mientras trepa, ambicioso, sin dejarse atrapar. Es la serpiente quien domina al tigre.

TIGRE ASCENDENTE CABALLO 11 a.m. a 1 p.m.

Será un tigre irrefrenable, lleno de matices. Ávido de espacio, libertad, no conocerá lo que son las responsabilidades. Se jugará por los demás, será un orador genial y se calmará en la vejez.

TIGRE ASCENDENTE CABRA: 1 p.m. a 3 p.m.

La cabra aportará al tigre un sentido estético, saltarín y gracioso. Tendrá un humor lunático, será interesado y muy posesivo. Deberá elegir entre la comodidad y la libertad.

TIGRE ASCENDENTE MONO: 3 p.m. a 5 p.m.

El tigre sabrá aprovechar los beneficios que el mono le brinda, como su humor, su astucia y su poder de oratoria. Una fiera con gracia en el zarpazo.

TIGRE ASCENDENTE GALLO: 5 p.m. a 7 p.m.

Un tigre segmentado entre los sueños y el deber. Buscará encerrarse en su mundo y no conocerá audiencia. Cuando se encuentre en algo, aparecerán otras causas para irse de viaje. Contradictorio y muy original.

TIGRE ASCENDENTE PERRO: 7 p.m. a 9 p.m.

Un soldado que defenderá con garras y olfato a los demás. Nunca se cansará e luchar, emprenderá nuevos proyectos y aportará sabiduría a quienes quieran escucharlo.

TIGRE ASCENDENTE CHANCHO: 9 p.m. a 11 p.m.

Dará amor pero también lo exigirá a cambio siempre, si no, desaparecerá. Este tigre ama la buena vida y es sumamente apasionado.

ALINEACIÓN Y BALANCEO

Les aconsejo:

FENG-SHUI.

La búsqueda del tesoro.

Retomar estudios, hobbies, amigos del pasado.

Safari, caminatas, trekking, serenatas a la luz de la luna.

Yoga, meditación, tai-chi.

EL TAO DEL AMOR Y DEL SEXO, equilibrar razón con intuición.

Ordenar papeles, tirar lo viejo y dejar que entre lo nuevo.

Dieta macrobiótica, medicina preventiva.

DOS MIL SEIS AÑO DEL PERRO

PERSONAJES FAMOSOS

TIGRE DE MADERA
(1854-1914-1974)

Julio Cortázar, Oscar Wilde, Marguerite Duras, Adolfo Bioy Casares, Emmanuel Horvilleur, Matías Martin, María Julia Olivan, Belén Blanco, Agustín Pichot, María Vázquez, Natalia Graziano, Ariel Ortega, Penélope Cruz, Alanis Morissette, Leonardo di Caprio, Pierre Balmain, Rafael Amargo, Eleonora Wexler, Alberto Castillo, El Califa, Mónica Naranjo, Richard Widmark, Gustavo Vidal.

TIGRE DE FUEGO
(1866-1926-1986)

Marilyn Monroe, Mel Brooks, Jerry Lewis, Klaus Kinsky, Miles Davis, Alberto de Mendoza, Dalmiro Sáenz, Alfredo Distéfano.

TIGRE DE TIERRA
(1878 - 1938 - 1998)

Pérez Celis, reina Doña Sofía de España, Isadora Duncan, Rudolf Nureyev, Tina Turner, Alan Watts, Héctor Larrea, Roberta Flack, Karl Lagerfeld, Leonardo Favio, Alejandro Sessa, Jaime Torres, Issey Miyake, Augusto Mengelle.

TIGRE DE METAL
(1890-1950)

Norberto "Pappo" Napolitano, Carlos Gardel, Néstor Kirchner, Peter Gabriel, Charles de Gaulle, Cristina Onassis, Stevie Wonder, Laurie Anderson, Ubaldo Matildo Fillol, Dolli Irigoyen, Miguel Ángel Solá, Stan Laurel, Michael Rutherford, Teté Coustarot, Oscar Mulet, Hugo Arias, Marcela Tinayre, Tony Banks, Laura Esquivel.

TIGRE DE AGUA
(1842-1902-1962)

Tom Cruise, Demi Moore, Ana Tarántola, Jodie Foster, Simón Bolívar, Ian Astbury, Bahiano, Divina Gloria, Silvina Chediek, Andrea Bonelli, Sandra Ballesteros, Fernando Bonfante, Carola Reyna, Ivo Cutzarida, Carlos Sainz, Juan Namuncurá, Juanse Gutiérrez, Karina Laskarin, Leonardo Becchini.

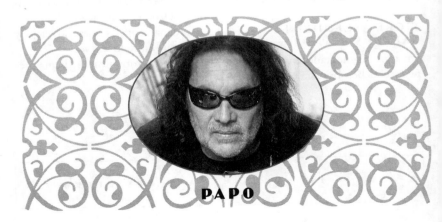

PAPO

TESTIMONIO *Yo soy un Tigre*

ADRIANA ALBI

ARTISTA

Extendida a la sombra
del árbol único
en el desierto
–que sigue avanzando–
y que no será
nunca árbol
de la iluminación.
No hay luz
ni en la saciedad
ni en el hambre feroz
es mi condición.
El brillo
hijo de la oscuridad
que abrazo, me abraza
la oscuridad
no hay salto
que la detenga
ni conciencia
que la desintegre.
Ahí está, aquí
agazapada
lista para rugir
zampa en alto
sonrisa de colmillos afilados
la detecto me detecto
olor a sangre
ojos encendidos.
No quise lastimar a nada
quise saber
y sé
a mi enemigo
lo elijo yo
última prisión
mi libertad.

Mi libertad
fuerza y deseo ineludibles
el tufillo a disolución
que espera allí
donde hubo una respuesta
una piel, una sonrisa.
Hoy es bruma irredenta
cristiano pecado, mujer descalza.
Tengo que moverme
otra vez
me exaspera la inconsecuencia vital,
buscar con ansia insomne
hasta que el cuerpo mi cuerpo
se funde en los pliegues
de una cama amnésica.
Ese paseo del alma
en patineta
instante sin rastros de ausencia...
Antes, justo antes,
de que venga el viento oscuro
la carnívora añoranza
el ardor de los fluidos
la condena de ser yo.

❧ TIGRE ❧

ENTREGATE Y FLUÍ
AMOR

ENCUENTROS CERCANOS
DE ALGÚN TIPO

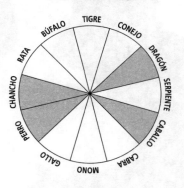

CORTOCIRCUITO ASTRAL
DANGER

HACETE CARGO • TE AVISÉ

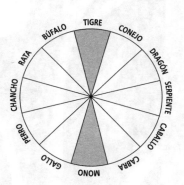

TRABAJO
SOCIEDADES

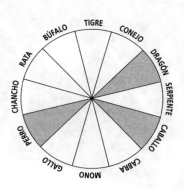

AFINIDAD-EMPATÍA
**BENDICIONES
DISFRAZADAS**

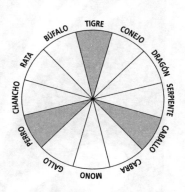

CONEJO

兔

HORNITO DE BARRO
SI PUDIÉRAMOS COCINAR
LO QUE QUEDÓ PENDIENTE EN NUESTRA VIDA
Y AMASARLO CON TUS BRASAS DE ALGARROBO
PARA COMERLO CON ALEGRÍA
EL MUNDO SE ARREGLARÍA.

L. S. D.

兔

CONEJO

FICHA TÉCNICA

NOMBRE CHINO DEL CONEJO TU
NÚMERO DE ORDEN CUARTO
HORAS REGIDAS POR EL CONEJO 5 AM A 7 AM
DIRECCIÓN DE SU SIGNO AL ESTE DIRECTAMENTE
ESTACIÓN Y MES PRINCIPAL PRIMAVERA-MARZO
CORRESPONDE AL SIGNO OCCIDENTAL PISCIS
ENERGÍA FIJA MADERA
TRONCO NEGATIVO

ERES CONEJO SI NACISTE

29/01/1903 - 15/02/1904
CONEJO DE AGUA

14/02/1915 - 02/02/1916
CONEJO DE MADERA

02/02/1927 - 22/01/1928
CONEJO DE FUEGO

19/02/1939 - 07/02/1940
CONEJO DE TIERRA

06/02/1951 - 26/01/1952
CONEJO DE METAL

25/01/1963 - 12/02/1964
CONEJO DE AGUA

11/02/1975 - 30/01/1976
CONEJO DE MADERA

29/01/1987 - 16/02/1988
CONEJO DE FUEGO

16/02/1999 - 04/02/2000
CONEJO DE TIERRA

Amanecí tan cansada como si hubiera vivido en la época de Nerón, siendo una gladiadora que repartía su tiempo entre la lucha y el placer sin darse tregua.

Mi inconsciente es tan poderoso que, aunque esté dormida, en vigilia o entresoñando, controlo lo que pasa en el mundo visible e invisible con maestría.

Dentro de mi mente cohabitan millones de posibilidades, coartadas, atajos, escenarios en los que jugar o actuar es el mejor verbo que conjugamos quienes nacimos bajo este afortunado signo.

Depende de las tentaciones, pruebas y desafíos si caigo bien o mal parada.

Detesto perder, y si lo hago jamás lo reconozco.

Soy una mezcla de gata esfinge con algo de persa blanquísima.

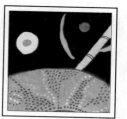

Prefiero identificarme con el gato aunque en China nos llaman conejo y en Japón liebre.

Pero es mi manera de acercarme o rechazar a la gente con mi radar ultrasofisticado de percepción, que me hace ser una típica gata en todo su esplendor.

Cuando leí los diarios de Anaïs Nin me identifiqué tanto con ella, que me creo capaz de asumir mi esencia con menos culpa, pues necesito explorar y experimentar todo lo que me pasa hasta saciarme y refugiarme en mi almohadón hindú, escribiendo mi propio diario con los papeles reciclados.

A pesar de ser temerosa de los agentes exteriores: un viento fuerte que me despeine; un huracán de los que azotan a Miami, donde a veces voy a visitar a otro gato que adoro, Stivo, y a Leu, su perro dobledimensional; noches en la selva de Tikal en las que aúllan los monos y me siento desamparada; reconozco que vivo cada momento con la plenitud, la valentía y el coraje que me permiten sentir que tengo un dios aparte.

El riesgo está ligado a la curiosidad innata que me inspira la fascinación de entrar y salir de situaciones, personas, lugares, como si fuera un fantasma, y a veces hasta siento que lo soy, pues no dejo rastros ni huellas palpables.

Es cierto que parezco Dorian Grey y que mi raza hizo un pacto con el diablo. Soy la envidia de mis amigas y hasta de mis padres, que no entienden cómo no aparecen arrugas ni canas en mis aterciopelados pelo y piel.

¡Si supieran las horas que paso y los trueques que hago en peluquerías, con masajistas y *personal trainers,* se espantarían!

SHHHHHHHHH. Es un secreto que confieso hoy, pues estoy inspirada, y algunas veces tenemos que sentir que nos parecemos al resto de los mortales.

Vibro, siento, huelo, toco y me inspiro a través del gran sentido del humor que traigo en el ADN; para algunos es ácido, negro, con muchas pizcas de maldad, pero para mí es el vehículo ideal para comunicarme con el prójimo.

Admiro y adoro a quienes ven la

vida con ese ingrediente mágico que cambia la óptica de las cosas, por eso me identifiqué tanto con *Melinda Melinda*, la peli de Woody Allen.

En realidad soy tragicómica.

Me encanta llamar la atención con mis escándalos, escenas de celos, despliegues de *superstar*. No soporto que me marginen o no me integren a TODO lo que pasa en el mundo.

Necesito que me quieran, amen, mimen, y me lo demuestren. Soy agobiantemente demandante.

Pero a veces estoy desaparecida, necesito cargar las pilas con mis recursos secretos: salir en luna llena por los tejados a cazar nuevas presas, viajar, ver televisión una semana seguida y enterarme del conventillo del mundo y del país, "chusmear" con mis amigas sobre las cirugías de las actrices y cómo quedan por si algún día, cuando el espejo no refleje lo que soy, con urgencia visito al cirujano.

"Cuando siento buena onda puedo abrir en un instante mi corazón"

Me gusta dormir y que no me alteren el sueño, que es sagrado, sobre todo porque adoro desovillarlo a la mañana siguiente.

Soy superlaboriosa: tejer, bordar, cocinar, empapelar, decorar con lo último del FENG-SHUI, son placeres que acompañan mis días y noches.

Tengo un sentido estético que sé destaca entre la mayoría.

Me gusta la buena ropa, sé combinarla y estoy siempre *aggiornada*, elijo instintivamente lo que combina y es *fashion*. Salto de la cama sabiendo desde el día anterior el *look* que luciré, aunque sea para ir al kiosko y dejar impactado al barrio.

Mi casa, a pesar de que no vivo sola sino que la comparto con un marido al que no veo ni siento, y con mis hijos, es un SANTUARIO ZEN.

Soy desordenada pero limpia. Y a veces tardo en encontrar mis pantuflas, libros, CD y el *make up;* pero es porque necesito un poco de desorden externo para ordenarme interiormente.

Lo único que no soporto es aburrirme. Y no es frivolidad, es una manera de sentir y vivir que no se parece a la de la gente que se toma la vida tan en serio.

Cuando me gusta mucho alguien apunto al blanco y jamás fallo.

A veces es un capricho, un antojo, una apuesta o un amor que me acompañe el resto de la vida dejándome libre de culpa y de gastos impositivos. Simplemente HISTERIA, que es la forma de actuar y que resulta más fuerte que nosotros.

Cerco a la presa con mis cascabeles de seducción; un buen masaje, música inédita, buen vino o champaña, o los restos recalentados del guiso que me acercó mi vecina (pero le digo que lo hice para él), y sucumbe instantáneamente.

El arte de seducir, EL TAO DEL AMOR Y DEL SEXO, son mis especialidades. No puedo declarar la cantidad de amantes que colecciono pues la lista no entraría en el Guiness.

Y, aunque no lo crean, a veces me enamoro perdidamente y me dejan abandonada en el Botánico por insoportable.

Pero enseguida encuentro a alguien

que se apiada y nuevamente me lleva a su casa, y me trata como a una gata de las más cotizadas en el mercado.

Con quien me gusta comparto un rato como si fuera para siempre, y si me aburro me escapo por la ventana.

Nací para conocer los secretos de la vida y llevarlos a la tumba.

Tengo miles de *feelings* dentro que se debaten a cada instante y luchan por encontrar su cauce; salen como avispas al ataque, y es por eso que atemorizan, espantan, fascinan a quienes los reciben... y nos crean fama de traicioneros.

ME GUSTA SER ÚNICA.

Aunque simule admirar, querer y valorar a otras, me siento siempre la mejor en todo lo que hago.

Tengo un *egotrip* que no quiero disolver, pues es lo que me sostiene y da fuerza cuando afuera llueve, hay goteras en el techo, y apenas tengo un poco de *sushi* para pasar la noche.

Estoy siempre lista, aunque duerma todo el día y crean que no me doy cuenta de lo que ocurre en mi entorno, barrio, pueblo, ciudad y planeta.

Me alimento de vidas ajenas.

Me deslizo entre sábanas y toallas que me apetecen como el *underground*, para sacar más brillo y lustre de mi pelaje y atraer así, en fiestas públicas y privadas, como un imán, al nuevo menú de posibles almas que caerán bajo mi influencia.

Tengo poderes ocultos que sólo aplico en ocasiones extremas, como cuando siento amenazados a mi prole, hogar, y al gran amor de ese momento.

Cuando siento buena onda puedo abrir en un instante mi corazón y puerta sin medir las consecuencias.

Me quemé con fuego, pero no aprendo. Sigo convencida de que siempre puede aparecer alguien increíble que cambie el rumbo de mi traviesa existencia y logre que deje mis hábitos y costumbres para seguirlo a un monasterio en el Tíbet.

Soy *heavy metal*. Intensa. Charlatana como las loras en las siestas o silenciosa como las comadrejas.

Estoy en *on* y en *off* sin apagar mi luz interior. Provoco peleas cuando salgo a bailar y me contoneo como una estrella de rock en la pista dejando *stand by* a miles de *fans* que me tratan como a Gatubella.

Me gusta ver telenovelas, programas de juegos y entretenimientos, películas de terror, amor, pasión y humor negro.

No me concentro mucho en los documentales, ni en los programas culturales, salvo que aparezca alguien que me guste mucho y me haga el bocho.

Tengo una salud de hierro aunque somatice cuando las cosas no me salen como quiero.

Llamo la atención como una gatita mimosa, para que me cuiden, atiendan y malcríen. Si peleo soy una gata salvaje que araña, muerde y pega fuerte.

Soy celosa, posesiva, demandante, arbitraria, inconstante, dominante, intolerante, maniática y rencorosa.

Hago trabajos de todo tipo: autoayuda, yoga, reiki, respiración, terapias alternativas, para calmar mi ansiedad como de año nuevo, angustia existencial y manías. Algo consigo y los resultados los ven quienes conviven bajo el mismo techo.

Me gusta la soledad pero necesito tener gente cerca, porque de lo contrario siento que me pierdo el show.

NO PASO POR LA VIDA DESAPERCIBIDA. Soy unisex. No confundan.

Yin y yang. El equilibrio del TAO.

Por eso el arte es mi gran sublimación. Y además el deporte, la vida placentera, el equilibrio.

Necesito paz aunque me guste la guerra. Y cambio de color como el camaleón, según la ocasión.

Pocos me conocen y llegan al punto G de mi alma. Con el resto nos divertimos y hacemos negocios.

La naturaleza es necesaria pero soy más urbana y me siento feliz entre rascacielos, museos y bares.

La familia me divierte un rato y muchos me aburre. Por eso soy independiente y detesto que me presionen o busquen cuando me escabullo.

Quiero que hablen de mí, mal o bien; pero jamás la indiferencia.

Río, bailo y canto. Y SIGO JUGANDO... ¿¿¿QUIÉN DA MÁS???

HISTORIA

Nuestros amigos son tan eternos como el mundo. Se calcula que aproximadamente hace 35 millones de años que están en la tierra.

Estudios moleculares demostraron que derivan de tres líneas distintas: las panteras, que reúnen 24 de las 36 especies de gatos, entre ellas los gatos dorados, pumas, linces, chitas y gatos grandes. Otra línea pertenece a los gatos sudamericanos, más pequeños, y la tercera al gato doméstico y sus primos hermanos.

El *proailurus* es el antecesor del gato; se desplazaba entre las ramas, era un depredador temible que con sus mandíbulas afiladas, sus potentes garras, flexibilidad y visión biónica conseguía atrapar sabrosas presas.

Su aparición coincide con el desarrollo de las familias carnívoras actuales.

Evolucionaron en dos subgrupos carnívoros: la rama del nuevo mundo (osos, perros, focas, mapaches, comadrejas y leones marinos) y la rama del viejo mundo (gatos, hienas, civetas y mangostas).

Las 36 especies de gatos existentes desde los tigres hasta los gatos de patas negras comparten a un antepasado parecido a un ocelote llamado *pseudailurus.*

En realidad, en China es el conejo el animal emblemático que lo representa y en Japón, la liebre.

NO QUIERO DARLES GATO POR LIEBRE, pero siempre el gato despertó la fascinación, desde los faraones egipcios, que los veneraban y les rendían culto como GATOS SAGRADOS.

EL CONEJO EN EL TRABAJO

Para mí el trabajo es el arte de inventar lo que se me ocurre y convencer a la humanidad de que nací para eso.

Como conejo puedo decirles que realmente poseo talento innato, astucia, *charme* y destreza para encauzar mis gustos, contactos, sueños. Sé encontrar el camino para transitar por la vida con capacidad de adaptación, asombro y curiosidad magistrales.

Soy impuntual pero llego siempre a tiempo. Sé retirarme para inspirar chi, energía y dar la pincelada final para terminar una obra de arte, editar una película, componer una canción, entregarme a los *flashes,* conducir un programa radial o televisivo, y estar impecable aun cuando esté *back stage*.

El arte es mi gran escenario, puedo trabajar en lo que se me ocurra, pero me destaco en las relaciones públicas y en el mundo del espectáculo.

No hago nada que no me divierta y siempre tengo dinero para darme los gustos, casi siempre en gran escala al estilo DIVAS DE HOLLYWOOD.

Con mi dinero y profesión soy cuidadoso, aunque me guste la adrenalina del peligro y me mueva con maestría entre príncipes y mendigos.

Tengo olfato para los negocios, salto en el momento exacto y atrapo a la presa para saborearla con especias exóticas y hierbas aromáticas.

Amo el lujo, la comodidad, estoy siempre *aggiornado* en la moda, la música, las inversiones, y me encanta ser el primero en mi profesión.

Competitivo, ultradesconfiado, puedo generar intrigas y tener sangre fría si no me cae bien el vecino.

No tienen que forzarme cuando no tengo ganas de trabajar, es mejor apelar al WU-WEI (no acción) hasta que se me pase la modorra. Cumpliré como un eficaz trabajador y rendiré el doble.

Siempre encuentro mecenas, amigos y amantes que me ayudan a plasmar mi talento y me adoptan como talismán de la buena suerte.

Adoro ir al *shopping* a gastar el dinero en regalos o muebles para la casa o en libros y obras de arte.

Transito entre la riqueza y la pobreza; en general salgo bien parado cuando retorno al hogar a contemplar desde un *chez long* mi excitante vida.

EL CONEJO EN EL AMOR

Para esto nací, por eso soy tan adorable e inapresable.

Para atomizar a quienes se me crucen en el camino.

No observo reglas ni doy ninguna señal. Sé seducir con artillería y dejar *knock out* a mi víctima.

Es imposible resistirse ante un despliegue de suavidad, buen gusto, belleza, *sex appeal*, y sentido del humor.

Disfruto descubriendo cuál es el punto G de cada persona y me dedico día y noche a buscar estrategias para enloquecer a mi amado/a de turno.

Les aconsejo, porque me conozco, ¡¡¡POR FAVOR NO CREAN NI UN INSTANTE QUE SON LOS ELEGIDOS!!! pues a pesar de que puedo caer en redes ajenas y soy valiente a la hora de amar, nunca me entrego y sé escapar a tiempo cuando me siento sofocado, exijido o muy aburrido.

EL TAO DEL AMOR Y DEL SEXO está escrito por alguno de mi especie, pues no dejamos un detalle librado al azar y producimos tal adicción en nuestros amantes que resultan capaces de cruzar el Atlántico nadando para tener una siesta tórrida en el Caribe y retornar a la rutina.

Imaginativo, estético, sibarita, tengo la gran manía de seducir sin límites y conseguir enamorar a los MOAIS de la Isla de Pascua.

Adoro tener harén y que se encuentren en, reuniones sociales o lugares donde puedan sacarse las tripas.

Gozo con el dolor que provoco y tengo relaciones sadomasoquistas.

Necesito ser el centro, el único, el elegido y soy capaz de matar por celos.

A pesar de que me hace falta una relación estable para "caretear" tranquilamente puedo mantener múltiples conexiones con entidades del pasado y del futuro que me permiten tener buen estado físico y psíquico.

Mi signo es muy apasionado y frío, mental y sensual y capaz de grandes hazañas cuando se produce un mágico enamoramiento.

Sffffffff. LO CONFIESO: A VECES, MUY POCAS, ESTE CONEJO, GATO O LIEBRE CAE EN LA TRAMPA DEL AMOR. MIAUUUUUUUUUUUUUUUUUUU.

EL CONEJO Y LA FAMILIA

Parenti serpenti.

Es el consejo que me dio una gran amiga contándome las ventajas de alejarse de la familia sanguínea y formar la propia con amigos y seres que se cruzan en los tejados de zinc caliente.

A pesar de ser bondadoso y protector con mis seres queridos, adoro ser ciudadano del mundo, acurrucarme en cualquier lugar y dar consejos, compartir ganancias y experiencias con quienes sienta una gran afinidad.

Detesto tener responsabilidades que me priven de mi libertad.

Trato de desarrollar mi parte de *geisha* y ayudo a quienes me inspiren y tiren buena onda.

Aclaro que no soy el padre, madre, esposo, esposa estándar.

Les aseguro que hago mis esfuerzos, pero me ganan las mañas.

TÓMAME O DÉJAME… LEJOS, PORQUE NO SIEMPRE VUELVO.

EL CONEJO Y SU ENERGÍA

CONEJO DE MADERA
(1915-1975)

La energía que rige al conejo es la madera, por lo tanto el Conejo de Madera "se encuentra en casa", pero deberá ser cuidadoso porque, por una parte este conejo puede ser tan abierto y de tan buena naturaleza que da lugar a que gente con menos escrúpulos se aproveche de él. Por otra parte, está tan satisfecho con su posición que a veces falla en la defensa de sus derechos.

La actitud conservadora del Conejo de Madera hace difícil el avance, además no manifiesta deseo por ninguna cosa a lo largo de su vida. Sería positivo que desarrollara sus poderes de discriminación.

CONEJO DE FUEGO
(1927-1987)

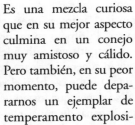

Es una mezcla curiosa que en su mejor aspecto culmina en un conejo muy amistoso y cálido. Pero también, en su peor momento, puede depararnos un ejemplar de temperamento explosivo. Como el conejo está regido por la energía madera, hay que considerar con mucho cuidado esta combustible mezcla porque los resultados finales pueden ser un fuego cálido y una excelente compañía, o también un incendio forestal que sea imposible de dominar.

Igual que todos los animales regidos por el fuego, tiene dotes paranormales, que aunque no sean reconocidas conscientemente, hacen que esté siempre un paso más adelante que el resto, por ende, el Conejo de Fuego resulta un líder formidable. En su mejor aspecto, irradia calidez y confianza, atrayendo a un vasto círculo de admiradores.

CONEJO DE TIERRA
(1939-1999)

Como su energía lo define, este conejo está bien afirmado en la superficie y es realista en extremo. Es mucho más realista y pragmático que el resto de sus hermanos; y la consecuencia es que su naturaleza emocional no está tan desarrollada. Este aspecto tiene sus ventajas, ya que le permite enfrentar la realidad y con disciplina.

Por supuesto, en su aspecto negativo, sus características pueden llevarlo a cierta inflexibilidad y a considerar cualquier actividad que presente ciertos riesgos como irresponsable y peligrosa. A suerte de compensación, por lo general el Conejo de Tierra es amable y humilde, con conciencia de sus propias limitaciones.

CONEJO DE METAL
(1951)

Más directo que otros conejos. Es como si la misma energía reforzara su columna vertebral; por eso es menor su necesidad de esconderse de los aspectos duros de la realidad que inevitablemente aparecen. El metal también hace ambicioso al conejo, pero su encanto natural oculta ese aspecto de su naturaleza. Así, cuando está negociando puede ser despiadado de una manera que casi pasa desapercibida para los demás. Es relativamente indiferente hacia los sentimientos de los demás y hasta puede considerárselo frío. Igual sigue exhibiendo esa aptitud para el arte y el buen gusto que pone a los conejos en un sitio especial del zodíaco chino.

CONEJO DE AGUA
(1903-1963)

El Conejo de Agua lleva el deseo de evitar confrontaciones al extremo. Es excepcionalmente emocional y enfático, por lo que resulta muy vulnerable a los aspectos más desagradables de la vida. En otras palabras, termina tratando de huir de la dura realidad cotidiana. El problema radica en que los conejos son demasiado abiertos y se exponen en extremo a la corriente de acontecimientos, que acaba confundiéndolos. No es extraño que este conejo termine considerándose débil, pero al mismo tiempo ese aspecto de su naturaleza resulta atractivo para mucha gente. Su punto débil radica en su hipersensibilidad, la que provoca una constante actitud de análisis de la realidad.

EL CONEJO Y SU ASCENDENTE

CONEJO ASCENDENTE
RATA: 11 p.m. a 1 a.m.

Vital y agresivo, este conejo será más rápido y listo que los demás. Aniquilará los obstáculos con explosivos aforismos. Su ira puede ser inmensa cuando se siente provocado.

CONEJO ASCENDENTE
BÚFALO: 1 a.m. a 3 a.m.

Este conejo es trabajador, ambicioso y sabe adónde quiere llegar. Se contradice constantemente y resulta sociable y antisociable, *dandy* y conservador a la vez. Tendrá una fuerza oculta que nunca lo abandonará.

CONEJO ASCENDENTE
TIGRE: 3 a.m. a 5 a.m.

Tendrá dos caras; por un lado será impulsivo, temperamental, apasionado, y por otro será calmo, medido, previsor. Muy independiente, es un compañero con el cual es difícil convivir.

CONEJO ASCENDENTE
CONEJO: 5 a.m. a 7 a.m.

Este conejo pura sangre se vuelve irresistible ante la mirada de sus allegados. Casanova por naturaleza, conocerá los secretos del amor. Culto, refinado y sibarita, siempre caerá bien parado.

CONEJO ASCENDENTE
DRAGÓN: 7 a.m. a 9 a.m.

Ambicioso hasta la médula, explota de energía y ganas de vivir. Emprendedor, audaz e implacable para los negocios, sabrá encontrar el camino correcto para lograr sus objetivos.

CONEJO ASCENDENTE
SERPIENTE: 9 a.m. a 11 a.m.

Este conejo será Harry Potter y tendrá a todo el mundo fascinado con su misterio. Refinado al extremo, discreto, jamás conoceremos sus secretos. Intuitivo y muy sexual.

CONEJO ASCENDENTE
CABALLO: 11 a.m. a 1 p.m.

Este espíritu libre no soporta el encierro ni sentirse atrapado en la sociedad de consumo. Será un líder desapegado y metódico. Regido por su corazón más que por su cabeza, vivirá amores de alto vuelo.

CONEJO ASCENDENTE
CABRA: 1 p.m. a 3 p.m.

Buscará la seguridad material ante todo, y una vez que la obtenga, no se privará de nada. Será apasionado y cariñoso, y tendrá dotes artísticas. Enamorará a todo aquel que se cruce en su camino.

CONEJO ASCENDENTE
MONO: 3 p.m. a 5 p.m.

Un intelectual con posibilidades de convertirse en jeque. Necesitará una fortuna para vivir; la compartirá con amigos, novios y protegidos. Su lema es: "El fin justifica los medios".

CONEJO ASCENDENTE
GALLO: 5 p.m. a 7 p.m.

Responsable hasta la obsesión, le cuesta disfrutar y relajarse. Será introspectivo, analítico y crítico; cuidará a los suyos con mucha dedicación.

CONEJO ASCENDENTE
PERRO: 7 p.m. a 9 p.m.

Servicial como pocos, estará siempre dispuesto a ayudar a los demás y defender causas justas. Afortunado en los negocios y finanzas, se adaptará fácilmente a los cambios de la vida.

CONEJO ASCENDENTE
CHANCHO: 9 p.m. a 11 p.m.

Un sibarita con mundo interior. El placer ante todo, y después las responsabilidades. Necesitará amor y comprensión para realizarse. Buscará infatigablemente mejorar y sacar lo mejor del otro.

ALINEACIÓN Y BALANCEO

Les aconsejo:

Cambio de actitud para relacionarse con el prójimo, conexión tántrica.

Meditación, yoga, tai-chi, zazen.

Golf, tenis, natación, esquí acuático.

Medicina preventiva: dieta de la luna, *spa*, retiro espiritual.

Laborterapia, *TAO DEL AMOR Y DEL SEXO*, masajes, *fitness*, pilates, moda, recitales, músicoterapia.

Risa, amigos, graduar la vida social, lectura,

Ahorro, donación, mecenazgo.

PERSONAJES FAMOSOS

CONEJO DE MADERA
(1855–1915–1975)

Orson Wells, David Rockefeller, Ingrid Bergman, Frank Sinatra, Edith Piaf, Judy Garland, Carina Zampini, Billie Holiday, Luciano Castro, David Beckham, Deborah de Corral, Dolores Barreiro, Bertin Osborne, Ingrid Grudke, Osvaldo Miranda, Abel Santa Cruz, Enrique Iglesias, Gabriel Ruíz Díaz, Manu Tenorio, Leticia Bredice, Charly Menditeguy.

CONEJO DE FUEGO
(1867–1927–1987)

Raúl Alfonsín, Fidel Castro, Mirtha Legrand, Luisana Lopilato, Gina Lollobrigida, Raúl Matera, Peter Falk, Gilbert Bécaud, Neil Simon, Ken Russel, Harry Belafonte.

CONEJO DE TIERRA
(1879–1939–1999)

Albert Einstein, George Hamilton, Stalin, reina Victoria, Francis Ford Coppola, Peter Fonda, Paul Klee, Andrés Percivale.

CONEJO DE METAL
(1891–1951)

Ignacio Gutiérrez Zaldívar, Sting, Charly García, León Gieco, Pedro Almodóvar, Michael Keaton, Ana Belén, Valeria Lynch, Anjelica Huston, Romeo Gigli, Carl Palmer, Thelma Biral, Confucio, Juan Leyrado, Hugo Porta, Isabel Preisler, Jaco Pastorius, Rosa Gloria Chagoyan, Cheryl Ladd, Christian Lacroix, Carlos Barrios.

CONEJO DE AGUA
(1843–1903–1963)

Quentin Tarantino, Fernando Peña, Fito Páez, infanta Elena de España, Johnny Depp, Brad Pitt, Fat Boy Slim, Ramiro Agulla, Alfredo Casero, Niní Marshall, Xuxa, Sergio Goycochea, Germán Palacios, Andrea Politti, Fernando Samalea, María Gabriela Epumer, Hilda Lizarazu, Nicholas Cage, Fabián Gianola, Alaska, Juan Darthes, Gustavo Elía, Jaime Marichalar, George Michael, Bob Hope, Nacho Cano, Rosario Flores, Adrián Domínguez, Sheila Cremaschi.

JUAN MANUEL MARFANI

TESTIMONIO *Yo soy un Conejo*

JUAN MANUEL MARFANY

DISEÑADOR - MÚSICO

Cada nuevo sol aparece con un destino incierto, con un pasaje a la aventura, y en ese viaje el cambio de rumbo es una constante que nunca abandona a la sorpresa. Los caminos son infinitos, eternos y reciclables al punto de lo absurdo. Las formas son miles, pero una sola. Y entre las formas están las texturas de nuestro ser que no dejan de empujarnos para entrar de nuevo en lo nuevo. Es un juego azaroso bien conocido bajo esta piel, es un truco que la vida nos hace, y cambia el juego, y cambia el pulso, pero no perturba el siguiente paso, porque de trucos se trata y somos el truco del mago.

De la suerte, las muchas vidas y los grandes golpes, caer parados y empezar de cero. De los amores, la conquista y la seducción, el motor del corazón y la necesidad cotidiana, el eterno ritual, la emoción más intensa, la hipnosis de nuestro ser.

De los amigos del alma, acercarnos para contarnos secretos en algún techo (de noche), donde algunos pocos nos encontramos y disfrutamos la cercanía. De los maestros de mi vida, el ascensor de mi alma, la iluminación de los centros, la música de mi película, mi vida, y la estrella que aunque no está me sigue alumbrando. De los diseños, la escalera de todos estos años, los viajes, los personajes y el mundo chiquito, la paleta de colores en constante movimiento, las luces, los brillos y el encantamiento que nos provoca. De todas las cosas que nos pasan elegir el próximo paso, la cornisa, la emoción, la sorpresa, lo que somos.

En resumen, lo que mueve mi vida es la potencia de los sueños, el arma que transmuta todo en este plano y lo convierte en real, la puerta a lo que sigue, y el no descansar en su búsqueda, porque los sueños se hacen despierto.

DOS MIL SEIS — AÑO DEL PERRO

❈ CONEJO ❈

ENTREGATE Y FLUÍ
AMOR

ENCUENTROS CERCANOS
DE ALGÚN TIPO

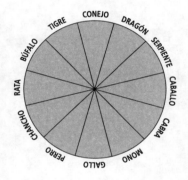

CORTOCIRCUITO ASTRAL
DANGER

HACETE CARGO • TE AVISÉ

TRABAJO
SOCIEDADES

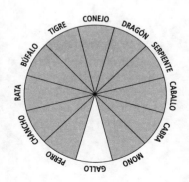

AFINIDAD-EMPATÍA
**BENDICIONES
DISFRAZADAS**

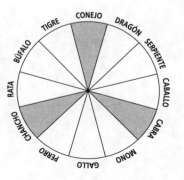

DRAGÓN

龙

NI PASADO
NI FUTURO
FLOTAR
SIN PENSAR EN EL OCASO DE LOS DIOSES
CANSADOS DE ESPERAR SEÑALES HUMANAS.
DESPERTAR EL SOL Y LA LUNA
Y LA CONSTELACIÓN
SINTIENDO NUESTRO ORIGEN DIVINO.
ES TIEMPO DE SALIR DEL CASCARÓN
INEVITABLE DE LA ILUSIÓN CIBERNÉTICA
Y HABLAR CON UNA VELA
ANTES DEL PRÓXIMO HURACÁN INTERIOR.

L. S. D.

龙

DRAGÓN

FICHA TÉCNICA

NOMBRE CHINO DEL DRAGÓN LONG
NÚMERO DE ORDEN QUINTO
HORAS REGIDAS POR EL DRAGÓN 7 AM A 9 AM
DIRECCIÓN DE SU SIGNO ESTE-SUDESTE
ESTACIÓN Y MES PRINCIPAL PRIMAVERA-ABRIL
CORRESPONDE AL SIGNO OCCIDENTAL ARIES
ENERGÍA FIJA MADERA
TRONCO POSITIVO

ERES DRAGÓN SI NACISTE

16/02/1904 - 03/02/1905
DRAGÓN DE MADERA

03/02/1916 - 22/01/1917
DRAGÓN DE FUEGO

23/01/1928 - 09/02/1929
DRAGÓN DE TIERRA

08/02/1940 - 26/01/1941
DRAGÓN DE METAL

27/01/1952 - 13/02/1953
DRAGÓN DE AGUA

13/02/1964 - 01/02/1965
DRAGÓN DE MADERA

31/01/1976 - 17/02/1977
DRAGÓN DE FUEGO

17/02/1988 - 05/02/1989
DRAGÓN DE TIERRA

05/02/2000 - 23/01/2001
DRAGÓN DE METAL

TODO SOBRE MÍ *Soy un Dragón*

Elegí conscientemente reencarnar en esta vida en el signo mas polémico de todos para evolucionar en mi karma y dejar claras las cuentas, asignaturas pendientes, amores, relaciones inconclusas con gente que siguió apareciendo entre el SUPRAMUNDO y el INFRAMUNDO donde paso este quimérico tránsito, al que llaman vida.

Siempre sentí que tenía un don especial que me diferenciaba del resto de la gente.

Era una sensación de estar, entrar y salir de momentos, situaciones, relaciones, lugares, sin culpa.

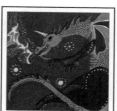

Pasear, jugar, entretenerme y detenerme donde sabía y sé que puedo rescatar algún tesoro, aprendizaje, lección que me haga crecer, evolucionar, diferenciarme de mis compañeros, amigos, vecinos y hermanos.

En realidad la sensación es la de ser invisible, ser testigo de todo lo que la vida me pone adelante y salir ilesa, planeando con mis alas escamadas entre las nubes, el sol y los planetas, como cuando mandan un cohete al espacio y puede ver desde la luna con más claridad los límites en la tierra.

Nacer consciente fue mi primera bendición, pues elegí los padres que tendría en esta vida y, al igual que mi papá, que fue un dragón fascinante, increíble, largo llamaradas de fuego sin parar: es el combustible perfecto para relacionarme con la gente... nunca me quedo con el tanque vacío, vibro cada segundo como si fuera el último.

Soy famosa por mi verborragia, locuacidad, espontaneidad y jamás me detengo en mis disertaciones que pecan de ser monólogos donde raras veces, dependerá de la habilidad del prójimo, dejo que mechen algún bocadillo o minipensamiento. Ahh... trato siempre de quedarme con la última palabra, pues mi ego y mi orgullo son parte de mi ADN.

Soy fuerte, a prueba de misiles, nunca me doy al enemigo o a gente que no me inspire una total entrega y confianza.

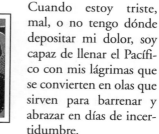

Cuando estoy triste, mal, o no tengo dónde depositar mi dolor, soy capaz de llenar el Pacífico con mis lágrimas que se convierten en olas que sirven para barrenar y abrazar en días de incertidumbre.

Amo los días grises, me transportan, me guardan, me silencian y me dan una tregua a tanta exposición en los escenarios donde adoro exhibir mi desparpajo, frescura, *glamour* y magnetismo.

Atraigo como un faro en medio de la tempestad a quienes buscan amparo, luz para seguir en el camino y con mis alas –a veces de terciopelo, de plumas, de acero inolvidable– los acurruco hasta que retomo mi vuelo infinito.

Tengo los cinco sentidos muy desarrollados: el olfato es quizás el más intenso: puedo perderme en el tiempo automáticamente cuando huelo leños quemados, pasto recién cortado, nardos floreciendo, cabezas de chicos con olor a bebé y a potrero; pero si hay algo que no soporto son los ambientes saturados de olor a comida y los basurales del camino del mal aire.

Recuerdo haberme ido de varios restaurantes por los olores nauseabundos que dañaban mi psiquis.

Por eso prefiero comer un rico copetín en lugares ventilados, limpios y con buena luz... La luz, ¡¡¡qué tema ése en mi vida!!!

Amo las luces bajas, bajas en intensidad, las velas, los faroles de kerosene en las noches de verano en el campo. También amo las luciérnagas y los bichitos de luz que titilan en la oscuridad dándonos señales para que no claudiquemos.

Detesto prender el velador, me manejo en la oscuridad a la perfección como mi amigo el gato, y esto es muy claro... ¡¡¡qué mejor luz que la del fuego!!!

Tengo mi propia luz, bánquensela, ¡soy dragón! Frente a la chimenea prendida podría quedarme el día entero, armando una especie de campamento lleno de hojas en blanco y un lápiz, un tinto y quesos variados hasta que el último leño agonice en cenizas y mis ojos verdes se cierren antes de que suene el despertador y me convierta en un general haciendo formar fila al zoo para exiliarlo al mundo.

La música por lo general me lleva al movimiento, bailar me apasiona y, si encuentro quien me sepa llevar en mis movimientos cósmico-telúricos, lo adopto hasta que bajen la persiana del recinto.

"Comunicarme es esencial, vital y primordial para sentirme viva"

Creo en los duendes, las hadas, los elfos y los aluxes; percibo estas entidades en el jardín de casa o en los bosques, sierras o playas, donde despliego mis movimientos en cámara lenta, sintiéndome ellos.

Soy muy ocurrente, imaginativa, soñadora y trato de aplicar estas bendiciones en mi vida cotidiana y doméstica.

Cuando estoy inspirada puedo inventar un plato riquísimo con cuatro cosas locas que tengo en la cocina y deslumbrar al zoo o a mis amigos, jamás me quejo si no tengo una cocina con todos los ingredientes, gorros y cucharas y salgo del paso con recetas mágicas y deliciosas.

Eso habla de lo juiciosa y ordenada que soy, detesto despilfarrar o endeudarme aunque esto es típico del dragón, pero mi energía es la madera, por eso puedo medir los gastos.

Me llevó muchos años entender la diferencia entre ser generosa conmigo y con los demás: cuando lo entendí aprendí a gozar y a vivir sin "persecutas".

Para mí, como dragón, es básico prestar atención a mantener el prana y la energía a través de cuidados físicos, psíquicos y terapias alternativas que puedan equilibrarme, y hacerlo extensivo hacia afuera, compartiéndolo con los seres que amo y con quienes vivo.

Me conozco pues me analizo permanentemente y no me engaño a pesar de que disimule o actúe como la mejor actriz.

No me soporto enojada, de mal

humor y menos que alguien me haga ver lo que me pasa o escondo.

Soy dragón de una sola pieza, sé claramente lo que me gusta y lo que me disgusta; sé lo que soy, lo que doy, lo que no quiero tener.

A la hora de elegir un programa, un plato de comida, un helado, una música para escuchar, un color para vestirme, doy vueltas y vueltas, vuelo hacia todas las direcciones. Todo me enloquece, me divierte, entusiasma, todo está incluido en la gama de ofertas que ofrece la existencia cuando una se abre.

Pienso y me desvivo para agradar al animal que está a mi lado y a veces me derrumbo cuando encuentro la soledad entre las paredes sutiles que me hacen aterrizar de mis vuelos mentales donde no existe hangar que me contenga.

Mi color preferido es el verde. Es sin duda el que más brilla en el arco iris de las ilusiones. Verde para seguir, avanzar... y si no, ¿por qué se creen que está el semáforo?

Y ahora me doy cuenta por qué el semáforo me atrae tanto: porque reúne los tres colores preferidos: verde botella, verde de *sweater* de invierno perfecto, combinado con alguna pollera escocesa que alguna prima me regalaba para cumpleaños o fiestas especiales.

El rojo o colorado es tan necesario para darle fuerza al día y combinado con el verde es armónico y complementario. Así es la vida de un dragón: cree profundamente que algo o alguien toma sentido junto a otro.

¿Y el amarillo? Color del fuego, del sol, es el oro de los atardeceres y amaneceres, el color preferido de mi padre.

Soy dragón volador, volador a más no poder.

Hago varias cosas al mismo tiempo. Estoy atenta a todo, mi vista que planea por la tierra me lo permite, admito que esto me lleva un gran gasto de energía, pero nunca me entrego, intento regularla y no regalarla, eso es un desperdicio, y no me lo perdonaría.

Me encanta el humor irónico. Ridiculizo una situación desagradable, la transmuto, soy una alquimista.

Creo en la gente que está en *ON* o en *OFF*. O la pasás bien o sos un amargado.

Y es de mal gusto estar echando culpas, quejándose de todo sin buscar soluciones.

Disfruto mucho del juego y del fuego.

Comunicarme es esencial, vital y primordial para sentirme viva.

No creo en la edad; me conecto con la misma naturalidad con niños, con almas ancianas o con jóvenes que están despertando.

El juego acompaña, distrae, calma, cura y ayuda a expresarnos en la totalidad.

Soy coqueta, no soporto verme desarreglada y desprolija.

Es esencial inventarme cada día nuevos proyectos, planes y estímulos para superarme y competir con el medio.

Trato de ser ordenada, mantener la silueta con todo lo que esté a mi alcance: yoga, pilates, caminatas, correr, *gym*.

No soy adicta a nada, sólo a *la vida que me alcanza* y me transporta a otras vidas pasadas, y como sé que no reencarnaré, trato de vivir a *full* cada instante para retornar al origen.

Tengo dones que descubro experimentándolos; no me privo de nada que esté a mi alcance y mi curiosidad me lleva por laberintos de ciencia ficción.

Me siento una heroína de un *comic* y Afrodita, capaz de enamorar a niños, jóvenes, ancianos y hermafroditas por mi extraña combinación de maga, pacha, libélula y hembra.

Tengo un romanticismo práctico, soy una *sanyasin* y agradezco cada instante de la vida porque me enseña y aprendo en cómodas cuotas, o de golpe.

Conecto con el cielo y soy trueno, rayo, lluvia, huracán, relámpago, estrella fugaz, que regalo a quienes tienen fe en la vida y siguen sus designios.

Les mando mis bendiciones para seguir en el camino.

HISTORIA

Creo que los dragones me quieren mucho porque en los últimos veinte años me he dedicado a hacerles buena prensa en nuestras tierras, continente y en España.

La cultura occidental vio en el dragón un animal *heavy metal*, capaz de escupir llamas, devorar princesas, raptar a las ninfas y esconderlas en grutas debajo de la tierra o llevarlas al fondo del mar.

"Es un símbolo esotérico de sabiduría e iluminación"

El dragón está asociado con la mitología, remolca nuestros sueños más frenéticos, nuestros temores de caos y aniquilación, una procesión de obsesiones y fantasmas que permanece desde el origen del mundo en nuestro inconsciente.

En Oriente, su imagen esculpida en piedra está en cada templo, pagoda, plaza, catedral, para canalizar sus poderes formidables.

En China se lo ubica en la cima de los techos o sobre las puertas para desterrar los espíritus malignos y los demonios.

En las celebraciones del año nuevo chino se hacen procesiones por todas las ciudades con dragones de papel que luego se incendian para conmemorar el año que ha transcurrido y el nuevo, que renacerá de las cenizas.

El dragón ha inspirado en el hombre respeto y miedo; es una criatura que representa el eco de las profundidades, las más impenentrables dimensiones del alma humana.

Aniquilado por el Arcángel o metamorfoseado en un príncipe, el dragón encarna el último paso hacia el retorno al origen cósmico.

Es un símbolo esotérico de sabiduría e iluminación.

El dragón es a menudo retratado con muchas cabezas, las cuales representan los diversos impulsos y pasiones de la mente. Estas cabezas simbolizan deseos del inconsciente colectivo: si una es arrancada, otra crecerá en su lugar. Por lo tanto es necesario llegar a la raíz, al corazón del ser humano: para conquistar al dragón uno debe conquistarse a sí mismo. Por eso se supone que la sangre del dragón lo hace a uno inmortal.

En la mitología abundan leyendas donde los dragones se casan con seres humanos.

En la India el dragón está considerado el ancestro de los habitantes de Kashmir; se lo representa mitad dragón y mitad humano, de belleza y coraje incomparables.

Para los dravidianos, el grupo más antiguo en la India, es un tótem venerado en todos los pueblos del sur y en ciertas regiones de Kashmir.

Además, existe una curiosa conexión entre este culto y los SERAFINES, quienes ocupan un lugar eminente en la jerarquía cristiana de los Ángeles.

Retratados como los que rodean el trono de Dios, los serafines recuerdan al dragón.

El serafín es también un feroz guardián de LO ABSOLUTO que trae al pensamiento las características del dragón, ambiguas, pues representan aspectos benéficos o maléficos, según las diferentes culturas y la visión que tienen acerca de él.

EL DRAGÓN EN EL TRABAJO

Es tan atípica la manera de trabajar de nosotros, los dragones, que deben agradecer que nos insertemos en el mundo agitando nuestras alas para atraer lo que soñamos cuando planeamos por el universo con nuestra frondosa imaginación.

EL CIELO NO ES EL LÍMITE, pues atravesamos esta galaxia para inspirarnos, buscar estímulos, seres afines a nuestra sensibilidad, intuición y poder de concentración para concretar nuestros objetivos.

Soy disciplinado, exigente, tenaz, ambicioso, líder innato; dispongo de un ejército capaz de seguirme hasta la extenuación.

Mi inteligencia, destreza y vuelo me permiten arriesgarme en aventuras que están limitadas para el resto del zoo y, como apuesto a TODO O NADA, estoy decidido a GANAR O PERDER en un minuto el capital de toda mi vida.

También me reconozco incansable, insondable, hermético, misterioso, mago para hacer piruetas en el aire y aterrizar bien parado en el momento de las negociaciones.

Celoso, posesivo y dominante, no soporto las críticas y que no me juren lealtad y obediencia debida.

Sé que tengo rivales y muchas veces duermo con el enemigo, pues soy tan ambicioso que pierdo la razón entre las fronteras del bien y del mal.

Me destaco en mi oficio o profesión y como el ave fénix renazco de mis propias cenizas, provocando la curiosidad de quienes creían que estaba fuera de la órbita galáctica.

DOS MIL SEIS · AÑO DEL PERRO

EL DRAGÓN EN EL AMOR

¡¡¡PIEDAD!!!

Cuando te cruzás conmigo es bueno que no resistas al impacto de *Star wars*.

Como ocurre con un ovni, que aparece y desaparece delante de nuestra vista y nos cambia la visión del universo, pasar una temporada en el cielo conmigo resulta altamente sanador, enriquecedor y enloquecedor... (aunque suene inmodesto, es tal cual).

Hay que seguirme, jamás detendré mi vuelo por ti. Es necesario estar en buen estado físico y mental, pues mi capacidad de sorpresa no tiene igual: estoy siempre listo para renovar mis endorfinas inventando situaciones que oscilan entre *LO QUE EL VIENTO SE LLEVÓ, BLADE RUNNER, LA NARANJA MECÁNICA* y *LA MATRIX*.

Soy apasionado, volcánico, desafiante, transgresor, hipnótico, fascinante y seductor. No dejo un lugar libre para que te distraigas y logro mantenerte ocupado *full time* con mi calidez, voluptuosidad, sentido del humor y *sex appeal*.

Siempre estoy listo para hacer el amor, más por deporte que por vos.

Me desvivo por ser el mejor amante y suelo hacer regalos carísimos y muy vistosos para ganar millas frente a otros candidatos.

Inspiro amores de película y novelas; soy intenso, me encanta tener un *partenaire* para admirar y que me provoque interés por la vida, jamás bajo la guardia y soy muy protector, celoso, dominante y posesivo con mi pareja.

Puedo amar a una persona toda la vida y tener un harén.

Necesito situaciones con terceros para estimularme: escenas tipo *ATRACCIÓN FATAL* o *LA GUERRA DE LOS ROSES* para que me circule la adrenalina y sienta que soy único e imprescindible.

Soy un enamorado del amor y de sus millones de facetas: adicto a novelas, episodios dramáticos en el barrio o en la escuela para enamorar al más difícil, al profesor o al cura, como CAMILA O'GORMAN.

Puedo casarme una o más veces: dependerá del *rating* que tenga.

Me gusta sentirme atado por un rato a alguien que me brinde atención *full time* y me haga promesas sobre las ráfagas, despierte mi erotismo cuando menos lo imagino y ponga orden en la casa mientras yo produzco el caos.

No soy un animal solitario: necesito público que me admire y estimule en mis riesgos, aventuras y en mi profesión.

A veces canso a mi pareja con mis monólogos, discursos, *egotrip*: no conozco la pausa y estoy siempre a la defensiva.

Resulto un gran estratega en el amor: no doy puntada sin hilo de las Pléyades y armo situaciones de ciencia ficción.

Cuando me enojo largo llamaradas que incendian a mi amado y hay que pedir al cielo un diluvio para retornar a la calma.

Tengo un imán, un poder del más allá que atrae a los curiosos, diferentes, extraños, y los ayuda a levantar vuelo de la tierra por un rato.

En realidad, soy sobrenatural, mágico y demasiado humano, difícil de soportar.

EL DRAGÓN
EN LA FAMILIA

LA INSOPORTABLE LEVEDAD DEL NO SER.

Soy un plato fuerte para digerir.

Exijo más de lo que doy y siempre estoy listo para organizarle la vida a padres, hijos, tíos, marido/mujer y personas que se acerquen al fogón.

Soy divertido, ciclotímico, explosivo y muy demandante.

Rompo el molde de la familia tipo. Busco mi lugar en la casa y en segundos desordeno lo que otros ordenaron.

Me considero un buen maestro: transmito mis experiencias con convicción y tengo principios rígidos que hay que obedecer o salir por la ventana en el primer envión.

No soporto no tener el control remoto en la casa; también hay que atenderme cuando estoy con vena romántica y volar a mi lado.

Aunque parezca moderno, soy conservador en lo esencial; SOY la revolución y los demás deben acatar mis órdenes o independizarse (algo que no soporto).

Soy candidato a la *rebelión en la granja* y a tener que ayudar económicamente a mis parientes cuando me tocan el timbre.

Impaciente, déspota y muy celoso, impongo mis gustos y creencias en el clan.

Soy buen sostén emocional, cariñoso, confidente, siempre tengo tiempo para escuchar a mis seres queridos, que sólo yo conozco.

Los dragones podemos ser un ejemplo bueno o malo.

¿Cuál es tu grupo sanguíneo?

EL DRAGÓN
Y SU ENERGÍA

DRAGÓN DE MADERA
(1904-1964)

Es un dragón entusiasta, sensible, cálido, intuitivo. Resulta muy amable y justo con los demás. Está abierto a aceptar críticas si hace algo mal. Con respecto a su trabajo, es una persona muy dedicada, quiere mucho lo que hace, le gusta estar al mando y apuesta fuerte para ganar. Tiene un gran potencial para la creatividad. Le encanta ser centro de atención y lo consigue con su refinamiento, talento y exquisito humor.

Es ciclotímico, y tiende a la melancolía. Cuando esté atrapado, improvisará y saldrá del apuro venciendo los obstáculos. Será un buen padre o madre que se desvivirá por el bienestar de sus hijos.

DRAGÓN DE FUEGO
(1916-1976)

Estamos frente a un dragón poderoso, valiente y digno. Un tanto extremista en casi todos los aspectos de la vida, ama u odia. Detrás de su armadura se esconden sentimientos muy tiernos y posee una gran inseguridad afectiva. Compartirá momentos de sensibilidad con su pareja y mantendrá una vida sexual activa.

Es captador, intimidatorio, magnético y temperamental. Reconoce sus errores. Como un ser aventuro, necesitará alguien que lo contenga y aconseje para no danzar en la cuerda floja.

DRAGÓN DE TIERRA
(1928-1988)

Es el dragón más realista. Tiene objetivos claros y no se arriesga si no tiene garantías. Concretará sus sueños y se sumergirá hasta el final si algo le interesa. Si es capaz de aprovechar la posibilidades que le da la vida, lo espera una exitosa carrera que le significará fama y fortuna.

Ama estar rodeado por sus seres queridos y detesta estar en soledad. Debe agregar un poco de calidez a sus relaciones, ser más ferviente y no especular tanto con todo el mundo.

DRAGÓN DE METAL
(1940-2000)

A este dragón se lo ama o se lo odia, porque es muy orgulloso y rígido y encima tiene un ego más grande que la Vía Láctea. Se quiere mucho a sí mismo.

Es difícil que se retracte de algo que dijo. Líder por naturaleza, resulta excelente para organizar, dirigir y comandar. Fanático de la puntualidad y el trabajo. Prefiere no escuchar cuando le marcan alguno de sus defectos. Necesita rodearse de gente que le baje las anfetaminas, ya que sus ansias de poder y omnipotencia pueden convertirlo en un monstruito.

DRAGÓN DE AGUA
(1892-1952)

Es el más justo y democrático de todos los dragones. Le gusta escuchar las opiniones de los demás y las pone en práctica si las considera buenas. Defiende sus ideales con fuego y garras. El éxito en su vida dependerá de su talento; haga lo que haga, no se aprovechará de los demás. Será pacifista y humanista. Se comprometerá con el ser humano y su problemática real.

Se puede contar con él en las buenas y en las malas. Se involucra sentimentalmente, le encanta estar en pareja, y muchos de estos dragones se casan más de una vez.

EL DRAGÓN Y SU ASCENDENTE

DRAGÓN ASCENDENTE RATA: 11 p.m. a 1 a.m.

Este dragón será prudente, muy autoritario en apariencia; reflexivo y capaz de realizar grandes sacrificios por los demás. Hace aparecer dinero como por arte de magia y será muy sociable.

DRAGÓN ASCENDENTE BÚFALO: 1 a.m. a 3 a.m.

Previsor, organizado y calculador, este dragón buscará la justicia absoluta por tierra y por mar. Un excelente y sacrificado padre de familia. También caballero de la alta escudería, corajudo, quijotesco y paciente.

DRAGÓN ASCENDENTE TIGRE: 3 a.m. a 5 a.m.

Combinación explosiva. Energía y ambición de la mano para un dragón trabajador e impulsivo. Protagonista de pasiones incontrolables de las cuales tomará venganza cuando se sienta herido.

DRAGÓN ASCENDENTE CONEJO: 5 a.m. a 7 a.m.

Será un dragón seductor y diplomático. Brillante, sociable, culto y refinado. Su impulsividad se frenará por temor al riesgo. No le faltarán pretendientes a toda hora.

DRAGÓN ASCENDENTE DRAGÓN: 7 a.m. a 9 a.m.

Brillará dentro de su propia burbuja: concreta sus sueños y resulta irresistible. Tiene tendencias autodestructivas; los dragones más osados serán un poco sadomasoquistas. Vive en un mundo de sueños porque la realidad le da cierto temor.

DRAGÓN ASCENDENTE SERPIENTE: 9 a.m. a 11 a.m.

Inquietará calculando desde su frialdad. No tendrá reparos en hacer lo que sea por conseguir sus metas. En sus profundidades será rencoroso y vengativo. En el amor, vivirá epopeyas.

DRAGÓN ASCENDENTE CABALLO: 11 a.m. a 1 p.m.

Será valiente, audaz, sincero, optimista y muy protector. A veces dejará las cosas por la mitad y perderá la razón por amor. Dinámico y extrovertido.

DRAGÓN ASCENDENTE CABRA: 1 p.m. a 3 p.m.

Sensible y artista en cada acto, este dragón vivirá en su mundo de sentimentalismos, ideas y fantasías. Hará el bien sin mirar a quién y desbordará amor. Será ansioso e inseguro.

DRAGÓN ASCENDENTE MONO: 3 p.m. a 5 p.m.

Esta increíble combinación da como resultado un ser dotado de cualidades asombrosas. Tiene el don de la palabra y una fuerza de voluntad envidiable. Vivirá rodeado de lujos, *glamour* y culebrones.

DRAGÓN ASCENDENTE GALLO: 5 p.m. a 7 p.m.

Esta combinación producirá un dragón orgulloso, autoritario y muy seguro de sí. Trabajará arduamente, muchas veces sin tener una idea clara. Su vitalidad y entusiasmo son contagiosos. Dará consejos pero no aceptará escucharlos.

DRAGÓN ASCENDENTE PERRO: 7 p.m. a 9 p.m.

Un líder absoluto. Filosofará sin despegarse del suelo. Será leal y prudente con sus afectos. Su liderazgo puede traerle problemas si no lo usa con diplomacia. Talentoso y creativo.

DRAGÓN ASCENDENTE CHANCHO: 9 p.m. a 11 p.m.

Antidragón. Su mayor alegría es hacer bien a la humanidad. Su paciencia, sensibilidad y humildad lo harán irresistible. Vivirá una constante lucha interna entre sus utopías y la realidad.

ALINEACIÓN Y BALANCEO

Les aconsejo:

Equilibrar el *yin* y el *yang*. Practicar meditación, yoga, tai-chi, *inside*.

Tomar cursos de autoayuda; flores de Bach, hierbas, digitopuntura, *shiatsu*, control mental, mandala, respiración holotrópica.

Caminar, volar desde la tierra hacia el cielo.

Salir a dar la vuelta del perro.

PERSONAJES FAMOSOS

DRAGÓN DE MADERA
(1844-1904-1964)

Nietzche, Salvador Dalí, Tita Merello, Ricardo Balbín, Pablo Neruda, Mario Pergolini, Daniela Cardone, Miguel Indurain, Palo Pandolfo, Matt Dillon, Marta de Domínguez, Gustavo Bermúdez, Osvaldo Pugliese, Sandra Bullock, Eleonora Cassano, Raúl Urtizberea, Bing Crosby.

DRAGÓN DE FUEGO
(1856-1916-1976)

Sigmund Freud, Gregory Peck, Damián Szifron, Paz Vega, Kirk Douglas, François Miterrand, Cecilia Rognoni, Shakira, Florencia de la V, Pérez Prado, Anita Álvarez Toledo, Valeria Britos, Dante Spinetta, Carola del Bianco, Roberto Galán, Glenn Ford.

DRAGÓN DE TIERRA
(1868-1928-1988)

Adam West, Shirley Temple, Eddie Fisher, James Brown, Alan Pakula, Ernesto "Che" Guevara, Roger Moore, Carlos Fuentes, Martin Luther King, Sarita Montiel.

DRAGÓN DE METAL
(1880-1940-2000)

Jesucristo, George Romero, Brian De Palma, Andy Warhol, John Lennon, Frank Zappa, Oscar Araiz, Pelé, Bruce Lee, Bernardo Bertolucci, Ringo Starr, Al Pacino, Amelita Baltar, David Carradine, Carlos Bilardo, Joan Baez, Nacha Guevara, Tom Jones, Herbie Hancock, Antonio Skarmeta, John Kale, Raquel Welch.

DRAGÓN DE AGUA
(1892-1952)

Guillermo Vilas, Robin Williams, Susú Pecoraro, Jean Paul Gaultier, Mae West, Jimmy Connors, Lalo Mir, Federico Trillo, Soledad Silveyra, Sylvia Kristel, Stewart Copeland, Norberto Alonso, Raúl Perrone, Hugo Soto, Grace Jones, Nito Mestre.

SHAKIRA

TESTIMONIO *Yo soy un Dragón*

PEDRO MORENO
CONDUCTOR RADIAL, PERIODISTA

Existo desde el día del animal... de un año del animal que no existe.

No logro recordar cómo fui creciendo en los años que pasaron... sí intento recordarme que no es lo mismo que pasen los años que crecer.

Antes me creía las matemáticas de la edad... ahora no creo ni en las matemáticas ni en la edad.

Mientras mi hijita afirma "yo sé todo"... yo estoy para suscribir el "sólo sé que no sé nada".

Yo tenía la idea del ciego como la de un ser aislado... después de quedar ciego tuve la idea de ser un comunicador.

Cuando veía, mi imaginación volaba con la radio, como un oyente más... cuando dejé de ver, fue que aterricé con mi imaginación en la radio, como un conductor.

Mi vida empezó a rodar radialmente... con el programa *A rodar la vida*.

Es que mis planes eran ocuparme de ver qué pasa con nuestras vidas... y Lennon me hizo ver que "la vida es lo que nos pasa mientras estamos ocupados haciendo otros planes".

Creo mucho más en la providencia que en Dios... es que de Dios no tengo muchas evidencias.

Por eso no creo ni en las desgracias ni en la mala suerte... por suerte o gracias a Dios.

"Sí, quiero cambiar el mundo... y que el mundo me cambie a mí"

No me caso con ninguna ideología... aunque alguien me dijo que ésa es una ideología con la que me casé.

Y por fin me llamaron para ser integrante de una gran AM... y así empecé un programa que llamé *Integrantes*.

Porque me llegó el momento de darme cuenta de que conformamos un Todo... por un cuento, que no me conformaré hasta que a todos les llegue en algún momento.

Dicen que en el infierno había una olla repleta de comida y personas alrededor con cucharas muy largas... y que en el cielo también se veían a personas con esas largas cucharas alrededor de una olla con comida.

En el infierno todos estaban raquíticos: allí cada uno intentaba en vano alimentarse a sí mismo... en cambio, todos los del cielo lucían rozagantes: es que allí se alimentaban entre sí unos a otros.

Mientras la humanidad –desnaturalizada– tiende a basar su vida en la independencia y estandarización... la ecología entiende que –en la naturaleza– la vida se basa en la interdependencia y la diversidad.

Nos la pasamos continuamente eliminando tierra, ya que consideramos que nos ensucia… y no somos conscientes de que, si continuamos ensuciando a La Tierra, ella terminará eliminándonos a nosotros.

Sí, quiero cambiar el mundo… y que el mundo me cambie a mí.

Ya sé que lograr eso es dificilísimo… también sé que no intentarlo es facilísimo.

No veo por qué uno deba regirse por las leyes

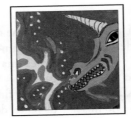

de la probabilidad instaladas en la mente… probablemente a mí me vean más movido por lo que me dicta el corazón.

Probando, y haciendo las cosas de a poco… he comprobado que se hacen muchas cosas.

¿Cómo puede ser que viva seguro de que no me va a pasar… lo que puedo estar seguro de que sí me va a pasar (morirme)?

DRAGÓN

ENTREGATE Y FLUÍ
AMOR

ENCUENTROS CERCANOS DE ALGÚN TIPO

CORTOCIRCUITO ASTRAL
DANGER

HACETE CARGO • TE AVISÉ

TRABAJO
SOCIEDADES

AFINIDAD-EMPATÍA
BENDICIONES DISFRAZADAS

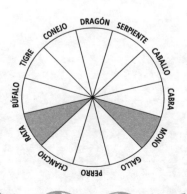

SERPIENTE

蛇

Ojos lacandones
navegué nuevamente el Usumacinta
rumbo a Yaxchilan y Bonampak
envuelta en copal.

L. S. D.

蛇

SERPIENTE

FICHA TÉCNICA

NOMBRE CHINO DE LA SERPIENTE SHE

NÚMERO DE ORDEN SEXTO

HORAS REGIDAS POR LA SERPIENTE 9 AM A 11 AM

DIRECCIÓN DE SU SIGNO SUD-SUDESTE

ESTACIÓN Y MES PRINCIPAL PRIMAVERA-MAYO

CORRESPONDE AL SIGNO OCCIDENTAL TAURO

ENERGÍA FIJA FUEGO

TRONCO NEGATIVO

ERES SERPIENTE SI NACISTE

04/02/1905 - 24/01/1906
SERPIENTE DE MADERA

23/01/1917 - 10/02/1918
SERPIENTE DE FUEGO

10/02/1929 - 29/01/1930
SERPIENTE DE TIERRA

27/01/1941 - 14/02/1942
SERPIENTE DE METAL

14/02/1953 - 02/02/1954
SERPIENTE DE AGUA

02/02/1965 - 20/01/1966
SERPIENTE DE MADERA

18/02/1977 - 06/02/1978
SERPIENTE DE FUEGO

06/02/1989 - 26/01/1990
SERPIENTE DE TIERRA

24/01/2001 - 11/02/2002
SERPIENTE DE METAL

TODO SOBRE MÍ *Soy una Serpiente*

Hace frío y mi piel no resiste esta temperatura ni la humedad porteña.

Es cierto que soy una leyenda y un símbolo sagrado en la cultura china, egipcia, maya y en otras que abundan en el mundo, y que he muerto y resucitado infinidad de veces, sorprendiéndome a mí misma.

He nacido para reptar y enroscar, saboreando cada instante de la vida sin perderme nada entre el cielo y la tierra y por eso atesoro secretos que comparto con muy pocas personas, pues creo que la gente está tan alienada y globalizada que se ha olvidado de los valores esenciales que nos diferencian del resto de los animales de la creación.

Apenas nací de cabeza, me contaba mi mamá que me confundieron con una mujer, pues mis rasgos eran tan perfectos que no sabían si era la réplica de Nefertiti o de Helena de Troya.

Luego mi cuerpo fue separándose del cordón umbilical, aunque nunca definitivamente, pues la simbiosis es parte de mi respiración y de mi vida y es la manera que tengo de relacionarme con los seres que se cruzan en mi destino.

Necesito imperiosamente sentirme exclusiva, única, irreemplazable y dueña de la verdad, pues soy muy vanidosa, egocéntrica, y no soporto que me contradigan aunque entrecierre los ojos y convenza a mi adversario de que tiene razón.

Siempre tuve ideales, metas y me las fijé con precisión matemática desde la cuna cuando me amamantaba la nodriza de un vecino a la que le succionaba la leche sin que se diera cuenta mientras dormía en su catre tapada por los tules.

Soy silenciosa y me deslizo por diferentes terrenos con agilidad; nunca me apuro, pues sé que llegaré a mi objetivo y disfruto en el camino coleccionando experiencias que son dignas de *las mil y una noches.*

Tengo agudizado el tercer ojo y mi intuición es poderosa, presiento absolutamente todo lo que ocurrirá y a veces saco partido de ello: tengo mucha suerte en el casino, en la lotería, en las carreras, siempre tuve dinero para pagar las cuentas y algunos vicios que aún conservo, pues para mí la vida es un banquete donde me siento una anfitriona de lujo degustando cada sabor, olor, sonido, que amplifico en *sensaround.*

Soy muy competitiva, no interrumpo mi marcha por nada ni por nadie hasta alcanzar la manzana de la tentación que cambió la historia de la humanidad.

Creo en mis amuletos, acertijos, presentimientos, y los uso en mi vida cotidiana con alto rendimiento.

Es cierto que la suerte siempre me acompaña y seducir es parte de mi adicción por mantenerme entretenida.

Mi *charme,* mi *sex appeal,* son irresistibles. Como un imán atraigo a gente de diversas culturas y galaxias y siempre tengo una lista de admiradores, *fans* y amantes que esperan turno para verme.

Tengo sangre fría aunque a veces también soy víctima de mis pasiones y me enrosco en historias de AMOR, LOCURA Y MUERTE.

El deseo es lo que me mueve: desde el sexual hasta el espiritual.

Necesito saciar mi sed y beber todo el Océano Índico, o indigestarme con los higos más dulces del oasis donde me escondo cuando el calor me obliga a salir de mi madriguera.

Soy endodérmica, siento las gotas de lluvia y el sudor de cada persona dentro y las almaceno para disfrutarlas en mis sacrosantos momentos de soledad cuando sé muy bien el sentido sagrado y el valor que tienen las personas que abren su corazón.

Me gusta trabajar en casa: soy artista, música, jardinera, cocinera, constructora, aviadora, recolectora de cuentos y nueces que pelo en *zazen* para ejercitar la paciencia.

"Adoro la buena vida, soy sibarita, me entrego a los altos placeres..."

Amo el silencio, detesto el ruido, la invasión a mi espacio, las reacciones violentas, lo impredecible de los cambios sociales y políticos que no dan tiempo para acomodarse.

Duermo profundamente y casi todo el día; desde que nací necesité evadirme de la realidad y crear la mía, por eso mi verdadera riqueza es la proyección que hago entre lo posible y lo imposible, lo real y lo imaginario, la frontera entre lo racional y lo irracional, el INFRA y el SUPRAMUNDO, la ambigüedad en la que estamos inmersos, la dualidad, los contrastes, lo manifiesto y lo oculto, donde me

muevo con absoluta naturalidad creando ilusión, magia en cada obra, acción, idea que elucubro con mi PC mental infalible, capaz de viajar con la velocidad de la luz para alumbrar como la lámpara de Aladino lo que está en el desván del olvido.

La admiración es parte del respeto por el prójimo y a veces siento un poco de envidia que trato de disimular actuando o disfrazando mis sentimientos hacia colegas o personas que tienen dones que me gustaría que me fueran innatos.

Soy una amiga incondicional que puede dejar de serlo si se siente traicionada, decepcionada o herida en sus principios o ideales.

Como enemiga soy letal. OJO POR OJO, DIENTE POR DIENTE.

Pido a los demás más de lo que doy; soy demandante, manipuladora, inconstante, arbitraria, dominante, absorbente y déspota.

Tengo una fuerza sutil que me permite llegar donde otros no llegan y consigo en poco tiempo resultados fantásticos.

A veces siento que cargo con las culpas, con los errores de la humanidad, y otras veces soy víctima, rol que me encanta, pues logro tener el mundo a mis pies.

Mi exótica belleza sumada a mi curiosidad y a mi aguda percepción de las necesidades ajenas me permite acceder al poder, a lugares de alto voltaje energético, a personas del mundo del espectáculo mundial donde soy adoptada inmediatamente por mi sentido del humor, gracia y refinamiento.

Adoro la buena vida, soy sibarita, me entrego a los altos placeres de la buena comida, a visitar museos y galerías de arte e intercambiar comentarios con *marchands* y coleccionistas.

Siempre tuve mecenas que me ayudaron en mi carrera artística a cambio de que los hipnotizara con mi dulce voz contándoles lo que querían escuchar mientras me deslizaba entre alfombras persas o de la India, encendiendo fragancias de palo de rosa para despertar el KUNDALINI.

El amor es una elección; supe desde siempre que podía sufrir profundamente si me enamoraba de modo unilateral y también que podía destrozar corazones por arte de magia.

Sé que el éxito se paga caro cuando EL FIN JUSTIFICA LOS MEDIOS.

Pero debo reconocer que la venganza es un plato que se come frío y que disfruto viendo a mis enemigos derrotados. Soy esencialmente vengativa y gozo cuando planeo una estrategia para alterar el camino a quien me ha dañado.

Soy ciclotímica, vivo con estados *up and down* y eso es un peligro para quienes me rodean, pues tengo reacciones que no puedo controlar, y eso es lo que más me deprime.

Puedo quedarme enganchada por años en una situación sadomasoquista, mi mente no se detiene y necesita más estímulos para alimentar el veneno que distribuyo en pócimas o de golpe, cuando la sed de venganza no me deja dormir.

Atravesé diferentes etapas en la vida y las acepté con sabiduría.

La riqueza me atrae pues tengo sensibilidad para rodearme de los mejores objetos, deslizarme entre sábanas de seda y mármoles de Carrara, abrir los ojos en un yate en el Mar Egeo o en una suite del Plaza de París, disfrutando cada momento con plenitud.

Pero creo que la vida es ilusión y cuando se baja el telón, aunque me cueste, me adapto a navegar en la lancha colectiva del Tigre rumbo a un recreo de fin de semana rodeada de humanos, animales y frutos de la estación.

Soy descontrolada cuando estoy afligida: capaz de tener angustia oral y devorar todo lo que hay en la heladera, preferentemente los dulces, que son mi debilidad, y pasar una larga temporada haciendo la digestión.

Disfruto mucho el tiempo que tengo para leer, hablar por teléfono con mis amigos, descubrir pichinchas, mirar vidrieras, instalarme en un *spa* o, como lo que soy, una víbora, tomar sol hasta despellejarme.

Soy capaz de organizar proyectos complejos, desplegar la artillería de misiles para armar empresas, negocios altamente redituables y salir en busca de la Legión Extranjera para afiliarla a mi tropa.

EL CIELO ES EL LÍMITE.

Mantenerme ágil, bella, joven y de buen humor es el gran desafío a través del tiempo.

Escondo secretos que llevaré a la tumba y otros los cuento con gran placer para mantener entretenidos a los "chusmas" que se debaten entre el SER O NO SER.

HISTORIA

De todos los animales del zodíaco chino la serpiente es la que más mitos y leyendas origina, pues en la mayoría de las culturas representa la dualidad y sus infinitos significados son un reflejo de la ambivalencia de los seres humanos y de sus creencias.

Su símbolo es el círculo porque pertenece al infinito y por lo tanto a toda creencia esotérica.

En el yoga tántrico y en el budismo, ella encarna el KUNDALINI, la energía esencial y sutil que circula desde la base de la espina dorsal hasta el cráneo, conectando las esferas vitales mentales y suprafísicas.

El despertar del KUNDALINI constituye uno de los pasos decisivos hacia el descubrimiento espiritual; despierta poderes paranormales como la telepatía, la clarividencia y la levitación.

Múltiples significados: reptil sagrado o representante del mal, demonio y dios de la Madre Tierra, habitante de ciénagas y pantanos.

Surge del inconsciente que siempre ha nutrido sueños e ilusiones.

La imagen de la serpiente es inseparable de la cultura china y de su civilización, ya que es el padre mítico de los emperadores chinos.

Su leyenda es la siguiente:

En el comienzo era todo caos; sólo existía la vida animal. En algún lugar entre el cielo y la tierra había una vida compuesta de forma y materia, repleta de colores maravillosos, sonidos divinos y aromas soporíferos.

Pero ningún ser podía percibir estos colores, oler estos perfumes ni escuchar estos sonidos.

El fuego calentó la cáscara del caos, cubriendo su enorme huevo con miles de llamas, haciendo difuso su fuego creativo, vigilando su manera de cocinarse.

Todo lo que pertenecía a lo liviano formó el cielo, y todo lo que pertenecía a lo pesado, formó la tierra.

Entonces, PAN-KUN nació y comenzó la organización del mundo. Se convirtió en el GRAN TODO: unió los cielos con la tierra, su cráneo tocó la bóveda estelar, su cuerpo perforó los cielos y sus pies se hundieron profundamente dentro de la Madre Tierra.

Pasó el tiempo. El cielo se hizo más grande, la tierra más pesada y cada vez más impenetrable.

PAN-KUN creó el viento, el espacio, las nubes, los truenos y los relámpagos.

Para calentar la tierra le dio el sol, para alumbrarla le dio la luna. Finalmente dio su propia sangre, su piel y pelo. Y con el último beso, abandonó los dientes y huesos para convertirlos en piedras y metales para solidificar la tierra.

Pero hasta la llegada de Nuwa, ningún ser humano había aparecido. Su belleza era incomparable, sus virtudes, de sabio. Su cuerpo era de serpiente y su cabeza de ser humano.

Reptando por la tierra Nuwa se intoxicó con los miles de perfumes que brotaban de ella y comprendió que era el aroma de la vida. Usando su boca para excavar en la tierra amarilla, la moldeó y le dio forma por un largo tiempo.

Entonces, un ser humano vino al mundo por la boca de Nuwa, con la cabeza de humano y el cuerpo de mono.

Éste fue el primer ancestro de los emperadores de China.

LA SERPIENTE EN EL TRABAJO

Soy primera en constancia, tesón, perseverancia y ambición.

Para mí trabajar es realizarme, recorrer cada etapa de la existencia plasmando la creatividad, el talento, la infinita imaginación que traigo de varias vidas y volcarlos en cada obra, tarea, misión, que la naturaleza me ponga en el TAO.

Sentirme útil, aplicada, eficaz como una lampalagua que enrosca la presa que necesita en cada momento y absorbe dentro de los anillos de la piel cada logro, amarrocándolo para disfrutarlo en la soledad de la madriguera.

Competitiva feroz, llegar a la cima *CAIGA QUIEN CAIGA* es parte de mi religión.

El carisma, *charme*, inteligencia, astucia, destreza son innatos; y destacarme es habitual en la empresa que elija.

El dinero contante y sonante es fundamental para estar estimulada y, aunque para pagar prefiero el trueque, adoro saber que tengo cuentas en diversos lugares del mundo y que a veces alguien descubre en algún recoveco de la casa un rollito de plata de allá lejos y hace tiempo.

En mi profesión soy líder y en general jefa.

NO me gusta que me manden ni me ordenen; APRENDÍ A USAR TÉCNICAS QUE JAMÁS CONFESARÉ PARA LLEGAR ANTES QUE LOS DEMÁS.

El trabajo es esencialmente el motor de mi vida, aunque tenga grandes temporadas en que me ahuyento de la rutina y elijo hibernar una década sin trabajar, sobreviviendo en épocas de *tsunami*.

LA SERPIENTE EN EL AMOR

Nací para enseñar este arte a quienes se crucen en mi vida, sabiendo con absoluta seguridad que marcaré un "antes y después" para los afortunados que se crucen en mi TAO.

La necesidad de sentirme indispensable es mayor al interés que me despierta el otro. Despliego mi seducción sin límites, pues no sé lo que es dosificarme, graduar la intensidad en cada encuentro donde creo una atmósfera hipnótica para enroscarme hasta asfixiar, embriagando a mi amado con mi aterciopelada piel, dulce voz y modales aprendidos en miles de vidas anteriores en las que pagué un alto precio por ser tan audaz, dominante, controladora, manipuladora y capaz de mantener un harén sin que nadie lo sospeche.

El sexo es energía que se despliega a través del KUNDALINI y la danza de seducción es fundamental para llegar a explorar cada valle, meseta y rincón de la persona que se entregue al sexo tántrico.

Ser posesiva es esencial para capturar el alma del amado, es un *training* que mueve las endorfinas y mejora la piel, despierta el tercer ojo y lubrica las zonas endógenas provocando éxtasis y plenitud.

Considero al amor como una manera de dominar, poseer, atraer a diferentes personas para averiguar acerca de sus vidas, costumbres, ideas; es una investigación antropológica y psicológica que nunca termina, pues el camino del amor es una droga que necesito para sentirme viva, joven, estimulada, en carrera, coleccionando amantes, esposos y concubinos que me juren amor eterno, me cuenten sus andanzas y me mantengan entretenida.

No soporto no ser única en el corazón del otro: haré escenas de celos memorables y entrenaré mi lengua viperina para difamar a quienes se rebelen contra mi autoridad y me ignoren o alejen de su vida.

Compañera y gran cómplice en la pareja, seré una guía por mi intuición y mi ambición para evolucionar y estaré orgullosa de tener a mi lado a alguien notable o famoso.

LA SERPIENTE EN LA FAMILIA

A pesar de mi naturaleza infiel, me siento plenamente realizada al formar una familia.

Adoro tener a mi prole cerca, y compartir gustos, tareas, viajes, logros de cada uno; dar y recibir protección. Soy demandante, caprichosa, tierna, desmedidamente generosa y a veces avara, según mis expectativas y reacciones.

Trabajo duro para mantener un buen nivel económico y brindar educación y servicios a mi zoo.

Participo de cada logro, idea, en todo; a veces quieren echarme *flit* para que no sea tan invasora en la vida privada de los demás, pero...

En ciertas ocasiones resulto una influencia positiva, en otras, nefasta, depende del momento que esté atravesando.

No soporto que me contradigan ni que me saquen mi lugar de reina o rey. A veces paso temporadas fuera del hogar para dar aire a mis seres queridos.

Prolífica y fecunda, necesito tener seres que dependan de mí, y me siento capaz de adoptar gente en algunos casos.

Sin duda soy el eje de la familia, pero sé que debo aprender a escuchar a los demás para poder permanecer en la madriguera durante toda mi vida.

LA SERPIENTE Y SU ENERGÍA

SERPIENTE DE MADERA (1905-1965)

Esta serpiente es la reencarnación de las mejores virtudes de la condición humana: destreza, sabiduría, belleza, inteligencia. Es muy popular por ser generosa. Tiene la capacidad de cambiar de piel y revertir situaciones trágicas de su vida.

Como buena serpiente desea gozar de todos los placeres y lujos de la existencia. Enrosca y exige a su pareja atención *full time*; es celosa y reclama contratos de fidelidad eterna. Tiene alma de artista y debe evitar encerrarse en lo convencional.

SERPIENTE DE FUEGO (1917-1977)

Es la más audaz, poderosa y dominante de todas las serpientes. Resplandece por su vigor, y por ser una luchadora en todo sentido. Es insaciable en las manifestaciones de cariño. Sexópata irremediable. Tendrá un séquito de admiradores y pretendientes que lucharán por conquistar su amor.

Rinde culto sagrado a la amistad y es líder en su grupo; ayudará y defenderá a los necesitados con valentía.

SERPIENTE DE TIERRA (1929-1989)

Por su lealtad, amistad y encanto, este ejemplar no pasa inadvertido. Es una serpiente en movimiento, siempre tiene algo que hacer. Se destaca por ser muy inteligente, reflexiva, analítica e hiperintuitiva; a veces no persevera en sus metas, se desvía y pierde estabilidad.

Encontrará mecenas y protectores a través de su vida. Se refugiará en su mundo rodeada de belleza, naturaleza, amigos y animales. La buena suerte la rodea. Su pareja estará contenta con haber encontrado una serpiente tan romántica.

SERPIENTE DE METAL (1941-2001)

Es una serpiente con voluntad de hierro, inteligente y muy ambiciosa que está acostumbrada a triunfar, pero que debe estar preparada para sufrir pérdidas. Fortalecerá sus deseos, se hará sola y será muy exigente con ella misma.

Por su personalidad, despertará amores profundos. Es misteriosa, intrigante y muy seductora. Buscará una pareja que le asegure fidelidad, de mayor edad y si es posible con plata. Adora la vida social y se relaciona con personas que le convienen en su carrera o ascenso a la fama.

SERPIENTE DE AGUA (1893-1953)

Es el ofidio más calmo, filosófico y reflexivo. Muy inteligente, pero sin embargo le costará manejarse en la difícil vida que le espera. Puede que la fama y el dinero tarden en llegar, pero después se quedará tranquila.

Su capacidad de organización la convertirá en un jefe respetable que podrá controlar, gobernar y dominar a personas y situaciones difíciles. Es pacífica, amiga de la moderación y el diálogo. Estará siempre con sus amigos y escuchando sus problemas.

LA SERPIENTE Y SU ASCENDENTE

SERPIENTE ASCENDENTE RATA: 11 p.m. a 1 a.m.

Hipnotizará aún a la distancia. Tejerá intrigas y misterios con su sensualidad e idiosincrasia. Tiene una gran capacidad de trabajo y no descuidará nunca lo que tanto esfuerzo le ha costado construir.

SERPIENTE ASCENDENTE BÚFALO: 1 a.m. a 3 a.m.

Este nativo será voluntarioso y muy trabajador. Tendrá mucho *charme*, será sociable y también un muy buen padre familia, aunque exigirá la vida a cambio de su protección.

SERPIENTE ASCENDENTE TIGRE: 3 a.m. a 5 a.m.

Esta combinación será muy contradictoria. El tigre le aportará valentía y entusiasmo a la serpiente, que meditará antes de tomar decisiones. En el amor habrá aventuras plenas de romanticismo.

SERPIENTE ASCENDENTE CONEJO: 5 a.m. a 7 a.m.

Una genia para los negocios y la diplomacia. Lujosa y encantadora, se rodeará de sus propios esclavos a quienes amará y dominará sin concesiones.

SERPIENTE ASCENDENTE DRAGÓN: 7 a.m. a 9 a.m.

Tendrá mucha suerte si sabe valorar las oportunidades que le brindan.

Magnética, egocéntrica y avasalladora, vivirá en un mundo utópico.

SERPIENTE ASCENDENTE SERPIENTE: 9 a.m. a 11 a.m.

Su capacidad de trabajo es envidiable: todo lo que toque lo transformará en oro. Intrigante, misteriosa y muy sensual, resultará irresistible e hipnotizará a cualquier distancia.

SERPIENTE ASCENDENTE CABALLO: 11 a.m. a 1 p.m.

Una seductora increíble. Nadie se resiste ante esta combinación de sensualidad e inteligencia. Luchará por una causa y contará con seguidores a los que atrapará con su optimismo.

SERPIENTE ASCENDENTE CABRA: 1 p.m. a 3 p.m.

Será caprichosa. Buscará estímulos artísticos, creativos e imaginativos y pasará la vida apostando. Encontrará mecenas que la protejan y gastará dinero sin culpas.

SERPIENTE ASCENDENTE MONO: 3 p.m. a 5 p.m.

Genial, con humor y muy intelectual, será amoral, enroscará sin impedimentos a los que elija; transformará la energía y el universo. En el amor idealizará, perderá durante su camino a la gente de carne y hueso.

SERPIENTE ASCENDENTE GALLO: 5 p.m. a 7 p.m.

Con altos objetivos y ambiciones amasará una fortuna. Desequilibrada y ciclotímica, buscará aprobación en todo lo que haga. Dotada de una lucidez reveladora.

SERPIENTE ASCENDENTE PERRO: 7 p.m. a 9 p.m.

Vivirá situaciones difíciles en su vida. Buscará afecto y no podrá fingir hipocresía. Será muy fiel, buena amiga y capaz de grandes sacrificios por quienes ama.

SERPIENTE ASCENDENTE CHANCHO: 9 p.m. a 11 p.m.

Esta serpiente vivirá tentada, culpable y mortificada. Necesitará encauzar su vocación y no dejarse arrastrar por las bajas pasiones. Trabajará y viajará, encontrará sus mejores amigos en el extranjero.

ALINEACIÓN Y BALANCEO

Les aconsejo:

Como signo esotérico y cerebral necesitan equilibrar su energía con deportes que las saquen de la madriguera donde permanecen largas temporadas durmiendo o elucubrando estrategias para enroscarse y succionar el prana.

Necesitan hacer gimnasia, aerobic, tenis, golf, ski, trekking, fútbol, polo, rugby, box.

Hacer el amor con continuidad (que es el mejor antídoto contra la depresión) y practicar zazen, yoga, tai-chi.

Mantener una dieta equilibrada en proteínas, vegetales y lácteos.

Evitar los vicios, alcohol, tabaco, drogas y reemplazarlas por el arte de platicar, filosofar, meditar.

La lectura, una terapia fundamental para la serpiente, la transmisión de conocimiento oral y escrita.

Divertirse, salir a encuentros sociales y culturales y desaparecer como el Mago de Oz.

PERSONAJES FAMOSOS

SERPIENTE DE MADERA
(1865-1905-1965)

Greta Garbo, Infanta Cristina de España, Henry Fonda, Andrea del Boca, Mariana Arias, Christian Dior, Bjork, Luca Prodan, Adriana Salonia, Verónica Varano, Julieta Cardinale, Moby, Sergio Pángaro, Gabriela Toscano, Mariana Brisky, Daniela Mercury, Catherine Fullop, Inés Estévez, Andrea Barbieri, Brooke Shields, Fabián Mazzei, Javier Zucker, Dizzy Gillespie, Courtney Love, Blanca Oteyza.

SERPIENTE DE FUEGO
(1857-1917-1977)

Carla Conte, Alika, Emanuel Ginóbili, Dean Martin, Iván de Pineda, Alicia Silverstone, Natalia Oreiro, John Fitzgerald Kennedy, Nahuel Mutti, Romina Gaetani, Gaby Álvarez, Mel Ferrer, Fionna Apple, Úrsula Vargues, Joan Fontaine, Esther Cañadas.

SERPIENTE DE TIERRA
(1869-1929-1989)

Ghandi, Jaser Arafat, princesa Grace de Mónaco, rey Hassan de Marruecos, Jacqueline Onassis, Milan Kundera, Irene Papas, Emilio "Miliki" Aragón.

SERPIENTE DE METAL
(1881-1941-2001)

Plácido Domingo, Pablo Picasso, Paul Anka, Franklin Roosevelt, Antonio Gasalla, Bob Dylan, Dostoievski, Sonia Breccia, Charlie Watts, Papa Juan XXIII, Palito Ortega, Luis A. Lacalle, Marta Pelloni, Tina Serrano, Carlos Perciavalle, Lito Cruz, Carole King, Tom Fogerty.

SERPIENTE DE AGUA
(1833-1893-1953)

Alan Moore, Cristina Fernández de Kirchner, Thomas Jefferson, John Malkovich, Raúl Taibo, Mao Tse Tung, Francisco de Narváez, Leonor Benedetto, Ricardo Bochini, Graciela Alfano, Osvaldo Sánchez Salgado, Ana Botella, Zoilo Cantón.

EMANUEL GINÓBILI

TESTIMONIO *Yo soy una Serpiente*

ROMINA GAETANI

ACTRIZ

Atesoro cada momento que vivo ya que cada momento me hace avanzar. No me gusta quedarme en un mismo lugar por mucho tiempo, suelo aburrirme rápido de las cosas y personas que no logran nutrirme día a día.

Cien por ciento exigente con todo; soy honesta y respetuosa tanto del ser como de los espacios, y pretendo lo mismo de los demás.

Amante de las cosas que me gustan y equilibran mis estados cambiantes: como una buena comida, música, libros, películas y una atmósfera que acompañe. Si es con alguien especial a quien pueda agasajar y atender, bienvenido

sea, si no mejor sola que mal acompañada.

Hoy sanación y transmutación son mis ejercicios de cabecera, ya que hay muchos sentimientos débiles y de miedo que habitan en mi ser.

Y como no me gusta morder al que esté distraído, ni lastimarme por no morder, prefiero retirarme elegantemente del campo de batalla; teniendo fe en que existe la justicia divina, teniendo fe en que la sanación y el amor harán que mi próxima mordida sea en beneficio universal y no egoísta, teniendo fe en que ese momento va a ser: especial, exquisito, iluminado, único... como yo.

Namasté

SERPIENTE

ENTREGATE Y FLUÍ
AMOR

**ENCUENTROS CERCANOS
DE ALGÚN TIPO**

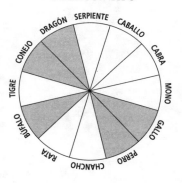

CORTOCIRCUITO ASTRAL
DANGER

HACETE CARGO • TE AVISÉ

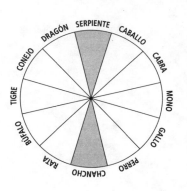

TRABAJO
SOCIEDADES

AFINIDAD-EMPATÍA
**BENDICIONES
DISFRAZADAS**

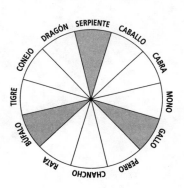

CABALLO

马

DÍA VERDE
FUERA DEL TIEMPO
TELEPÁTICO
TÁNTRICO
RECUPERADO EN LA MEMORIA
DEL ALMA.
RITUAL COMPARTIDO
TAMBOR AFECTIVO
ANIDANDO
EL NUEVO SER HUMANO
QUE VIENE CANTANDO.

L. S. D.

CABALLO

FICHA TÉCNICA

NOMBRE CHINO DEL CABALLO MA

NÚMERO DE ORDEN SÉPTIMO

HORAS REGIDAS POR EL CABALLO 11 AM A 1 PM

DIRECCIÓN DE SU SIGNO DIRECTAMENTE AL SUR

ESTACIÓN Y MES PRINCIPAL VERANO-JUNIO

CORRESPONDE AL SIGNO OCCIDENTAL GÉMINIS

ENERGÍA FIJA FUEGO

TRONCO POSITIVO

ERES CABALLO SI NACISTE

25/01/1906 - 12/02/1907
CABALLO DE FUEGO

11/02/1918 - 31/01/1919
CABALLO DE TIERRA

30/01/1930 - 16/02/1931
CABALLO DE METAL

15/02/1942 - 04/02/1943
CABALLO DE AGUA

03/02/1954 - 23/01/1955
CABALLO DE MADERA

21/01/1966 - 08/02/1967
CABALLO DE FUEGO

07/02/1978 - 27/01/1979
CABALLO DE TIERRA

27/01/1990 - 14/02/1991
CABALLO DE METAL

12/02/2002 - 31/01/2003
CABALLO DE AGUA

Debe haber sido un polvo de estrellas el que tuvieron mis padres al concebirme.

Parece que pateaba apenas me fui gestando en el vientre de mi mamá; y a medida que pasaban los meses no sabía si era *el bebé de Rosemary* o un centauro.

Las contracciones, mareos y vómitos anunciaban que seria una criatura complicada, difícil, iracunda e indomable.

Me esperaron nueve largos meses, hasta que emergí en el planeta con mucha curiosidad, a pesar de sentirme desamparado cuando el cirujano sin titubear cortó el cordón umbilical y me arrancó de la tibieza de la placenta que sigo añorando y buscando en cada encuentro de zaguán o baldío.

Fui directo a la teta gigante que me ofrecía mi madre; y desde entonces supe que ese néctar sería el más exquisito e inigualable de la creación.

Mi nerviosismo, impulsividad y energía fueron *in crescendo* como la luna que percibía desde el establo-cuna que me hicieron para que me aquerencie y donde empecé a sentir los límites y las fronteras con el "otro mundo" que era la calle, el barrio y el más allá.

Crecí en un barrio donde se podía jugar a la pelota en la calle hasta la medianoche, los vecinos eran parte de la familia, nos ocupábamos todos de todos mientras la familia crecía

con dos hermanos que nunca me desplazaron dentro de la familia pues el primogénito siempre es el elegido, sobre todo si tiene pedigrí y es pura sangre.

Doble fuego de parte del zodíaco chino y más fuego del asirio caldeo.

Relinché desde chiquito por cualquier capricho.

Siempre exigí más que los demás y me malcriaron *a piacere;* era una sorpresa encarnada, mi velocidad mental coincidía con mi hiperkinesia: estaba acelerado aunque durmiera y siempre tenía espuma en la boca por la agitación constante que me dominaba.

Cuando vi *Fiebre,* con Isabel Sarli, conocí la velocidad con que despierta la sexualidad en un preadolescente.

Mis padres querían retenerme en la casa y ponían vallas para que no saltara por la medianera.

Pero ser líder en el barrio es una responsabilidad que me mantuvo siempre despierto, alerta, con ganas de investigar cada cuadra, estación de tren donde di mi primer beso a una chica que estaba distraída esperando que las vías se juntaran con el cielo.

El contacto, el roce con la piel, el olor, el sudor, siempre me excitaron.

Quedaba hipnotizado con las novelas que veía con mi mamá y me imaginaba como Rolando Rivas, capaz de robar corazones y coleccionarlos en cada bajada de banderita.

Siempre me gustó la ropa, la música y la gente rara.

En las escuelas que estuve me trataban como a un chico diferenciado.

Repetí, me llevé materias, no me concentraba, estaba siempre pensando en algún momento que llegaría cuando por alguna conjunción astral me convirtiera en famoso... Y no tenía ni idea de por qué motivo, aunque intuía que sería a través de mis poderes de mago, vidente, entusiasta de locuras que se gestaban en los galpones del barrio con los amigos y amigas con quienes teníamos sueños prohibidos y compartidos.

Me enamoré de una yegua y entré como un caballo en un estado febril.

Los celos me surgieron como llamas en un bosque y viví obsesionado, descontrolado, sobresaltado, encandilado por los resortes de la dependencia enfermiza hacia otra mujer que no era mi madre.

Fui correspondido apasionadamente aunque éramos tan jóvenes e inexpertos que nuestras citas eran en la misa de los domingos a las siete en punto y si uno llegaba un minuto tarde o no iba era porque tenía algo que relincharle al otro.

Nos pusimos fatales: entramos en estados de paranoia y locura que nos alejaron como dos *icebergs* en el mar.

No le perdoné que se operara la nariz. Siempre fui muy esteta y la belleza fue y es lo que sigue predominando en la elección de una mujer.

Varié el gusto y me sorprendo cuando me atraen estilos que me parecían híbridos.

"Aprecio la gente creativa, imaginativa, graciosa"

Para mí la familia representa dignidad, nobleza; siento pasión por lo que ocurre en el país y en la vida de quienes quiero –a veces por razones inexplicables– aunque no coincida con las ideas, pero aprendí a aceptar puntos de vista diferentes.

Siempre fui rebelde: no seguí ninguna regla de modales ni educación, lo que causaba pavor a mis padres y provocaba fanatismo.

Nunca conocí la moderación; siempre fui blanco o negro, River o Boca, día o noche, hombre o mujer.

Mis reacciones siempre fueron irracionales, emotivas, imprevisibles y es por eso que hasta hoy sigo siendo un tipo raro que no está en el identikit.

Amo y odio y aunque sé que ser así es un suplicio, soy tan transparente que se me nota si trato de disimular lo que siento.

Gánico. Hago absolutamente todo lo que me mueve, divierte, entretiene o me da algún beneficio erótico o emocional.

Jamás especulé para conseguir algo: un trabajo, un adelanto, un viaje o recompensa. Sigo mi andar, al paso, a veces al trote cuando tengo que salir del establo a ganarme el pasto, la avena, el *melilotus* o la alfalfa, o al galope cuando encuentro un jinete que me sabe cabalgar.

Soy maniático, obsesivo, caprichoso y quisquilloso. No soporto que no estén pendientes de mí *full time*, que me digan lo que no quiero escuchar, que me amansen de abajo para conseguir que emprenda el tranco hacia los recitales de rock donde me destaco por mi *look*, contactos *on stage*, energía capaz de resucitar a Lázaro, conexión tántrica con cada instante, *glamour*, carcajada que enciende la Vía Láctea, y enamora hasta a los palos borrachos.

El día es una invitación para salir a la calle y detenerse en cada esquina a mirar vidrieras aunque no compre nada, discos de moda y *unplagged*, alguna revista donde esté la chica *hot* del momento esperando cabalgar sobre mis crines brillantes y suaves rumbo a una playa afrodisíaca donde nadie nos vea y podamos concretar todas las fantasías que tenemos los caballos, famosos por nuestra *performance* amatoria.

No tengo sentido del humor conmigo pero adoro ridiculizar a otros y mofarme, a veces caigo muy bajo y necesito un salvavidas para no ahogarme en alta mar.

Aprecio la gente creativa, imaginativa, graciosa, hábil en alguna actividad, con vuelo y millas.

Siento pasión por mi trabajo: soy el hombre más escuchado en la noche en la radio y tengo la mejor música del país recolectada a través de mis incursiones en el *under*, en los sótanos, tugurios, recitales privados y públicos y en los viajes que hago por el mundo exclusivamente para traer *hits* y novedades que siempre sorprenden y me distinguen en *rock and pop*.

Me gusta viajar un rato, alargar mi cuello en las pasarelas, mirar de reojo a los protagonistas del arte, del *fashion* y de la política para contarlo después a la gente conocida y darme corte.

Soy un enamorado del amor o del amor que no alcanzo, pues mi sed de perfección estética, culinaria, social y artística es un hueso duro de roer.

Soy galante o muy bruto, simpático o "agreta", eufórico o depresivo, despiadado o un corderito, depende de quién se cruce en mi camino.

La indiferencia es un arma mortal: se paga caro ser una estrella y aunque aún no soy famoso, Ludovica me vaticinó que en el año del perro estaré corriendo en el hipódromo de Palermo como favorito.

Creo en el destino.

Me sorprendo al ver gente tan afortunada y otros tan desgraciados.

Creo en Dios y en los milagros.

Cultivo la amistad, el buen gusto y el harén, aunque no lo ejerza. Soy muy sentimental y puedo llorar un día ante una injusticia y adoptar a alguien que me simpatiza espontáneamente.

Tengo buen oído, buena vista y olfato. Como una ráfaga, siento lo que ocurre, lo descifro como un *koan* ante los testigos y parto al galope en busca de nuevas emociones.

Tener carisma es un arma de doble filo. Cuando era chico era el líder del barrio, mis deseos y antojos eran órdenes para la barra que me seguía en fila india hasta donde mi cabalgata quisiera: Luján, cuando hice una promesa y se cumplió y fuimos con la yegüita convencidos de que estaríamos juntos hasta la muerte.

Para mí la fidelidad, la lealtad, la palabra, la nobleza y la confianza son esenciales para amar y jugarme por el otro.

También en la amistad siento que si me traicionan doy media vuelta disparando coces y me voy...

Me cuesta perdonar, soy rencoroso y reconozco que disfruto si me entero que quien me dañó sufrió y sintió ese dolor que sólo los equinos padecemos cuando alguien que queremos con las entrañas se desvía y pierde el camino para siempre.

Trato de estar informado, peco de ignorante en algunos temas que para la gente son importantes: modales, cultura general, ecología, filosofía, deporte; soy una excepción pues a los caballos les apasiona lucir su estampa en la cancha de tenis, de golf, en las Olimpíadas, en un potrero jugando al fútbol, en un desfile de modas o sobre el escenario; ésa es nuestra carrera más difícil, allí tenemos que aprender el arte de la paciencia china para no desbocarnos y tirar una vida dedicada a una vocación por nuestro ego, que es el talón de Aquiles que debemos domar para convertirnos en seres sensibles, humanos y considerados.

Reconozco que la omnipotencia, la soberbia y el mal humor que tengo me han hecho perder relaciones, posibilidades laborales increíbles y me han obstruido la capacidad de dialogar, acercarme, ser más atento y agradecido con quienes me dieron su tiempo, oreja y energía sin especular ni medir las consecuencias.

Tengo ascendente conejo o gato lo que me convierte en una GATA FLORA y, si bien ser transparente me ha ayudado a que me quieran tal

"Quiero de una manera irracional, a veces incomprensible"

cual soy, a veces eso ahuyenta a la gente que más quiero porque no tengo filtro, colador, y desconozco el arte de la diplomacia, algo que envidio profundamente en otros signos, siempre listos para decir lo que los demás quieren escuchar.

No hay una cuadra del perímetro porteño que no conozca pues adoro salir y pisar con mis herraduras los adoquines que aún hay en Buenos Aires, y el asfalto es mi terreno más que la tierra del campo o de la montaña, o la arena de las infinitas playas que conozco, donde juego de visitante, aunque la pase muy bien.

Extraño mi establo, mi familia, mi harén o mi chica. Soy un animal de costumbres: no me gusta que me alteren el orden, la disciplina, los horarios y la rutina que no se parece a la de nadie.

Tengo buena salud; me cuido, tomo vitaminas y a veces algún calmante para que la vida no me duela tanto.

Parezco un potro desorbitado que está "en la movida", que tiene vicios ocultos y que es un desbolado.

Soy lo opuesto complementario. Y eso desconcierta mucho a la gente que proyecta en mí sus fantasías.

Quiero de una manera irracional, a veces incomprensible, a mis amigos, padres, hermanos y gente con la que sintonizo y me encariño profundamente.

Me cuesta compartir el afecto con otros, me saca de las casillas no ser el centro de atención e inspiración exclusivo y llamo la atención de manera infantil.

Mi sed de galopar y descubrir nuevos estímulos me mantienen siempre joven, *aggiornado*, en buen estado atlético y sé que a medida que pasan los años me estoy convirtiendo en un corcel más codiciado y cotizado.

A veces siento una soledad que me angustia: los amigos del barrio y de mis andanzas por el planeta están en su mambo y no me llaman...

¿Habré sido muy egoísta cuando era chico creyendo que estarían a mi lado toda la vida?

Reflexionar es un estado nuevo, pensar en el otro, sentir el dolor, tener compasión, proyectar el futuro.

Siempre viví pensando en mí, soñando despierto, y me olvidé de integrar a quienes me dieron el terroncito de azúcar, me cepillaron las crines y me rasquetearon con amor en cada estación de la fugaz existencia.

También soy consciente de los animales con los que jamás nos separamos ni física ni mentalmente y con los que siento que nos une un hilo de vidas anteriores; junto a ellos estaré como un soldado, cuidándolos, protegiéndolos y dando mi vida por ellos.

He buscado ayuda para mejorar como persona y soy constante en mis tratamientos del alma.

Estoy aprendiendo a escuchar y aceptar a los demás tal como ellos lo hacen conmigo.

Sigo enamorado de la vida.

HISTORIA

El caballo es un animal muy respetado y venerado en China por su nobleza, conquistas y utilidad.

La unión con el hombre produce una armonía profunda, organizada y psíquica (el mito del centauro), o puede conducir a la muerte.

Existe una multitud de ritos, mitos, cuentos, leyendas y poemas: caballo de la luna o del sol, caballo negro o blanco, corcel de un héroe, o caballo fantasma condenado a vagar como un alma perdida en la frontera de dos mundos entre el sueño y la realidad.

El hombre no ha conquistado al caballo por completo a pesar de intentar domarlo y domesticarlo.

El caballo nunca se entrega totalmente y es desconfiado, por eso resulta difícil conocer su esencia, pues permanece inaccesible para no ser esclavizado.

Es una criatura de oscuridad, emergiendo de las entrañas de la tierra o de las profundidades del mar.

También es un negro corcel de batalla, llevando en su espalda a la diosa de la sombras, buscando almas vagabundas.

Pero en ciertas tradiciones el caballo encarna al espíritu del maíz y es el símbolo de la regeneración. Él es el que viaja a través del invierno, el país de la muerte y del frío, y el espíritu de la semilla.

DOS MIL SEIS · AÑO DEL PERRO

Ciertos ritos celtas están conectados con un caballo blanco.

Durante la ceremonia del fuego en la celebración de San Juan, después de que todos los campesinos se han parado en las ascuas, una cabeza de caballo de madera cubierta con una sábana blanca aparecerá sorprendiendo a la gente. Lo avivarán con: ¡¡¡el caballo blanco, el caballo blanco!!!

El caballo saltará sobre el fuego para perseguir a la gente, símbolo del espíritu del joven maíz y del ganado.

El emperador de la dinastía Han atribuía sus éxitos militares a tener en su lujosa carroza ocho caballos de tiro. El caballo está asociado a la luz del mediodía en verano, al sur, al hexagrama LO CREATIVO, la plenitud del *yang*.

En China se lo designa caballo-dragón (Long-Ma), y se lo representa con un río:

también es común notar que actúa interdimensionalmente entre lo material y lo espiritual.

Los manchúes lo veneran pues lograron conquistar a los chinos con sus caballos salvajes.

Se dice que fueron ellos quienes impusieron a los chinos el uso de las trenzas, para conmemorar las colas trenzadas de sus caballos de batalla.

EL CABALLO EN EL TRABAJO

Voy a explicarles que para el equino, la manera de entender qué es el trabajo dependerá de muchos factores exteriores e interiores.

Como soy orgulloso e independiente me gusta tener los medios para mantenerme y salir adelante; a veces busco trabajos que no me gustan y cumplo horario de 9 am a 5 pm para procurarme el sustento.

Cuando tengo vocación soy un privilegiado, pues trabajo sin descanso para conseguir mis sueños sin que me importe la cantidad de horas que me demande mi actividad.

Me dedico a *full*, soy disciplinado, responsable, eficaz y muy solidario con mi grupo laboral.

Necesito estímulo para progresar: que me alaben y reconozcan mis méritos, ganar algún premio, superarme y competir lealmente, estar en carrera más que llegar a la cima, pues muchas veces no sé qué hacer con mis logros y me boicoteo.

Como compañero, soy muy bueno: a pesar de ser ciclotímico y no controlar mis estados *up and down;* siempre estoy dispuesto a participar de proyectos originales, creativos, donde pueda plasmar mi talento y mi coraje y galopar hasta fronteras donde me arriesgue a dar un salto que me convertirá en un ejemplo para la sociedad.

A veces, cuando ando con dinero, lo gasto y no preveo el futuro, pero tengo conciencia de los gastos y trato de ajustarme el cinturón para llegar a fin de mes.

Mi chispa creativa puede darme momentos de alto rendimiento; pero no me pidan continuidad, pues me aburro con facilidad y abandono lo que inicié sin medir las consecuencias.

Es recomendable que tenga una rutina y la cumpla con decisión y desde allí me anime a explorar nuevos horizontes.

Como comentarios generales sobre mis hermanos, puedo decirles que el caballo sabio seguirá su intuición, se arriesgará a emprender nuevas empresas cuando sepa que sus patas pisan en tierra firme. Si no, seguirá como un caballo de arado, mejorando lo que tiene sin demasiada ambición.

Les digo también que un caballo bien aspectado resultará formidable para trabajar en equipo por su honestidad, sentido del humor y contagiosa alegría.

EL CABALLO
EN EL AMOR

Oscilamos entre el príncipe de Gales, que abdicó a la corona por Wallis Simpson, y Monzón...

El amor, la pasión, el sexo, dominan nuestra vida y somos víctimas de nuestros sentimientos e impulsos, que nos llevan a situaciones de alto riesgo.

Valientes, generosos, audaces, seductores, románticos, caballo y yegua daremos siempre una nota de color en el opaco mundo de los sentimientos.

Para mí, estar enamorado es el estado ideal, jamás dejo pasar una oportunidad cuando me asedian o buscan por mi *sex appeal,* sensualidad y fecundidad.

Sé enamorar con una mirada o una caricia y siempre tengo gente *stand by* esperando turno para que cabalguemos.

Enamoradizo, me encanta coleccionar novios, amantes o amigovias pero pienso seriamente con quién me casaré, jurándole amor eterno.

Soy más convencional de lo que parezco y, a pesar de no ser básicamente infiel, algunas veces se me nota cuando salgo del establo a explorar nuevas emociones.

Mi sexualidad suele poner a prueba mi integridad; con el tiempo demuestro ser un gran amigo, compañero; entonces soy adoptado por mis ex para convertirme en parte de sus vidas.

EL CABALLO
EN LA FAMILIA

Yo soy el eje, centro, manantial fundamental.

Desde mi juventud me encuentro abierto a fundar mi propio zoo y pienso darme todos los gustos para educar a mis hijos a mi antojo.

Poco convencional, estricto, cariñoso, demandante y MUY SOBREPROTECTOR voy a estar pendiente de que nos les falte el sustento material y espiritual.

Me cuesta asumir los errores, no puedo resistirme a sacar siempre del medio a quienes se interponen entre mi prole y yo, a veces relinchando en *sensaround.*

De mi familia de origen parto joven en busca de un ser humano que me dé la posibilidad de quererme incondicionalmente y esté dedicado a formar nuestra propia familia cuando yo lo decida.

Soy buen hijo y hermano aunque no siempre esté al tanto de las vicisitudes por las que pasa el resto de la familia cuando salgo a trotar por el mundo en busca de aplausos.

EL CABALLO Y SU ENERGÍA

CABALLO DE MADERA
(1894-1954)

Entre los aspectos a favor que tiene este caballo encontramos: la lealtad, la autodeterminación y el esmero natural. A estos aspectos los sabe manejar y combinar para madurar y superar algunos de los problemas típicos de su personalidad como la impaciencia y el mal carácter.

Resulta difícil llegar a conocer su interior, se abre sólo a unos pocos, no se deja dominar. Es progresista, moderno y sus ideas son de vanguardia. Fuerte, brioso y melodramático, este caballo afronta la vida con entereza.

CABALLO DE FUEGO
(1906-1966)

Este pingo tiene los defectos y las virtudes del caballo amplificados, exaltados y encendidos como relinchos de un potro salvaje. Es multifacético y lleva muchas vidas. Se altera con facilidad, es muy inconstante y le cuesta concentrarse en una actividad porque su fecunda imaginación lo torna volátil.

Necesita ser escuchado, comprendido, aplaudido y domado. El éxito dependerá de la manera en que aprenda a graduar su incendio interior, la perseverancia, el estudio, la autodisciplina, la humildad, la generosidad, la adaptación y las relaciones que ayuden a pulir su tosquedad.

CABALLO DE TIERRA
(1918-1978)

Confiable, realista y coherente, es el caballo más sólido de todos. Es dócil, sin retobar acepta la autoridad y las órdenes, y él las da de una manera muy agradable. Es muy racional para actuar pero necesita mucho apoyo de los seres queridos. Lo atrae la ecología, ama la naturaleza, el campo, la tierra sembrada y los frutos del bosque como las frambuesas y los de la tierra, como el topinambur.

Se emociona con los actos simples de la vida, es muy generoso con los demás y muy buen amigo. Cuando se enamora, es capaz de pasar el resto de su vida con la misma persona.

CABALLO DE METAL
(1930-1990)

Este equino tiene la mentalidad de un líder, idealista apasionado, su ambición es equiparable con los insaciables de la humanidad. Es de aquellos que siempre quieren tener la última palabra, por lo tanto en ocasiones resulta un poco inflexible, apasionado, arbitrario, hasta vengativo.

Es un caballo de acero, no le teme a nadie, se siente capaz de decapitar para llegar a sus metas. Brillante y persuasivo, enfrenta situaciones peligrosas en un minuto y las resuelve.

Su carácter lo hace rebelde, trabajador, testarudo, hiperresponsable, *sexy*, erótico, histriónico y altamente sofisticado.

CABALLO DE AGUA
(1942-2002)

Este equino está abierto a la vida, despertará ganas de compartir algún tipo de aventura. Se adapta, resulta generoso y capaz de grandes sacrificios cuando se enamora. Puede dominar los impulsos, controlar sus pasiones y dominar sus excesos más que los demás caballos del zoo.

Esencialmente humanista, declarará su causa en contra del estado, la justicia y la sociedad. Su falso orgullo lo atrasa en su evolución. Posee buen gusto, sabe vestirse y decorar su casa; hace el amor como los dioses y tiene un humor irresistible. Armará su familia cósmica y trabajará para ella.

EL CABALLO
Y SU ASCENDENTE

CABALLO ASCENDENTE RATA: 11 p.m. a 1 a.m.

Dedicará su vida a las relaciones sentimentales. Necesitará afecto, aprobación, y amará la vida social y las fiestas. Será explosivo y colérico, no escuchará consejos.

CABALLO ASCENDENTE BÚFALO: 1 a.m. a 3 a.m.

Este caballo llegará a las metas que se ha fijado. Será perseverante y más responsable que otros. En cada momento de su vida buscará inspiración y rodearse de gente creativa.

CABALLO ASCENDENTE TIGRE: 3 a.m. a 5 a.m.

Esta combinación será para valientes. La fuerza y la libertad se aliarán para conseguir lo que se proponga y será infatigable. Un líder de multitudes y, en el amor, un elegido.

CABALLO ASCENDENTE CONEJO: 5 a.m. a 7 a.m.

Lujoso y rococó, esteta y *sexy*. Buscará incansablemente el equilibrio sin depender de nadie. Con su inteligencia moverá montañas.

CABALLO ASCENDENTE DRAGÓN: 7 a.m. a 9 a.m.

Llevará sobre sus alas proyectos majestuosos. Odiará la rutina y será fácil de convencer con halagos. Muy humanista, defenderá a los desprotegidos. Gastará dinero sin ningún tipo de remordimientos.

CABALLO ASCENDENTE SERPIENTE: 9 a.m. a 11 a.m.

Calculador, orgulloso y sibarita. Adorará las cosas caras y refinadas. Tendrá historias de amor tormentosas. Será astuto y hábil para los negocios.

CABALLO ASCENDENTE CABALLO: 11 a.m. a 1 p.m.

Este caballo será siempre desbocado. No escuchará consejos; será irracional, soberbio y muy orgulloso. Gran seductor, pagará caro sus impulsos.

CABALLO ASCENDENTE CABRA: 1 p.m. a 3 p.m.

Será muy sentimental. Plasmará su talento artísticamente y organizará la vida de los demás. Amará la belleza y será imprevisible, viajará y dará la vida por amor.

CABALLO ASCENDENTE MONO: 3 p.m. a 5 p.m.

Lúcido, inteligente, manipulador, fantasioso, ambicioso, todo lo que haga resultará un éxito. Será infiel y jamás perderá en lo que realice.

CABALLO ASCENDENTE GALLO: 5 p.m. a 7 p.m.

La agenda de este caballo siempre está bien organizada. Conoce sus tiempos y es cumplidor, diplomático y popular. Deberá aprender a menguar su *egotrip*.

CABALLO ASCENDENTE PERRO: 7 p.m. a 9 p.m.

Leal hasta la muerte, este caballo será el mejor amigo del hombre. Le gusta filosofar e involucrarse en causas humanitarias, es realista, apasionado y protector. La honestidad lo caracterizará.

CABALLO ASCENDENTE CHANCHO: 9 p.m. a 11 p.m.

Un *dandy* que adora la comodidad y las poses más inhóspitas del *Kamasutra*. No tendrá pelos en la lengua y amará la aventura hasta el fin. Será muy bondadoso y generoso con sus seres queridos.

ALINEACIÓN Y BALANCEO

Les aconsejo:

A los belicosos caballo y yegua hay que graduarles el exceso de CHI con variedad de deportes y técnicas de autoayuda.

Algunos necesitarán amplificar su caudal energético y serán campeones de box, carreras de automovilismo y de cuadreras en el hipódromo. En las Olimpíadas llevarán medalla de oro.

El tenis, squash, fútbol, carreras, salto en largo y en alto, lo que lo estimule a elongarse.

Es esencial que ejerzan técnicas de respiración: chi-kung, hiperventilación, yoga, meditación, zazen, esgrima.

Para cargar energía, hacer el amor de las formas más diversas y exóticas. A toda hora y en todo lugar.

Como son amantes ideales, insaciables, imaginativos y ardientes, tendrán que cuidarse de la promiscuidad y el desenfreno para no malgastar su energía y poder canalizarla en forma creativa.

PERSONAJES FAMOSOS

CABALLO DE MADERA
(1834–1894–1954)

Bob Geldoff, Annie Lennox, Michael Rourke, Julio César, John Travolta, Kim Bassinger, Kevin Costner, Carlos Alberto Berlingeri, Luisa Kuliok, Pat Metheny, Georgina Barbarossa.

CABALLO DE FUEGO
(1846–1906–1966)

Sinead O'Connor, Fabián Quintiero, Hoby De Fino, Marta Sánchez, Leticia Sabater, Daisy Fuentes, Flavia Palmiero, Fernando Ranuschio, Lucía Etxebarria, Thomas Edison, Cindy Crawford, Rembrandt, Claudio Paul Caniggia, Marina Borenstein, Javier Frana, Macarena Argüelles, Julián Weich, Carla Bruni, Gabriela Guimarey, Marco Rivara, Rodrigo Figueroa Reyes.

CABALLO DE TIERRA
(1858–1918–1978)

Rita Hayworth, Nelson Mandela, Pearl Bailey, Gael García Bernal, Juan Román Riquelme, Julieta Díaz, Catarina Spinetta, Leonard Bernstein, Liv Tyler, Billy Graham, Mariano Martínez, Robert Stack, Pamela David, Raimon Panikkar, Jeff Chandler, Esteban Tuero.

CABALLO DE METAL
(1870–1930–1990)

Franco Macri, Federico Chopin, Sean Connery, Ray Charles, Neil Armstrong, Robert Duvall, Clint Eastwood, Steve Mc Queen, Alfredo Alcón, Boris Yeltsin, Carmen Sevilla.

CABALLO DE AGUA
(1882–1942–2002)

Jimi Hendrix, Janis Joplin, Harrison Ford, Linda Evans, Caetano Veloso, Chris Evert, Paul Mc Cartney, Carlos Reutemann, Martin Scorsese, Andy Summers, Felipe González, Nick Nolte, Barbra Streisand, Hugo O. Gatti, Haby Bonomo, Rafael Argüelles, Fermín Moreno Q.

NELSON MANDELA

VILMA RIPOLL

ENFERMERA Y DIRIGENTE DE IZQUIERDA

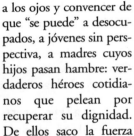

Aunque tenía alguna referencia sobre el signo caballo, leí un poco más cuando Ludovica Squirru amablemente me sugirió escribir estas líneas. Y las escribo con gusto, no sólo por respeto a su trabajo sino también a la milenaria sabiduría china que encierra. Mi personalidad y mis actividades muestran muchas de las características del signo; en mi caso, caballo de madera. No la de buscar éxito con el dinero, sino administrar bien mi sueldo. También las de ser abierta, expresiva y disfrutar de los viajes cuando es posible. Y encaro mi vida, mi profesión y mi definición política con energía e independencia, tan necesarias para superar obstáculos. Como mujer, como trabajadora o delegada, como líder política o diputada, en mis objetivos pongo voluntad, pasión y también libertad –no lo concibo de otra manera–, todas características del caballo. Porque ser enfermera es enfrentar cada día el desafío de la enfermedad, el dolor, el sufrimiento e incluso la muerte. Y la especialidad que elegí, cardiología, tiene mucho que ver con mi personalidad impulsiva, de decisiones rápidas, porque se trata de pacientes cuya situación se define en plazos cortos. Además, me rebela la injusticia y por eso soy de izquierda. Es una tarea dura, durísima, mirar a los ojos y convencer de que "se puede" a desocupados, a jóvenes sin perspectiva, a madres cuyos hijos pasan hambre: verdaderos héroes cotidianos que pelean por recuperar su dignidad.

De ellos saco la fuerza para seguir luchando. Y si pudiera, mi aporte sería mucho mayor desde un lugar de poder, como se dice que tiene el caballo de madera.

Así, y sumando mi optimismo y mi convencimiento de que se puede conseguir, con la lucha, un futuro más justo, estaríamos más cerca de lograrlo.

CABALLO

ENTREGATE Y FLUÍ
AMOR

ENCUENTROS CERCANOS
DE ALGÚN TIPO

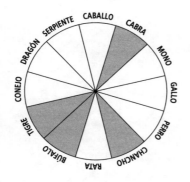

CORTOCIRCUITO ASTRAL
DANGER

HACETE CARGO • TE AVISÉ

TRABAJO
SOCIEDADES

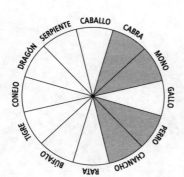

AFINIDAD-EMPATÍA
**BENDICIONES
DISFRAZADAS**

CABRA

羊

CAMINÉ EL SENDERO QUE UNE MI VIDA CON LA TUYA
Y ME DETUVE AL SOL A CONTEMPLAR EL PAISAJE.
OLÍ TU CUCHA
BRASA TEMPLADA
DE SUSURROS VIVOS
HUÉSPEDES AMIGOS
ACARICIANDO TUS OJOS ALMENDRADOS.
SALUDÉ A MAXIMÓN Y A LOS NAHUALES
Y LES PREGUNTÉ A LOS CHICOS
SOBRE EL FUTURO
MIENTRAS ABRÍA VENTANAS.
AGRADECÍ TANTA ABUNDANCIA
EN ÉPOCAS DE SEQUÍA
Y ME PROMETÍ SER MÁS CONSIDERADA.
OLVIDÉ MI NOMBRE
QUE ES EL TUYO
ENTRE LA ARENA Y LA MONTAÑA.

L. S. D.

羊

CABRA

FICHA TÉCNICA

NOMBRE CHINO DE LA CABRA XANG

NÚMERO DE ORDEN OCTAVO

HORAS REGIDAS POR LA CABRA 1 PM A 3 PM

DIRECCIÓN DE SU SIGNO SUD-SUDOESTE

ESTACIÓN Y MES PRINCIPAL VERANO-JULIO

CORRESPONDE AL SIGNO OCCIDENTAL CÁNCER

ENERGÍA FIJA FUEGO

TRONCO NEGATIVO

ERES CABRA SI NACISTE

13/02/1907 - 01/02/1908
CABRA DE FUEGO

01/02/1919 - 19/02/1920
CABRA DE TIERRA

17/02/1931 - 05/02/1932
CABRA DE METAL

05/02/1943 - 24/01/1944
CABRA DE AGUA

24/01/1955 - 11/02/1956
CABRA DE MADERA

09/02/1967 - 29/01/1968
CABRA DE FUEGO

28/01/1979 - 15/02/1980
CABRA DE TIERRA

15/02/1991 - 03/02/1992
CABRA DE METAL

01/02/2003 - 21/01/2004
CABRA DE AGUA

TODO SOBRE MÍ *Soy una Cabra*

Nací meditando.

Elegí conscientemente a mi madre, padre y familia en esta reencarnación para seguir aprendiendo día a día en la rueda del SAMSARA el arte de vivir.

Me crié y viví en Poona, un pueblo de la India y allí vislumbré la posibilidad de evolucionar a través de cada acción, pensamiento e intención intuyendo desde niño que en esta vida tenemos todas las posibilidades para ser felices o desdichados, según sea nuestra elección.

Supe que a la vida hay que agasajarla, acompañarla, respetarla, invitarla en cada inhalación y exhalación, para vivir el AQUÍ Y AHORA.

Amé a mis abuelos que me criaron, enseñaron y brindaron su amor, enseñanzas, alimento, y se dedicaron a guiarme en mi vocación balanceando a mis padres, que querían que fuera un profesional pues notaban que tenía una inteligencia especial que debía dar frutos en la sociedad de consumo.

A mis padres los veía poco, pues trabajaban duro para sostener a los nueve hijos y apenas tenían tiempo para reconocernos antes de acostarnos.

El contacto con gente mayor me benefició, pues siempre estuve alerta a todos los consejos, enseñanzas y permisos que me otorgaron al captar mi naturaleza libre y rebelde, capaz de desafiar a todos los académicos del mundo, pues mi manera de insertarme en la existencia siempre fue consciente y por eso no dejaba pasar nada que me afectara e impidiera seguir siendo íntegro.

Desde que tengo memoria disfruto el contacto con la naturaleza; instalado en mi cama soñaba despierto sintiendo el rugido del viento que traía revelaciones, el aroma del té que me esperaba en la tetera antes de despedir los sueños para entrar en el mundo de la vigilia; el color azul violáceo del alba antes de que el sol pusiera el mundo dorado, más opaco los días de lluvia o grises, que eran mis preferidos para seguir explorando el mundo mientras caminaba entre charcos de agua, sonidos de ranas, el olor de la tierra húmeda, del pasto, de las flores que se abrían esperando que me acercara a embriagarme con su perfume de pétalos de rosas, jazmines y magnolias.

A través de los senderos secretos de la casa de mi abuela llegaba al río donde me bañé, nadé, lloré y descubrí los antojos, caprichos del agua, corrientes y remolinos que nos pueden hundir en su cauce y llevar al mar como un espermatozoide.

Desperté oníricamente a la sexualidad y así seguí hasta mi muerte.

El amor y el sexo están unidos, lo descubrí a través del TANTRA y de la búsqueda insaciable de explorar cada mujer que el destino puso en mi vida para aceptar que son maestras en el arte de amar, enseñar, padecer, soportar más que el hombre por su naturaleza física, psíquica y espiritual.

Siempre me sentí cómodo entre la gente más grande, compañero de aventuras, amigo de los viajeros, mercaderes, extranjeros, de los poetas, locos, enfermos y marginados.

Aprendí en la calle más que en la escuela; los profesores me irritaban, interrumpían mi estado de contemplación, de observación de cada pájaro que se posaba en las ramas del mango plantado por mi abuelo y al que me abracé cuando no encontraba un alma que me comprendiera.

Retocé, caminé descalzo el camino que me llevaba a otras aldeas, pueblos, universos más reales que los recorridos en la carreta que trasladaban los bueyes de mis abuelos cuando salíamos por varios días a visitar a los parientes lejanos o a vender mercadería en las tiendas; ese tiempo sagrado que atesoro, cuando tenía contacto con el sol, las estrellas, los planetas, los cambios de temperatura sobre mi piel curtida de sol y noches negras tapizadas por las mágicas luces del cielo a las que les pedía deseos que se cumplían inexorablemente.

Supe que era diferente a los chicos de mi edad, a la gente que me rodeaba, por el contacto profundo que sentía con la vida: era tan intenso que nunca me aburría, me distraía jugando a las cartas, a la pelota, a las escondidas; tenía mi propio universo y desde allí seguía fascinado por cada gota de rocío que se evaporaba delante de mis ojos, por el nido que armaban las golondrinas al llegar el verano y las mariposas que me rozaban en mis siestas al sol cerca del

"Cuido mi cuerpo, mi mente y mi alma de la misma manera"

arroyo donde soñaba con las mujeres más bellas de cada ciudad que visitaba, y a las que seducía con mi manera de pedirles que me dieran un beso cada vez más cerca de la boca.

Siempre estuve en comunión con la existencia. Percibía que había nacido sabiendo los secretos de la vida pues tenía sensaciones de *deja vu* que me asaltaban a menudo.

Me rebelaba ante lo inocuo, repetido sin ser cuestionado o reformulado. Enfrentaba a profesores, doctores, rectores, cuando me trataban como a un autómata que debía decir amén a lo que me imponían sin sentido.

Me di cuenta de que nací sabiendo lo que otros desconocen, y esa señal me confirmó que tenía que transmitir mi conocimiento a cada persona que se me cruzara en el camino.

Así empecé y seguí a través de la vida, convencido del mandato y de que transformándome podía transformar al otro, empezando por mis padres, hermanos, amigos, abuelos, maestros, y luego los discípulos que formaron una gran comunidad en Poona y en diferentes lugares del mundo.

Soy solitario a pesar de ser sociable como ZORBA EL BUDA; de tener muchos amigos y amigas con los que compartimos en el *ashram* técnicas de meditación, respiración, lectura, danza, canto y *zazen*.

Como buena cabra me encanta escalar la montaña, partir temprano con mi mochila liviana y, mientras el sol sale detrás del pico más alto, emprender un paseo sin tener conciencia del tiempo, dando de comer a los pájaros, teros, perros que se unen en la caminata y hablar con ellos en su idioma, buscando símbolos que me acerquen a la divinidad en la que estoy inmerso despertando el KUNDALINI y el tercer ojo.

A menudo acampo, duermo al sol, bebo agua de ríos, me sumerjo sintiéndome Adonis y canto canciones antiguas o mantras que me dan una noción cabal de que no estoy solo en la tierra.

Crecí libre, sano, fuerte, a pesar de somatizar siempre mis nanas en los bronquios y en los pulmones; soy indio y soy vegetariano aunque viajando por otros países me animé a probar carne y ofrendé el espíritu del animal sacrificado al dios en el que creo.

Noté, desde que fui preadolescente que tenía otro concepto acerca del matrimonio, el amor, el sexo sagrado, la religión, la filosofía, el arte y la naturaleza.

Fui a la universidad y me gradué como doctor en Filosofía, Religión comparada y obtuve otros títulos que para mí no significan nada, pues creo que la vida es la única y gran maestra.

Me sumergí en las tradiciones indias, inventé mi propia técnica que está basada en la experiencia y en la repetición, en la búsqueda, en el riesgo, en cruzar las fronteras entre lo posible y lo imposible.

Me enamoré una y mil veces. No me casé, pues estoy casado con el misterio. Valoro, venero y adoro a la mujer: la apoyo en su diaria tarea y siento que el sexo no es una barrera cuando sintonizo un alma gemela.

Cuido mi cuerpo, mi mente y mi alma de la misma manera.

Trato de escuchar mucho y hablar poco, lo justo para no influir en el karma ajeno. Soy un *sanyasin*, un buscador de la verdad a cualquier precio.

Adoro el lujo, la comodidad, los placeres terrenales, pues creo que son opuestos complementarios de los espirituales.

Viajo telepática y espiritualmente por la Vía Láctea.

Creo que somos partículas del universo encarnados en materia y siento una afinidad con lo absoluto que es imposible de contagiar si no se vibra en la misma frecuencia.

Soy práctico para resolver problemas ajenos; atraigo como un imán a la gente que no encuentra el camino y transmito sin prisa ni pausa lo que voy comprobando en cada experiencia.

Busco la armonía, la belleza y la inspiración como esencia para nutrirme y ser un manantial de vida.

Ser auténtico es un precio muy caro que se paga y donde no hay retorno a la levedad del ser.

Fui perseguido, encarcelado, juzgado, echado de diferentes países por ayudar a que la gente se iluminara; encontrara nuevas posibilidades para mejorar, amar, conectarse con el prójimo y tener más conciencia.

Pero la luz tiene como contrapartida la oscuridad, y la sombra es parte del aprendizaje, donde todos nos igualamos.

Soy un guía, una brújula, una señal en tiempos de cólera e incertidumbre y sigo vivo aunque no esté en el mundo.

Atravesé las tentaciones materiales y me entregué a ellas convencido de que, si sabemos administrar lo que tenemos y no somos víctimas de ellas, podemos disfrutar de lo que esté a nuestro alcance; he bebido y comido en banquetes y vivido en mansiones y hoteles lujosos, manejado Rolls Royce y viajado en aviones particulares con la misma alegría con que he sido monje en un monasterio.

Supe desde antes de encarnar lo que es el apego y el desapego; he renunciado a ofertas multimillonarias para silenciarme y siempre seguí mi vocación aunque trataron con suerte de envenenarme lentamente para que mi mensaje aparezca cada día mas diáfano en las personas que aceptan el desafío de evolucionar en un mundo que involuciona velozmente.

Deseo que mi amor se fusione en vuestros corazones.

HISTORIA

Para los chinos, la cabra u oveja es un signo que tiene varios significados en distintos lugares de Oriente.

La cabra en tres colores: blanca, negra y roja, sentada en las nubes, parece un visitante en la tierra. El infinito, el cielo y el espacio constituyen sus dominios y su universo personal.

La cabra juega, busca la belleza, la armonía, la paz; pero hay que tomarla en serio pues si no puede convertir una tormenta en un huracán y asustar a la gente con rayos y relámpagos hasta exterminar la siembra.

Animal maternal y protector, participa en sus ciclos y virtudes, en el crecimiento de los vegetales y en el florecimiento de la naturaleza. Profundamente intuitiva y sensible, se fortalece en las dificultades y no se entrega, defendiendo a su familia y amigos con las pezuñas.

Cuando se empecina, encapricha o empaca, nadie puede hacerla entrar en razón; seguirá obstinadamente su camino y ni los lobos ni los ogros lograrán detenerla.

En la India, su nombre es "Aja", lo que no nació, la cabra es considerada la madre del mundo y de la naturaleza.

De los tres colores de la cabra, el negro revela una tendencia a taparse, a esconderse y a enmascararse, a pertenecer a aquello que disfraza a la realidad divina detrás de las ilusiones del intelecto. Blanco es el símbolo de la luz, el poder que disipa la ilusión. El rojo representa la acción, la danza creativa de mundos en metamorfosis.

La cabra aparece tan cambiable como multifacética, capaz de ser maga o alquimista.

Cuenta la mitología que había una vez una cabra tricolor que vivía tranquila en su refugio. Un día descubrió que los pastores vecinos, celosos de la pastura de su maestro, le aplicaron a éste siniestros conjuros y le desearon la muerte. La cabra corrió a contarle a su maestro sobre la amenaza.

Él dijo:

—¿Qué me importa? Déjalos que lo hagan. Pero debes enterrarme en el medio del rebaño, junto con tres flautas. Cuando sople el viento, las flautas silbarán y las pequeñas cabras llorarán lágrimas de sangre.

—Pero, ¿qué digo a la gente del pueblo?

—Que me fui de viaje y me casé con una reina.

La obediente cabra no quiso ir contra el maestro y entonces, junto a los demás miembros del rebaño lloró lágrimas de sangre cada vez que el viento soplaba en las ramas de los árboles.

Este ejemplo describe a la cabra sensible, fiel, vulnerable a los pedidos de quienes ama.

Cuenta la historia que 300 años a. C. cinco grandes genios vestían trajes de cinco colores: amarillo para la tierra, verde para la madera, rojo para el fuego, blanco para el metal y negro para el agua; llevando cada uno una medida de granos y cabalgando en cinco cabras aparecieron en el cielo de Cantón.

Después, las monturas y los caballeros se convirtieron en cinco rocas. Desde entonces, Cantón es conocida como la ciudad de las cinco cabras.

La cabra representa el I-SHO-KU-JU (techo, vestimenta y comida) INGREDIENTES BÁSICOS PARA LA VIDA; por eso para ella es fundamental sentirse protegida y brindar protección.

LA CABRA EN EL TRABAJO

Empecemos por definir qué es trabajo... Sólo una fuerte vocación puede hacer que yo, cabra, me dedique plenamente a mi trabajo, sin horarios ni especulaciones financieras.

Soy una artista, tengo habilidad manual e intelectual y soy capaz de crear obras de arte con más facilidad que integrantes de otros signos.

Tengo buen gusto y refinamiento y, aunque por lo general no sé hacerme cotizar en el mercado, siempre encuentro el sustento y algún *BONUS TRACK* para aumentar mi patrimonio.

Solitaria, apegada a mis horarios y costumbres, aunque no madrugue Dios me ayuda a encontrar el camino para estar siempre prolija, actualizada y llena de curiosidad para trepar en mi profesión.

Cuando trabajo en equipo atravieso etapas *up* y *down*. Soy dependiente, necesito que me estimulen, apuntalen y me den muestras de afecto y aprobación para seguir creciendo.

Tengo espíritu de cooperación y eso ayuda a los demás a inspirarse.

Mis habilidades son múltiples: puedo desempeñarme en la cocina, la jardinería, las artes visuales, el telar, la danza, la escultura y la pintura con maestría.

También soy ciclotímica; a veces siento que no vale la pena trabajar si encuentro mecenas que me mantengan.

LA CABRA EN EL AMOR

Beeeee. Beeeeeeee.

Siempre estoy enamorada, ocupada en mis afectos, en la gente que ama en secreto o abiertamente.

Nosotras las cabras somos afectivas, no podemos vivir sin sentirnos correspondidas, atentas a cumplir los designios ajenos y a recibir amor físico o platónico.

Soy romántica, idealista, necesito formar una pareja para sentirme completa, mimarla desmedidamente y entregarme a los secretos de la convivencia, lo que más me gusta.

Celosa, posesiva, demandante, a veces será la que marque el sendero para salir adelante con dulzura, solidaridad y buen humor.

Me gusta formalizar las relaciones; aunque no firme me siento orgullosa de ser la señora o el señor de fulano.

Estoy siempre radiante, coqueta, con *glamour* para seducir y tener una lista *stand by* de admiradores que esperan turno. Rompo corazones y también, por mi ingenuidad, suelo ser víctima de pasiones, escándalos y amores secretos.

· Mi exótica sensualidad invita al erotismo y debo ejercitar la paciencia china cuando me enamoro pues con mi ansiedad puedo ahuyentar al enamorado y perder el último tren...

Soy consciente de que inspiro protección, ganas de mantenerme y sentir mi calorcito cerca. Me considero buena amiga de mi pareja; siempre pienso en el otro antes que en mí misma y comparto la buena mesa, los viajes, diálogos, el arte y los amigos.

Puedo ser un manso corderito o el lobo feroz disfrazado si me traicionan.

Les confieso que la mayor felicidad de una cabra es volcar su ternura, su amor y su fecundidad en un gran amor que la acompañe durante toda la vida.

LA CABRA EN LA FAMILIA

Es propicio, estimulante y muy afortunado tener una cabra en la familia. Aportamos alegría, creatividad, apoyo moral más que económico aunque cuando estamos en una buena racha gastamos todo en un día y sorprendemos a los seres queridos.

Como padre o madre abro el menú de opciones de educación, cambios de humor, costumbres y horarios.

Yo estoy ocupada en crear: olvido una sartén en el fuego mientras pinto, bailo o coso; o a los niños en el jardín mientras escribo mi novela. CALIDAD MÁS QUE CANTIDAD.

Me encanta agasajar, celebrar cumpleaños, aniversarios y organizar excursiones en las vacaciones.

Carezco de autoridad y debo autodisciplinarme para poder mantener la casa ordenada y las cuentas al día.

Soy muy cariñosa, protectora, divertida, original y me encanta sorprender al zoo con alguna salida que me hace imprescindible.

Mantengo fuertes lazos afectivos con la familia y, aunque no los vea, siempre estoy pendiente de ellos.

Adoro ser la celestina que arreglará romances y rupturas, pero a veces deben consolarme cuando dejo el corral en busca de nuevos horizontes.

Educo a hijos propios y adoptivos con la misma entrega y generosidad y en mi casa siempre hay un plato más para las visitas. En general, las cabras somos especiales, únicas como hermanas, hasta podemos ser una mezcla de la Madre Teresa y de Evita.

LA CABRA Y SU ENERGÍA

CABRA DE MADERA
(1895-1955)

De todas las cabras, ésta es la más resistente por su capacidad de adaptación a los cambios y ambientes. Ingenua y bondadosa, siempre está atenta a los deseos ajenos, es muy tierna y piensa que todos son como ella.

Caritativa y hospitalaria, protege a seres humanos y animales. Es artista, emprendedora, y encuentra todo lo que se propone buscar. Tendrá una vida sentimental movida por su búsqueda eterna de idealización en la gente.

CABRA DE FUEGO
(1907-1967)

Es la más valiente de todas. Deberá apelar a toda la táctica, inteligencia y habilidad para no quemarse en su propia energía. A veces agresiva, también franca, en oportunidades reacciona con el corazón y no con la cabeza. En su faz negativa se deprime y aísla con facilidad. Materialista y sibarita, siempre se conecta con gente que le sirve. Resulta muy desorganizada en el tema de las finanzas; necesita de un buen administrador. Le cuesta mucho encauzar su vida y su energía. La autodisciplina es la llave de su triunfo.

CABRA DE TIERRA
(1919-1979)

Es vagabunda de espíritu, viajará lejos en su imaginación, será inconstante y sólo podrá terminar lo que empiece si tiene un espíritu muy fuerte. Sabe conseguir protección, y su seducción le abrirá puertas insospechadas. Es muy conservadora, con buena disciplina a pesar de ser independiente. No teme al trabajo, pero necesita estímulo para triunfar en su vocación. Aunque tal vez no tenga demasiada visión de futuro, se afianzará con sus patas a la tierra para alcanzar sus fines con nobleza.

CABRA DE METAL
(1931-1991)

Es una cabra energética y con mayor determinación que las demás cabras, con tendencia a juzgar y penar. Tiene gran sentido estético, armonía y sobriedad. Necesita una vida familiar estable, en un hogar donde reinen la belleza y la cordialidad. Parece fuerte pero es muy sensible. Se angustia con facilidad y se trastorna con separaciones y rupturas. Resulta muy posesiva con sus seres queridos y sumamente exigente consigo misma. Su gran cualidad es saber perdonar.

CABRA DE AGUA
(1943-2003)

Si hay algo que le importa a esta cabrita es sentirse imprescindible en la vida de sus seres queridos. La energía Agua la convierte en una cabra muy intuitiva. Es como una antena parabólica que capta las ondas y sabe adónde dirigirse en caso de necesitar algo. Buscará amor en cada gesto, actitud o mirada. Es algo exótica en sus apetencias sexuales.

Amante de la paz y ampliamente humanitaria, su vocación estará relacionada con el arte y la comunicación.

LA CABRA Y SU ASCENDENTE

CABRA ASCENDENTE
RATA: 11 p.m. a 1 a.m.

Sibarita pero sensata; materialista pero generosa; calculadora pero sensible. Esta cabra sabrá superar las adversidades con elegancia y *panache*.

CABRA ASCENDENTE
BÚFALO: 1 a.m. a 3 a.m.

Tendrá la gracia, el talento y la constancia para descollar en las artes o en la política. Formará una familia numerosa y adoptará a los necesitados.

CABRA ASCENDENTE
TIGRE: 3 a.m. a 5 a.m.

Una fiera para defender los derechos humanos; perseverante en sus ideas, aunque el amor la aleje del camino. Hipersensible, ciclotímica y graciosa. Encontrará gente que la protegerá.

CABRA ASCENDENTE
CONEJO: 5 a.m. a 7 a.m.

Equilibrada, refinada y seductora:

un ser excepcional. Tendrá muchos amigos y amantes que caerán a sus pies con sólo una mirada.

CABRA ASCENDENTE DRAGÓN: 7 a.m. a 9 a.m.

Con firmes principios y gran voluntad, será luchadora y muy humana. Su oratoria atraerá multitudes. Se casará por amor, pero no despreciará lo que le ofrezcan.

CABRA ASCENDENTE SERPIENTE: 9 a.m. a 11 a.m.

Astuta, intuitiva y con olfato para los negocios. Cambiará seguido de profesión, casa y pradera. Necesitará que la admiren para sentirse segura. Muy rencorosa si la abandonan.

CABRA ASCENDENTE CABALLO: 11 a.m. a 1 p.m.

Una irresistible cabra que despertará pasiones irrefrenables en la gente. Antojadiza, graciosa, talentosa e imaginativa, ama la libertad y la vida al aire libre. Será una amante fogosa.

CABRA ASCENDENTE CABRA: 1 p.m. a 3 p.m.

Un prodigio de creatividad. Será refinada, original, intuitiva y nunca le faltarán maravillosos amigos. Tenderá a encerrarse en su mundo y necesitará mucho estímulo para expresarse.

CABRA ASCENDENTE MONO: 3 p.m. a 5 p.m.

Una cabra interesada y cínica que especulará con los sentimientos. Se rodeará con lo mejor, nunca se dejará atrapar y gastará millones en la cuenta conjunta de su cónyuge.

CABRA ASCENDENTE GALLO: 5 p.m. a 7 p.m.

Delirante y maniática, exigirá mucho y dará "a su manera". Necesitará programar su vida y vivir con la ilusión de que es el amor de la vida de todo el mundo.

CABRA ASCENDENTE PERRO: 7 p.m. a 9 p.m.

Concreta, justiciera, lúcida, comunicativa y profunda, no hará nunca nada que no sienta. Luchará por sus ideales y por la justicia. En el camino encontrará quien la ayude.

CABRA ASCENDENTE CHANCHO: 9 p.m. a 11 p.m.

Generosa, sibarita y (*bonne-vivant*), esta cabra ama la vida y sus placeres. No tendrá grandes pretensiones y será culta e ingeniosa. En el amor triunfará.

ALINEACIÓN Y BALANCEO

Les aconsejo:

Danza, ballet, folklore, cantar, actuar, modelar, pintar, esculpir, expresarse poéticamente.

Las manualidades, la cocina, la jardinería, el tejido, el telar y dar masajes.

Que encuentren su espacio, su I-SHO-KU-JU, esto es fundamental para que se expandan y nos alegren la vida. Que busquen ser domesticadas y aprecien el equilibrio y la armonía.

Lucir sus condiciones de excelente gourmet.com

Plasmar su talento en cada acto de la vida cotidiana cambiando el microclima y aportando magia.

Cuidarse de las malas influencias que las desestabilizan y perturban.

Conectarse tántricamente con el universo.

PERSONAJES FAMOSOS

CABRA DE MADERA
(1835–1895–1955)

Groucho Marx, Miguel Botafogo, Mercedes Morán, José M. Recalde, Mel Gibson, Patricia Miccio, Krishnamurti, Bruce Willis, Miguel Ángel Buonarotti, Miguel Zabaleta, Carlos Álvarez Insúa, Johnny Rotten, Boy Olmi, Elvis Costello, Joe Jackson, Isabelle Adjani, Nina Hagen, Marcelo Bielsa, Rodolfo Valentino, Bo Derek, Jorge Valdano, Roberto Pettinato, Marcela Sáenz.

CABRA DE FUEGO
(1847–1907–1967)

Pepe Monje, Boris Becker, Araceli González, Maximiliano Guerra, John Wayne, Atahualpa Yupanqui, Julio Bocca, Miguel de Cervantes, Karina Rabolini, Julia Roberts, Ivonne Reyes.

CABRA DE TIERRA
(1859–1919–1979)

Eva Perón, Vanesa Lorenzo, David Bisbal, Malcolm Forbes, Nicolás Cabré, Julieta Spina, Jack Palance, Zsa Zsa Gabor, Ian Smith, Margot Fonteyn, Lana Turner, Dino De Laurentis.

CABRA DE METAL
(1871–1931–1991)

Osho, James Dean, Angie Dickinson, Ettore Scola, Annie Girardot, Mónica Vitti, Franz Liszt, Rita Moreno.

CABRA DE AGUA
(1883–1943–2003)

Mick Jagger, Lech Walesa, Jim Morrison, Muhammad Alí, Keith Richards, Jimmy Page, Adolfo Pérez Esquivel, Rubén Rada, Catherine Deneuve, Luis Aute, Víctor Sueiro, Arnaldo André, José Luis Rodríguez, Charo López, Ernesto Pesce, Ramón Albarrasín, Marilina Ross, Joan Manuel Serrat.

BRUCE WILLIS

TESTIMONIO *Yo soy una Cabra*

OLGA PEREYRA

PACHAMAMA Y ARTISTA

Soy una cabrita muy simpática y alegre. Mis gustos son sencillos, me gusta frecuentar lugares cálidos y agradables.

La armonía es parte de mí, me gusta sentirme cómoda y en actividad plena. Me encanta ayudar a los demás.

Soy bastante coqueta, afecta al buen vestir. Mi paso es lento pero seguro.

En el amor soy fiel y constante. Cuando me enamoro es para siempre y no permito que nadie usurpe mi lugar; si fuera así me retiraría en silencio.

Me gusta cantar, bailar, escuchar música melódica.

Mi pasión son los viajes.

Cuido bastante a mis crías, y adopto enseguida, si es posible, una comunidad entera.

Me agrada escribir poesías.

Yo creo, a esta altura de mi vida, que cumplí casi todos mis sueños.

Sé agradecer a toda la gente que me ayuda.

❈ CABRA ❈

ENTREGATE Y FLUÍ
AMOR

ENCUENTROS CERCANOS
DE ALGÚN TIPO

CORTOCIRCUITO ASTRAL
DANGER

HACETE CARGO • TE AVISÉ

TRABAJO
SOCIEDADES

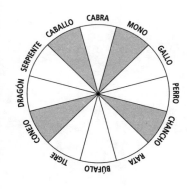

AFINIDAD-EMPATÍA
**BENDICIONES
DISFRAZADAS**

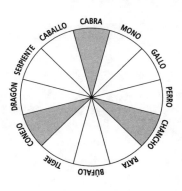

MONO

猴

ESTOY SUSPENDIDA
ENTRE EL CIELO Y LA TIERRA
EN ESE INCÓMODO ESPACIO
DONDE VIVIR ES EXTRAÑO.
ENTONCES, NO HAY FUTURO NI PASADO.
EL PRESENTE TAN INCIERTO ME RECLAMA
CON LAS CENIZAS TIBIAS DEL SUEÑO QUE SIGUE RODANDO.
EL CORAZÓN HERRUMBRADO DE AMAR A LA INTEMPERIE
A PIQUETEROS GALÁCTICOS.
EL TIEMPO ES EXIGENTE
O SOY YO LA QUE NO LO ALCANZO
DEJÁNDOME IR EN CADA HOJA DE INTENSO AMARILLO
QUE LIJA MIS ESTADOS DE ÁNIMO.
CÍCLICA COMO LAS ESTACIONES
MUERO Y RENAZCO.
LA VIDA ME HA TRANSFORMADO.
SOY UN EXPERIMENTO DE VIDAS ACUMULADAS
QUE REPITE ERRORES
DONDE EXISTEN RAZONES
PROFUNDAMENTE ENRAIZADAS
QUE INTENTO DESMALEZAR CON RECURSOS HUMANOS.
CONVIVO CON LAS ESTRELLAS, PLANETAS Y LUCES RARAS
QUE ME DAN SEÑALES PARA RETORNAR A CASA.
APENAS INTUIMOS LA VIDA
EN LA RUEDA DEL SAMSARA.
SONÁMBULOS, PERDIDOS, ANESTESIADOS.
NOS LLEVARON LAS GANAS, LA CASA, LOS PADRES,
LOS AMORES, PROYECTOS, UTOPÍAS,
AL AGUJERO NEGRO DONDE LA LUZ SE APAGA.

L. S. D.

猴

MONO

FICHA TÉCNICA

NOMBRE CHINO DEL MONO HOU

NÚMERO DE ORDEN NOVENO

HORAS REGIDAS POR EL MONO 3 PM A 5 PM

DIRECCIÓN DE SU SIGNO OESTE-SUDESTE

ESTACIÓN Y MES PRINCIPAL VERANO-AGOSTO

CORRESPONDE AL SIGNO OCCIDENTAL LEO

ENERGÍA FIJA METAL

TRONCO POSITIVO

ERES MONO SI NACISTE

02/02/1908 - 21/01/1909
MONO DE TIERRA

20/02/1920 - 07/02/1921
MONO DE METAL

06/02/1932 - 25/01/1933
MONO DE AGUA

25/01/1944 - 12/02/1945
MONO DE MADERA

12/02/1956 - 30/01/1957
MONO DE FUEGO

30/01/1968 - 16/02/1969
MONO DE TIERRA

16/02/1980 - 04/02/1981
MONO DE METAL

04/02/1992 - 22/01/1993
MONO DE AGUA

22/01/2004 - 08/02/2005
MONO DE MADERA

Mona. Aúlla. Gime. En silencio.

Llegó el frío, el otoño, como un alud sobre las asignaturas pendientes.

La vida pasó muy velozmente y no tuve tiempo de poner *pause, rewind* y detenerme en las oportunidades que elegí visceralmente.

En la cuarentena previa al cumple katún, el alma, el cuerpo y la mente se cansaron del largo peregrinaje y aterrizaron bruscamente desde las diferentes palmeras en las que habité en distintas junglas de exóticos lugares, sobre la tierra y en sus entrañas, donde existen cavernas muy profundas parecidas al infierno; espacios para descubrir si somos capaces de atravesar fronteras entre la locura y la cordura, el apego y el desapego, el deseo, la ilusión, el amor y lo que apenas podemos hacer con lo que sentimos en este experimento que es vivir y del que me siento recién parida, esta vez para siempre y por mí, sin padres ni nodriza.

Dándome cuenta de que estoy en el viaje que llegará al lugar donde todo nos iguala, mientras jugamos en el fugaz recreo de la vida.

Me estoy pareciendo al *jocker* de las cartas KEM, ideal para jugar a la canasta. A pesar del *look* payasesco, siento que todavía alegro, sumo y aporto a quienes conviven con alguna faceta de mis múltiples personalidades.

Soy como una estrella fugaz que se detecta en el cielo y a quien se le encomiendan deseos de buena suerte y se apaga antes de que se cumplan.

Soy irremediablemente solitaria.

Parezco sociable, adaptable, inquebrantable, pero soy tan frágil que tuve que convertirme en tronco desde chiquita para sobrevivir a las catástrofes que me visitaron y a las que reciclé "antes de que cante un gallo" por instinto de preservación, y no me di tregua en el síntoma, atravesando la incierta vida tapada de lianas que me cubrieron hasta asfixiarme y simbiotizarme.

Recién ahora, que soy una mona curtida por las inclemencias meteorológicas e imponderables de la existencia, estoy tiritando de frío con el tronco desnudo, echando un vistazo con lupa a mi manera insólita de atravesar la jungla columpiándome en diferentes ramas, nidos, pechos y archipiélagos.

Viví el AQUÍ Y AHORA sin medir las consecuencias. Y tuve suerte, pues conjugué cada momento con todos los condimentos disponibles, recursos sacados de mi frondosa imaginación que siguió floreciendo a pesar de los peajes tangibles que me mandaban los nahuales o espíritus protectores para alinearme y balancearme.

Me reí tanto de mí que llegué a amplificar mi carcajada en *sensaround* en la galaxia y resucitar a los muertos vivos que han sido perseverantes en el seguimiento y se han nutrido del manantial que surgía de mi *hara*.

Participé de todos los experimentos teatrales, culturales, familiares y sentimentales posibles; soy una mezcla de ellos y, como un bandoneón que a través de su fuelle desafina hasta redoblar su dolor, urgente necesito un afinador.

Soy candidata a terapia intensiva, a las operaciones de urgencia, pues predico la medicina preventiva pero no la practico.

Vivo con la cuerda tensa, me relajo sólo cuando duermo, hago el amor, viajo, siento que cumplo con mis deberes cotidianos, humanos y laborales y me detengo a mirar las puestas de sol, la luna en sus diferentes fases, Venus, el lucero, que es el planeta que me rige y guía desde cualquier lugar donde intento encauzar mi destino.

Fui buena alumna, escolta primera, en la etapa en la cual los mandatos caían como misiles Scud y no daban tiempo a la rebelión. Fui la preferida de profesores, rectores, maestros, por mi inteligencia precoz, histrionismo, agudeza de espíritu y sentido del humor, y en cada etapa de mi vida me acomodé en algún trono invisible al cual estoy abdicando, pues estar en la cima es un espejismo.

Entrar y salir de cada momento como si fuera eterno; nadar en un estanque como en el océano; sentir en cada estación la temperatura de la piel, el gusto, el olfato, el tacto, el oído, saciada de todos los estímulos que aparecen en el mercado y siempre esperando más para desparramarlos entre los amigos, amores, hermanos, *príncipes y mendigos* que me acompañan en el TAO.

"Intensidad. Calidad más que cantidad. Ausencia con presencia"

Viajar física, mental o telepáticamente. Estar en movimiento como la traslación y la rotación de la tierra y los planetas.

Armar y desarmar casas, proyectos, utopías, sin sentir el impacto del "volver a empezar", con más entusiasmo y responsabilidad pues las lecciones siempre son duras aunque estén bien remuneradas.

Ganar y a veces perder, y aprender en un instante lo que hicimos en siglos.

Dejarme embaucar, encandilar, sabiendo que es una trampa mortal y caer rendida ante la fascinación.

Abrir el tercer ojo y detectar el peligro, la esencia, lo inasible e inexplicable y atesorarlo.

Atravesar amores marcianos, pleyadeanos, plutonianos pero nunca terrenales.

Quedar hechizada por una idea, una vela, una siesta de amor picante, un masaje tántrico, un viaje al mar en invierno, una voz que sigo soñando despierta y me asalta en una esquina, una mirada que me dejó titilando, una chimenea con alta filosofía tejiendo un telar de llama para abrigarme en los largos intervalos donde el silencio me aturde.

Ser mono es transitar la vida sin red, como un equilibrista de circo.

Escuchar un sábado a la noche a mis vísceras y quedarme sola en casa, sin eco.

Esmerarme en lo que hago, aunque me repitan millones de veces que no hay fórmulas, que es pura energía puesta al servicio de la obra.

Inspiración más que transpiración aunque me derrita en cada presentación enfrentando mis fobias.

Madre sin parir. De todos menos de un hijo.

Cascabel. Luciérnaga. Pozo de agua y prana para llenar y saquear.

Recién en el umbral del medio siglo estoy aprendiendo a cuidarme.

Di lugar a la invasión, al saqueo, al usufructo del alma.

Ego triturado, diluido, pisoteado por las bendiciones disfrazadas que no me dieron tregua.

GELSOMINA.

Con cara triste y sonrisa, mezcla de copal y alpiste.

Prófuga. Náufraga.

Guerrera sin armas. Vencida.

Domadora de casos perdidos y encontrados. Peligrosa. Mansa. Dócil.

Desperté envuelta en sueños gratos y arranqué con mate amargo. Otra vez nacida. Luna en Géminis.

Llovió, el día está nublado e indeciso.

Siento que perdí el elon vital en el KUNDALINI, la conexión tántrica con la vida y lentamente, con coraje, enfrento cada día con más fe de erratas.

SER MONA...

Es magia y desperdicio, tiempo dentro del gran tiempo e indisciplina.

Gran *collage* de lo que no se tira, repique de campanas, arco iris doble, tesoro arqueológico, mandala, boleto capicúa, feria de vanidades, acertijo, vivero con jazmines, jeroglífico maya, tren bala, *glims* de aire fresco, que aclaran.

Un refugio en el desierto y en Groenlandia.

Intensidad. Calidad más que cantidad. Ausencia con presencia.

Acertados consejos para levantar el ánimo, estimular, dar fuerza a quienes pierden el timón de sus vidas.

No hay embajador cósmico ni terrenal que pueda interponerse cuando decido algo.

Acepto consejos, los metabolizo comiendo maníes y parto rauda a la aventura.

Durante mi viaje a China (donde casi muero anémica y congelada como estalactita aceptando los límites psíquicos y físicos para comprobar si era capaz de llegar al Lejano Oriente a cursar materias edípicas y vocacionales) pensé que no pertenecía al mundo terráqueo por ser tan extremista en el desafío que me impuse. Ahora vuelvo a sentirme así.

No aprendí; mi espíritu guerrero, curioso, aventurero insondable siguió exponiéndose en diferentes episodios que hoy siento en cada vértebra, órgano, nervio y ventrículo del corazón.

¡¡¡Qué omnipotencia!!!

O será que la vida tiene esa adrenalina que si no se vive a *full* parece que es insulsa, inodora e insípida.

Siempre busqué el sol como fuente de energía y en cada cielo espero, una a una, las estrellas que me hacen titilar: VENUS, LA CRUZ DEL SUR, LOS SIETE CABRITOS, LAS TRES MARÍAS, y a la Luna, para reflejar mis dudas, esperanzas y pecados.

Atraigo como un imán a quienes no encuentran su camino y se suman al mío simbiotizándose, o chupándome el prana. Los depredadores me huelen y se instalan hasta desenergizarme.

Es mi gran trabajo y me llevó toda la vida diferenciar entre quienes me nutren o me vampirizan.

Soy ultraselectiva, preservo mi intimidad construyendo murallas chinas, me entrego plenamente en cada contacto, desde un saludo, una charla, una conferencia, una entrevista, un viaje de a dos, no nací para la diplomacia ni el piloto automático; por eso soy antisociable y saco un as de la manga para dejar contentos a quienes me succionaron el néctar.

Es bueno que los monos jóvenes hagan prevención para no prodigarse a cualquiera por una cuestión de ser *showoman* o *showman* eterno pues esas células y neuronas no se vuelven a reciclar.

Si bien he sido víctima de mis inventos, pasiones, proyectos, y logro entusiasmar al zoo en mis creaciones cósmico-telúricas, soy la mujer más feliz del mundo cuando pego un "slam".

La vida es ilusión. Un juego, una invitación a evolucionar o involucionar según la sabiduría que tengamos.

Prefiero meditar, leer, caminar, tirarme en el pasto a mirar el cielo antes que navegar por Internet.

Adoro detectar pintores, músicos, poetas, actores con talento, en lugares recónditos del universo y adoptarlos, integrarlos, estimularlos y acompañarlos telepáticamente.

Me gusta el *feed back*, admirar, aprender, evaluar cada episodio mientras ocurre y luego en soledad.

Todo me afecta. Desde el clima, la queja, la resignación del no intentar modificar un síntoma, el ruido de las grúas, las peleas, la violencia, el *rush*

hasta la caída de una hoja en otoño.

Tengo una reserva (como los camellos) para comprender y aceptar el dolor, la injusticia, la desolación, y fundirme en ellos.

No me gusta que sepan dónde estoy.

Desde chica me moví por el mundo y esperé cartas y palomas mensajeras, llamados en el contestador y ahora mi corazón titila cuando abro *e-mails*.

Me cuesta organizar planes sociales.

Voy donde siento que quiero estar, me adapto a lo imprevisible y descarto lo superfluo.

Admiro a la gente que transita la vida con equilibrio entre EL SER Y EL TENER con conciencia y perfil bajo.

Detesto la velocidad, el ajetreo, los trámites burocráticos, el mal humor crónico, el NO.

Soy feliz cuando veo el horizonte sin interferencias.

Mimar y que me mimen.

Que me inviten a comer y preparen un buen plato de pasta y confesarnos hasta el amanecer.

Detesto la mentira. Y si la detecto la desenmascaro asumiendo las mías.

Soy rápida, veloz, ágil con el pensamiento y muy vaga con el movimiento, a pesar de haber recorrido leguas desde China hasta América, descubriendo templos, pirámides, observatorios, ciudades perdidas, glifos, plazas que subí peldaño a peldaño necesitando un pulmotor o respiración boca a boca preferentemente.

Aprecio cada día más la salud y me desvalorizo como la bolsa de Hong Kong cuando no la tengo.

Estoy renaciendo.

HISTORIA

Hay múltiples mitos y leyendas sobre la influencia del mono en la historia de China.

Los tibetanos lo reconocen desde hace muchos siglos como su antepasado y lo llaman Bodhisattava.

En la historia épica se lo denomina como hijo del cielo y la tierra brotando del huevo primordial y se lo señala como gracioso compañero de viaje de Hiuan-Tsang en la búsqueda de los libros sagrados del budismo.

Muchos emperadores chinos eran monos, y en el templo de Nikko están los famosísimos monos del Jingoro, que se muestran tapándose las orejas el primero, los ojos el segundo y la boca el tercero.

Buda era mono y su vida es un ejemplo del signo en una buena aspectación humana: renunciar a todos los privilegios y riquezas en busca del camino interior. Llegó a la última reencarnación, conocida como NIRVANA, y se transformó.

En Oriente es considerado un brujo, chamán, curandero que cura enfermedades y aleja las malas ondas.

A pesar de que el mono se robó el fruto de la inmortalidad, la tradición le atribuye tres vidas sucesivas: la primera abarca ochocientos años, luego se transforma en otro tipo de mono y quinientos años más tarde se transforma en un gran mono orangután, estado que dura mil años.

En la primera edad el mono es vicioso, peleador, desordenado y egoísta, en la segunda es simpático y cariñoso, y en la tercera se transforma en Buda.

EL MONO EN EL TRABAJO

BENDITOS LOS MONOS CON VOCACIÓN.

Les digo que cuando tenemos el don de desarrollar nuestro talento a través de la vida conseguimos vivir armónicamente y crecer en nuestro oficio o profesión destacándonos.

Soy entusiasta, imaginativo, astuto, hábil y seductor: encuentro mi lugar en el medio para reinar y ser reconocido.

Trabajo a un ritmo febril, acelerado, ciclotímico y no soporto que me manden o me discutan algo. Soy capaz de abarcar más de lo que puedo y ser un hombre o mujer orquesta que soluciono cada problema sobre la marcha.

Egocéntrico, omnipotente, ambicioso, bailo por la plata y soy el mejor de la pista del circo.

Adoro acrecentar mis cuentas bancarias y saber que seguiré generando más dinero con mi adicción al trabajo.

Me exijo mucho a mí mismo y, aunque delegue, quiero estar en todos los detalles. Mi gran realización es avanzar, evolucionar, intercambiar ideas que se plasmen y puedan ser compartidas por gente de diversos rincones del planeta.

Los monos nacimos para triunfar y el trabajo es nuestro cable al cielo y a la tierra, por él nos desvivimos, dejaremos pasar oportunidades afectivas, familiares, y tal vez, ya orangutanes, nos arrepintamos por el tiempo que tardamos en concretar los sueños.

La contrapartida del mono hipomaníaco es el que trata de sobrevivir en la jungla enroscándose como una liana mandrágora, absorbiendo los recursos ajenos.

En ocasiones, traumas, mandatos o el instinto de competencia feroz me convierten en un ser débil, resentido y malicioso.

Sé invertir mi dinero y hacer trueques que me beneficien; a veces despilfarro y termino en bancarrota.

Hay monos muy avaros y otros extremadamente generosos, pero el mayor logro es ganarnos el sustento, ser independientes económicamente y poder brindar seguridad a nuestros seres queridos.

EL ARTE ES TENER PLATA EN EL BOLSILLO; Y HAY UN MUNDO MEJOR... PERO ES CARÍSIMO, son dos consignas que me inspiran para vivir y transformar en plata, como un alquimista, mis ideas infinitas.

Tengo intuición para los negocios y no doy puntada sin hilo.

Soy un manantial que genero fuentes de trabajo donde a nadie se le ocurriría.

Rápido y veloz como el rayo, busco la manera para ubicarme primero en la carrera hacia la fama y siempre tendré un as en la manga para quedarme con el mejor contrato o negocio.

El gran obstáculo que encuentro en la vida es que a veces me aburro de lo que invento, dejo todo a mitad de camino y pierdo más de lo que gano.

Mi capacidad intelectual me permitirá descollar en las ciencias y en las artes y ser un ejemplo, un maestro o líder para mis contemporáneos.

Sé que debo tener precaución pues a través de mi vida me pondrán muchas cáscaras de banana para que me patine y baje de la palmera a contemplar el arduo camino que tiene que recorrer la mayoría de la gente para ganarse la vida.

EL MONO EN EL AMOR

Monos de todas las edades y energías, a ustedes me dirijo mientras hablo conmigo.

¡¿Qué nos pasó en la vida que creímos que el amor era una pichincha?!

Mientras crecíamos y nos desarrollábamos probamos todas las frutas del Edén y del infierno.

Sucumbimos ante los últimos románticos del Apocalipsis y subimos a los barriletes para no perder ninguna poesía, viajes físicos o astrales con estos seres que vienen de otras galaxias a proponernos dejar todo por ellos.

Logramos hacer lo que quisimos dejando piel, corazón, vísceras, en cada postura del Kamasutra.

Nos dejamos amar y apenas pudimos con nuestro genio cuando había que decidir de a dos o cambiar planes, horarios, ruta de vida.

Vivimos hasta que algo del elegido de turno nos aburrió o asustó.

No medimos las consecuencias, pisamos el acelerador hasta hacernos añicos; no aprendimos pues nuestra omnipotencia es capaz de pagar altos precios en relaciones peligrosas, abismales, de ciencia ficción, que no sólo vivimos sino que las contamos y logramos fascinar a la audiencia con nuestro duelo, dolor y ceguera.

El amor es lo que pagamos caro por nuestra liviandad del ser.

Tal vez preferimos estar solos que bien acompañados.

Y nos sumergimos en experiencias de Stephen King, el marqués de Sade, Buñuel, Bergman, con algo de Almodóvar y Woody Allen.

La pasion y la fascinación son el punto G del mono.

Encontrar el equilibrio en una relación afectiva es el gran trabajo que debemos hacer, el más importante, el que nadie nos regala ni enseña, el que tenemos que aprender aunque creamos que no es para nosotros y el tiempo nos encuentre solos, con las heridas abiertas y sin plan de salud emocional.

La seducción es parte de la respiración y coleccionar amigos, novios, amantes o esporádicos maridos es una forma de creer que podemos ser imprescindibles, fundamentales, en la vida de alguien.

El mono prefiere CALIDAD más que CANTIDAD de tiempo, de convivencia —a la que, aunque intente, es fóbico—, pues su espacio no puede ser invadido por otro.

Las reglas del juego las pone el simio, pero la vida hace que le caigan las asignaturas pendientes sin anestesia y tenga que refugiarse dentro de la tierra.

El sexo es esencial si está acompañado de caricias, de compañerismo, de intercambio intelectual y emocional, si no, puede ser un escapismo.

El amor es para el mono una limitación. Sabe que no puede entregarse totalmente pues es tan desconfiado y temeroso que es posible que resulte herido, abandonado, defraudado o estafado y la sola idea resulta insoportable para su autoestima.

Entonces salta de rama en rama, sin pensar en el mañana.

Acumula millas de seres que quedan colgados de la palmera y le reclaman su tiempo compartido, mientras el mono huye por las ventanas o se sube a los aviones, trenes o tranvías que pueden alejarlo cada vez más del ser amado.

El mono tiene buen inicio de romance: es galante, soñador, servicial, divertido, apasionado: mantener ese estado es muy difícil, pues su limitación, narcisismo, utopía del amor, lo desvían con mucha facilidad por otros senderos, más oscuros y resbaladizos, que reemplazan el anterior, el que no pudo ser a causa de las dudas, temores, apuestas a que vendría alguien mejor a abrazarlo, mimarlo, cuidarlo y prometerle amor eterno.

Los amores siempre extrañan al mono, pues dejó una imagen idealizada para no caer en la realidad, en la convivencia, en el día a día que desgasta y es para el resto de los mortales.

El mono es celoso aunque se mienta a sí mismo y disfrace sus celos con disertaciones liberales y New Age, que hasta él mismo cree.

Su ambigüedad entre ser amado compulsivamente y sentirse libre dentro de una relación lo mantienen ocupado durante todo la vida.

No está cómodo en ninguno de los dos lugares y, aunque disfruta del AQUÍ Y AHORA más que otros signos, sabe que la felicidad es efímera y se retira antes de que lo dejen.

Al llegar a la madurez siente un cúmulo de sensaciones, olores, voces, miradas, charlas sin testigos, infinito espacio sideral que entra en su soledad y detiene el tiempo.

ESTÁ SOLO.

EL MONO EN LA FAMILIA

Aunque me cueste asentarme, comprometerme, casarme o dedicar mi vida a formar una familia, cuando lo hago soy muy responsable con mis hijos, padres o hermanos, tribu sanguínea o cósmica; busco el calor de mis seres queridos para compartir los frutos de la selva.

Sé que no soy un ejemplo de abnegación, dedicación y comprensión.

Pondré mis reglas y habrá que adaptarse a mis hábitos y costumbres. Lo ideal para mí es entrar y salir, llevar aire fresco y sustento a los míos. Si me siento atrapado por deber o por quedar bien con los parientes puedo terminar en una crisis depresiva.

Soy un buen padre o madre, exigente pero lleno de opciones A, B, C y D para alternar dentro del zoo.

Pero únicamente puedo ser feliz con mi familia y no cortarles el mambo si me siento realizado afectiva y familiarmente.

EL MONO Y SU ENERGÍA

MONO DE MADERA
(1944-2004)

Muy instintivo e intuitivo, tiene una visión futurista de las cosas, y resulta extremadamente curioso. Es optimista, trabaja duro, se mueve de liana en liana en busca de emociones. Llegará a ser muy bueno en su profesión, soberbio y dominante. Excluirá a quienes no jueguen su juego. Es muy constante en sus sueños más profundos e inconstante en las metas a corto plazo. Con su familia será posesivo, agobiante y sobreprotector. Sus mecanismos de autodefensa lo convertirán en un mono

impenetrable y obsesivo. Uno de sus desafíos es aceptar otras formas de vida y de pensar.

MONO DE FUEGO
(1886-1956)

Explosivo, riesgoso, cargado de energía, intuitivo y dominante. Tiene un carisma irresistible, es práctico y autodisciplinado. Goza de la gran oportunidad de ser exitoso. Trabaja para mejorar su vida y su mundo.

Hiperemotivo, sensible, pasará por etapas fuertes en la vida; se encerrará en su torre de marfil para reaparecer cuando recupere la fe en sí mismo. Adoptará en su camino a quienes colaboren en aliviarle las responsabilidades. Lo atrae todo lo excitante, emocionante, y es experto en el arte de pensar bien las cosas. Muy celoso en el trabajo y en el amor.

MONO DE TIERRA
(1908-1968)

Éste es el mono más confiable, profundo, realista y sentimental. Muy generoso también con gente desconocida, es protector, sabio y solidario, y capaz de sacrificarse por los demás. Muchos de los problemas que tiene se deben a su debilidad para afrontar las cosas a las que teme. Aspira a tener una familia ejemplar. Es famoso por sus talentos amatorios que lo hacen salir de la jaula y subirse a las lianas para ir en busca de fuertes emociones. Es netamente intelectual y, si no tiene estudios superiores, luchará por lograrlos. Sabrá sobresalir.

MONO DE METAL
(1920-1980)

Es un mono bastante mental, algo

indeciso a veces, y a ratos olvidadizo. Ama a sus seres queridos aunque le cuesta demostrarlo. Luchador y responsable, busca lo justo y detesta los malos tratos. Ambicioso, trabajador, resistente y terco, le cuesta reconocer sus errores, pero es amable y cariñoso.

En él encontramos un simio muy ingenioso, magnético, competitivo y brillante, que se las rebusca y toma decisiones abruptas. Disfruta de lo que le gusta hacer. Es multifacético y enamoradizo. Los celos lo matan, necesita demostraciones de amor constantes para sentirse seguro.

MONO DE AGUA
(1932-1992)

De gran espiritualidad, sabe amar y es correspondido; por su compañerismo, lealtad y desinterés es un sabio amigo, pero debe aprender a cortar lazos negativos que a veces lo atrasan.

Intuitivo y muy perceptivo, desarrolla un sexto sentido que le permite a veces conocer muy bien a otros seres para dominarlos y manipularlos como desee. Depende de su humor y de su estado de ánimo que la gente opine que es adorable o detestable... Ama el lujo. Teme el aburrimiento que le produce la rutina y la ansiedad de no cubrir las expectativas de los demás.

EL MONO Y SU ASCENDENTE

MONO ASCENDENTE RATA: 11 p.m. a 1 a.m.
Necesitará controlar todo y no dejar escapar ninguna oportunidad. Su astucia, avidez y rapidez para acortar

caminos son asombrosas. El amor será una ecuación peligrosa y determinante en su destino. Cuidado con las trampas.

MONO ASCENDENTE BÚFALO: 1 a.m. a 3 a.m.
Escrupuloso, autoritario y paternal, es a la vez creativo y ambicioso. Amará la buena vida, los viajes de placer y las relaciones humanas.

MONO ASCENDENTE TIGRE: 3 a.m. a 5 a.m.
Tiene el físico y la inteligencia para dominar al mundo. Indetectable en sus maniobras clandestinas, desaparecerá cuando se lo necesite. Tiene un gran corazón.

MONO ASCENDENTE CONEJO: 5 a.m. a 7 a.m.
Culto y refinado, este mono será siempre socialmente asediado. Su gran poder de oratoria y su versatilidad lo harán caer bien parado en todas las ocasiones. Triunfará en lo que se proponga.

MONO ASCENDENTE DRAGÓN: 7 a.m. a 9 a.m.
Un mono iluminado y humano que hará las cosas a lo grande. Será hipersensible, carismático, vital y muy curioso. Se enamorará profundamente y tendrá más de un matrimonio. Todo lo que toca lo transforma en oro.

MONO ASCENDENTE SERPIENTE: 9 a.m. a 11 a.m.
Intelectual y filósofo, tendrá oportunidades increíbles para desplegar su talento. Le gustará el poder, el lu-

jo y el control de las relaciones sentimentales. Su vida será legendaria.

MONO ASCENDENTE CABALLO: 11 a.m. a 1 p.m.

Inconstante y apasionado aventurero, tendrá una vida muy diversa y agitada. Su pasión y originalidad lo harán un ser irresistible y entrañable.

MONO ASCENDENTE CABRA: 1 p.m. a 3 p.m.

Este mono concretará con gloria sueños infantiles. Iconoclasta, irreverente e imaginativo, viajará por el mundo buscando el amor. Se confundirá fácilmente y necesitará aprobación para sentirse querido.

MONO ASCENDENTE MONO: 3 p.m. a 5 p.m.

Tendrá pactos con Dios y con el diablo. Su meta será protagonizar los mejores episodios de la vida y escalar posiciones sociales, políticas y sentimentales. Un genio de la estrategia.

MONO ASCENDENTE GALLO: 5 p.m. a 7 p.m.

Un mono exigente y estudioso que buscará perfeccionarse en lo que haga. Será muy sentimental, posesivo y contradictorio. Le costará reconocer errores y mantener la palabra. A veces reclamará más de lo que brinda.

MONO ASCENDENTE PERRO: 7 p.m. a 9 p.m.

Tendrá un espíritu humanitario y desinteresado. Luchará por una causa justa y no desaprovechará los contactos que surjan en su épica y agitada existencia. Tenderá al abandono y a la subestimación.

MONO ASCENDENTE CHANCHO: 9 p.m. a 11 p.m.

Este monito simpático y alegre es un deleite para los sentidos. Emprendedor y audaz, atraerá a todo tipo de gente y formará su vida con libertad e independencia. Despertará pasiones incontrolables.

ALINEACIÓN Y BALANCEO

Les aconsejo:

Expresarse artística, intelectual y físicamente para equilibrar el *yin-yang* ya que su caudal de energía puede ser positivo o muy destructivo.

Meditar, hacer zazen, tai-chi, yoga y complementar con gimnasia, natación, cabalgatas, pilates. Por su fuerte carácter necesitan tener maestros, entrenadores, guías que orienten su energía y desconfíen de su seguridad emocional.

Dieta balanceada en frutas, verduras y proteínas.

Cuidarse del alcohol, el tabaco, las drogas, el sexo.

Caminar en lugares de aire puro, jugar al tenis, al golf, y compensar con ajedrez, damas, bridge, canasta.

Practicar *EL TAO DEL AMOR Y DEL SEXO* con naturalidad y frescura.

Equilibrar sus reacciones emocionales a través del arte, de la profesión y de la religión (escalarán el Aconcagua, harán alas delta, y navegarán cumpliendo el rol de marinero).

Estar listos para partir con la mochila de viaje y adaptarse a diferentes estados anímicos.

Tomar flores de Bach, de California y balancearse con antroposofía. El sabio mono buscará sus recursos de amparo.

PERSONAJES FAMOSOS

MONO DE MADERA
(1884-1944-2004)

George Lucas, Carmen Maura, Arturo Puig, David Gilmour, Bob Marley, Susana Giménez, Eliseo Subiela, Mario Mactas, María Marta Serra Lima, Lou Reed, Selva Alemán, Danny de Vito, Sebastián Spreng, Nora Cárpena, Keith Emerson, Gabriela Acher, Rod Stewart, Roger Waters, Zulma Faiad, Diana Ross, Talina Fernández, Antonio Grimau, Marta Oyhanarte, Mirina Curutchet.

MONO DE FUEGO
(1836-1896-1956)

Martina Navratilova, Alejandro Kuropatwa, Ricardo Darín, Osvaldo Laport, Silvia Kutica, Carolina de Mónaco, Javier Lúquez, Celeste Carballo, Geena Davis, Ulises Sábato, Helmut Lang, Imanol Arias, Luz O'Farell, Daniel Grinbank, Patricia Von Hermann, Bjorn Borg, Ludovica Squirru, Élida Ghersi.

MONO DE TIERRA
(1858-1908-1968)

Nicole Kidman, Adrián Suar, Antonio Birabent, Adrián Dárgelos, Carolina Papaleo, Fernando Ruiz Díaz, Andrea Pietra, Cartier Bresson, Martín Jacovella, Diego Olivera, príncipe Felipe de Asturias, Millie Stegman, María Carámbula, James Stewart, Alejandro Sanz, Nelson Rockefeller, Fabián Vena, Gabriel Batistuta, Chayanne, Libertad Lamarque, Elizabeth Márquez, Guillermo Andino, Salvador Allende.

MONO DE METAL
(1860-1920-1980)

Papa Juan Pablo II, Federico Fellini, Charlie Parker, Mario Benedetti, Luciana Salazar, Soledad Pastorutti, Lorenzo Anzoátegui, Valentino Spinetta, Olga Orosco, Nicole Neuman, Luis Ortega, Ricardo Montalbán, Mickey Rooney.

MONO DE AGUA
(1872-1932-1992)

Juaquín Salvador Lavado (Quino), Anthony Perkins, Elizabeth Taylor, Omar Sharif, Peter O'Toole, Magdalena Ruiz Guiñazú, Jean Cacharel, Mariano Grondona, Felipe Sáenz.

RICARDO DARÍN

TESTIMONIO *Yo soy un Mono*

ANDREA PIETRA

ACTRIZ

Desde chica experimenté la maravillosa alegría, de disfrutar jugando. Es más, creo que era lo único que me importaba. Tengo muchos primos, mis contemporáneos, en su mayoría varones, con los que me unía para los juegos más osados, peligrosos y divertidos que hacíamos en la quinta de nuestro abuelo. Me encantaba trepar a los árboles, nadar, correr, pero sobre todo cambiar permanentemente de juego. No me gustaba hacer mucho tiempo lo mismo.

De grande, me las ingenié para tener un trabajo que de alguna manera me permitiera seguir conservando a esa niña que fui.

Me superaba la idea de tener una sola vida. Ser actriz me permite embarcarme en otras vidas y cambiar todo el tiempo, protegida por la ficción (si no, estaría en un psiquiátrico). Pero en mi vida personal me siento bastante estable, mis relaciones son duraderas, me angustiaría que fuese de otra forma.

Tengo grandes y buenos amigos. Hay un par de monitos con los que disfruto y me río mucho cuando nos vemos.

Me seduce mucho viajar, probar cosas nuevas y no necesito preparativos, siempre estoy lista para hacerlo.

Después de bastantes años de terapia, y habiéndome dado un par de golpes, aprendí a tomarme mis tiempos y a pensar. Soy, me siento y me enorgullece ser simia. Creo que en el zoológico, me tocó un animalito absolutamente kamikaze y adorable.

❧ MONO ☙

ENTREGATE Y FLUÍ
AMOR

ENCUENTROS CERCANOS
DE ALGÚN TIPO

CORTOCIRCUITO ASTRAL
DANGER

HACETE CARGO • TE AVISÉ

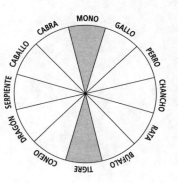

TRABAJO
SOCIEDADES

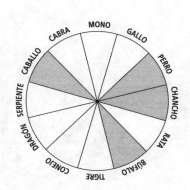

AFINIDAD-EMPATÍA
**BENDICIONES
DISFRAZADAS**

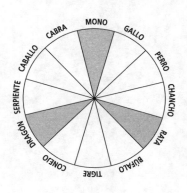

GALLO

VECINOS
OTRA CASA
OTRA MÚSICA
OTRO DESTINO.

L. S. D.

鸡

GALLO

FICHA TÉCNICA

NOMBRE CHINO DEL GALLO JI
NÚMERO DE ORDEN DÉCIMO
HORAS REGIDAS POR EL GALLO 5 PM A 7 PM
DIRECCIÓN DE SU SIGNO DIRECTAMENTE AL OESTE
ESTACIÓN Y MES PRINCIPAL OTOÑO-SEPTIEMBRE
CORRESPONDE AL SIGNO OCCIDENTAL VIRGO
ENERGÍA FIJA METAL
TRONCO NEGATIVO

ERES GALLO SI NACISTE

22/01/1909 - 09/02/1910
GALLO DE TIERRA

08/02/1921 - 27/01/1922
GALLO DE METAL

26/01/1933 - 13/02/1934
GALLO DE AGUA

13/02/1945 - 01/02/1946
GALLO DE MADERA

31/01/1957 - 17/02/1958
GALLO DE FUEGO

17/02/1969 - 05/02/1970
GALLO DE TIERRA

05/02/1981 - 24/01/1982
GALLO DE METAL

23/01/1993 - 09/02/1994
GALLO DE AGUA

09/02/2005 - 28/01/2006
GALLO DE MADERA

Por Dionisio Aizcorbe

Cuando estoy solo, la luz, el pájaro, la nube, tienen la plenitud de la azucena.

Siento y me deleita la paz que me rodea... pero con el número dos nació la pena.

Sin embargo, estoy profundamente convencido, si no has gozado los tormentos del amor universal... si no has dado, mucho más que recibido, ya puedes decir que no has vivido.

Porque todo es así, lo bueno y lo malo, lo triste y lo alegre, el placer y el sufrimiento, no puede existir lo uno sin lo otro y en la naturaleza se repite hasta en los más insignificantes y aparentes acontecimientos; por eso todo es tan fugaz, tan mutante, inaprensible, que pienso... qué desatino comete

el hombre cuando pretende hacer planes para el futuro y, muy a menudo, los hace para otros seres, ¡a los que dice amar!... Es precisamente cuando los está alienando, despersonalizando, sólo tenemos el presente, el futuro ya está barajado, desde lo infinito, no podemos con el presente y pretendemos manejar un hipotético futuro, esto es inconcebible para la mente lúcida; vivamos el momento, el instante con total entrega y responsabilidad, porque ese instante no se repite más, especialmente esos momentos de paz donde sentimos la belleza que nos rodea o el amor que nos es dado, el mañana es mucho tiempo, puede ser, incluso, demasiado tarde.

Nuestra vida oscila entre momentos de euforia y satisfacción, alegría desbordante y períodos de tristeza, frustración, pesimismo, porque somos hijos biológicos y herederos de un pasado cósmico y todo lo que acontece en el universo nos compete, participamos, nos conmueve misteriosamente porque somos el cosmos.

Lo traemos, somos herederos de esta fabulosa historia, increíble, fantástica, maravillosa y también, la causa y origen de todos nuestros conflictos interiores.

El hombre nace libre, dispone de su libre albedrío, pero eso tiene un precio, como todo lo que vale, y esto se paga con su soledad. El hombre está irremediablemente solo y, cuando le faltan las agallas para aguantarse y renuncia, se entrega, pasa a incorporarse a la pléyade de esclavos: existen sobrados indicios de que esto es precisamente lo que amenaza a nuestra sociedad, con la consiguiente pérdida de su individuación; de aquí al robot sólo un paso, y ya son legión los que no se atrevieron a cortar el cordón umbilical... y luego abundan los pseudolibres, es decir, los que adoptaron una muy suya, particular libertad, que huele a lo lejos de otra manera, muy sutil, a SERVIDUMBRE.

Eres en la justa medida en que la luz atraviesa tu corazón, esto significa que cuando te atreves a dialogar con ese huésped que llevas dentro se ilumina esa zona de sombras y empiezas a ser tú mismo: el auténtico yo aparece, aflora y desplaza al yo usurpador que hasta ese momento ocupó la mayor parte de tu vida (eso que llamas vida) enajenada.

Vale la pena intentarlo.

Tuve que amordazar soledades para que no se oyeran mis gritos.

¡Ay! Cuántos momentos malditos, hoy me niego a recordar. ¡Si habré llorado detrás de las puertas como un chico!

Nadie te puede ayudar porque los demás, a su vez, tienen sus problemas, sus ansiedades, sus particulares deseos insatisfechos, sus esperanzas que bullen en sus pechos y que tú no puedes mitigar. No existe comunión entre nosotros.

Cuando tu deseas algo, "alguien" está deseando otra cosa.

Tal vez lo menos doloroso, y sobre todo lo más digno sea el quedarse solo, con nuestros pensamientos, nuestro fabuloso mundo interior enriqueciéndonos permanentemente, para que de ese modo podamos dar una mano a los demás, sin deseos que provoquen ansiedades, sin esperanzas que despierten expectativas de dichas que no se realizarán.

Vivir el presente como si fuera la última cosa que fuéramos a realizar, con total absorción y pasión en lo que hacemos porque así como el placer no es más que la culminación y por ende el principio de la pena, nada perdura, todo es tan fugaz y fenece, y esa realidad que creemos ver no es ni más ni menos que el reflejo de nuestro interior, insondable, misterioso, incomprensible llamado inconsciente, que se proyecta y creemos ver.

Por ello resulta imposible comprendernos, cada individuo tiene su propia proyección de la "cosa", de esa realidad.

La vemos distinta, nos impacta diferente, insólitamente a veces, porque somos diferentes.

Hace tiempo intuía, sospechaba. La antigua treta sigue dando resultado, no somos más que muñecos programados.

Yo sabía que natura nos usaba; y si no ¿por qué hago cosas que nunca he aprendido y veo rostros para mí desconocidos?

Estoy seguro de que heredamos nuestro signo, y mil veces se repite por los siglos: a pesar de ello, tercamente, insisto en ser yo mismo, el de siempre, insobornable, sin concesiones, también el eterno mutante, cada mañana un poco menos de vida, cada noche un poco más de mi muerte: la siento, que me cerca, que me rodea, que me acecha desde los rincones y esta experiencia mía, que no me sirve, más valiera guardarla en los cajones, con papeles, algún verso, frustradas ilusiones; sin embargo en contadas ocasiones, relámpagos de luz iluminan la frontal superficie de mi mente, rostros esbozados me contemplan, cuchichean, parecen saberlo todo, me protegen: me hacen llegar imágenes de otros mundos... ¡tan deseables! Donde la vida de una flor es venerada, y tiene resonancia de campana, la mentira provoca una sonrisa, las gentes se saludan con la

"¿Cuál es mi destino? ¿Qué hago en este mundo?..."

mano, y las bestias pacen sin temor, tomando el alimento de mi mano.

Una larga, dolorosa etapa de mi vida transcurrió en el noroeste de Catamarca "plantando viñas", elaborando vinos dulces, licorosos, "pateros", casi al pie de los cerros y en la más perfecta soledad; me sorprendía a veces el amanecer, leyendo, escribiendo, estudiando, en invierno, con heladas terribles, o nieve, o vientos Zonda que se prolongaban la semana corrida. En el verano me instalaba a la sombra de un inmenso algarrobo blanco, o debajo de un parral moscatel como lo tengo aquí; lo cubría todo, y sus ramas se extendían hasta los muros de la casa y penetraban por la puerta sus racimos; una extensión de alfalfa me rodeaba y me llegaba su frescor y su aroma, mientras miraba extasiado cómo millones de insectos de toda especie trabajaban apasionadamente, cumpliendo su misión particular e importante, mientras las golondrinas pescaban las oruguitas de los brotes tiernos de la alfalfa, voraces, sin detener su vuelo, como en juego de sortija, a toda velocidad. Y los carpechos, rojos como brasas, se elevaban hacia ese cielo de un azul increíble y volvían a la tierra en un alarde de elegancia y belleza.

En ese lugar trabajé mucho y también sufrí mucho, esos momentos inevitables donde se añora la compañía de un ser humano, esa herencia ancestral, resabios de un pasado tribal, esa etapa que no hemos logrado superar aún: ¡nos resulta difícil aceptar que el hombre está irremediable-mente solo! Poco a poco fui armando el rompecabezas que me tenía ansioso, más que preocupado.

¿Cuál es mi destino? ¿Qué hago en este mundo? ¿Cuál es nuestra misión, si es que existe alguna?

¡Algo más importante debe haber que trabajar estúpidamente para ganar dinero y comprar cosas! Tiene que haber algo más: ¡Sí! ¡Había mucho más!

Supe lo que tenía que hacer y cómo comportarme porque supe que todo estaba dentro de mí, ¡siempre estuvo ahí! ¡Por esto, sí valía la pena vivir!

Me sentía heredero de un pasado cósmico. Y así era en efecto.

Lo demás te será dado como un regalo. Descubrí que mi misión en este planeta era la de enriquecer mi alma, evolucionar mi ego cósmico, y no perder el tiempo lastimosamente en placeres mundanos, y en alimentar mi cuerpo, necesario nada más que para esta breve etapa de vida física, densa y grosera, cuanto antes debemos trascender, superar y adquirir la sabiduría, sólo así podemos dejar esta esclavitud, sujeta al karma y a la reencarnación.

"Nuestro destino es divino y eterno: trabajemos para ello.

Mi doctrina no es mía, sino de aquel que me ha enviado.

Por cada flor de amor y caridad que plantes en el jardín de tu vecino, desaparecerá una mala hierba del tuyo, y de tal modo la humanidad de este jardín de los dioses podrá florecer".

Krisna

HISTORIA

El gallo o pollo es un símbolo solar.

En India personifica la energía del sol, en Japón encarna la primera manifestación de luz; y en China se lo designa con la letra K, simbolizando las cinco virtudes.

El gallo es un signo respetado por su gran capacidad de trabajo, organización y disciplina militar.

Por la forma en que lleva sus espolones representa el coraje demostrado en sus batallas y su bondad, ya que comparte su comida con la gente que lo rodea.

El gallo es también un emblema del héroe y el guardián y protector de la vida; a veces lo vemos en la punta de los edificios, en una veleta, o en el techo, vigilando, mirando a los hombres y estudiando el horizonte.

Con su canto dispersa fantasmas y espíritus, los poderes de la ilusión y de la oscuridad.

Es la encarnación de las fuerzas de la juventud, la esperanza y la claridad.

En Oriente, el día de Año Nuevo el emblema del gallo se coloca en la puerta principal para ahuyentar a los malos espíritus y traer abundancia al hogar.

Este signo representa la puntualidad, canta a la misma hora en invierno y en verano. Posee las cinco virtudes, en chino se dice "te".

Los tibetanos lo consideran, junto al chancho y a la serpiente, un signo adverso por estar atrapado en LA RUEDA DE LA EXISTENCIA.

Se dice que por su apego a los bienes materiales y por ser codicioso se encuentra imposibilitado para conocer la verdadera paz y vive condenado a estar siempre nervioso, vehemente, colérico e insatisfecho.

Pitágoras resumió sus versos de oro diciendo: "Alimentad al gallo y no lo sacrifiquéis, pues está consagrado al Sol y a la Luna".

Como símbolo oriental masónico, el gallo representa la proximidad de la luz.

Su figura corresponde al mercurio alquímico y en Vietnam la pata de gallo hervida simboliza el microcosmos y es instrumento de adivinación.

EL GALLO EN EL TRABAJO

Gran ejemplo para todos.

Mi espíritu curioso, de superación, intrépido me lleva por el mundo buscando las respuestas a mis preguntas existenciales.

El trabajo es salud y al que madruga Dios lo ayuda.

Por eso soy el primero en llegar y el último en irme de los lugares donde trabajo.

Aunque suene poco modesto, sé que tengo una capacidad formidable y que la despliego trabajando solo o en equipo; estoy siempre abierto a escuchar, a tener *feed back*, a rever una situación que cuestione mi proceder y con mis patas y pico siempre puedo encontrar alimento para sobrevivir.

Tengo talento para organizar, programar, guiar, dar paso a quienes me siguen como ejemplo.

Soy dinámico, autoritario, imaginativo, valiente y audaz para decidir; aplicado, atento, desconfiado. Cuando llega el momento de elegir, lo hago con conciencia.

Puedo lograr fortuna a través de mi esfuerzo, y reconozco que me encanta figurar y tener amigos y socios con quienes compartir los *week ends* y las vacaciones.

Mi humor es oscilante: si el KIKIRIKÍ es *up* hay que anotarse para integrar mi lista de posibles socios o empleados, y si es *down* hay que buscar la puerta de emergencia más cercana.

EL GALLO EN EL AMOR

El mío es el signo más idealista, soñador y utópico del zoo chino.

Hay que entregarse a mi particular manera de amar al prójimo, de sentirme capaz de dejar todo o casi todo por alguien de quien me enamoro "en menos de lo que canta un gallo", y no resistirse a que los ame como jamás imaginaron.

Necesito sentirme útil, reclamado, necesario, fundamental.

Adoro dar, organizar, controlar a mi pareja y a mis amigovios y/o amantes... Jamás dejo nada librado al azar.

Tal vez mi pareja me reclame un poco de magia, de improvisación y de cambios en la rutina.

Yo deslumbro por mi *look*, poder, magnetismo, carisma, generosidad y conquisto así a los mas difíciles de atrapar.

Soy metódico en mis costumbres y me encanta que me den espacio para desarrollar mis dones, ternura, sensibilidad y *glamour*.

Cuando elijo a mi pareja se alinean los planetas. Estudio con lupa los factores en pro y los factores en contra y me dedico a sacarle brillo a mis plumas para fascinar e hipnotizar a la elegida.

Necesito *show off* para seducir a mi pareja; buscar lugares exóticos, caros y vistosos y una vez que consigo conquistarla la conduzco al gallinero para picotearla lentamente hasta el pedido de mano o matrimonio.

El erotismo está ligado a la seguridad emocional y material que recibo; a pesar de considerarme un buen amante puedo tener lapsos de vida célibe y llegar a vivir con amores platónicos por el resto de mi vida.

Estimulo, inspiro y amo en dosis homeopáticas.

Y DOY MUCHAS SORPRESAS.

Me confesó mi profesora de pilates, entre inhalación y exhalación, que a veces es melancólica e hipersensible; que da todo a su novio y se siente despojada, abandonada, disminuida; pues tal vez el egoísmo y el orgullo de ambos les impide entregarse y confiar.

"Tal vez el miedo al abandono de mi padre está asociado a su repentina partida y es por eso que mi corazón vacila al entregarse.

Creo que el compañerismo es todo en una relación, y si me apartan de los quehaceres cotidianos me siento perdida.

Me gusta llamar la atención para que me mimen, atiendan y cuando largo un COCOROCÓ es para mejorar algo en la relación.

Pensé que no me iba a enamorar, pero descubro que estoy tan metida que si no fuera por los pilates estaría en el campanario de alguna iglesia contando estrellas".

EL GALLO EN LA FAMILIA

A mi gallinero me llamaron.

Si piensan en formar un hogar, no

duden en pensar en una mujer, hombre o travesti gallo.

Mis hermanos gallos y yo adoramos tener gente de quién ocuparnos, poner el despertador y hacer que formen fila, ser el jefe y quien marca el paso de las horas y de los días.

Estoy siempre listo, atento, dispuesto a ayudar, a reorganizar la familia con teorías *New Age* y a no dejar que nadie interfiera, salvo yo, claro, en el karma ajeno.

Como padre o madre soy bueno, siempre atento a los pedidos y reclamos familiares, soy multifacético y podrán contar conmigo en las buenas y en las malas.

Autodidacta, tengo vocación de servicio y por eso resulto tan buscado en los conflictos familiares.

Mi KIKIRIKÍ tiene peso y a pesar de que cacareo por pequeñas cosas, pongo orden, estimulo y organizo al malón.

Suelo ser buen consejero, cariñoso, eficaz, tengo la llave para armonizar y crear un microclima en el hogar.

Soy responsable, ameno, alegre y a veces, lo sé, un poco sofocante. Necesito tener conciencia de mi despliegue de artillería y aceptar los límites.

Si mi carácter es solitario o ermitaño resultaré un ejemplo en la familia por mi ascetismo.

EL GALLO SU ENERGÍA

GALLO DE MADERA
(1945-2005)

Este gallito presenta una actitud segura de sí mismo, pero a veces lo persiguen dudas existenciales que lo detienen en su camino. Es muy honesto, responsable, perfeccionista, y encara las obligaciones con madurez.

Muy sociable, rodeado por un montón de amigos, es tolerante y admite que los demás no compartan sus ideas; busca gente exótica para compartir sus locuras. Detesta la idea de envejecer, por eso siempre está acompañado de personas jóvenes y creativas. Tiene que elaborar muy profundamente lo emocional, ya que le cuesta mucho expresar sus sentimientos.

GALLO DE FUEGO
(1897-1957)

No pasará inadvertido, le apasionan los desafíos, tiene altos ideales; se involucra en todo lo que le interesa y se esfuma cuando algo no lo atrae.

Dueño de una personalidad gentil y tranquila, es orgulloso y se altera con los malos comportamientos de los demás. Está muy seguro de sus acciones y convicciones.

Si uno llega a conquistar su corazón, resulta un excelente amigo y compañero de aventuras. Es feliz haciendo felices a los otros y eso lo divierte.

Es muy dinámico, hábil y poco flexible, no le importa lo que piensen los demás.

GALLO DE TIERRA
(1909-1969)

Este gallo tiende a decir y hacer lo que piensa sin preocuparse por las consecuencias futuras. Es muy analítico con las cosas de la vida y también organizador de sus ideas.

En el amor es serio y convencional, no vivirá aventuras de una noche, y necesita muchas garantías antes de aferrarse a alguien.

Las satisfacciones que recibirá en su existencia resultarán enormes porque en cada situación, acto o persona que enfrenta deja su corazón. Organizará la vida de la familia y será el que lleve alegría al hogar.

GALLO DE METAL
(1921-1981)

Es un gallo ambicioso, busca los puestos importantes hasta encontrarlos. Se apasiona por ganar el pan con el sudor de su cresta. Es muy presumido, dominante, inflexible, colérico y maniático. Puede resultar algo irritante, pero si se lo toma con soda es gracioso, imaginativo y generoso con sus seres queridos.

Es capaz de lastimar con su lengua: habla mucho y jamás se arrepiente de lo que dice. Es el más ordenado y prolijo de los animales del zodíaco chico.

GALLO DE AGUA
(1933-1993)

El Gallo de Agua se adapta y readapta sin problemas a los cambios y a las diferentes ideas; antes de imponerse sabe escuchar a los demás. Le cuesta mucho controlar sus emociones; esto lo aprende en el transcurso de toda su vida. Le resulta difícil confiar en sí mismo, y por eso a veces no triunfa en la vida. No se siente dueño de la verdad, acepta otras opiniones y se une al debate.

Le gusta cultivarse, leer y estar rodeado de artistas. Preferirá lo concreto, sobresaldrá en el trabajo manual y se destacará por la honestidad en su carrera. Será más humanista que místico.

EL GALLO
Y SU ASCENDENTE

GALLO ASCENDENTE
RATA: 11 p.m. a 1 a.m.

Un gallo lúcido que vivirá en forma despreocupada. Sentimental, tolerante y muy seductor, será un embajador donde vaya.

GALLO ASCENDENTE
BÚFALO: 1 a.m. a 3 a.m.

Trabajador y eficiente, este gallo conoce sus responsabilidades y las respeta. Constante, estoico y austero, se sacrificará para conseguir sus objetivos. Será protector con sus amigos y su familia.

GALLO ASCENDENTE
TIGRE: 3 a.m. a 5 a.m.

Guerrero y altanero, este gallo necesitará libertad para vivir y no soportará recibir órdenes de los demás.

GALLO ASCENDENTE
CONEJO: 5 a.m. a 7 a.m.

Un gallo con un *charme* irresistible. Será elegante, refinado, brillante, carismático, además de conservador y muy cariñoso.

GALLO ASCENDENTE
DRAGÓN: 7 a.m. a 9 a.m.

Su ambición no conoce límites y hará todo lo que esté a su alcance para lograr sus objetivos. Buscará el éxito, el poder, el prestigio, o por lo menos la notoriedad. Tendrá un carácter difícil y será brillante.

GALLO ASCENDENTE
SERPIENTE: 9 a.m. a 11 a.m.

Siempre a la vanguardia en todo, este gallo puede parecer frívolo y sibarita, pero realmente esconde una inteligencia profunda y una intuición acertada. Será posesivo, desapegado y un amante ardiente.

GALLO ASCENDENTE CABALLO: 11 a.m. a 1 p.m.

Gallito honesto y de palabra. Filántropo, bondadoso y simpático al extremo, es imposible no enamorarse de él. Su orgullo se daña fácilmente y viajará por el mundo siguiendo su corazón.

GALLO ASCENDENTE CABRA: 1 p.m. a 3 p.m.

Completamente imprevisible. Buscará seguridad y un mecenas que lo contenga en sus caprichos. Vivirá al día y no soportará las críticas de nadie.

GALLO ASCENDENTE MONO: 3 p.m. a 5 p.m.

Atípico y muy sexual, tendrá una existencia desbordada en todos los aspectos. Desplegará un humor ácido y será moralista del pico para afuera.

GALLO ASCENDENTE GALLO: 5 p.m. a 7 p.m.

Este gallo jamás pasará desapercibido. Tendrá una eficacia sorprendente, será un jefe de lujo y un hombre orquesta. Ególatra y vanidoso, se lo ama u odia.

GALLO ASCENDENTE PERRO: 7 p.m. a 9 p.m.

Gallito samaritano y altruista, los demás son su prioridad. Fiel, generoso y valiente, defenderá a capa y espada aquello que crea justo. Sabrá escuchar y comprender, aconsejar y apoyar.

GALLO ASCENDENTE CHANCHO: 9 p.m. a 11 p.m.

Auténtico, original y sin pelos en la lengua. Solitario, trabajador y sensible, encontrará su realización en el amor correspondido.

ALINEACIÓN Y BALANCEO

Les aconsejo:

Buscar sus propias fórmulas para mantenerse diez puntos y deslumbrar al zoo.

Ejercicio en la vida cotidiana (lavar pisos, levantar leña, subir escaleras, cuidar niños que corren por el jardín).

Esquiar en los Alpes suizos, Aspen. Ski acuático en el Caribe y en Indonesia.

Tenis en Roland Garros, fútbol en los mundiales y meditación en el Tíbet. Necesitarán que los vean, lucir sus plumas frente a la audiencia y que los aplaudan. No soportarán el anonimato, que los releguen o salir segundos en un torneo.

Buscar aprobación y disciplinarse con su voluntad. Balancear el *yin* y el *yang*.

Hacer la dieta de la luna y fórmulas del Lejano Oriente.

Estar siempre alertas cuando haya que anotarse en un concurso para miss mundo o para dar la vuelta al mundo.

Ánimo, buenas noticias: no pierdan tiempo en peleas, en quejarse y en discutir: se va el CHI.

Técnicas de autoayuda, casi todas: meditación, zazen, yoga y control mental.

La búsqueda del tesoro y del otro.

Viaje interior a través de experiencias chamánicas.

PERSONAJES FAMOSOS

GALLO DE MADERA
(1885-1945)

Milo Manara, Yoko Ono, Sandro, Diane Keaton, Michael Douglas, Tanguito, Ritchie Blackmore, Deborah Harry, Peter Townshend, Franz Beckenbauer, Elton John, Piero, Bette Midler, Luisina Brando, Julio Iglesias, Bryan Ferry, Sergio Renán, Eric Clapton, Juan Alberto Mateyko.

GALLO DE FUEGO
(1837-1897-1957)

Frank Millar, Alicia Moreau de Justo, Vando Villamil, Robert Smith, Nicolás Repetto, Miguel Bosé, Juan Luis Guerra, Alejandro Lerner, Ricardo Mollo, Andrea Tenuta, Javier Arenas, Adriana Figini, Daniel Day-Lewis, Sandra Mihanovich, Jorge Valdivieso, Sid Vicious, Melanie Griffith, Paul Gallico, Siouxsie Sioux, Alfie Martins, Katja Alemann.

GALLO DE TIERRA
(1849-1909-1969)

Alex Ross, Gwen Stefani, Catherine Hepburn, Marguerite Yourcenar, Horacio Cabak, Laura Novoa, Fernando Redondo, Mar Flores, Cecilia Milone, Joselillo, David Niven, Bárbara Duran, Valeria Bertucelli, Elia Kazan, Pablo Echarri, José Ferrer, Giuseppe Verdi.

GALLO DE METAL
(1861-1921-1981)

Natalie Portman, Javier Saviola, Ana Aznar, Astor Piazzola, Luciano Pereyra, Laura Azcurra, Charles Bronson, Tita Tamames, Simone Signoret, Guillermo Coria, David Nalbandian, Dionisio Aizcorbe, Alex Haley, Andrés D'Alessandro, Jane Russel, Peter Ustinov, Deborah Kerr, Dick Bogarde.

GALLO DE AGUA
(1873-1933-1993)

Caballé Montserrat, María Rosa Gallo, Roman Polanski, Alberto Migré, Zulema Yoma, Joan Collins, Sacha Distel, Alberto Olmedo, Tato Pavlovsky, Juan Flesca, Jean Paul Belmondo, Quincy Jones, Costa-Gavras.

CECILIA MILONE

TESTIMONIO *Yo soy un Gallo*

CECILIA MILONE

ACTRIZ Y CANTANTE

Soy gallo. No soy gallo de veleta. Soy gallo que trabaja.

Me gusta decidir en mi gallinero. Que convivamos con disciplina y en armonía. Nada de riñas. Eso no quiere decir que no sepa cocorear si hace falta.

Soy incansable y siempre estoy atenta. Veo todo, con mi rapidez de ojo de gallo.

Lo que más me gusta es tener la misión de cantar cada día, para avisar que la vida ha vuelto a despertar.

Eso sí… si me tocara cantar esta canción, sepan que soy GALLO ROJO.

CUANDO CANTA EL GALLO NEGRO
ES QUE YA SE ACABA EL DÍA.
SI CANTARA EL GALLO ROJO,
OTRO GALLO CANTARÍA.
SE ENCONTRARON EN LA ARENA,
LOS DOS GALLOS FRENTE A FRENTE.
EL GALLO NEGRO ERA GRANDE,
PERO EL ROJO ERA VALIENTE.

SE MIRARON A LA CARA
Y ATACÓ EL NEGRO PRIMERO.
EL GALLO ROJO ES VALIENTE,
PERO EL NEGRO ES TRAICIONERO.
GALLO NEGRO, GALLO NEGRO…
GALLO NEGRO, TE LO ADVIERTO,
¡NO SE RINDE UN GALLO ROJO
MÁS QUE CUANDO YA ESTÁ MUERTO!

COMPATIBILIDADES ENTRE EL ZOO

✿ GALLO ✿

ENTREGATE Y FLUÍ
AMOR

**ENCUENTROS CERCANOS
DE ALGÚN TIPO**

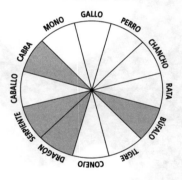

CORTOCIRCUITO ASTRAL
DANGER

HACETE CARGO • TE AVISÉ

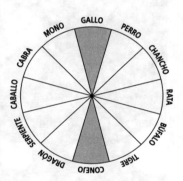

TRABAJO
SOCIEDADES

AFINIDAD-EMPATÍA
**BENDICIONES
DISFRAZADAS**

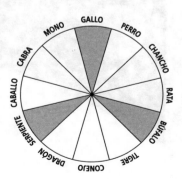

PERRO

狗

LA RAZA HUMANA
ESTÁ EN SU PEOR MOMENTO
HAY QUE CONECTAR YA
LOS CORAZONES
SIN INTERFERENCIAS
ESTADO MUNDIAL
SIN SPA

CORTAR EL CIBER
VOLVER AL CHASQUIS
PASO A PASO
HACIA LA ETERNIDAD.

L. S. D.

狗

PERRO

FICHA TÉCNICA

NOMBRE CHINO DEL PERRO GOU
NÚMERO DE ORDEN UNDÉCIMO
HORAS REGIDAS POR EL PERRO 7 PM A 9 PM
DIRECCIÓN DE SU SIGNO OESTE-NORDESTE
ESTACIÓN Y MES PRINCIPAL OTOÑO-OCTUBRE
CORRESPONDE AL SIGNO OCCIDENTAL LIBRA
ENERGÍA FIJA METAL
TRONCO POSITIVO

ERES PERRO SI NACISTE

10/02/1910 - 29/01/1911
PERRO DE METAL

28/01/1922 - 15/02/1923
PERRO DE AGUA

14/02/1934 - 03/02/1935
PERRO DE MADERA

02/02/1946 - 21/01/1947
PERRO DE FUEGO

18/02/1958 - 07/02/1959
PERRO DE TIERRA

06/02/1970 - 26/01/1971
PERRO DE METAL

25/01/1982 - 12/02/1983
PERRO DE AGUA

10/02/1994 - 30/01/1995
PERRO DE MADERA

29/01/2006 - 17/02/2007
PERRO DE FUEGO

TODO SOBRE MÍ *Soy un Perro*

Querida Lu:

Necesité estas horas para elaborar lo que viví en tu casa.

La campanilla sonando intermitentemente, el olor a copal, la luna en cuarto sobre los cipreses, esos dos hombres paleando la tierra entre tus palabras y un cliché roto para siempre.

Si alguna vez se pronunció una frase imbécil es aquella que dice "los hombres no lloran". Fernando, Juan Cruz y yo, entre otros, por lo visto no lo creímos así.

He cargado un ataúd cuatro veces en mi vida: mi padre, dos hermanos muertos y tu madre. Aquella creadora fenomenal de las imágenes de mi infancia cuando, mientras los varones guerreábamos con soldaditos de plomo, las mujeres de nuestra edad vestían y desnudaban Marilús. Nunca imaginé ayudar a pasar por una ventana una caja de madera donde la última Marilú iba vestida para asistir a su última fiesta.

"Joy and woe are woven fine" dijo un gran poeta inglés hace más de doscientos años en uno de los poemas más hermosos que leí en su lengua.

Pienso que has sabido cumplir con creces el resto de las dos estrofas. Si algún día querés conocerlas, ya sabés dónde estoy.

Gracias de nuevo.

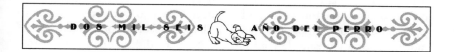

DOS MIL SEIS · AÑO DEL PERRO

Partí de la tierra hace casi tres años, pero mi espíritu ronda aún por mi casa de Balvanera, donde viví más de veinte años y fui muy feliz.

Cuando encontré esa cucha, sentí que sería mi nuevo hogar en la *city*, debido a que la vida me llevó por un largo tiempo al *far west* de Buenos Aires, cuando Gaona era de tierra y llegar a Parque Leloir desde el centro era una odisea.

Allí viví con mi marido chancho de agua, mis hijas nacidas de esta unión inesperada, caballo de madera y mono de fuego. ¡VIVIR! Es una manera de decir, TUVE UNA VERDADERA VIDA DE PERROS

Fui una refinada LA-BRADORA CASTAÑA, de costumbres europeas, que tuvo que aprender a convivir con animales de otras razas y a hacerme fuerte, trabajadora, valiente, solidaria, casi humana para atravesar pruebas que jamás imaginé que tendría en una sola vida.

"Es cierto que para mí el mejor lugar del mundo es la cucha"

Mi olfato adiestrado por las situaciones imprevisibles jamás falló y hacía que mi marido chancho sintiera que siempre estaba custodiando nuestra casa con los colmillos afilados, dispuesta a matar para defender a la cría si era necesario.

A pesar de que fui la musa inspiradora de una casa de modas que marcó época en Buenos Aires para varias generaciones, y de que existió una muñeca con mi nombre, que fue mucho más humana que la Barbie, nunca especulé con eso y me mimeticé con la jauría sin linaje del barrio, pues vivíamos un poco a la mano de Dios en aquellos parajes que tanto le gustaban al chancho. Él se dedicaba a criar caballos criollos y perros de caza (como pasión más que como hobby) y tenía una colección de aperos, riendas, cabestros, espuelas y bozales que la monita de fuego engrasaba con aplicación, convencida del mandato de su padre "LA MUJER NO DEBE MOLESTAR Y EN LO POSIBLE HACERSE ÚTIL".

¡¡¡AY!!! Cómo tenía que sacarme sola las pulgas, las garrapatas, pues a veces no teníamos agua caliente para bañarnos porque el tubo de gas se congelaba en invierno ¡y tardaba días en funcionar!

Debido a mi ADN alemán muchos me trataban como a una DOBERMAN, mezcla de *femme fatale* y asesina serial. Siempre me sentí diferente; percibía con mi antena parabólica lo que iba a ocurrir, pues mi intuición jamás falló para descubrir quién era quién en esta jungla donde convivimos, y fui famosa desde jovencita por mi humor ácido, negro, corrosivo, lleno de matices dignos de Oscar Wilde, Agatha Christie y Roman Polansky.

Fui una perra que tuvo cría sin quererlo, pero cuando era chica tenía el sí flojo y la vida me sorprendió a los 18 años siendo madre de una serpiente de metal, digno ejemplar por su belleza, astucia e inteligencia. Desde entonces no paré de parir con mi cónyuge cabra en primeras náuseas; tuve un caballo de agua y un mono de madera hembras, hasta que llegó, para darme una tregua, un hijo chancho de fuego. Y allí cerré la fábrica por un breve lapso.

No pude disfrutar de mis primeros

cachorros pues era muy joven e inexperta, estaba ávida de emociones, cambios, viajes, estudios, en los que descubrí que tenía una veta de dibujante y artista plástica que determinaron mi ojo biónico, mi sentido ultraestético y crítico. Pero mi carrera se truncó apenas empezaba a florecer en París en *ateliers* de maestros reconocidos, pues los mandatos inconscientes que descubrí años más tarde en el *chez long* de un analista, me confirmaron que quería cambiar el apellido paterno por otro, razones traumáticas de la infancia donde mi padre quedó desdibujado y ausente.

Fui hija de una madre gallo fuerte y transgresora y de un padre *gigoló* apuesto y romano que casi despluma a mi madre delante de mis ojos y la come al *spiedo*.

Nunca me quejé, lloré ni eché culpas a nadie de lo que heredé afectivamente. Jamás pasé factura ni reclamé una caricia ni un mimo.

Acepté las reglas del juego con filosofía y me entrené sola para los combates arduos de la vida.

Mi estoica visión de la vida creció y se afianzó aceptando las reglas del juego en que VIVIR siempre fue un desafío, y lo acepto como EXISTENCIALISTA que fui, soy y seré; cada instante de la vida tiene un sentido concreto y palpable.

A pesar de creer en la reencarnación y aceptar que en esta vida sin duda me tocó pagar un karma en cada reclamo que tuve de mis hijas, abandonadas en escuelas donde aprendieron el arte de la supervivencia con madre ausente y salieron a

enfrentar el mundo como pudieron, con talento y dones que en la familia abundan aunque a veces se desperdicien por razones humanas, debo reconocer que siempre tuve un gran bloqueo afectivo derivado de la cruza bizarra de mis progenitores.

Dicen que fui bella, casi una modelo de cine para la época, junto a mi hermana chancho. Jamás tuve conciencia de ello. Siempre admiré a otras mujeres por su sentido estético, originalidad, talento, sensibilidad, humor y gracia.

Mi gran timidez fue una traba para comunicarme, salir a demostrar al mundo que valgo más de lo que peso, pero siempre fui perfil bajo y preferí ser testigo antes que protagonista, y desde mi rincón mágico aportar una opinión; cuando el teléfono no era tan caro, en casa sonaba desde temprano y daba el ladrido a cada persona que me llamaba para saber las *news* del día, "chusmear" sobre el estreno, cóctel, *vernissage* o desfile donde siempre fui invitada de honor por ser parte de la farándula nacional a través de hijas y amigos del mundo del espectáculo.

Nací en Alemania en el año 1922, me pusieron Ludovica, nombre que jamás pude usar en la Argentina por el micromambo de la época, por no estar permitido en el santoral, y tuve que resignarme al María Luisa, que se transformó en Marilú.

Siempre tuve una salud de hierro. No conocí la aspirina hasta que una tarde de invierno me resfrié en Parque Leloir y mis hijas por primera vez me llevaron un té con limón a la cama porque sintieron que me moría, pues nunca me habían visto enferma. Tuve un único vicio desde jovencita: fumar. Y, claro, eso me llevó a la tumba. Realmente me convertí en MADAME LA NICOTINE, gente de diversas generaciones admiraban mi estado de salud a pesar de los dos paquetes diarios que fumaba. Impregnaba cada ámbito con este inexplicable placer de pitar deteniendo el tiempo y creando un encuentro con seres más imaginarios que reales a través del humo, con el que dibujaba en el aire los bocetos que nunca me animé a pintar.

Siempre me gustó estar informada; la radio y la televisión fueron mis grandes compañeras y por supuesto estuve más *aggiornada* que hijos, nietos y bisnietos en el *fashion*, los artistas de moda, los cambios políticos y sociales del siglo XX. Cuando crucé el umbral del XXI sentí que sería muy sórdido, cruel como para resistirlo y empecé a bajar las defensas, a debilitarme, a entregar mi tronco de ombú, visitado a veces por algunas almas en pena que venían a anidar en mis ramas.

Mi vida no fue fácil; los perros sabemos que nacimos para amar incondicionalmente, obedecer, acompañar, dar aliento, contener, ladrar las verdades que nadie dice. Soportar el antojo del dueño o los dueños que nos toquen, que no elegimos, sino que nos raptan cuando menos lo esperamos.

Tengo buen pedigrí, ferocidad, sofisticación, perfil bajo, *look* y carácter.

Siempre defendí con frenesí a mis amigos y les di mi tiempo y energía para apoyarlos cuando estaban tristes o deprimidos y no medí nunca con la vara de los humanos la gratitud o la indiferencia del *feed back*.

Me lastimaron varias veces, pero nunca lo dije, pues el orgullo es algo que forma parte de mi esencia y por el que perdí grandes oportunidades.

Sé que no fue fácil aceptarme como soy, sobre todo para mi prole y descendencia, debido a que en mi juventud abandoné (como Nora de Ibsen en *Casa de muñecas*) la primera tanda de cachorros, que a pesar de todas las técnicas de psicoanálisis y CURSOS DE LOS MILAGROS no pudieron superarlo. Me reivindiqué con mis últimas crías, a las que dediqué tiempo, amor y energía, y ensayé una maternidad tardía y sobreprotectora.

Fui viuda al cuadrado a los cincuenta años y allí sentí que empezaba una nueva vida.

A causa de habernos quedado *home less* y sin un mango después de la muerte inesperada del chancho y el incendio de la quinta de Parque Leloir, descubrí mi gran capacidad para atravesar las crisis y ganar el pan de cada día vendiendo remeras *print* en la Galería del Este. Fue una gran ayuda que me dio mi yerno preferido, un hipocampo que, empezando de cero, se convirtió en un ejecutivo mundial de mi marca preferida de cigarrillos.

Allí descubrí el placer de la libertad, de no tener un mastín para atender *full time*, de conocer gente joven, conversar con desconocidos y ser parte de la fauna del Buenos Aires en que aún existían la bohemia y el tiempo para compartir un café con los amigos.

Siempre fui una buena oreja amiga para escuchar a los que se acercaban en busca de consejos. FUI LA PITONISA DEL BARRIO DE RETIRO, pues la gente de los locales vecinos me adoptó con mucho cariño y pasábamos horas en los almohadones del local lamiéndonos las heridas.
PERRO QUE LADRA NO MUERDE.

Sin embargo, la vida me puso en situaciones tan dolorosas, despiadadas e imprevisibles que descubrí mi parte feroz que me permitió, sólo con el pensamiento, matar a quienes me hirieron o atacaron sin anestesia.

Como Buda, sentí siempre que todo movimiento es una imperfección, y con los viajes de L.S.D. por el mundo sentí que a través de ella levantaba vuelo a exóticos parajes del planeta mientras rogaba que volviera sana y salva al hogar; su espíritu curioso y cosmopolita era un reflejo del mío y del de su padre chancho, que había llegado en su juventud a China, dejando huellas profundas en la monita de fuego.

Para mí el mejor lugar del mundo es la cucha. Allí, con mis modestos recursos económicos y los pocos trastos que heredé de mi mamá gallo decoré el departamento de Balvanera, frontera del Once al que bauticé Eleven para que sonara mejor entre mis amigos paquetes de Barrio Parque.

Cuando me visitaban amigos que vivían en París, New York, Londres u otros refinados puntos, decían que era el lugar con más *charme* y personalidad de los que habían visto en Buenos Aires. Y creo que es verdad, pues siempre tuve un buen gusto innato, tanto para decorar como para vestirme y desvestirme y estar, junto a mi hermana chancho, a la vanguardia usando camisas, bikinis y pantalones, que en la década de los 40 nadie osaba. Me confundían con Anouk Aimée, la actriz de *Un hombre y una mujer.*

Me gusta la luz del amanecer, cuando la noche se transforma en día; ese azul profundo que envuelve los últimos sueños que rigen el día y que adoro descifrar mientras enciendo mi primer pucho, preparo litros de café, prendo la radio en AM para informarme de las *news* del mundo y del país que no cambio por otro, pues como decía el chancho "LA GENTE QUE SE VA DE LA ARGENTINA SE ATRASA MUCHO".

Estoy convencida de que nacer en la Argentina es un aprendizaje acelerado de vida y un privilegio comparado con otros países de América latina, África o Asia. Espero, en la próxima reencarnación vivir aquí; en esta cucha que tanto amo.

La vida no me dio changüí. El primer cuarto de siglo marcó el siguiente y tuve que salir a la intemperie del mundo exterior para alimentar a mis cachorras, ser madre y padre simultáneamente, estar siempre *up* en el trabajo, *aggiornarme* con la moda, reiniciar amistades que estaban archivadas, defenderme de nuevos candidatos que me veían indefensa frente a mi rol, mezcla de Lassie y Rintintín.

Estar alerta ante la cantidad de desamparados que tocaban mi puerta cada día en busca de un poco de calorcito y un vinito para alargar la charla hasta la madrugada.

El chancho decía que dividía a la gente en "ME DIVIERTE" O "NO ME DIVIERTE". Es verdad, aunque me pese. Tal vez, debido a mi afilado olfato, detectaba con la velocidad del rayo a quienes tenían talento, buena onda, eran generosos, comunicativos, *easy going* y LOS ADOPTABA FOR EVER.

Siempre fui de amores u odios profundos, quise a largo plazo o alguno perforó mi corazón blindado.

Cuando alguien lograba derretir mi corazón de estalactita agachaba la cabeza, escondía el rabo, me quedaba muda, cosas inusuales en mí.

Nunca ambicioné algo que no pudiera conseguir con mis propios recursos. Para muchos, eso era ser modesta, humilde, y para otros, conformista o vaga.

Disfrutaba del éxito de aquellos a quienes quiero y admiro, sintiéndolo como propio.

Soy definitivamente urbana. Buenos Aires es una ciudad divina, estimulante, fascinante, divertida, con edificios que me recuerdan mi fugaz adolescencia en París. Entonces estudiaba pintura y caminaba por las orillas del Sena, convencida de que la vida era *la vie en rose*. Europea en la educación y en la vida cotidiana.

Siempre supe administrar lo que tenía, poco o mucho, y jamás despilfarré ni un centavo; pues en épocas duras supe administrar muy bien lo poco que el chancho traía a casa y ajustarme el cinturón para llegar a fin de mes. Nunca debí un peso a nadie; y cuando pedí, no pegaba el ojo hasta devolver el dinero.

En EL ELEVEN encontré pichinchas y economicé cuando mis amigos gastaban el triple en la calle Santa Fe o en la Avenida Alvear. Debido a mi ojo láser siempre detecté artículos de primera calidad en ropa, artículos para el hogar, zapatos, útiles escolares para mis nietos. Vagaba por las calles similares a mercados persas para husmear especies exóticas, traer prendas importadas y sorprender a mi prole.

Aprendí a cocinar y siempre me gustó compartir con mis seres queridos mis inventos con las recetas de *Para ti*.

Tuve suerte con mis vecinos de piso. Amables, la cabra y el búfalo fueron mis amigos y cómplices durante más de veinte años.

Siempre economicé luz, gas y teléfono. Tomé colectivo aún en horarios de trasnoche y taxi sólo en ocasiones especiales.

Disfruté tanto del caviar como del puchero y siempre fui muy agradecida con quienes me invitaban a su mesa.

Mi gran terapia fue desde siempre jugar a la canasta y afilar los colmillos como una doberman ante mis adversarios. Mi corazón latía en cada jugada como si fuera la última vez y, por mis severas críticas, mordiscos, retos y ladridos que se escuchaban hasta en Laponia, fui temida por mis adversarios. En mi vejez adoraba jugar con mis nietos.

Viví cada día a *full*, disfruté la soledad pues la obtuve en mi mayoría de edad y protegí telepáticamente a mis seres queridos.

Fui dura por fuera y por dentro, con algunos *glims* de ternura que se evaporaban para no perder el control de la vida, que me vino a contramano.

Tuve un gran amor que oculté hasta mi lecho de muerte, cuando lo compartí con una amiga del alma y con mi hija, que tal vez creyó hasta ese instante que su padre había ocupado ese puesto.

El paso del tiempo, la soledad, los problemas, me fueron desgastando. Nunca fui al veterinario. Sabía que mi salud era de hierro, aunque cada tanto en la noche me asaltaban pesadillas con las ocultas somatizaciones, que siempre escondí para que no se preocuparan por mí.

Nunca me sentí importante.

Trituré el ego antes de nacer.

Amé en silencio sólo a unos pocos elegidos.

Me fui desintegrando física y mentalmente.

Pero mi espíritu sigue intacto.

GUAUUUUUUUUUUUUUUUUUUUU.

HISTORIA

La tradición china tiene un concepto ambiguo con respecto al perro.

Por un lado se lo relaciona con los chacales, las hienas, los lobos y coyotes que datan de diez millones de años en América del Norte, desde donde emigraron a Eurasia.

Por similitudes de conducta, se cree que el perro doméstico evolucionó a partir del lobo.

Tienen la misma cantidad de dientes y andan en jaurías.

Había dos tipos de lobos: los del hemisferio norte, grandes con pelaje largo y pálido; y los del sur, más esbeltos, con pelaje corto y más oscuros.

Ambos fueron relacionándose con los seres humanos y haciéndose domésticos por la reproducción selectiva.

Es por eso que en la mitología popular oscila entre lo propicio y lo nefasto y, según sea su raza, será venerado o subestimado.

En ciertos lugares de China se entierra al muerto rodeado de cuatro perros de barro o cerámica que representan la transmigración del alma hacia otra vida.

Hay muchas leyendas que hablan de la sagacidad y la lealtad del perro. Una de ellas cuenta que un ministro que fue convocado a la corte se dio cuenta de que su perro, tirándole de su traje, le impedía irse. Hizo atar al perro pero, cuando pudo finalmente partir, su carroza se derrumbó y él se hirió gravemente.

Otra historia cuenta que un mercader vio a un carnicero a punto de matar a un perro, lo compró para liberarlo y lo llevó a su casa. Emprendió un viaje con su can y en el camino los marineros robaron a este hombre, lo metieron en una tinaja y lo arrojaron al agua. Su perro se tiró tras él y empujo la tinaja hasta la otra orilla, donde algunos campesinos lo liberaron. A los pocos días el perro atacó a uno de los ladrones, a quien había reconocido por su agudo olfato.

En China se cree que si un hombre adopta un perro se enriquecerá.

Su intuición y percepción hacen que sepa y detecte a la gente en su esencia y pueda elegir con certeza a quién entregar su vida para cuidarlo y protegerlo.

El año egipcio en los tiempos faraónicos tenía 365 días como el nuestro; de ellos, 360 correspondían a 12 meses de 30 días cada uno más cinco días adicionales, dedicado a cinco dioses y que precedían al Año Nuevo, coincidente con la crecida del Nilo, en los cálidos Días del Can. Para los egipcios el año comenzaba a partir del nacimiento helíaco de la estrella Sirio, el 19 de julio de nuestro calendario solar. Esta estrella pertenece a la Constelación del Can, tiene el mayor brillo aparente de cuantas se observan desde la Tierra y está alineada con el conducto meridional de la Cámara de la Reina en la Gran Pirámide.

EL PERRO EN EL TRABAJO

Yo, como perro puedo decirles que para lograr equilibrio emocional necesito estar ocupado, sentirme útil, moverme y producir algo.

Eso no quiere decir necesariamente que lo que haga sea redituable; a veces mi espíritu solidario me embarca en trabajos que no son remunerados y en los que dejo la vida.

También me hace falta sentirme estimulado social o artísticamente para iniciar una tarea.

Mi disciplina, sentido del deber, responsabilidad y espíritu crítico me llevan por diferentes caminos a través de mi existencia.

Sé que mi energía y mi ascendente influyen para determinar si seré un perro jefe o un empleado con rutina de 9 a 5 de la tarde.

EL TRABAJO ENNOBLECE Y DIGNIFICA.

Soy capaz de grandes sacrificios cuando siento una vocación. Estudiaré, me aplicaré y esforzaré doblemente para llegar a cumplir mi misión.

Tengo sentido común, detesto delegar responsabilidades y casi siempre me hago cargo de los compañeros porque me comprometo afectivamente.

PERRO QUE LADRA, A VECES MUERDE.

Soy visionario, audaz, enérgico, en general tengo opiniones muy acertadas sobre la realidad y siempre trato de aportar algo en el equipo o en la empresa, porque por naturaleza tiendo a ser desinteresado y humanista.

Siempre busco mantener mi trabajo, oficio o profesión a lo largo de la vida. Me hace falta ganarme el hueso de cada día y detesto faltar, salvo que esté en algún lío o en épocas de criar a mis hijos.

A veces soy modesto y otras veces muy ambicioso; en general atravieso la vida con perfil bajo y me adapto a los cambios del país y del mundo midiendo las consecuencias.

Me gusta ahorrar y prever el futuro. No despilfarro y soy gasolero.

En ocasiones mi originalidad y talento me conectan causalmente con personas y posibilidades que jamás había soñado, y depende de mi seguridad interior, honestidad y convicción que las aproveche para desarrollarme y evolucionar en mi profesión.

A veces soy peleador y no soporto que me critiquen o me indiquen el camino; muchas veces abandono un trabajo o me expulsan por mi mal carácter, mala fe y necedad. Sé que me cuesta arrepentirme y prefiero ser un perro callejero que un perro sometido por obligación.

También debo decir que soy alegre, optimista, tengo ideas revolucionarias y estimulo a quienes comparten un pedazo de mi destino.

Prefiero trabajar solo y no me gusta que me interrumpan o interroguen cuando estoy concentrado.

Salgo adelante por mi tesón y porque soy corajudo, nunca desprecio las oportunidades que la vida me pone en el camino para mi supervivencia y la de mi prole.

Si tengo una vocación profunda, me esmeraré para salir adelante y hacer grandes sacrificios para costearme los estudios. Soy capaz de poner carteles en el barrio ofreciendo mis servicios hasta lograr encauzar mi profesión.

Claro que a veces la falta de perseverancia o los problemas familiares desviarán a mis hermanos o a mí de los objetivos y en muchos casos, a pesar de contar con un gran talento, abandonaremos la carrera por sentirnos abatidos.

Los obstáculos y las pruebas me mantendrán alerta aunque muchas veces deba soportar humillaciones que me bajan la autoestima hasta hacerme exiliar en el *Animal Planet*.

Muchos perros tienen fama de avaros, otros de medidos; como perro, puedo decir que soy un excelente administrador y en general cuido mejor el patrimonio ajeno que el propio.

EL PERRO EN EL AMOR

GUAU GUAU GUAU.

Nací para amar incondicionalmente y lo demuestro a través de la vida.

Soy garantía de protección, lealtad, confianza y sabiduría.

Cuando amo es para toda la vida y sólo la muerte me separará del cuerpo, pero no del alma, de mi pareja.

Adoro expresar mi amor moviendo la cola, haciendo caricias, con hechos más que con palabras, porque soy muy afectivo, y en la intimidad soy un volcán en erupción.

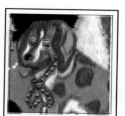

Necesito compartir la vida de a dos. No concibo la soledad; soy capaz de dejarme querer sin estar enamorado. Por eso muchas veces me involucro en situaciones muy complicadas que pueden alterar mi vida y producirme mucho estrés.

Mi naturaleza libre me lleva a tener muchas relaciones afectivas en las que puedo traer hijos al mundo sin estar formalmente comprometido; mi instinto de protección se agudiza con mis seres amados y soy capaz de morder y matar si siento amenazada mi cría.

En el amor soy realista, veo los defectos y aprecio las virtudes de mi pareja y no dejo nada librado al azar.

Preservo mi cucha, dedico mi vida a mejorar la relación, estimulando a mi amor con mis ideales; si es necesario, salgo a luchar por los dos.

Yo siento el estar enamorado de una forma diferente que el resto del zoo.

Al pan pan, necesito mi espacio, mi tiempo, y detesto sentirme obligado a cumplir con las tareas domésticas, aunque las cumpla como una *geisha*.

Tal vez no debería decirlo, pero sexualmente soy un animal fascinante, no dejo escapar ninguna oportunidad y siento una gran plenitud haciendo el amor. Poseo belleza corporal combinada con destreza e imaginación, atributos que me destacan en la lista de *sex symbols* del zoo chino.

Emana de mí un fluido que atrae a razas de otras galaxias y despierta pasiones dignas de Brigitte Bardot, Sofía Loren, Madonna, Prince, Versace, Vittorio Gassman y Federico Luppi.

Un perro enamorado es fiel... aunque tenga muchas candidatas y esté en celo. En noches de luna llena podré cometer algún desliz, pero siempre retornaré a mi amo.

La sexualidad es para mí una manera de comunicación, por eso no tengo problemas de conciencia si se me presenta la ocasión y mi sangre caliente me propone un buen *hotdog*.

Liberal en mis creencias, detesto jurar amor eterno aunque mi vida lo encadene a un gran amor.

Tengo buena convivencia si se marcan los límites entre el jardín de mi pareja y el propio; de lo contrario, puedo convertirme en UN CANCERBERO.

Disculpen ahora mi falta de modestia, pero quiero decirles una gran verdad y aconsejarlos: Amar y dejarse amar por un perro es una experiencia tántrica. DICHOSOS LOS QUE TIENEN ESA SUERTE. NO LA DEJEN PASAR.

EL PERRO EN LA FAMILIA

Somos únicos en la manera de asumir la familia en que nacimos y la que formamos a través de la vida.

Como un auténtico perro, sé cuidar y lamer las heridas ajenas, escuchar como nadie a hijos, hermanos y suegros y bancarme cosas que nadie haría.

Defiendo a mis cachorros con dientes afilados de quienes quieran dañarlos o herirlos, y no soporto que se metan en mis problemas.

Me gusta organizar a mi estilo, entre *hippie* y moderno, las costumbres, horarios y necesidades del clan y a veces soy duramente criticado por mi manera de actuar.

Mi naturaleza independiente me ayuda a rebelarme contra el mundo en la manera de educar a mis hijos con toques muy especiales que rompen con estructuras y convencionalismos.

Si tengo afinidad con alguien de la familia soy el mejor compinche, compañero, amigo, y estaré como un soldado a su lado hasta que la muerte nos separe.

Adhiero al existencialismo y detesto todo lo que me aleje de mi filosofía de vida.

Comparto CALIDAD más que cantidad de tiempo, y me brindo de modo excepcional cuando siento que tengo *feed back*.

Soy selectivo; no ando por ahí demostrando mi altruismo y solidaridad con cualquiera, pero me brindo entero y sin condiciones a quienes elijo y amo.

Soy un espécimen de una tribu cósmica que en la Tierra hace lo que puede con los mandatos y deseos propios y ajenos.

EL PERRO Y SU ENERGÍA

PERRO DE MADERA
(1934-1994)

Éste es un perro que muchas veces entabla feroces discusiones por aferrarse a lo que piensa. Es ingenioso, original e irónico en su manera de hablar, pensar, vestirse y seducir. Después de dejar un tendal de enamorados se refugiará en su cucha de madera, lejos del caos y la vida mundana.

De todos los perritos es el más comunicativo y afectuoso. Tiene mucha capacidad y equilibrio para establecer vínculos duraderos con personas afines, a las que ama profundamente y protege durante toda la vida.

PERRO DE FUEGO
(1946-2006)

Es un perro honesto y muy seguro al momento de tomar decisiones. No es una persona fácil al momento de convivir. Estimulado por fuertes pasiones y broncas repentinas, se tornará un lobo rabioso al que habrá que acorralar para que se calme. Es difícil hacerlo cambiar de opinión, y no permite ninguna forma de oposición. En un minuto puede pasar por varios estados de ánimo diferentes; es ciclotímico, impulsivo, vertiginoso. Vive grandes historias de amor, porque es el más ardiente de los canes. Parece más sexual de lo que realmente es.

PERRO DE TIERRA
(1958-2018)

Este canino tiene las patas bien asentadas sobre la tierra y se adapta maravillosamente a la realidad. Es un excelente consejero, prudente y reflexivo antes de tomar una decisión. Como es astuto y escéptico, no se comprometerá con facilidad. Aunque tenga altas aspiraciones e ideales, será más observador que protagonista. Necesita estar protegido de las inclemencias del destino, buscar seguridad afectiva y material. Es cariñoso, familiero y capaz de transformarle la vida a alguien que viva junto a él. Es el más tranquilo, fiel y servicial de todos los perros.

PERRO DE METAL
(1910-1970)

Es un perro muy valiente, corajudo y capaz de sacrificarse para cambiar el universo y el mundo. Su inteligencia es brillante, emana una energía divina e instintivamente sabe lo que quiere. Defiende su territorio con ferocidad y ladra tanto a sus enemigos que éstos se asustan y retroceden. Se hace respetar mostrando sus colmillos, y se toma la vida muy seriamente. Por lo general está preparado para enfrentar los desafíos más duros porque es autodisciplinado. Sabe encontrar los medios para concretar lo que emprende.

PERRO DE AGUA
(1922-1982)

Olfato e intuición al máximo. Capta las ideas antes de que sean expresadas, siente los temblores antes de que se produzcan, oye un ruido antes de que llegue a nuestros oídos, es difícil que caiga en una trampa.

Es un perro al que le faltará un poco de confianza en sí mismo, por lo que deberá estar muy contenido y estimulado para no perder el rumbo de su existencia. Es muy popular gracias a su respeto por la humanidad, a su sentido del humor y a su talento. Resulta famoso por su belleza y su sensualidad.

EL PERRO Y SU ASCENDENTE

PERRO ASCENDENTE
RATA: 11 p.m. a 1 a.m.

Crítico consigo mismo y con los demás, este perro esconde un espíritu algo aprovechador. Sentimental y melancólico, le encanta contar anécdotas. Sabrá escuchar consejos.

PERRO ASCENDENTE
BÚFALO: 1 a.m. a 3 a.m.

Estresado y con la agenda a punto de explotar, este perro rara vez llega a conocer el descanso. Escrupuloso, noble, desinteresado, es también muy gracioso y entrañable. El amor será su prioridad.

PERRO ASCENDENTE
TIGRE: 3 a.m. a 5 a.m.

Un soldado de la justicia y los derechos humanos. Hará todo por convicción y nunca se entregará. Amará apasionadamente y tendrá un espíritu altruista. Nació para la política y las artes.

PERRO ASCENDENTE
CONEJO: 5 a.m. a 7 a.m.

Un perro sibarita y discreto que necesitará mucho afecto para realizarse. Tendrá suerte, trabajará lo necesario y no se privará de nada. Es sumamente vulnerable a la influencia de los demás.

PERRO ASCENDENTE
DRAGÓN: 7 a.m. a 9 a.m.

Hiperquinético, ansioso y emprendedor, este perro buscará el éxito a toda costa. Puede pecar de egocéntrico y amará la buena vida. Un sibarita que lee la revista *Wallpaper*, es, sin embargo, un inconformista.

PERRO ASCENDENTE SERPIENTE: 9 a.m. a 11 a.m.

Contradictorio, ciclotímico y tan impulsivo que a veces agobia a quienes lo rodean. Será un excelente político y financista. Subirá socialmente de a dos escalones.

PERRO ASCENDENTE CABALLO: 11 a.m. a 1 p.m.

Irresistible, magnético, será siempre el anfitrión más popular. Megalómano, intenso, admirable, servicial, con un humor ocurrente y original, despertará pasiones irrefrenables.

PERRO ASCENDENTE CABRA: 1 p.m. a 3 p.m.

Servicial, inconstante y sentimental deberá tener seguridad material para no desequilibrarse. Antojadizo, caprichoso, informal y muy selectivo, necesitará que lo admiren y lo aplaudan para tomar decisiones.

PERRO ASCENDENTE MONO: 3 p.m. a 5 p.m.

Un ácido, profundo y sagaz perro que hará siempre lo que se le antoje. Será creativo, original, inquieto, y vivirá peripecias sentimentales que decidirán su destino.

PERRO ASCENDENTE GALLO: 5 p.m. a 7 p.m.

Quisquilloso, calculador e inseguro, necesitará ver para creer. No se arriesgará demasiado y será indeciso. Tendrá que aceptar a su pareja tal cual es, de lo contrario siempre estará en conflictos.

PERRO ASCENDENTE PERRO: 7 p.m. a 9 p.m.

Un buscavidas que se enriquecerá con sus propias experiencias y siempre tendrá anécdotas fascinantes para contar. Idealista, *carpe diem* y mundano, será un excelente amigo y consejero.

PERRO ASCENDENTE CHANCHO: 9 p.m. a 11 p.m.

Generoso, auténtico y talentoso; concretará sus aspiraciones si tiene apoyo efectivo. Hará dinero y lo donará a instituciones de beneficencia. Se casará varias veces y tendrá muchos hijos.

ALINEACIÓN Y BALANCEO

Les aconsejo:

Que estén ocupados y sepan encontrar su camino para mejorar su humor, su gran caudal energético y su misión o vocación.

Todo tipo de deportes, porque son muy saludables: box, fútbol, esquí, cabalgatas, trekking, natación y rugby o baloncesto.

Meditación, yoga, tai-chi, zazen, chikung, técnicas chamánicas, de maestros que los orienten hacia su vocación.

Dedicarse al arte, un canal de expresión que los mantendrá activos y con fuerza interior.

Despertar el KUNDALINI, el tercer ojo, la intuición para agudizar el olfato.

Inspirarse con la moda y el *fashion,* estar en buen estado físico.

Hacer el amor y reproducirse (ésa es una especialidad del can).

Excursiones a países exóticos en busca de las enseñanzas de Don Juan.

Seguir su intuición cuando tengan fe y no descansar hasta lograr el objetivo.

Practicar *gestalt* y terapias alternativas para controlar las emociones.

Y que le ladren a los que no les llevan un hueso duro de roer.

PERSONAJES FAMOSOS

PERRO DE MADERA
(1874-1934-1994)

Voltaire, Enrique Macaya Márquez, Mónica Cahen D'Anvers, Sofía Loren, Brigitte Bardot, Carol Brunett, Horacio Accavallo, Gato Barbieri, Rocío Jurado, Elvis Presley, Federico Luppi, Charly Squirru, Chunchuna Villafañe, Shirley Mc Laine

PERRO DE FUEGO
(1826-1886-1946)

Tomás Abraham, Gerardo Romano, Susan Sarandon, Jorge Asís, Susana Torres Molina, Gianni Versace, Bon Scott, Eduardo Constantini, Silvester Stallone, Pipo Lernoud, Freddie Mercury, Moria Casán, Donal Trump, Rolando Hanglin, Ilie Nastase, Oliver Stone, Cher, Martín Seppi, Susana Marat, Pablo Nazar, Carlos Tronge.

PERRO DE TIERRA
(1838-1898-1958)

Tim Burton, Rigoberta Menchu, Madonna, Ana Obregón, Chou En-Lai, Reina Reech, Kate Bush, Gustavo Belati, Pipo Cipolatti, Marcelo Zlotogwiazda, Prince, Silvana Suárez, Eduardo Blanco, Gary Newman, Michael Jackson, Santos Benigno Laciar, José Luis Clerc, Liborio Bachino.

PERRO DE METAL
(1850-1910-1970)

Juan Castro, Uma Thurman, Gabriela Sabatini, Maribel Verdú, Lola Flores, Marisa Frezno, Mariano Mores, Jacques Costeau, Luis Miguel, Alejandro Agag, Andy Kusnetzoff, Madre Teresa de Calcuta, Paola Krum, Chiang Ching-Kuo, Leonardo Sbaraglia, Mariano Closs, Bautista Heguy, Leo García, Sócrates, Puff Dady, Andre Agassi, Chris O'Donnel, Fitina Acosta.

PERRO DE AGUA
(1862-1922-1982)

Stan Lee, Ava Gardner, Molière, Víctor Hugo, Alejandro Dumas, Alberto Closas, Sabrina Carballo, René Favaloro, Norman Mailer, China Zorrilla, Marilú Dari, Marcela Kloosterboer, Vittorio Gassman, Pierre Cardin, Alejandro Toker.

CHINA ZORRILLA
"MI ÚNICA INFIDELIDAD"

TESTIMONIO *Perro de Fuego*

TOMÁS ABRAHAM

FILÓSOFO

El concepto determinante de un filósofo Perro de Fuego es el de territorio. Es una noción de la Etología, disciplina que en sentido estricto trata del comportamiento animal, y en su sentido amplio, es la ciencia de las maneras de ser. Esta última definición es del filósofo Gilles Deleuze, que, a pesar de ser amigo de los gatos, ha comprendido como pocos a los perros de fuego.

El territorio no es un lugar que contiene cuerpos. Los cuerpos hacen al lugar a través de sus acciones y reacciones en un medio dinámico. Un escupitajo de guanaco, una orina de hiena, marcan una frontera. Una vez en un territorio lo que al perro de fuego le interesa es la línea de fuga. No se trata de una superficie sino de la fisura que nos señala una salida. Encontrar la línea de fuga es tan importante como ser sagaz en la cacería. Exige rapidez, decisión, acción.

Cada vez que entramos en un territorio tenemos que tener claro donde está la salida. Para eso tenemos olfato, es decir, un hocico.

Los perros de fuego tenemos hocico por la sencilla razón de vivir en la tierra. En los arcanos de la sabiduría antigua se dice que en los cielos no hay perros. Se recuerda además que en el séptimo cielo el dios Alarzán

quiso seducir al Gran Khan que disgustado por la falta de verdaderas sombras, rincones y durezas arrojó una maceta de tierra negra a la hoja entornada de la Puerta Celeste.

El Centauro, emblema de los sagitarianos, es el mejor amigo del perro de fuego. La enhiesta postura del equino *sapiens* nos muestra la inserción de su columna vertebral en el lomo. Las cuatro patas se clavan en la tierra y el torso se eleva augusto y seguro. Las patas del Centauro y el hocico del perro de fuego forman un dispositivo terrestre. Y desde allí parten el fuego y la flecha.

Con el fuego Prometeo hizo de la tierra el barro que cimienta las piedras de nuestras casas. Zeus se enojó y quiso vengarse. Abrigo y cocina dependen de esta conjunción entre tierra y fuego y permite que los hombres se olviden de ÉL.

Cuenta Esquilo en una de sus tragedias que Zeus tenía diagramado el mundo de tal modo que los hombres sabían cuándo iban a morir. Conocían la fecha de su desaparición. El Titán Prometeo borra de la mente colectiva ese dato y el ser humano ya no sabrá el instante de su muerte.

Por eso existe el miedo. No sabemos cuándo moriremos, y en qué momento nos envolverá la nada. Ante esta nueva realidad los hombres decidieron cuidarse, prevenir los acontecimientos, anticipar el futuro. Con la prevención, el filósofo Thomas Hobbes, que interpreta este mito en su obra *De Cive* (El Ciudadano), afirma que nace la política. Con el miedo a la muerte no anunciada nos hemos convertido en animales políticos.

La política es la tierra. La voluntad es el pulmón del perro de fuego, y la política es la organización de la voluntad colectiva. La comida y el techo son el legado de la voluntad prometeica. En el perro de fuego la seguridad no es cobardía sino herramienta para aullar. Sabemos que el aullido es nuestro canto entrañable. Somos un volcán animal que lanza su lava encendida con un grito. Nuestros padres ancestrales, los lobos, calentaban así a la luna. Denunciamos a Ícaro y sus hermanos. No nos dejaremos seducir por las fábulas de los que llegan al sol con alas de cera. El deseo es sexual y no celestial. No queremos fundirnos con ningún astro rey. No somos el perro de ningún Amo. Nuestra misión no es sólo reproducirnos sino producir el doble

de nosotros mismos, crear cada vez más espejismos, sombras de las sombras, eco sobre ecos.

Fueron icarianos de una conocida casa discográfica los que diseñaron con evidente mala fe el lamentable logotipo de un sabueso pegado a la escucha de la voz de un dueño. Los perros de fuego tenemos otro destino, no nos interesan los grandes parlantes ni nada tenemos que ver con esa desdichada especie que deambula atada por paseadores a sueldo.

Ícaro renunció a la tierra porque le resultaba demasiado espesa. Quiso que el aire y el fuego hicieran de su cuerpo cenizas en el viento. Pero las cenizas no sólo vuelven a la tierra sino que la fertilizan. La hacen más rica y sabrosa.

Los perros de fuego lanzamos la flecha. Nuestro arco se hace con los cuernos de una cabra, animal de pendientes escarpadas. La cuerda es un tendón intestinal. Y toda nuestra voluntad se hace aullido, y el aullido se hace mano que raspa el tendón hermano de la lira, otro cuerno, y al fin agarra, se suelta y dispara. Allí vamos, a ninguna parte.

TESTIMONIO *Perro de Tierra*

RODOLFO MARROLLO
SOCIÓLOGO

Ser perro es dar muchas vueltas en la cucha antes de salir a la calle y seguir dando vueltas en la calle pensando en volver a la cucha a seguir dando vueltas.

TESTIMONIO *Perro de Agua*

VERENA BORCHARDT

PERIODISTA

Perro guardián, juguetón, cariñoso, malcriado, obediente, excitado, gruñón, leal.

Tiernos compañeros de aventuras; de lágrimas y sonrisas. Llevo en mí una gran partecita de todos ellos.

DOS MIL SEIS   AÑO DEL PERRO

COMPATIBILIDADES ENTRE EL ZOO

❊ PERRO ❊

ENTREGATE Y FLUÍ
AMOR
ENCUENTROS CERCANOS
DE ALGÚN TIPO

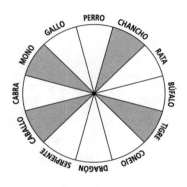

CORTOCIRCUITO ASTRAL
DANGER
HACETE CARGO • TE AVISÉ

TRABAJO
SOCIEDADES

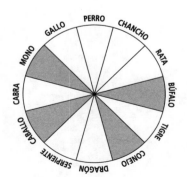

AFINIDAD-EMPATÍA
**BENDICIONES
DISFRAZADAS**

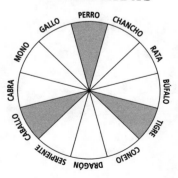

CHANCHO

猪

Llegó la época
de no moverse del lugar
donde naciste.
Integrar lo que aprendiste
y reciclar lo que no pudiste.
La naturaleza en un instante
destruye civilizaciones de piedra
donde el espíritu quedó atrapado
y hay que liberarlo.
Tonadas
caras
estatuas
culturas
vacío en la mirada
cualquier vuelo
menos el propio.

L. S. D.

猪

CHANCHO

FICHA TÈCNICA

NOMBRE CHINO DEL CHANCHO ZHU
NÚMERO DE ORDEN DUODÉCIMO
HORAS REGIDAS POR EL CHANCHO 9 PM A 11 PM
DIRECCIÓN DE SU SIGNO NOR-NORDESTE
ESTACIÓN Y MES PRINCIPAL OTOÑO-NOVIEMBRE
CORRESPONDE AL SIGNO OCCIDENTAL ESCORPIO
ENERGÍA FIJA AGUA
TRONCO POSITIVO

ERES CHANCHO SI NACISTE

30/01/1911 - 17/02/1912
CHANCHO DE METAL

16/02/1923 - 04/02/1924
CHANCHO DE AGUA

04/02/1935 - 23/01/1936
CHANCHO DE MADERA

22/01/1947 - 09/02/1948
CHANCHO DE FUEGO

08/02/1959 - 27/01/1960
CHANCHO DE TIERRA

27/01/1971 - 14/02/1972
CHANCHO DE METAL

13/02/1983 - 01/02/1984
CHANCHO DE AGUA

31/01/1995 - 18/02/1996
CHANCHO DE MADERA

18/02/2007 - 06/02/2008
CHANCHO DE FUEGO

TODO SOBRE MÍ *Soy un Chancho*

Llegó el invierno y me cuesta salir del chiquero donde gracias a mis calorías y energía creo un microclima tibio, suave, que invita a pernoctar a quien se arrime al fogón y esté dispuesto a recibir mis afrodisíacas caricias.

Nací sanito, rosado y rechoncho. En Ojo de Agua, un lugar al que se llega sólo por algún accidente del destino, detrás de los nonos de Traslasierra.

Me crié en contacto con otros animales: cabras, gallos, perros, caballos, serpientes, pumas, zorros plateados que aparecen por sorpresa detrás de las gigantescas rocas en verano, al atardecer, pues mis padres son los encargados de un campo donde me siento tan feliz que no me imagino viviendo en ningún otro lugar del mundo.

Mi papá es un conejo valiente que doma caballos; es guapo para enlazar vacas, toros y potrancas y sabe ordeñar cabras además de arar, sembrar, acortar leguas galopando hasta llegar a Cura Brochero o Mina Clavero, los pueblos donde a veces voy a pasear y a sentirme parecido a los chicos que viven allá, que después de ir a la escuela van al ciber, a la plaza, a jugar al fútbol o a bailar, algo que me encanta y en lo que me destaco.

Para mí, la vida es una fiesta permanente.

Me gusta todo lo que pasa y aunque a veces lloro a escondidas cuando me caigo del alazán o me peleo con mis hermanitos porque me esconden los caramelos o chocolates que me gano trabajando en el campo, enseguida me enjuago las lágrimas con el brazo y sigo en mi galaxia.

Todos me quieren porque me acarician, miman, se ríen y divierten con los chistes que hago; siempre estoy de buen humor.

Ayudo a mi mamá con los mandados, lavo los platos, le arreglo los estantes de la cocina o le cambio el cuerito de las canillas; también plancho la ropa de mis hermanos hasta que me duermo sobre la plancha, porque ella está tapada de trabajo y me da pena verla así: por eso siempre estoy a su lado protegiéndola y de "che pibe", siempre listo para los mandados.

Por suerte vivo enfrente de la escuela: me levanto rezongando cuando escucho la campana y llego medio dormido y a medio vestir causando la risa de mis compañeros.

Mientras desempolvo los sueños intento concentrarme en lo que me da la maestra; pero apenas puedo, pues es tan linda que la imagino desnuda bañándose en el río, o con ropa interior cabalgando hasta llegar a la escuela.

Soy buen alumno porque cuando me despabilo entiendo rápidamente la lección y la recito causando admiración y sorpresa entre mis amigos de grado.

Viajo con mi imaginación desde mi silla sobrevolando como un cóndor las sierras que cambian de color según las horas y las estaciones y son testigos de piedra de los serranos; me detengo en el murmullo de los pájaros en el amanecer y mientras crece el día compartiendo el chillido de las loras a la siesta y del bicho feo, el benteveo y el pájaro blanco que aparece cada tanto anunciando presagios.

Sé que la tranquera del campo donde vivo siempre se abre para recibir a los amigos con mate y pan casero o empanaditas picantes de carne y vino; en el condado todos nos conocemos, queremos y ayudamos.

El único camino que conozco desde que nací es el que pasa por frente a la escuela y a mi casa, me entretengo cuando escucho el motor de un auto, o las pisadas de algún jinete que al pasar nos saluda anunciando las novedades que trae del pueblo.

A veces en invierno, con diez grados bajo cero, el camino parece un fantasma tan desolado que me cruje el alma.

En la escuela soy el encargado y auxiliar de Antonia para lavar los platos y apilarlos para el día siguiente.

Ella es vecina nuestra, nos cocina todos los mediodías unos manjares que intento repetir porque son alucinantes y a veces, si sobra algo, lo como a escondidas antes de volver a casa.

Me gusta mucho dormir la siesta al sol, panza arriba, aunque sea un

"Soy el anteúltimo romántico del Apocalipsis"

ratito, para hacer la digestión, y prefiero el corral donde hay fardos de alfalfa, que son mis colchones telúricos.

Me quedo profundamente dormido como una piedra que cae al fondo del lago y sueño con las chicas que conozco, me gustan y me coquetean sabiendo que soy capaz de abrazarlas, besarlas y acostarlas en un santiamén.

También mezclo a las modelos, actrices y cantantes que veo en la televisión cuando mis padres caen vencidos por el sueño y hago un *collage* de imágenes de ellas en ropa interior o desnudas imaginando que soy el amor de cada una mientras siento que mi cuerpo se alborota como el de los animales en las noches de luna llena.

Es cierto que desperté muy chico a la sexualidad y dejé que mi cuerpo gobernara a los sentidos y siempre logré saciarlos, solo o acompañado.

Es un privilegio sentir la libertad para gozar y ayudar a que los demás gocen; soy un chancho libertino, sensual; no me imagino con una chica sino con todas las amigas, o con mi maestra y las del valle entero enseñándome posiciones divertidas para estrenar cada fin de semana que es cuando estoy más libre y despreocupado.

PLACER, PLACER, PLACER.

Bailo toda la noche y saco hasta a las solteronas para que no planchen y a cada una le hago el verso de que estoy perdidamente enamorado; les propongo casamiento para arrastrarlas al chiquero mientras las beso y las dejo sin aliento.

Como soy muy enamoradizo, cuando me gusta mucho una chica le escribo poemas y cartas que brotan como la vertiente de Ojo de Agua y encienden la pasión que tengo que esconder a veces en un balde, o en la oscuridad, pues soy muy tímido y me pongo colorado como un tomate recién cosechado de la huerta de LA LULI.

Me gusta estar en silencio con alguien que quiero porque me entiende, no me presiona ni exige.

Veo el mundo desde mi levedad del ser y sé que cuando salga a conquistarlo conoceré gente, estudiaré en la ciudad y seré...

Aún no tengo muy claro qué me gustaría ser, porque disfruto lo que hago y me divierte aprender oficios nuevos de los hermanos carpinteros, del afilador de cuchillos, del profesor de folklore y de la astróloga china que es vecina y el 4 de diciembre arma unas fiestas donde invita a todo el pueblo y disfruto viendo a los pintores, escultores, músicos de la zona brindarse al cosmos.

PASÓ EL TIEMPO.

Hoy soy un médico que decidió convertirse en psiquiatra para conjugar todos los verbos de la creación.

Tuve un antes y un después que cambió mi vida apacible de la niñez dorada en las sierras y decidí bucear el alma de la gente que me rodeaba.

Me casé y tuve tres hijos, y soy inmensamente feliz en el matrimonio.

Paralelamente descubrí el arte de la navegación y salí en busca del viento que me enseñó más que la vida para seguirlo, desafiarlo, acrecentarlo y fundamentalmente respetarlo.

Matizo mi vida entre la tierra y el río o el mar. Acepto cuando alguien me invita a timonear el destino incierto que nadie puede adivinar, pues la inseguridad es parte del vivir entregándonos con valentía a las pruebas que nos ofrece el sino.

Almaceno en mi corazón la vida de muchas personas que se acercan a mí convencidas de que puedo hacer algo por ellas.

Sé que ayudar es el verbo más difícil de conjugar: Yo te ayudo, tú me embromas, él me presiona...

Escuchar con total entrega, devoción, atención y concentración es mi gran patrimonio; como veleros en una noche de verano despejada y con luna llena siento que cada paciente deja en mí su tesoro para que lo abramos, ocultemos o hundamos para siempre.

Proteger es mi instinto básico, y siento que cuando termina cada sesión sigo acompañándolos con la mirada transparente cuando atraviesan el umbral hacia la transformación que los espera.

Con los pacientes con los que hay TRANSFERENCIA Y CONTRATRANSFERENCIA sueño dormido y aún más despierto, sin que lo sospechen, bailando boleros, tangos y *zambas de mi esperanza*.

Me interesa la vida de quienes encuentran un sentido, un llamado o una vocación donde plasmar su neurosis. El arte es el gran camino para cicatrizar las heridas, graduar los traumas y las manías y es por eso que admiro profundamente a quienes lograron encauzar las experiencias, y transformaron el barro en oro como alquimistas.

Disfruto cada momento del día, madrugo con la certeza de que cada día seguiré aprendiendo algo, sorprendiéndome, creciendo espiritualmente; afectivamente estoy rodeado de la familia que formé, de mi mujer y de la tribu que fundé por mi vocación de detective de la psiquis humana.

Atesoro más secretos que la caja de Pandora, y aunque mi consultorio es un templo sagrado donde anidan partículas de estados emocionales, siempre está ventilado; y el sol curioso que entra por la ventana es el testigo en cada estación del año de mis pinceladas sobre las telas que despliegan los pacientes y que comparo con las diferentes épocas: clásica, medieval, barroca, moderna y posmoderna.

Mi concepción cientificista del universo convive con el niño que creció rodeado de una belleza que sigue intacta y parece un privilegio para quienes la descubren en este milenio.

Aún matizo en el consultorio, con algún paciente, mis versos gauchescos del *Martín Fierro, Don Segundo Sombra* o *Fausto*, entreverados con Amado Nervo o Neruda.

Soy el ANTEÚLTIMO ROMÁNTICO DEL APOCALIPSIS.

HISTORIA

Jabalí en China, chancho en Vietnam, maestro del palacio, guía solitario, símbolo de placer y lujuria.

Su significado oscila entre lo material y lo espiritual; despierta la curiosidad de conocerlo.

El chancho es un animal solitario que con sus secretos evoca a los druidas ocultos en los más impenetrables rincones de los bosques celtas.

En muchos mitos el chancho representa la autoridad espiritual; cazarlo y matarlo es una metáfora en la cual lo temporal (el cazador y la presa) descubre lo espiritual (el noble chancho).

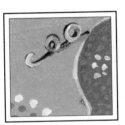

Para los cristianos, el chancho representa una imagen maligna: encarna al diablo y a un obsceno glotón incapaz de controlar sus pasiones, a un destructor de campos, cultivos y viñedos.

En el zodíaco chino, él simboliza el coraje, la prosperidad y la nobleza; en Japón representa al dios de las guerra.

En la mitología celta el chancho es un animal sobrenatural. La historia dice que cuando los celtas debieron exiliarse a causa de los galos, fueron alimentados por siete chanchos sobrenaturales que eran matados cada tarde y volvían a nacer cada mañana.

En otra narración de la Edad Media, el héroe es seducido por un luminoso chancho blanco que ha tomado la forma de una hermosa doncella, dejando de ser el temible y oscuro ser de la noche, para cazar al cual uno arriesga su vida.

Venerado, respetado y temido, el

chancho es el signo que llegó a completar el zodíaco chino por casualidad.

El ayudante del Emperador de Jade lo atrapó cuando iba rumbo al matadero, para completar los doce animales emblemáticos, porque el gato no había llegado a tiempo y su lugar fue ocupado por el conejo, que adora al chancho.

EL CHANCHO EN EL TRABAJO

Hay tres tipos de chanchos:

Los vagos sin arreglo; los que se conforman con lo indispensable y no hacen grandes esfuerzos; y los adictos al trabajo porque tienen tanta vocación que los inspira para seguir creando hasta el minuto antes de morir.

O sea, hermanos puerquitos: DON'T WORRY, BE HAPPY.

Necesito sentirme útil e indispensable y a veces malgasto mi vida en actividades sin fines de lucro, o en hacer favores o changas que no me dan un peso.

No sé si está bien que lo diga, pero soy generoso y tengo espíritu altruista, por eso estoy siempre dispuesto a embarcarme en aventuras que prometen un gran compromiso, esfuerzo y trueques surrealistas.

Mi parte ambiciosa me impulsa a invertir tiempo y energía para buscar la mejor manera de relacionarme profesionalmente para ascender en mi carrera.

Sacaré lo mejor de mí mismo y de los demás para cooperar en el equipo y mejorar las condiciones, brindando sabios consejos; si el proyecto me interesa, trabajaré con pasión.

Tengo infinidad de parientes chanchos que se destacan en su profesión y son multimillonarios.

El nuestro es un signo que sabe equilibrar el trabajo con el placer y la vida social con éxito.

Detesto la competencia desleal y los golpes bajos, pero muchas veces soy víctima de mi propio invento.

En China nosotros, los chanchos, representamos la holgura y la riqueza material.

EL CHANCHO EN EL AMOR

Éste es mi punto G.

Amar es la razón de mi vida, y vivo pendiente de la elegida mostrándole física, mental y espiritualmente lo que soy capaz de hacer.

Soy original en mis demostraciones, ningún hermano chancho pasará desapercibido porque somos voluptuosos, generosos y muy convincentes.

Tengo una dosis de neurosis fascinante; alto vuelo, imaginación, realismo y sentido común.

Estoy permanentemente abierto a nuevas propuestas eróticas, deseando deslumbrarme cuando encuentre la combinación ideal de compañerismo, riesgo, aventura y creatividad.

Aspiro a ser el amante ideal; aparecer y desaparecer como por arte de magia y no hacer reclamos fuera de lugar, pero sé que si me enamoro puedo ser Otelo y enloquecer a mi pareja persiguiéndola día y noche.

Necesito seguridad emocional, contención, que me mimen y me brinden placeres sibaríticos y hedonistas.

Soy capaz de perder un tren, un avión, no llegar a ningún lugar, porque el sexo es mi perdición, y jamás renunciaré a la tentación.

Cálido, sensual, divertido o aburrido, despliego afecto donde sienta que soy correspondido y sé que me convertiré en alguien imprescindible.

Para algunos me falta magia y me sobra realismo, pero adoro convivir y compartir todo lo que ocurre con optimismo y solidaridad.

Me encanta ser gran amigo de mi pareja y puedo sentirme mal si no me integra en las decisiones.

EL CHANCHO EN LA FAMILIA

¡Hmmm...!
Dependerá del tipo de jamón que predomine en cada uno de mis hermanos. De bellota o serrano...

Algunos de nosotros necesitamos formar una familia y seguir siendo solteros, a pesar de ser cumplidores, amorosos y responsables con cónyuge e hijos, hermanos y tíos.

Me encanta pasar horas en el chiquero con mi prole, sabiendo que tendremos alimento, vestimenta y calor de hogar.

También adoro compartir cada etapa en la crianza de mis hijos y disfrutar jugando como uno más de ellos. Pero soy muy estricto en su educación, los defiendo con mis pezuñas, participo de cada aventura y formo parte del festín.

Reconozco que soy obstinado, impenetrable a veces, demandante, sofoco a mi familia y en ocasiones me dan un pasaje de *bus* o de avión para que visite a los parientes lejanos y retorne liviano de ideas propias al hogar.

Así y todo, les recomiendo: NO SE PIERDAN AL CHANCHO PARA FORMAR UNA FAMILIA, AUNQUE LES DÉ UN POCO DE TRABAJO EXTRA. Somos una garantía.

EL CHANCHO Y SU ENERGÍA

CHANCHO DE MADERA (1935-1995)

Esta variedad de chancho es bien intencionado, original, creativo, y muy ambicioso. Su vida se construirá sobre la base del esfuerzo, profesión, conocimientos y relaciones públicas. Su imaginación será su principal patrimonio y concretará sus sueños convirtiéndolos en oro.

Posee buen gusto y refinamiento exquisitos. Prefiere vivir en contacto con la naturaleza antes que en la ciudad. Sabe improvisar en los momentos difíciles y se defiende a los hocicazos cuando lo atacan.

CHANCHO DE FUEGO
(1947-2007)

Estamos ante un porcino muy talentoso e inteligente. Es hiperactivo, y cuando se le mete una idea en la cabeza no conoce el descanso. Sorprenderá por su coraje, originalidad y vitalidad. Muchas veces actúa a partir de los impulsos y es susceptible al enojo.

Tiene un corazón de oro y se entrega ciegamente, por esto se convierte en presa fácil de algunos inescrupulosos y sufre ante reiterados desengaños. Ama la aventura y cree en el amor del prójimo. A veces resulta un poco autodestructivo y puede herir de muerte, pero logra que lo quieran y perdonen.

CHANCHO DE TIERRA
(1899-1959)

La suerte le sonríe a este chancho, y casi siempre parece estar en el lugar correcto a la hora exacta. Responsable, innovador y creativo, le fascina la política y es un muy buen organizador de grupos, proyectos y seminarios por su mente metódica, clara y organizada. A veces resulta un poco inseguro y le cuesta tomar decisiones, por lo que puede ser influenciable.

Acrecentará su patrimonio, y sus riquezas. Es un trabajador implacable que logrará sus éxitos. Le encanta pasarla bien y viajar.

CHANCHO DE METAL
(1911-1971)

Si la vida le tira misiles, él demuestra que es impermeable, resistente, que no tiene miedo a los riesgos de la existencia. Su fortaleza, principios e ideales son firmes, y sus decisiones llegan intempestivamente.

Le gusta dominar a los demás y es un tanto incisivo. Triunfa cuando se lo propone y resulta arbitrario en sus juicios. Adora ser el centro de las fiestas y reuniones, otro de sus gustos es romper corazones. Muy primitivo en sus sentimientos, ama u odia con ardiente intensidad.

CHANCHO DE AGUA
(1923-1983)

Es un chanchito instintivo e intuitivo, que tiene un radar para captar las cosas. Tiene perfil bajo, es poco mundano, solitario y tímido, pero educado y sobreexigente consigo mismo. Espiritual y desinteresado. Adora la música, el deporte, el arte. Es profundo, poético y le gustan los desafíos. Sueña compartir la vida con un amor, amigos, hijos propios o adoptivos.

Su mayor sabiduría radica en vivir exactamente con lo que necesita, sin sacrificar su ocio creativo. Le interesan su libertad y su tranquilidad y se esforzará para resguardarlas.

EL CHANCHO
Y SU ASCENDENTE

**CHANCHO ASCENDENTE
RATA: 11 p.m. a 1 a.m.**
Un chancho vicioso, astuto y muy entrometido. Trabajará cuando lo necesite e inspirará protección. Le encantará ser el primero en enterarse de las cosas (y le costará guardar un secreto).

**CHANCHO ASCENDENTE
BÚFALO: 1 a.m. a 3 a.m.**
Un chancho autoritario y responsable con un gran sentido del deber. Disciplinado, estoico y obsesivo, desde la infancia tendrá bien en claro sus objetivos. Buscará el consuelo y la razón en su familia.

**CHANCHO ASCENDENTE
TIGRE: 3 a.m. a 5 a.m.**
Este chancho es rebelde y corajudo, siempre busca la justicia y la defiende a capa y espada. Atormentado, vicioso y nervioso, despertará un mar de pasiones y tendrá muchos hijos. Su corazón es enorme.

**CHANCHO ASCENDENTE
CONEJO: 5 a.m. a 7 a.m.**
Un refinado y estético chancho sibarita al que le costará encontrar su vocación. Estará apegado a la familia y necesitará amor para su realización holística.

**CHANCHO ASCENDENTE
DRAGÓN: 7 a.m. a 9 a.m.**
Éste es un chancho con ambición. Protagonizará sucesos extraordinarios, cambiará de trabajo, de país y de amigos con asombrosa rapidez. Hará fortuna, la gastará y empezará de nuevo.

**CHANCHO ASCENDENTE
SERPIENTE: 9 a.m. a 11 a.m.**
Inteligente, posesivo y exigente, tendrá gustos caros y proyectos descabellados. En el amor, desplegará sus encantos conquistando lo imposible.

**CHANCHO ASCENDENTE
CABALLO: 11 a.m. a 1 p.m.**
Inconformista e iconoclasta: seguidlo o abandonadlo. Egocéntrico, déspota, mal perdedor y ambicioso, necesitará triunfar en su vocación y hará todo lo posible para lograrlo.

**CHANCHO ASCENDENTE
CABRA: 1 p.m. a 3 p.m.**
Un chancho sensual, gracioso y artístico que desbordará generosidad y camaradería. Tendrá una casa confortable y gente que lo protegerá. El amor será su refugio y estímulo creativo.

**CHANCHO ASCENDENTE
MONO: 3 p.m. a 5 p.m.**
Este original, inteligente y profundo chancho sabrá los secretos de las relaciones entre los seres humanos. Descollará en su profesión, tendrá amores y amigos que lo adorarán y protegerán.

**CHANCHO ASCENDENTE
GALLO: 5 p.m. a 7 p.m.**
Un ejemplar minucioso, programado y extravertido al que habrá que darle pautas de vida. Encontrará tarde su vocación y se dispersará en los laberintos de su imaginación.

CHANCHO ASCENDENTE PERRO: 7 p.m. a 9 p.m.

Solitario y arisco, vivirá observando a los demás para luego criticarlos. Trabajará intensamente y guardará el dinero para la vejez. Tendrá varios amores y matrimonios; pero con la vejez puede volverse avaro, miserable y terminar solo.

CHANCHO ASCENDENTE CHANCHO: 9 p.m. a 11 p.m.

Un diamante en bruto que precisará del afecto, el cariño y el apoyo de sus seres queridos. Lujurioso y *bon vivant*, este chancho es un sibarita sin parangón. En la cama demostrará cuán chancho se puede llegar a ser.

ALINEACIÓN Y BALANCEO

Les aconsejo:

Como son escépticos y les cuesta aceptar algo que no sea palpable para salir del chiquero, ¡practiquen deportes!

Cabalgatas, natación, box, fútbol, polo, pato, golf, trekking, alas delta, parapente y automovilismo.

Mucho TAO DEL AMOR Y DEL SEXO; ustedes son maestros, nada les gusta más y hacen felices a quienes se arriman al fogón.

Experiencias místicas, introduciéndose lentamente en la práctica de zen, yoga, meditación y tai-chi para los chanchos curiosos que quieran ir más lejos y explorar las fronteras entre lo conocido y desconocido, entre lo real e irreal. Tal vez se asustarán cuando no descifren el código de ADN, pero saldrán fortalecidos.

Mantenerse activos para no engordar y conservar el equilibrio físico y mental.

Juegos de salón, en los que tienen suerte y los entretienen.

Balancear lo físico con lo psíquico y emocional.

Pedir ayuda y no aislarse cuando atraviesen momentos difíciles; acompañados los superarán y saldrán fortalecidos.

Terapia grupal para ayudarlos en su timidez y en su exhibicionismo.

Amoldarse a los estados ciclotímicos y encontrar *feed back* en sus exploraciones para convertirse en un chancho sabio.

Homeopatía y antroposofía pues son básicos para equilibrar sus emociones.

Recordar que, activos, pasivos o bipolares, ustedes son animales que necesitan tener hábitos y costumbres.

PERSONAJES FAMOSOS

CHANCHO DE MADERA
(1875–1935–1995)

Woody Allen, Julie Andrews, Antonio Ravazani, Alain Delon, Jerry Lee Lewis, Eduardo Gudiño Kieffer, Isabel Sarli, Luciano Pavarotti, Dalai Lama, Bibí Anderson, Pinky, Maurice Ravel, Elvira Domínguez.

CHANCHO DE FUEGO
(1887–1947)

Mercedes Sosa, Deepak Chopra, Georgio Armani, Keith Moon, Ron Wood, Mijail Barishnikov, Chiang Kai-Shek, Hillary Clinton, Steve Howe, Brian May, Carlos Santana, Jorge Marrale, Glenn Close, Steven Spielberg, Iggy Pop, José Carreras, Arnold Schwarzenegger, Vícto Hugo Morales, Richard Dreyfuss, Jorge González, Mick Taylor, Oscar Moro.

CHANCHO DE TIERRA
(1839–1899–1959)

Darío Grandinetti, Victoria Abril, Nito Artaza, Angus Young, Ramón Díaz, Al Capone, John D. Rockefeller, Indra Devi, Val Kilmer, Fred

Astaire, Claudio Gallardou, Gustavo Cerati, Jorge Luis Borges, Bobby Flores, Fabiana Cantilo, Humphrey Bogart, Alfred Hitchcock, Rosanna Arquette, Pedro Aznar, Michael Hutchence, Ana Torroja, Michelle Acosta.

CHANCHO DE METAL
(1851–1911–1971)

Martín Ciccioli, Leonardo Manco, Ernesto Sabato, Máxima Zorreguieta, Diego Torres, Finito de Córdoba, Pablo Trapero, Julieta Ortega, Enrique Ponce, Marcos Milinkovich, Dolores Cahen D'Anvers, Ginger Rogers, Winona Ryder, Gloria Carra, Wally Diamante, Gastón Pauls, Robert Taylor, Claudia Schiffer, Paula Masotta, Ricky Martin, Carolina Peleritti, Eugene Ionesco.

CHANCHO DE AGUA
(1863–1923–1983)

Juan Manuel Fangio, Celeste Cid, Sai Baba, Carlos Páez Vilaró, María Callas, Agustina Cherri, Richard Avedon, príncipe Rainiero de Mónaco, David Pérez, Charlton Heston, Eduardo Falú, Henry Kissinger.

ISABEL SARLI

TESTIMONIO *Yo soy un Chancho*

DIEGO CURATELA

ESCRITOR

Aunque soy un chancho mañanero, me cuesta activar si mi caballito aún retoza pegadito a mi cuero (*¡Ay amor, sin ti no entiendo el despertar!*). Bajo el resplandor matinal observo que anoche hemos dejado la cama hecha un chiquero. Tras un breve revolcón, acaricio su pelaje y voy a la cocina a preparar un *breakfast* de mimos y manjares.

Para esta mañana elijo el "naranja de sangre", un tecito color bermejo y de intenso sabor, ideal para después de una noche bajo los efluvios de Eros. Alisto la porcelana, la mermelada de arándanos, la manzana del pecado y el pan de centeno. La mirra y el sándalo impregnan el aire junto al *Plaisir d'Amour* cantado por Joan Baez. El cuerpo y la mente comienzan a dilatarse. En este ritual de melodías, aromas y sabores, de goces, sudores y caricias, advierto la esencia de mi raza porcina. ¡Oink, oink! Soy un *piggy metal very happy*.

Pero no siempre me he sentido así. Afirmar mi condición astral siendo un adolescente excedido de peso, era más que pura tautología. ¡Era un verdadero tormento! Nunca faltaba el chistoso que en medio de una reunión preguntara "¿Y vos qué sos?". "Chancho", le decía. "Sí, de acuerdo —me respondía ufano—. Pero lo que queremos saber es tu signo". También recuerdo aquellos años de infancia –inocente cordero– con mis mofletes prominentes, amplios y rosados, que mis maestras pellizcaban cada mañana al salir del colegio. O la tortura de los recreos, cuando mis compañeritos me arrojaban monedas al grito de "¡Alcancía!". (Ay Patricio, qué pena que fueras vos el que propiciara esos juegos.) Con los años, y con una verdadera cruzada por parte del nutricionista, mi situación ha ido modificándose. Y debo a Ludovica el haber asumido con orgullo y dignidad mi esencia porcina. Por eso, cuando La Sacerdotisa Dionisíaca me invitó a testimoniar en el año del perro, me sentí honrado y resarcido por aquellos años de *cómo ser chancho y no morir en el intento*.

Reconciliarme con el *pig's profile* me ha permitido diferenciar que una cosa es ser chancho y otra, un verdadero cerdo. (Cerdo: toda persona que sin distinción de sexo, raza, credo o nacionalidad, contribuye a la Calcutarización del mundo y la animalización de la humanidad.) Contra los CERDOS que multiplican la pobreza, la injusticia, el hambre y la impunidad, CHANCHOS DEL MUNDO, entonemos juntos: *We shall overcome!!*

El chancho pertenece tanto al cielo que contempla como al barro en el que se revuelca. No por simple trastorno bipolar. Según mi padecer, la dualidad es nuestra forma natural de ser y de estar. El chancho habita en una herida que no sutura, bajo tensiones que no se disuelven. Pero en esa escisión nos implicamos, y celebramos cuanto la vida tiene de desgarro y de hermosura.

Esa compleja dualidad es fruto de numerosos desvelos. Es que no miento al decir que con la misma pasión me entrego a la vida ascética de contemplación como a los excesos del arrabal. Instante en que desconsolado me interrogo "¿Y yo qué soy?", "¿Pertenezco al cabaret o al convento?" Aceptémoslo: el chancho es el contrapunto de toda definición. Y en momentos en que el alma no da más, nos reconciliamos con el universo celebrando bodas con el lodo y el cielo.

Debido a mi natural desmesura soy un verdadero inconveniente en materia de protocolos de rigurosa etiqueta. Me cuesta aceptar fronteras, marcaciones, boyas y vallas. Por el contrario, intento vivir a barro abierto y me deleita que la fauna amiga entre a revolcarse. ¡Que se expanda el corazón y el vino se derrame! Quienes le han puesto el pecho al fango, afirman que soy buen anfitrión y mejor cocinero. Mi pata de cordero sólo ha sido superada por el pato a la naranja o el curry de vegetales. Sin embargo, no faltan los golosos que celebran mi diva de chocolate.

El imaginario popular suele tener una concepción un tanto equívoca de nuestro aspecto. Suponen que, debido a nuestro cuero resistente, estamos hechos a prueba de besos y balas. Que el chancho todo lo soporta, todo lo puede, todo lo comprende. Pero debajo de todo jabalí salvaje hay un puerquito tierno que busca *un pecho fraterno donde morir abrazao*. Y aunque mi sensibilidad patológica y mi timidez son un verdadero obstáculo, tras la plenitud de un encuentro me convierto de inmediato en rehén de los afectos. Lo confieso: tengo un sagrario en el que venero a quienes han sabido refugiarme en noches de desasosiego.

Quiero dar testimonio de gratitud a todos los que me han permitido descubrir regiones de mí mismo, a veces aterradoras, a menudo insospechadas, pero que me han posibilitado acercarme a ese sagrado misterio por el cual me embarro, respiro y vivo.

Ahora disculpen... oigo el relincho de mi caballo trotando en el chiquero.

COMPATIBILIDADES ENTRE EL ZOO

❊ CHANCHO ❊

ENTREGATE Y FLUÍ
AMOR

ENCUENTROS CERCANOS
DE ALGÚN TIPO

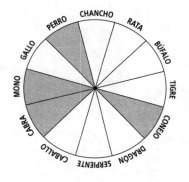

CORTOCIRCUITO ASTRAL
DANGER

HACETE CARGO • TE AVISÉ

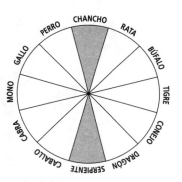

TRABAJO
SOCIEDADES

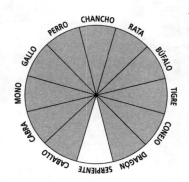

AFINIDAD-EMPATÍA
**BENDICIONES
DISFRAZADAS**

Abraham Domínguez

Con Gispy

Tapa de la revista Marilú, año 1933

Oscar López y Aldo Díaz

Con mami

Marilú con su nieta mayor Macarena y su segunda bisnieta, Francisca.

Mariana Paz

Con Mona Estecho

El tantra de Yolsie

marilú like an angel

Tarjeta postal

FENG-SHUI EN EL ZOO

por Macarena Argüelles Q. y Mashenka Jacovella Q.

No hay ningún camino lógico para descubrir estas leyes elementales.
Sólo puede hacerse a través de la intuición,
por la sensación de orden que subyace en todas las apariencias.

ALBERT EINSTEIN

Los chinos creen que la causa determinante del éxito y el fracaso no se debe tanto a las acciones humanas, sino al trabajo oculto de misteriosas fuerzas de la naturaleza. El término FENG-SHUI "viento y agua" describe CÓMO y PORQUÉ estas fuerzas son las que determinan la salud y la prosperidad de un hogar y sus habitantes.

Este principio, no tan arraigado entre los occidentales, puede lograrse aplicando algunas reglas de oro que crean y facilitan la armonía, y evitando ciertas disposiciones, objetos, formas y colores que resultan nocivas para el positivo flujo de la energía.

La integración del mundo exterior en nuestro ambiente interior es la piedra angular de la mayoría de las filosofías tradicionales. Mediante un estudio detallado de los principios de unidad y la observación del orden perfecto y eterno del Universo, el FENG-SHUI reúne los ámbitos externos e internos creando viviendas equilibradas y pacíficas cuyos ocupantes pueden desarrollarse con felicidad y salud.

En este capítulo, amorosamente les proponemos un FENG-SHUI intuitivo, para no volverlos locos ni "chinos" con medidas, grados y brújulas. Nuestra fórmula es, principalmente, el sentido común y el de la estética, que crea armonía con su sola aplicación.

Siguiendo estos preceptos, eliminar el desorden y buscar la simplicidad pueden ser los primeros pasos de un buen comienzo que tendrá favorables consecuencias en su vida.

Lo más importante es que ustedes se abran a la posibilidad, al cambio y acepten la idea de que son copartícipes de su destino y los primeros artistas a la hora de crear nuevas realidades.

Ésta es la propuesta de nuestro capítulo, que al entrar en sus casas se tomen un momento y se detengan a observar, que se animen a jugar, comenzando por hacer una lista en la que se pregunten, por ejemplo:

¿Qué es lo que veo primero cuando llego a casa? ¿Cuál es el olor que predomina? ¿Qué formas me llaman la atención? ¿Qué oigo? ¿Qué necesita arreglo? ¿Qué puedo imaginar de los habitantes de la casa después de responder a esas preguntas? Los sentidos son vitales para lograr la unidad y la armonía, las imágenes creadas en nuestra conciencia, ya sea que vengan de la vista, del oído o del olfato, juegan un papel fundamental en nuestra experiencia, según William Spear, maestro del FENG-SHUI, las primeras impresiones ocupan más del cincuenta por ciento de la sensación completa de un lugar.

Rescataremos lo positivo para cada uno de los doce animales, según sus características personales a la hora de decorar sus moradas.

Y les daremos tips que, más allá de enfocarlos según la necesidad específica de cada animal, en términos generales son aplicables para todos.

Vamos a sugerirles lo que conviene transformar en sus ambientes. Lo que tienen que hacer desaparecer YA MISMO, *OUT*, A-H-O-R-A.

En homenaje al perro, amo y protagonista de este libro, les daremos consejos para lograr una verdadera cucha donde se sientan protegidos y al mismo tiempo abiertos al amoroso equilibrio del universo *HOME SWEET HOME*.

RATA
ACTIVAR EL SUDOESTE
DEL DORMITORIO
CON UNA PAREJA DE OBJETOS
SIMBÓLICOS AL AMOR.

La rata conoce, como nadie, el orden dentro de su propio caos. Según los mandatos de su ciclotimia natural, puede convertirse en una obsesiva del orden. ¡Ojo! La excesiva observación de los detalles traba el natural fluir de la energía, sobre todo cuando se impo-

ne al resto de los habitantes de la casa.

A los roedores los salva su buen gusto, su amor por la limpieza –precepto primordial para el FENG-SHUI– y su practicidad innata.

Aman las bibliotecas (en las que abundan libros prestados que deben devolver).

Su afán por juntar cosas inútiles para no tirarlas, en su instinto previsor que las impulsa a llevarse TODO a la cueva, es un ítem para trabajar ya que algunos recuerdos no traen buena energía de sus dueños anteriores y les convendría desprenderse de ellos. Ojo roedores con los muebles heredados o comprados en remates, háganles una cura de FENG-SHUI con un sahumerio o una vela blanca encendidos sobre ellos, hasta que se consuman.

Le dan mucha importancia al living, son sociables y buenas anfitrionas. Y al dormitorio, donde se encierran en sus *moods* autistas.

Deberían hacer más acogedora la cocina y proveerla de un miniespacio para comer tranquilas, ya que los roedores tienden a comer parados y apurados, algo que causa estragos en su digestión.

Las plantas en este ambiente las ayudarán a ENRAIZAR y conectarse con el placer de este ritual cotidiano.

También deberán evitar los espacios cerrados y colores estridentes que potencian su natural nerviosismo.

ELEMENTOS FAVORABLES
Se beneficiarán instalando cortinas de texturas más livianas que dejen pasar la luz y el aire.

Orienten sus camas hacia el Norte, en lo posible. Incluyan agua en recipientes traslúcidos para absorber las energías más densas.

El color azul es muy terapéutico para aplacar la energía *yang* de las inquietas e inteligentes dueñas de casa.

A las celosas ratitas les aconsejamos trabajar la zona más *yin* de la casa: el dormitorio. Aquí no son bienvenidos los espejos. Según los chinos, pueden invitar a la aparición de terceros y promover la discordia en la pareja.

SIMBOLISMO

La rata de biblioteca ama los libros.

El libro es el símbolo del universo: "El universo es un inmenso libro" escribió Mohyd-din ibn-Arabi.

La expresión "liber mundi" pertenece también a los rosacruces. Pero el *Libro de la vida* del Apocalipsis está en el centro del Paraíso, donde se identifica con el "árbol de la vida".

En todos los casos el libro aparece como símbolo del secreto divino que sólo se revela al iniciado.

Un libro cerrado significa la materia virgen. Si está abierto, la materia fecundada.

El corazón se compara así con un libro: abierto, ofrece sus pensamientos y sentimientos, cerrado, los oculta.

BÚFALO

HAY UNA REGLA QUE DETERMINA QUE LA CANTIDAD DE VENTANAS NO DEBE SUPERAR EN NÚMERO DE TRES A UNO A LAS PUERTAS.

El buey, adalid de la tradición, ama los muebles antiguos, más bien pesados. Prefiere los materiales nobles, como el cuero y los colores tierra y el verde en sus gamas más clásicas. A veces resulta demasiado formal.

Su tendencia al apego puede bloquear las energías. Recomendación: Agua, en lo posible en movimiento, en algún rincón de la casa para activar la energía *yang*.

Los búfalos corren el peligro de convertir su casa en un museo, con elementos que los atan al pasado y les impiden avanzar.

Les sería provechoso escapar del monocromatismo incorporando colores cálidos: amarillo, rojo y naranja les darán una inyección de energía que a veces les hace falta.

Su naturaleza salvaje, y algo claustrofóbica, necesita espacio y amplitud de territorio, por lo cual si su morada es pequeña resulta aconsejable por lo menos una gran ventana para lograr una buena perspectiva a través de un jardín, una plaza o, aunque sea, un árbol de la calle.

Si no es posible, recreen en el balcón o en algún rincón de la casa un espacio verde con plantas silvestres (bambú, cortadera, junquillos); ninguna que tenga puntas (helechos o arecas), que en FENG-SHUI remiten a una flecha envenenada.

ELEMENTOS FAVORABLES

El buey es un apasionado del trabajo. El dinero es un eje en su vida, no por ambición sino por seguridad. Es aconsejable que su escritorio no sea de vidrio, pues las superficies brillantes perturban el trabajo mental, y que no den la espalda a la puerta de entrada; si es así, colocar un espejo que les permita ver quiénes entran. También les será favorable colocar tres monedas chinas del I-CHING debajo del teléfono y la computadora. Son pequeños *tips* que los ayudarán a retener el CHI.

La familia es el centro de su universo. Un *family-room* los hará felices y se convertirá en el corazón de la casa. No importa el tamaño sino el amor con que puedan cobijar a sus seres queridos.

Y hablando de amor... son amantes incansables, deberán prestarle atención a la cama, que bajo ningún punto de vista puede haber tenido un dueño anterior.

A comprar un flamante *sommier* (orientado al nordeste en lo posible) al cual le aplicarán un respaldo que haga de sostén en sus relaciones.

SIMBOLISMO

"El buey es un símbolo de bondad, de calma, de fuerza apacible; de potencia de trabajo y de sacrificio", escribe Devoucoux.

Los búfalos, auxiliares preciosos del hombre, son respetados en toda el Asia oriental.

Sirven de montura a los sabios, particularmente a Lao-Tsé en su viaje al Oeste. En la actividad de estos animales hay un aspecto de dulzura que evoca la contemplación.

En la China antigua un buey de tierra representaba el frío que se expulsaba en la primavera para favorecer la renovación de la naturaleza: es éste un emblema típicamente *yin*.

TIGRE

MANTENGA EL BAÑO INMACULADAMENTE LIMPIO, SIN PISO DE MADERA NI MOQUETTE.

El tigre es el rey de la estética, el diseño, el lujo y la comodidad.

Pueden caer en excesos a la hora de decorar su guarida aunque su exquisitez felina los salva del desborde.

Los viajes son fundamentales para la ambientación de sus espacios. Coleccionan y exponen recuerdos para jactarse de sus aventuras vividas (no como la rata o el búfalo que acumulan por razones más emotivas).

El tigre necesita MOSTRAR.

Su tendencia *yang* los inclina a abusar de objetos y muebles que tornan densos los ambientes. CUIDADO, TIGRECILLOS: despójense de lo innecesario. Conéctense con su costado *yin* para depurar y alivianar sus moradas.

Eso sí, todo este *glamour* "hollywoodense" desaparece a la hora de partir rumbo a la aventura. Entonces una simple carpa, casa rodante o bolsa de dormir (preferentemente de *duvet*) les será suficiente para hacerlos felices bajo las estrellas. El FENG-SHUI de la naturaleza.

ELEMENTOS FAVORABLES

El tigre da prioridad a los ambientes más expuestos de la casa y descuida los baños y dormitorios que

desnudan su intimidad.

Existen REGLAS DE ORO para los baños: tener siempre la tapa del *water* y la puerta cerradas. Si es en suite, disponer una cortina escenográfica o un biombo (jamás en forma de zigzag pues los quiebres generan flechas) que lo separe visualmente del dormitorio.

Un pote de cerámica con sal gruesa absorbe las energías más densas del baño.

NUNCA poner flores ni cuadros de flores en el sanitario y mantener un estilo minimalista en este ambiente.

Los tigres necesitan habitar internamente su casa, en algún sector donde puedan ser auténticos.

Los colores grisáceos, verdes y azules ayudan a relajarlo y concentrarlo. También las texturas etéreas en la ropa de cama.

Elijan los objetos que representen el AGUA. Las marinas y paisajes de montañas son excelentes para ustedes. También las formas verticales y alargadas.

En 2006 activen la energía del noreste con un carillón de varillas.

SIMBOLISMO

Tanto en la geomancia como en la alquimia china, el tigre se opone al dragón. Pero si en el primer caso es un símbolo nocivo, representa en el segundo un principio activo.

Los "cinco tigres", símbolos de fuerza protectora, son los guardianes de los cuatro puntos cardinales y el centro.

El tigre es un animal del Norte, del solsticio de invierno, donde devora las influencias maléficas.

CONEJO O GATO
SI TIENDE A DIRIGIRSE CON FRECUENCIA A LA HELADERA, COLÓQUELA EN LA PARTE DE ATRÁS DE LA COCINA.

Ante todo, un mimoso sibarita. Es sofisticado, exquisito y convencional a la hora de decorar.

Hay pocas casas tan acogedoras y cómodas como las de los conejillos, a los que les encanta crear en cada ambiente un clima que invite a ronronear.

Su naturaleza es *yin,* pero equilibrada por su dirección *yang.*

Para los gatos, será mejor poco pero bueno, texturas suaves, formas redondeadas que acompañen el fluido armónico de la energía, y colores claros.

Los conejos tienen una intuición natural que es la base de una buena disposición de los ambientes, los muebles y los objetos. Su sentido común y sensibilidad estética los guiarán por buen camino.

Para ellos, el corazón de la casa late en el living, en donde, de ser posible, reinará un equipo de audio de última generación en tecnología y diseño que les servirá de canal para dar rienda suelta al goce de los sentidos. Si no, será un *home theatre* o pantalla plana, y de allí en adelante. El punto es que hay que bajar la tensión y tratar de que los cables nunca queden a la vista ni se crucen por debajo de mesas y sillones.

Para curar esto, una fuente de agua o una planta neutralizan los iones eléctricos.

La fiesta de los gatos es amorosa. Lo que tienen es para compartir. Pase usted a la cocina... *Vedettes* en cartel: la bodega y la despensa. Talón de Aquiles para los derrochones y golosos conejillos.

El derroche es un movimiento hacia afuera en el que se escapa la energía; al contrario de la gula en la que el CHI se estanca hacia adentro generando tendencia a engordar. Ser consciente es el principio de la corrección.

Los colores fríos en la cocina y el comedor ayudarán a contener el desborde.

ELEMENTOS FAVORABLES

No llenen de implementos eléctricos el dormitorio y, si los tienen, desenchúfenlos antes de dormir para descansar mejor.

No sobrecarguen las paredes de cuadros y adornos porque ocuparán espacio en su mente. ¡¡Despéjense!!

Dispongan de un rincón para ejercitarse, cinta o bicicleta fija, para descargar su alto voltaje y de paso desintoxicar y quemar las calorías de aquellas noches de Baco y Afrodita. ¡¡Ahora sí!! A seguir chismoseando, sin culpas, en la *chaise longue*.

SIMBOLISMO

Es beneficioso que los conejos incluyan el agua como elemento primordial en su hábitat. Las significaciones simbólicas del agua pueden reducirse a tres temas dominantes: fuente de vida, medio de purificación y centro de regeneración.

Estos tres temas se hallan en las tradiciones más antiguas y forman las combinaciones imaginativas más variadas, al mismo tiempo que las más coherentes.

Las aguas representan la infinidad de lo posible.

El agua, opuesta al fuego, es *yin*. Corresponde al Norte, al frío, al solsticio de invierno, al trigrama K'an.

El agua es el símbolo de las energías inconscientes, de las potencias informes del alma, de las motivaciones secretas y desconocidas.

"Espejo menos que escalofrío... a la vez pausa y caricia, pasaje de un arco líquido en un concierto de espuma". *Paul Claudel*

DRAGÓN
SI HAY PROBLEMAS DE SALUD EN LA CASA, INCORPORE EL COLOR VERDE EN TODOS LOS AMBIENTES.

Rey celestial; según Oriente, una bendición. Para Occidente, usted sabrá.

Está y no está, aparece y se esfuma. Veamos entonces cómo será el templo de este mítico animal.

Su característica principal es la de ser algo ermitaños; necesitan su lugar para evadirse de los comunes mortales y navegar, aunque sea por Internet.

Un espacio amplio como un *loft* para desplegar sus alas y su cola sería ideal.

Su energía es *yang*, dominante, y su punto G es el egoísmo, características que deberán observar a la hora de generar un hogar compartido.

Será entonces propicio crear un santuario, una burbuja o un jardín de invierno para que su espíritu mágico se reencuentre consigo mismo. Cuelguen una esfera de cristal facetado en dirección Este y el arco iris refractado por el sol de la mañana les devolverá la energía que necesitan por su naturaleza intuitiva.

Es favorable que utilicen espejos para expandir el espacio y otorgarles sensación de libertad. ¡Atención! Deben estar limpios y abarcar la totalidad del cuerpo.

Su refugio: el dormitorio. Tendrán un *look* cinco estrellas y un vestidor a lo Sarah Jessica Parker.

El aliento del dragón es de fuego, que está simbolizado por la energía latente del sol y se ve realzado por todo lo que ilumina el alma, como las grandes obras de literatura, música y poesía.

Es menester que creen calidez en su entorno: chimeneas, salamandras, losa radiante y burletes en las ventanas para que no se escape su CHI vital.

ELEMENTOS FAVORABLES

En la cocina, un espejo atrás de las hornallas aumentará sus finanzas ya que el fuego reflejado se expande e irradia buen CHI a este *bagua*.

También se recomienda el color dorado, al que se añejará mediante un proceso o pátina sutil.

La entrada se ubica en el trigrama del agua y es propicio colocar un pequeño estanque, mortero o vasija de algún material frío como el mármol, la piedra o el cemento, que contenga agua de colores. El agua será su aliada contra el estrés; pueden aplicar este truco cuando y donde sea necesario.

SIMBOLISMO

En la China, según un cuento de los T'ang, el dragón es el guardián de la Perla; la leyenda de Sigfrido confirma que el tesoro guardado por él no es otro que la inmortalidad.

Potencia celeste, creadora, ordenadora, el dragón es naturalmente el símbolo del emperador.

Esta idea se aplica no sólo en la China, sino también entre los celtas. Está asociado al rayo (escupe fuego) y a la fertilidad (trae la lluvia). Simboliza así las funciones reales y los ritmos de la vida, que garantizan el orden y la prosperidad.

El dragón está, ante todo, en nosotros.

SERPIENTE

LOS ANIMALES TIENEN UNA CAPACIDAD EXTRAORDINARIA PARA DETECTAR LAS VIBRACIONES NEGATIVAS DE LA CASA.

Entramos en la casa de un/a ejecutivo/a por excelencia. Es sofisticada y ambiciosa y sobre todo absolutamente controladora.

Las serpientes necesitan imperiosamente crear un ámbito que las relaje y les permita encontrar su silencio. Los sonidos estridentes las alteran y exacerban su tendencia a las migrañas. Es recomendable que pinten los ambientes en los que se mueven cotidianamente con colores *yin* (azul, verde, gris, etcétera) pues proporcionan orden y contención.

Su afinidad por lo oculto y esotérico se corresponde muy bien con las formas redondeadas.

A la hora de elegir muebles, inclínense por las curvas, las formas redondeadas, el círculo –símbolo del infinito–, es decir, traten de evitar los ángulos rectos (flechas envenenadas) y, de ser posible, coloquen en la entrada un espejo PA KUA (octogonal) para eliminar las energías *shar chi*, no deseadas para ingresar en el hogar. Jamás debe colgarse en el interior.

Las serpientes son indecisas conscientes y no tienen prejuicios a la hora de pedir ayuda y consejo.

Aquí intentaremos darles esos *tips* que estaban esperando.

Cuidado con el caos que las puede marear. "A guardar, a guardar, cada cosa en su lugar": cajas con etiquetas, buenos armarios y alacenas las ayudarán a encauzar su natural dispersión.

La seguridad es algo que necesitan con afán para sentirse a salvo. Si pudieran tener un *Panic Room* a lo Jodie Foster lo tendrían. Pero atención: es mejor un carillón de viento, un perro guardián o el uso afinado de su sexto sentido que abusar de las alarmas y los cerrojos. Lo mejor es armar un altarcito o santuario en el área de la unidad (centro del hogar).

ELEMENTOS FAVORABLES

El baño será su refugio, un *jacuzzi* es, para los reptiles, la fuente donde hidratar y mutar su piel.

Sus sentidos más aguzados son el tacto y el oído. La acústica es importante para su salud. Son beneficiosas la *moquette*, las cortinas forradas con moletón y vidrios dobles, que minimicen los ruidos molestos. Las texturas suaves y cálidas como el *chenille*, gamuza y corderoy, serán de su preferencia.

SIMBOLISMO

La serpiente es absolutamente sensible al sonido y sus vibraciones.

El sonido está en el origen del cosmos.

Si la palabra, el verbo (*vak*) produce el Universo, es por efecto de las vibraciones rítmicas del sonido primordial (*nada*). Nada es la manifestación del sonido (*shabda*), de la cualidad sonora que corresponde al elemento éter. Todo lo que se percibe como sonido es potencia divina. El sonido se percibe antes que la forma, el oído es anterior a la vista.

El conocimiento no aparece como una visión, sino como una percepción auditiva. De ahí los mantra; audición en el corazón de los sonidos inaudibles.

CABALLO
COLOQUE LAS PLANTAS DELANTE DE ESQUINAS Y CANTOS FILOSOS.

...Y les presentamos al más *yang* de los animales. El caballo depende de la mirada externa. Por lo tanto su vivienda corre el riesgo de tener más de casa que de hogar, a fuerza de esperar tanto la aprobación del otro. Para los corceles, tener un buen *stud* es fundamental para cuidar su reputación; que se permitan disfrutarlo, ya es otro relincho. Mediten sobre esto y hagan un trabajito interno de focalización de sus propios gustos y necesidades.

Los caballos son hiperkinéticos. Su *look* no es relajado. Adoran ser el Gran Gatsby o Mariquita Sánchez de Thompson a la hora de recibir, pero nunca los verán sentados gozando de un buen vino. Sí lo harán trotando por la espectacular recepción mientras controlan que a nadie le falte nada.

Entonces, ¿qué les recomendamos a estos incansables decoradores?

Que se atrevan a bucear en su interior para elegir auténticamente cuál es su estilo. Es importante que se procuren algún espacio para ellos, que los contenga y los baje a tierra.

Y si de descanso se trata, les pedimos a los indomables corceles que nos acompañen a su alcoba. El poder y la seguridad, dos de sus principios fundamentales, sugieren espacios en los que puedan sentirse libres.

King size bed colocada de manera tal que tenga la visión más amplia posible de la habitación y la puerta. ¡Ojo con el exceso de cama (sutra), ya que el descanso del guerrero equino puede generar mucha prole!

Los cables eléctricos nunca deben pasar por la vertical de la cama.

Sería bueno que en su gran dormitorio logren una islita íntima a través de un sillón Bergere o una *chaise longue* donde puedan descansar sus cascos gastados y activar la circulación sanguínea.

ELEMENTOS FAVORABLES

"¡Un poco de verde, por favor!" (sic de una yegua). Busquen especies de fácil mantenimiento ya que la jardinería no es santo de su devoción pero la necesitan para descargar.

Estos abandonados e independientes yuyos que se criarán solitos, necesitarán un entorno en donde el color (preferentemente el amarillo, que reproduce la luz solar) estimule su crecimiento.

Un cactus colocado junto a la puerta de la oficina, pero en el exterior, contrarresta con eficacia el mal CHI de la escalera y los ascensores

Chill out para los potrillos a la hora de comer. Su apetito puede ser voraz; les recomendamos los colores *yin*: gris, violeta y lavanda para calmar excitaciones nerviosas.

SIMBOLISMO

"Como una abundancia agradable, como una rica morada.

Como una montaña con sus poderes, como una marea saludable.

Como un caballo que se precipita de un impulso por el camino.

Como un río con sus caudales, ¡quién te podría detener!".

(*Rig Veda* 11, 65)

CABRA

**USAR MÁS CANTIDAD
DE LÁMPARAS Y MÁS POTENTES
PARA ACTIVAR
LA ENERGÍA YANG.**

La cabra es el signo más *yin* del zoo chino. Su ADN combina refinamiento, armonía y buen gusto. Su amor por la belleza es instintivo. En la antigua Roma, los geomantes llevaban un rebaño al predio elegido para construir y lo dejaban pastar allí durante un año. Si las cabras permanecían sanas al cabo de ese tiempo; no había duda de que el lugar era el indicado.

Esto nos habla del don del conocimiento que poseen, y aplican, cuando de poblar un espacio se trata.

No tendrán problema en establecerse en cualquier sitio que les dé cobijo y seguridad. Necesitan rodearse de lo bueno. No desde la ostentación (como un tigre o un conejo) sino desde su sensibilidad intrínseca que las llevará a esperar para lograr sus altos objetivos. Las cabritas preferirán pastar tranquilamente hasta que llegue el momento de alcanzar la cima de la montaña.

Su hogar está en el mundo, carecen de apego. Pero es importante que intenten establecer raíces y se contacten con el resto de la humanidad. Salgan de su propio rebaño, mantengan comunicación con sus vecinos.

El área de la Tierra corresponde a las relaciones. Rilke decía "quiero estar con aquellos que conocen cosas secretas y si no, solo". Esto es muy de la cabra. Por eso este *bagua* es primordial para ellas y está ubicado desde el centro de la casa hacia la derecha superior a 180°.

En este punto se encuentra la casa denominada "Contemplación". Creen aquí un espacio acogedor con almohadones, *puff, futton* (muebles receptivos pues reciben la vibración del suelo) en tonos tostado, siena y arena.

¡Cuidado! Su *look* minimalista tiende al abuso de ángulos rectos y filosos.

Una chimenea les brindará el impulso que a veces necesitan estas relajadas ovejitas. Amén de sus dones protectores y purificadores; el fuego estimula la claridad y las ayuda a tomar decisiones.

ELEMENTOS FAVORABLES

Puede que no tengan donde sentarse pero no les faltará un solo chiche electrónico. Como ya advertimos, el exceso de radiaciones es muy nocivo. Los cuatro elementos de la naturaleza: Agua, Tierra, Fuego y Aire deben estar todos presentes a través de sus símbolos para equilibrar las energías faltantes.

Los relojes serán importantes para las impuntualísimas cabras. Tengan la precaución de que todos funcionen correctamente y tengan pilas. No hay nada más entorpecedor para el fluir del destino que los relojes detenidos.

SIMBOLISMO

Por definición, el tiempo humano es finito y el tiempo divino, infinito; o más bien, es la negación del tiempo, lo ilimitado.

El uno es el siglo. El otro, la eternidad.

Salir del tiempo es salir totalmente del orden cósmico para entrar en otro orden, el Universo.

El tiempo está indisolublemente ligado al espacio.

MONO

**NO CUELGUE UN ESPEJO OPUESTO
A LA PUERTA DE ENTRADA
O EL CHI FLUIRÁ NUEVAMENTE
DE ADENTRO HACIA FUERA.**

Existir es una bendición, vivir es un don divino. Así vibra el alma de un mono.

El área del viento es la que se asocia con la riqueza (que no significa simplemente recibir dinero) sino más bien con tener una percepción de la buena suerte, los augurios felices y la prosperidad.

Esta área –ubicada en el margen izquierdo superior de la casa– puede estimularse con objetos simbólicos inherentes a los aspectos más ligeros de la naturaleza: plantas sutiles que dancen con la brisa, carillones y móviles aéreos. También son terapéuticos para estos animalitos, los cuadros y obras de arte que nos remitan a la levedad del ser. Ciertas texturas: gasas, tules y baldaquinos enfatizarán esa energía.

El mono es recolector y puebla las ramas de su palmera con todo tipo de *souvenirs*, siempre originales y vistosos. Les recomendamos pintar de blanco para bajar las revoluciones y evitar el desborde.

El simio crea su espacio sin importarle la opinión ajena.

Su naturaleza libre necesitará un tatami (espacio de meditación oriental) propio para poder respirar en paz.

Así como el tai-chi es el centro gravitatorio de nuestra anatomía, el centro de una casa o habitación es el lugar donde se produce la unidad.

Es vital que aquí no haya obstrucciones, columnas o vigas en el techo.

Chequeen que, en el dormitorio, no haya cajas ni cosas guardadas debajo de la cama. La limpieza es el alfa y el omega del FENG-SHUI.

También lo es el buen mantenimiento de la casa, y el mono típico carece de habilidad manual. No duden en consultar las Páginas Amarillas, verdadera biblia del hogar, para no dejarse estar con los desperfectos y averías.

ELEMENTOS FAVORABLES

Es propicio colocar como centros de mesa fanales con velas nuevas que mantengan encendida la luz de su inspiración. Un grupo de piedras a partir de múltiplos del tres, en la entrada o zona de la fortuna, fortalecerá su solidez económica; pues tienden a dilapidar su dinero en su afán de generosidad.

La madera rústica: quebracho, lapacho, pinotea, favorece su circulación; si se encuentra en los pisos, les sirve de cable a tierra. A los monitos les hace bien sentir en los muebles y adornos de su casa la cálida textura del tronco que los vio nacer.

SIMBOLISMO

La madera, en China, corresponde al este y a la primavera; así como el trigrama Ch'en: la conmoción de la manifestación y la naturaleza.

La vegetación surge de la tierra al mismo tiempo que el trueno que estaba escondido en ella: es el despertar del *yang* y el comienzo de su ascensión. Pero el simbolismo general de la madera permanece constante: encubre una sabiduría y una ciencia sobrehumanas.

GALLO

Es fundamental ser consciente de todo lo que afecta los sentidos: el sonido y su vibración. La luz y el color.

El gallo es, universalmente, un símbolo solar pues anuncia el advenimiento del Sol. También aleja de las casas las malas influencias de la noche.

Si se lo coloca en efigie sobre la puerta o sobre el techo como veleta, actuará como protector y guardián del hogar.

Su energía es yin con dirección yin, esto le genera un doble sentido de gallinero *home sweet home* en su morada. Para ser felices, gallos y gallinas necesitan empollar y crear oasis que les inspiren ese sentimiento de hogar.

Se valen de la agudeza de los sentidos en la ambientación de esos climas acogedores, ponen todo su esfuerzo en ello. Entonces, los maníaticos emplumados se encargarán de cacarearlo a los cuatro vientos. El antídoto contra el estrés será medir su sensibilidad a través de objetos y sonidos que los calmen: sahumerios de vainilla y sándalo, velas blancas o celestes y música *New Age*. Terapéuticos llamadores de ángeles y campanillas sobre puertas y ventanas afinarán y armonizarán la calidad de su percepción.

Pero la real expresión de sí mismo se manifiesta con el juego de los colores y la paleta creativa de su símbolo mágico: el ARCO IRIS.

Si falta el color en su casa, el gallo languidecerá.

La patita de Aquiles de los gallos serán los baños y los dormitorios. Aquí tendrán que incorporar esos detalles de vida y color que imperan en el resto del gallinero.

Su receptiva conexión con la naturaleza se verá beneficiada si poseen una pequeña huerta o unas flores frescas al alcance de su mano.

ELEMENTOS FAVORABLES

El ambiente más *yin*, el baño, es el punto débil del gallo.

Una cinta roja atada al caño del desagote del W.C. impedirá que el CHI del dinero se escape como el agua por el desagüe.

DOS MIL SEIS — AÑO DEL PERRO

Coloquen diseños y figuras que recuerden y representen al agua, como delfines, cocodrilos y tortugas marinas.

SIMBOLISMO

Volviendo al influjo del color, sabemos que los siete colores del arco iris se corresponden con las siete notas musicales, los siete cielos, los siete planetas y los siete días de la semana.

Ciertos colores simbolizan los elementos; el rojo y el naranja, el fuego; el amarillo o el blanco, el aire; el verde, el agua; el negro o marrón, la tierra.

Los colores opuestos, como el blanco y el negro, simbolizan la dualidad del ser. Los colores cálidos (rojo, naranja, amarillo) tienen poder estimulante, excitante. Los colores fríos (azul, índigo, violeta) tienen un poder sedante, apaciguador.

PERRO

**LOS CINCO COLORES
CIEGAN EL OJO.
LOS CINCO TONOS
ENSORDECEN EL OÍDO.
LOS CINCO SABORES
ANULAN EL GUSTO.
CORRER Y CAZAR
ENLOQUECE LA MENTE.
LAS COSAS VALIOSAS
NOS EXTRAVÍAN.
POR ESO EL SABIO
SE GUÍA POR LO QUE SIENTE.
NO POR LO QUE VE.
DEJA PASAR LO PRIMERO
Y ELIGE LO SEGUNDO.**

Lao-Tsé

Y llegamos a la cucha de nuestro anfitrión, ¡¡GUAU GUAU!!

Venimos con bombos y platillos a anunciarles a los cómodos y sedentarios cachorros que llegó el año del cambio y la renovación que hacían tanta falta a su hogar.

Se acabó eso de servir y hacer sólo para los demás. ¡Es momento de mirarse al espejo y tomarse el tiempo de contestar al ladrido interior!

Podríamos comenzar con papel y lápiz, animándonos a hacer una lista de preguntas como... ¿Qué quiero? ¿Qué necesito? ¿Qué colores me hacen bien? ¿Cuál es mi lugar favorito dentro de mi cucha?

Los leales perritos están acostumbrados a descuidar su hogar y dispersar su energía en pos del prójimo.

El orden será la piedra fundamental de su transformación y, como todo cambio, deberá ser encarado de adentro hacia fuera. ¡SOCORRO! Entremos en el submundo de roperos, vestidores, cajones y armarios.

A vaciar y regalar TODO lo que ocupa espacio innecesario ya que este caos invadirá otras áreas de su vida. Y como al perro promedio no le preocupan el barro ni las pulgas, recuerden que orden, limpieza e higiene van de la mano.

Un trapo amigo por estantes e interiores para liberar el polvo antes de colocar todo en su lugar.

La buena comida, el romanticismo y las velas forman parte de su ecosistema vital. La cocina es su refugio, por el calor y los aromas que despiertan su memoria ancestral. Es el "lugar combo": *mix* de cocina, *playroom*, estar y comedor. Los chinos le prestan especial atención al emplazamiento del horno y las hornallas pues simbolizan fuentes de fortuna por prepararse allí el alimento (lo nutritivo); así, la cocina nunca debe estar en un rincón ni darle la espalda a la puerta. En ese caso, colocar un espejo sobre o a un costado de ella.

El perro es *yang* con dirección *yin* y he aquí el quid de su estabilidad emocional. Pueden llegar a la auto-destrucción si no logran crear estas energías. Sacúdanse las patas, entonen su aullido y anímense a explorar el universo.

ELEMENTOS FAVORABLES

Como el cuerpo, la casa tiene su propio metabolismo. Las ventanas y puertas son las narices y bocas de un hogar. Si la puerta de entrada es demasiado pequeña, no permitirá la suficiente entrada de energía y, en caso contrario, se desbordará. La cura para esto es colgar un espejo sobre o a los costados de una puerta pequeña. Si es grande, colocar al medio un carillón de viento para contener el exceso de CHI.

Deberán prestar atención a su propio latido, es fundamental que logren en su casa una subcucha donde puedan lamerse las heridas y descargar el peso que llevan en su afán de proteger y no crear conflictos. Atención perritos, no se alejen de sí pues pueden caer en excesos nada saludables.

No hay mejor símbolo de la tierra que el globo terráqueo. Puesto en uno de los rincones que corresponden al elemento tierra, es un buen amuleto de la suerte.

Queridos doberman, caniches, dálmatas o salchichas, amigos incondicionales: *Happy new year!!*

Recuerden que la caridad empieza por CASA.

SIMBOLISMO

Un símbolo típicamente chino son los perros de paja. El uso ritual de estas figurillas puede ser de origen chamánico. Se trata de filtros para maleficios que se destruyen después de usarlos.

El símbolo utilizado por Chuang-Tsé reside precisamente en la existencia pasajera del objeto que se arroja y quema cuando ha cumplido su cometido. Debe ser rechazado lo que ha cesado de ser útil. Se concluye ahí, bajo pena de que se vuelva nefasto. Lao-Tsé contempla en ello el símbolo del carácter efímero de las cosas de este mundo, a las cuales renuncia el sabio.

CHANCHO
DEJAR AL LADO DE UN CUADRO SUFICIENTE ESPACIO VACÍO PARA QUE ÉSTE RESALTE.

Chancho gusto, queridos y no siempre bien considerados cerditos.

Tiremos margaritas y perlas a vuestros chiqueros para desmitificar viejas y equivocadas creencias.

Hay pocos hogares tan *cozy, cush* y "tico tico" como el de ustedes.

WU-WEI será su lema. Fluir, fluir y más fluir; sin forzar la acción de las cosas. Lo que no quiere decir que descuiden el *look* de sus ambientes y de sí mismos.

Autodidactas decoradores, aplicarán el FENG-SHUI por instinto ya que están conectados con todos los elementos de la naturaleza y la energía del cosmos.

Art-atack para los porcinos, que con su habilidad manual y su talento transformarán cosas ordinarias en verdaderas obras de arte. Cuidado: no abusar de este don para el *bricolage* ya que todo lo que recarga embota la energía.

Recuerden que conviven con otros seres humanos y también mascotas; su ingenuo egoísmo puede llevarlos a olvidar que su libertad termina donde comienza la ajena.

Los chanchos necesitan saberse prósperos y seguros. La carencia los debilitará. Por lo tanto reforcemos en su casa los sectores de la riqueza que se encuentran ubicados en la zona posterior izquierda de cada lugar que se asocia con el viento.

Puesta al noroeste, una campanilla del color del oro proporciona buena fortuna.

Activar, realzar y poner atención en este espacio será el principio.

Es posible que la cuenta bancaria del chanchito esté en rojo pero su casa brillará como si nada faltara. Este síntoma de materialismo y consumo desmedido atenta contra el sano equi-

librio del FENG-SHUI, una de las leyes básicas de la abundancia es la de establecer prioridades a la hora de abrir la billetera y que no salga (en lo posible) más de lo que entra.

ELEMENTOS FAVORABLES

Su natural glotonería lo lleva a atiborrarse no sólo de comida sino de objetos lindos pero innecesarios.

Los números son muy importantes en FENG-SHUI, por lo cual sería una buena idea que tomen como referencia el número 9, el más perfecto, como límite de cantidad de objetos u adornos que ubicarán en cada ambiente.

Para hacer más sutil esta tendencia, es recomendable optar por el BLANCO, que servirá como lienzo de sus múltiples paletas imaginarias.

SIMBOLISMO

La interpretación de los números es una de las ciencias simbólicas más antiguas. Platón la consideraba el más alto grado de conocimiento y la esencia de la armonía cósmica e interior.

La China ve ahí sobre todo la clave de la armonía micro-macro cósmica; de la conformidad del imperio con las leyes celestes.

"El hombre, la cifra elegida, cabeza augusta del número". *Víctor Hugo*

GUÍA PRÁCTICA PARA COMPRENDER SU CASA

EL BAGUA

No vamos a complicarlos con cálculos; ¡Así que quítense el quimono! Intentaremos darles algunos aspectos básicos para ustedes que, además de ser intuitivos, son curiosos y quieren dar un paso más.

El bagua es sencillamente el mapa que se usa para ubicar cada lugar en el horizonte. Éste se coloca visto desde el punto de entrada, en toda la casa, cada piso, cada habitación. Para aplicar el bagua es preciso definir primero la puerta de entrada ya que es el lugar por donde ingresa la energía; anoten:

• La entrada debe ser amplia para que el universo sea bienvenido.

• Es conveniente que esté algo elevada.

• Los apliques y bisagras deben estar en perfecto estado para no generar cortes de energía.

• Si la puerta tiene adornos o manijas de materiales brillosos, deben mantenerse limpios.

• Mantengan siempre su puerta bien iluminada, limpia y despejada. La oscuridad y la suciedad generan cansancio y miedo.

• Las plantas o macetas generan abundancia. No las de hojas puntiagudas.

• Cada puerta que atravesamos genera un nuevo bagua.

TRIGRAMAS

Estas ocho formas simbolizan todos los aspectos de la naturaleza, todas las emociones, la materia física y las cualidades espirituales.

OPUESTOS UNIVERSALES		OPUESTOS ORGÁNICOS		OPUESTOS ELEMENTALES		OPUESTOS IMPULSIVOS	
CIELO	TIERRA	FUEGO	AGUA	MONTAÑA	LAGO	VIENTO	TRUENO

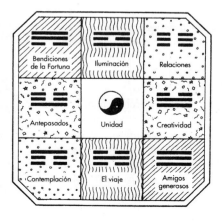

CUADRO DE LAS OCHO CASAS

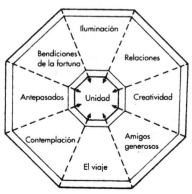

Fu Hsi observó que había imágenes del mundo vibratorio que tenían relación con los elementos de la naturaleza.

Su teoría es que el cielo, la fuerza creativa, apoya y nutre lo que se manifiesta en la tierra a través de los asuntos humanos, por eso su casa es "amigos generosos". La tierra representa la receptividad y el amor incondicional, ésta es la casa de las "relaciones". El fuego simboliza la luz interior, casa de la "iluminación". El agua, simboliza "el viaje". Cada opuesto es necesario para lograr alguno de los objetivos.

El *bagua* de la meditación y la introspección se encuentra en la casa de la "contemplación" (la montaña) y se relaciona directamente con el mundo exterior y lo que se manifiesta desde nosotros a través de los hijos, casa de la "creatividad" *(tierra)*.

La casa "antepasados" es simbolizada por el trueno, que suena como la voz de nuestros superiores y predecesores. El viento es el fluir permanente de la buena vida y su casa es "bendiciones de la fortuna".

En el mapa del *bagua* el cielo se relaciona con la imagen de la tierra, pero físicamente a 180° está la montaña (véase el cuadro de las ocho casas, en página 239; por ejemplo, a Creatividad, a 180° le corresponde Antepasados). La relación entre las casas de Relaciones y la Contemplación está dada por nuestra conexión con los demás, que nace de nuestro mundo interior. El fuego y el agua también se conectan; cuando adquirimos fama, importancia, en algún ámbito y estamos expuestos al público, lo que tiene prioridad es poder continuar el Viaje y su clave interna, que es la Iluminación.

La vida de nuestros padres nos ha legado la mayor de las bendiciones, es por eso que se da la conexión de las casas de Antepasados con Bendiciones de la fortuna; pero también en la medida que tenemos claridad en relación con nuestras relaciones con los mayores podemos desarrollar mejor nuestro propio ser a través de nuestra creatividad y la procreación.

Cuando nos favorece la buena fortuna, el viento danza con el cielo y se expande hacia el mundo compartiendo con amigos generosos la casa que está en frente del *bagua*.

¿Nos siguen? No se compliquen, la idea es que puedan comprender que todo forma parte del todo y que cada relación de polaridad tiene su energía y su influencia en la armonía de su hogar. Esta armonía es lo que se llama Unidad.

Agreguen al cuadro el número correspondiente y ubiquen éste al comienzo de cada *bagua* o ambiente de su casa y verán cómo determinados sitios olvidados se asemejan a esas áreas de su vida que no marchaban como ustedes querían:

Logros, (uno: *el viaje*, el agua)

Relaciones nutritivas, (dos: *relaciones*, tierra)

Gratitud por los mayores, (tres: *antepasados*, trueno)

Buena suerte y sentir bendiciones, (cuatro: *bendiciones de la fortuna*, viento)

Dar y recibir, *feed-back* amoroso, (seis: *amigos generosos*, cielo)

Extender nuestro ser, (siete: creatividad, el lago)

Permitirse el silencio y el reconocimiento del milagro de la vida, (ocho: *contemplación*, montaña)

Reconocer nuestra naturaleza divina (nueve: *iluminación*, fuego).

La armonía total produce salud (cinco: unidad).

La tabla que sigue es para quienes se animen a comprar una brújula y buscar su norte.

Pero recuerden que nada es más sanador que amigarse con uno mismo.

Ésta será la piedra fundamental de los cambios que haga en su vida. Ni cien monedas chinas, ni cintas rojas, velas, o fuentes de agua van a ser más efectivos que la conciencia de que uno es parte del todo y que nuestras acciones y nuestros pensamientos tienen vibraciones que se manifiestan generando respuestas siempre proporcionalmente exactas a la calidad de ellas.

Utilicen todo para avanzar, un sahumerio, el orden, los colores, los amuletos, la disposición de los objetos, la conexión con los cuatro elementos de la naturaleza y los sentidos, pero sobre todo les recomendamos que sean felices, que se den tiempo, que intenten lograr que su casa o su lugar de trabajo los inspiren y les permitan desarrollarse mejor.

Cada uno sacuda sus alas y permítase ser el artista de su vida.

¡Comiencen a jugar!

ESCUELAS DE FÓRMULAS Y ORIENTACIONES DE LA BRÚJULA

Para la utilización de este método, el primer paso consiste en calcular nuestro número KUA basado en el sexo y la fecha de nacimiento. Damos aquí la tabla que facilita esa determinación para hombres y mujeres nacidos entre 1912 y 2008.

ANIMAL	FECHAS SEGÚN EL CALENDARIO OCCIDENTAL	ELEMENTO DEL AÑO	KUA PARA HOMBRES	KUA PARA MUJERES
RATA (Agua)	18 Ene 1912 - 5 Feb 1913	agua	7	8
BUEY (Tierra)	6 Feb 1913 - 25 Ene 1914	agua	6	9
TIGRE (Madera)	26 Ene 1914 - 13 Feb 1915	madera	5	1
LIEBRE (Madera)	14 Feb 1915 - 2 Feb 1916	madera	4	2
DRAGÓN (Tierra)	3 Feb 1916 - 22 Ene 1917	fuego	3	3
SIERPE (Fuego)	23 Ene 1918 - 10 Feb 1918	fuego	2	4
CABALLO (Fuego)	11 Feb 1918 - 31 Ene 1919	tierra	1	5
OVEJA (Tierra)	1 Feb 1919 - 19 Feb 1920	tierra	9	6
MONO (Metal)	20 Feb 1920 - 7 Feb 1921	metal	8	7
GALLO (Metal)	8 Feb 1921 - 27 Ene 1922	metal	7	8
PERRO (Tierra)	28 Ene 1922 - 15 Feb 1923	agua	6	9
CERDO (Agua)	16 Feb 1923 - 4 Feb 1924	madera	5	1
RATA (Agua)	5 Feb 1924 - 23 Ene 1925	madera	4	2
BUEY (Tierra)	24 Ene 1925 - 12 Feb 1926	madera	3	3
TIGRE (Madera)	13 Feb 1926 - 1 Feb 1927	fuego	2	4
LIEBRE (Madera)	2 Feb 1927 - 22 Ene 1928	fuego	1	5
DRAGÓN (Tierra)	23 Ene 1928 - 9 Feb 1929	tierra	9	6
SIERPE (Fuego)	10 Feb 1929 - 29 Ene 1930	tierra	8	7
CABALLO (Fuego)	30 Ene 1930 - 16 Feb 1931	metal	7	8
OVEJA (Tierra)	17 Feb 1931 - 5 Feb 1932	metal	6	9
MONO (Metal)	6 Feb 1932 - 25 Ene 1933	agua	5	1
GALLO (Metal)	26 Ene 1933 - 13 Feb 1934	agua	4	2
PERRO (Tierra)	14 Feb 1934 - 3 Feb 1935	madera	3	3
CERDO (Agua)	4 Feb 1935 - 23 Ene 1936	madera	2	4
RATA (Agua)	24 Ene 1936 - 10 Feb 1937	fuego	1	5
BUEY (Tierra)	11 Feb 1937 - 30 Ene 1938	fuego	9	6

ANIMAL	FECHAS SEGÚN EL CALENDARIO OCCIDENTAL	ELEMENTO DEL AÑO	KUA PARA HOMBRES	KUA PARA MUJERES
TIGRE (Madera)	31 Ene 1938 - 18 Feb 1939	tierra	8	7
LIEBRE (Madera)	19 Feb 1939 - 7 Feb 1940	tierra	7	8
DRAGÓN (Tierra)	8 Feb 1940 - 26 Ene 1941	metal	6	9
SIERPE (Fuego)	27 Ene 1941 - 14 Feb 1942	metal	5	1
CABALLO (Fuego)	15 Feb 1942 - 4 Feb 1943	agua	4	2
OVEJA (Tierra)	5 Feb 1943 - 24 Ene 1944	agua	3	3
MONO (Metal)	25 Ene 1944 - 12 Feb 1945	madera	2	4
GALLO (Metal)	13 Feb 1945 - 1 Feb 1946	madera	1	5
PERRO (Tierra)	2 Feb 1946 - 21 Ene 1947	fuego	9	6
CERDO (Agua)	22 Ene 1947 - 9 Feb 1948	fuego	8	7
RATA (Agua)	10 Feb 1948 - 28 Ene 1949	tierra	7	8
BUEY (Tierra)	29 Ene 1949 - 16 Feb 1950	tierra	6	9
TIGRE (Madera)	17 Feb 1950 - 5 Feb 1951	metal	5	1
LIEBRE (Madera)	6 Feb 1951 - 26 Ene 1952	metal	4	2
DRAGÓN (Tierra)	27 Ene 1952 - 13 Feb 1953	agua	3	3
SIERPE (Fuego)	14 Feb 1953 - 2 Feb 1954	agua	2	4
CABALLO (Fuego)	3 Feb 1954 - 23 Ene 1955	madera	1	5
OVEJA (Tierra)	24 Ene 1955 - 11 Feb 1956	madera	9	6
MONO (Metal)	12 Feb 1956 - 30 Ene 1957	fuego	8	7
GALLO (Metal)	31 Ene 1957 - 17 Feb 1958	fuego	7	8
PERRO (Tierra)	18 Feb 1958 - 7 Feb 1959	tierra	6	9
CERDO (Agua)	8 Feb 1959 -27 Ene 1960	tierra	5	1
RATA (Agua)	28 Ene 1960 -14 Feb 1961	metal	4	2
BUEY (Tierra)	15 Feb 1961 - 4 Feb 1962	metal	3	3
TIGRE (Madera)	5 Feb 1962 - 24 Ene 1963	agua	2	4
LIEBRE (Madera)	25 Ene 1963 - 12 Feb 1964	agua	1	5
DRAGÓN (Tierra)	13 Feb 1964 - 1 Feb 1965	madera	9	6
SIERPE (Fuego)	2 Feb 1965 - 20 Ene 1966	madera	8	7
CABALLO (Fuego)	21 Ene 1966 - 8 Feb 1967	fuego	7	8
OVEJA (Tierra)	9 Feb 1967 - 29 Ene 1968	fuego	6	9
MONO (Metal)	30 Ene 1968 - 16 Feb 1969	tierra	5	1
GALLO (Metal)	17 Feb 1969 - 5 Feb 1970	tierra	4	2
PERRO (Tierra)	6 Feb 1970 - 26 Ene 1971	metal	3	3
CERDO (Agua)	27 Ene 1971 - 14 Feb 1972	metal	2	4
RATA (Agua)	15 Feb 1972 - 2 Feb 1973	agua	1	5
BUEY (Tierra)	3 Feb 1973 - 22 Ene 1974	agua	9	6
TIGRE (Madera)	23 Ene 1974 - 10 Feb 1975	madera	8	7
LIEBRE (Madera)	11 Feb 1975 - 30 Ene 1976	madera	7	8
DRAGÓN (Tierra)	31 Ene 1976 - 17 Feb 1977	fuego	6	9
SIERPE (Fuego)	18 Feb 1977 - 6 Feb 1978	fuego	5	1
CABALLO (Fuego)	7 Feb 1978 - 27 Ene 1979	tierra	4	2
OVEJA (Tierra)	28 Ene 1979 - 15 Feb 1980	tierra	3	3
MONO (Metal)	16 Feb 1980 - 4 Feb 1981	metal	2	4
GALLO (Metal)	5 Feb 1981 - 24 Ene 1982	metal	1	5
PERRO (Tierra)	25 Ene 1982 - 12 Feb 1983	agua	9	6
CERDO (Agua)	13 Feb 1983 - 1 Feb 1984	agua	8	7
RATA (Agua)	2 Feb 1984 - 19 Feb 1985	madera	7	8
BUEY (Tierra)	20 Feb 1985 - 8 Feb 1986	madera	6	9
TIGRE (Madera)	9 Feb 1986 - 28 Ene 1987	fuego	5	1
LIEBRE (Madera)	29 Ene 1987 - 16 Feb 1988	fuego	4	2
DRAGÓN (Tierra)	17 Feb 1988 - 5 Feb 1989	tierra	3	3

ANIMAL	FECHAS SEGÚN EL CALENDARIO OCCIDENTAL	ELEMENTO DEL AÑO	KUA PARA HOMBRES	KUA PARA MUJERES
SIERPE (Fuego)	6 Feb 1989 - 26 Ene 1990	tierra	2	4
CABALLO (Fuego)	27 Ene 1990 - 14 Feb 1991	metal	1	5
OVEJA (Tierra)	15 Feb 1991 - 3 Feb 1992	metal	9	6
MONO (Metal)	4 Feb 1992 - 22 Ene 1993	agua	8	7
GALLO (Metal)	23 Ene 1993 - 9 Feb 1994	agua	7	8
PERRO (Tierra)	10 Feb 1994 - 30 Ene 1995	madera	6	9
CERDO (Agua)	31 Ene 1995 - 18 Feb 1996	madera	5	1
RATA (Agua)	19 Feb 1996 - 6 Feb 1997	fuego	4	2
BUEY (Tierra)	7 Feb 1997 - 27 Ene 1998	fuego	3	3
TIGRE (Madera)	28 Ene 1998 - 15 Feb 1999	tierra	2	4
LIEBRE (Madera)	16 Feb 1999 - 4 Feb 2000	tierra	1	5
DRAGÓN (Tierra)	5 Feb 2000 - 23 Ene 2001	metal	9	6
SIERPE (Fuego)	24 Ene 2001 - 11 Feb 2002	metal	8	7
CABALLO (Fuego)	12 Feb 2002 - 31 Ene 2003	agua	7	8
OVEJA (Tierra)	1 Feb 2003 - 21 Ene 2004	agua	6	9
MONO (Metal)	22 Ene 2004 - 8 Feb 2005	madera	5	1
GALLO (Metal)	9 Feb 2005 - 28 Ene 2006	madera	4	2
PERRO (Tierra)	29 Ene 2006 - 17 Feb 2007	fuego	3	3
CERDO (Agua)	18 Feb 2007 - 6 Feb 2008	fuego	2	4

CÓMO DETERMINAR SI PERTENECE UNO AL GRUPO ESTE O AL OESTE

Si tenemos número kua 1, 3, 4 o 9 pertenecemos al grupo este y las orientaciones de buen y mal augurio se especifican en la tabla que aparece seguidamente, y que rige tanto para las mujeres como para los hombres.

ORIENTACIONES PARA EL GRUPO ESTE

Número Kua	1	3	4	9
La orientación óptima	el sudeste	el sur	el norte	el este
Para la salud	al este	al norte	al sur	al sudeste
Para los amores	al sur	al sudeste	al este	al norte
Para la plenitud personal	al norte	al este	al sudeste	al sur
La infausta	el oeste	el sudoeste	el noroeste	el nordeste
Los cinco espectros	el nordeste	el noroeste	el sudoeste	el oeste
Las seis muertes	al noroeste	al nordeste	al oeste	al sudoeste
Ruina total	al sudoeste	al oeste	al nordeste	al noroeste

Si nuestro número kua es 5, 2, 6, 7 u 8 pertenecemos al grupo oeste y el detalle de las orientaciones de buen augurio y de mal augurio es el que se da en la siguiente tabla.

ORIENTACIONES PARA EL GRUPO OESTE

Número Kua	5	5	2	6	7	8
para	hombres	mujeres	todos	todos	todos	todos
La orientación óptima	nordeste	sudeste	nordeste	oeste	noroeste	sudoeste
Para la salud	al oeste	al noroeste	al oeste	al nordeste	al sudeste	al noroeste
Para los amores	al noroeste	al oeste	al noroeste	al sudoeste	al nordeste	al oeste
Para la plenitud personal	al sudoeste	al nordeste	al sudoeste	al noroeste	al oeste	al nordeste
La infausta	el este	el sur	el este	el sudeste	el norte	el sur
Los cinco espectros	el sudeste	el norte	el sudeste	el este	el sur	el norte
Las seis muertes	al sur	al este	al sur	al norte	al sudeste	al este
Ruina total	al norte	al sudeste	al norte	al sur	al este	al sudeste

marguelles@smt.edu.ar • mashenka9@hotmail.com

PREDICCIONES
2006
PERRO DE FUEGO

PREDICCIONES
CANINAS PARA EL AÑO DEL
PERRO DE FUEGO
BASADAS EN LA INTUICIÓN, LA COSMOVISIÓN Y EL I-CHING

*Mi esfuerzo es crear una revolución tal que toda la conciencia
de la humanidad quede afectada por ella.
Sólo con la iluminación individual no es suficiente. Tenemos que empezar
un proceso de iluminación en el que miles de personas se iluminen
casi simultáneamente para que toda la conciencia de la humanidad pueda
elevarse a un nivel más alto pues ésta es la única esperanza de salvarla.*

OSHO*

E n las sierras hoy nevó desde la mañana acompañando mi estado anímico que oscila entre lo líquido, lo sólido y lo gaseoso.

El I-CHING a mi lado es el único compañero en días de soledad y meditación. Con él hablo, busco metáforas que sean reales en la vida cotidiana y comparto los dictámenes con quienes se acerquen al fogón.

Abro un *e-mail* de Miguel Grinberg en el que insiste en seguir trabajando en la fundación interior para atravesar la ciénaga, el espejismo que nos aleja del plan divino.

El mundo es una continuación de repeticiones aceleradas, una bola de nieve que crece y golpea fuerte cuando cae sobre nuestra cabeza y se transforma en una bomba química, una alarma esperando ser detonada, un reflejo de nuestras acciones, pensamientos y sentimientos esperando ser resueltos, un sinfín de imágenes que no dan tregua y se encadenan, un gran desencuentro con ráfagas de luz,

conciencia y buenas intenciones que relucen y nutren el desierto interior.

¿Quiénes somos?

Creo que lleva una vida averiguarlo si estamos dispuestos a atravesar las pruebas que nos ponen en el aprendizaje.

Nos desviamos del TAO (camino) hace mucho y no hicimos la tarea fundamental de aceptación y de transformación para seguir viviendo integrados al cambio del planeta en su evolución y su involución, pues somos huéspedes inconscientes de la gran anfitriona que nos alberga.

Fundarse desde el AQUÍ Y AHORA es la clave para transitar esta tregua antes del último viaje.

Manos a la obra. Hay que reconstruir el cuerpo físico, mental, espiritual y etérico.

Desintoxicarse. Vaciar y dejar que se asiente el nuevo ser que está esperando reencarnar para mejorar el *dharma* (ley).

Sacudirnos al unísono con los tem-

* Véase Bibliografía

blores de agua, tierra, cielo y, sobre todo, la tempestad del amor que nos transforma a pesar nuestro dejándonos indefensos, vulnerables y fértiles para mejorar en cada elección.

El gallo nos tomó el gran examen para ponernos a prueba, haciéndonos cursar y recursar materias que creíamos aprobadas por efectos especiales más que por tiempo invertido en aprender.

La sensación es que ya no somos los mismos, algo que aún no detectamos nos visita y nos modifica en cada acción, intención, diálogo y relación con el otro.

El perro es el animal que conecta al hombre con su humanidad y lo hace amar incondicionalmente.

Por eso en tiempos de desamor y poca comunicación es necesario encender el corazón para conectarnos y custodiar a quienes amamos y protegerlos del huracán, del fuego, del viento, de los reclamos de la justicia divina.

El año del Perro de Fuego será el que nos enfrentará con nuestras deudas interiores que son las que más nos limitan en el crecimiento, desarrollo y conexión con el ser único.

Feroz, cruel, déspota, arbitrario, intransigente, guerrero, valiente, confiado, correrá el velo de la ilusión haciéndonos partícipes de la realidad donde encontraremos la piedra fundamental que nos da la llave maestra para asociar lo que ocurre en lo exotérico y esotérico y nos permite vernos en la foto de lo que ocurrirá.

Si encauzamos nuestro fluir podremos continuar viviendo con más imaginación, creatividad, magia y conciencia desarrollando nuestra vocación, misión y camino, que para la mayoría ha sido interrumpido por la salvaje lucha por la supervivencia.

De cara al sol de invierno de las sierras, con un cielo diáfano que ayuda a intuir el mañana aunque dependa del dios de cada uno, prepararse para atravesar un año depende de la capacidad de adaptación al aquí y ahora y de la transformación simultánea entre el cuerpo terrestre y el celeste.

El eje de la tierra se mueve y la rotación varía, en consecuencia, nuestra estabilidad mental y emocional produciendo cambios bruscos en nuestra conducta.

En un día transitamos varios contrastes entre estados *up and down*, la intolerancia, la irritabilidad, la euforia y la depresión.

Durante el año del perro se acentuará la naturaleza intrínseca de cada persona, caerán las estructuras, los mandatos, el barniz que recubre la epidermis y bloquea los chakras.

Aullando como un perro siberiano saldrá todo lo que no se dijo en una vida o en varias, y habrá que estar alineado y balanceado para no ahogarse en las olas de ira, odio, bajos instintos que se desencadenarán sin previo aviso antes del anochecer.

El perro sacará a relucir nuestro coraje, valor, nobleza, lealtad, sentidos común y práctico.

La solidaridad será la protagonista: producirá una fuerte mirada y conexión con la realidad social que marcará un hito en la historia de cada pueblo y país.

Recrudecerá la xenofobia y los prejuicios raciales; serán parte de la vida cotidiana del mundo y el gran debate internacional en la ONU pues amenazarán la paz mundial.

Cada uno se enfrentará con su cielo y con su infierno sin escapatoria y tendrá que ajustar cuentas pendientes consigo mismo y con el prójimo para recuperar su integridad y su autoestima.

El perro no soporta la deslealtad, la injusticia, la mentira y la falta de principios.

Con su olfato detectará al policía y al ladrón y desenmascarará ferozmente a quienes se oculten.

Si estamos receptivos recibimos noticias que nos ayudan a comprender el momento que vivimos.

Solara, amiga del ciberespacio, dice que es una época donde el paisaje interior no coincide con el paisaje exterior y hay que tratar de aceptar esta transición con sabiduría, pues se rompió el puente entre el pasado y el presente y hay que reconstruir todo desde donde estemos y podamos.

Para no morir en el intento deberemos ser caballo y jinete, ola y surfista, cuerpo, alma y mente, pues cada vez más aparecerán situaciones imprevisibles que nos descolocarán y producirán cambios muy profundos en la psique.

Aullarán los perros canalizando el dolor de los que no tienen techo, comida, alimentos, salud, educación y dignidad.

Saldrán a la luz siglos de oscuridad, represión, injusticia y se balanceará el karma humano de asignaturas pendientes.

El I-CHING nos transmite que debemos estar atentos a qué parte de nuestro ser alimentamos y nutrimos.

A nuestra parte oscura o luminosa, noble o innoble, y ser conscientes de lo que ingerimos y su influencia en nuestra vida.

El retorno llegará si aprobamos las materias pendientes que nos sumergen en una nueva realidad, más humanista, solidaria, atenta, sensible, real, posible, llena de posibilidades, cambios profundos en nuestra estructura, relación con la naturaleza y seres humanos.

Se mueven las placas tectónicas en la tierra y el magma, lo que produce fuertes cambios en nuestra conciencia.

Ser flexible, disolver el ego que nos ata al pasado y nos aleja de la realidad del otro es el gran trabajo que nos espera.

Si no lo hacemos la vida se encargará y saldremos renovados y con una nueva mirada.

El gallo nos está acorralando, cambiando el juego, modificando en un instante lo que creíamos, y nos vigila para saber si estamos haciendo la laborterapia.

Su reinado será exigente y al llegar, el 29-1-06, sentiremos que somos mejores personas, pues nos mandaron en un cohete al espacio.

L. S. D.

Legado de Dionisio
de *Hijos del kosmos*

No eres dueño de nadie, no eres dueño de nada, inútil empeño el querer apropiarse; es columna de humo que en el cielo se esparce, y es tener en las manos la luna apresada.

Que la luz se haga en vuestros corazones.

Haciendo tu futuro.

El universo es influenciado por nuestra conciencia, nosotros con nuestros pensamientos hacemos el mundo.

Nosotros hemos destruido el planeta con nuestros pensamientos egoístas. Cuando emitimos un pensamiento, todo y todos se sienten influenciados.

Por eso digo que la única manera de ayudar es sencillamente tener buenos pensamientos, altruistas, amorosos. Con eso solo, sin obrar, sin actuar podemos hacer mucho bien.

Con sólo ser podemos recuperar la paz del mundo.

Sólo ser auténticos, sin mentiras ni hipocresías.

Así es como se va modificando el nivel colectivo de pensamiento. Y sólo cambiando la conciencia colectiva cambiará el mundo.

No existen vacunas ni píldoras mágicas para esto, empieza por uno.

En la naturaleza no existen doctores, el hombre posee todos los elementos y la fuerza cósmica, la energía necesaria para curarse a sí mismo usando su pensamiento.

Las personas que por medio de sucesivas reencarnaciones han logrado un nivel de evolución más elevado, por ser lo que son, ya están ayudando a los demás a trascender, a evolucionar.

La muerte no existe. En la naturaleza nada muere.

No existe otra alternativa; debemos volver a la naturaleza, nuestra verdadera gran madre: que sienta que la amamos y de esa manera nos sentiremos partícipes del orden cósmico.

El hombre la olvidó, la desestimó, y por ahora le toca pagarlo, lo tenemos que pagar.

El karma no perdona.

Este olvido, esta separación es la causa de todos los males que está sufriendo el hombre en este planeta: ansiedad, temores, guerras.

El sistema inmunológico se debilitó y las enfermedades hicieron presa del hombre, se convirtió en huésped de todas las pestes, se transformó en el ser más inescrupuloso del planeta. Conciencia sanadora.

Nuestra conciencia, por medio del pensamiento, ordena al sistema endocrino, a las glándulas hormonales, y ellas empiezan a producir elementos sanadores, curativos.

Todo el universo está unido por un fluido o éter cósmico, en el que están inmersos todos los cuerpos orgánicos e inorgánicos; todo tiene vida, hasta las piedras.

En esa "sopa" se desarrollan misterios que el hombre en este estado de ignorancia ni imagina, tendrá que esperar algunas reencarnaciones más, es el único medio que tenemos para evolucionar.

La enfermedad es inmaterial en su origen: la causa de la energía vital, consecuencia de nuestros pésimos pensamientos egoístas que ocasionan conflictos mentales, de ésta o anteriores vidas, ya que siempre somos los mismos, nuestra alma es eterna, sólo cambia nuestro cuerpo.

Nuestros pensamientos hacen nuestro futuro.

Cuando se produce una alteración en nuestro cuerpo y aparece el síntoma de una enfermedad, la causa es siempre error de nuestra conciencia. Todas las bajas pasiones son errores, como el egoísmo, el materialismo, la mentira, producen un impacto especial en nuestra conciencia y de allí la enfermedad.

Para curarnos debemos modificar nuestra manera de pensar, de actuar, que es lo único que puede volver a sanar nuestra conciencia y, por ende, el cuerpo. Resulta un error tratar al cuerpo, él es un reflejo de nuestro estado de conciencia.

Nosotros tratamos el síntoma, no la causa.

Cuando entendemos esto, todo el sistema interno de nuestro cuerpo (circulación, respiración, sistema endocrino, etcétera) se pone de inmediato al servicio de la conciencia, se subordina a ella y desaparece la enfermedad.

El pensamiento es el que cura.

Tú mismo te curas con tus pensamientos, así como te destruyes.

Las personas altruistas, generosas, amorosas, generalmente no padecen sufrimientos de importancia, aunque estamos pagando deudas anteriores, que nos vienen de otras vidas, y para esto no hay perdón, no existe el perdón: lo que sembraste, eso cosecharás.

El perdón está en ti mismo, en tu comportamiento pero, sobre todo, en tus pensamientos.

MICHIO KUSHI DICE RESPECTO DE LA ENERGÍA DE 2006

Árbol verde brillante.

Este año tenderá a ser más próspero, con ideas innovadoras, libertad de palabra, idealismo y tipos de expresión humanista, ganando una mayor aceptación.

Al mismo tiempo, la sociedad se volverá más inestable, con una mayor posibilidad de disturbios civiles, problemas energéticos, grandes accidentes industriales tales como pérdidas de petróleo o accidentes en plantas nucleares y condiciones económicas fluctuando profusamente.

La economía tendrá tendencia a expandirse y aumentará el intercambio internacional y el tráfico cambiario, aunque esto puede también aportar un conflicto internacional.

El perro de fuego será el enviado para equilibrar el mundo de las oportunidades de crecimiento individual y colectivo.

Despertará el motor para que nos unamos en esta gran transición de valores humanos, éticos, sociales y nos enfrentará con nuestra esencia e identidad.

Estallará una gran crisis social que tiene su origen en los grandes contrastes humanos, en la desigualdad en educación, salud, cultura y economía.

Crujirán los huesos, los dientes, las vísceras ante tanta crueldad, consecuencia de la ilusión materialista que está exterminándonos con enfermedades, locura desatada, egoísmo e inconsciencia en el vivir día a día.

Como contrapartida florecerán grupos de trabajo de conciencia ecológica, de sanación, de protección al medio ambiente y de ayuda a la gente más indefensa.

Cuando se cierra una puerta, se abren diez.

Cuando das, te devuelven setenta veces más.

El perro nos ayudará a ser mejores personas, a confiar y ser leales a nuestra verdad interior.

Iniciaremos un largo viaje interior despojándonos de todo lo conocido y aprendido, donde seremos maestros y discípulos a la vez.

Cuiden a su perro aún más, pues él nos ama, cuida y protege.

GUAU GUAU GUAU.

EL I-CHING DICE

HEXAGRAMA PRINCIPAL
27. I/Las Comisuras de la Boca (La Nutrición)

EL DICTAMEN

Las Comisuras de la Boca.
Perseverancia trae ventura.
Presta atención a la nutrición
y a aquello con que trata
de llenar su boca uno mismo.

Al dispensar cuidados y alimentos es importante que uno se ocupe de personas rectas y se preocupe en cuanto a su propia alimentación, del modo recto de realizarla. Cuando se quiere conocer a alguien, sólo es menester prestar atención a quién dispensa sus cuidados y cuáles son los aspectos de su propio ser que cultiva y alimenta. La naturaleza nutre todos los seres. El gran hombre alimenta y cultiva a los experimentados y capaces, valiéndose de ellos para velar por todos los hombres.

LA IMAGEN

Abajo, junto a la montaña, está
el trueno: la imagen de la Nutrición.
Así el noble presta atención
a sus palabras
y es moderado en el comer y el beber.

A comienzos de la primavera, cuando las semillas caen hacia la tierra, todas las cosas se tornan cabales. Esto da la imagen de La Nutrición expresada en el movimiento y la quietud. El noble toma esto por modelo en lo relativo a la alimentación y al cultivo del carácter. Las palabras son un movimiento que va desde adentro hacia fuera. El comer y el beber son el movimiento que va desde afuera hacia adentro. Las dos modalidades del movimiento han de moderarse mediante la quietud, el silencio. Así el silencio hace que las palabras que salen de la boca no sobrepasen la justa medida y que tampoco sobrepase la justa medida el alimento que entra por la boca. De este modo se cultiva el carácter.

LAS DIFERENTES LÍNEAS

Al tope un nueve significa:
La fuente de la nutrición.
Conciencia del peligro aporta
ventura.
Es propicio atravesar
las grandes aguas.

Aparece aquí un sabio de la más elevada especie, del cual emanan todos los influjos que velan por la nutrición de los demás. Semejante posición acarrea una grave responsabilidad; si se mantiene consciente de esa responsabilidad, tendrá ventura y podrá emprender, confiado, aun obras grandes y difíciles, como el cruce de las grandes aguas. Tales obras aportarán una dicha general, tanto para él como para los demás.

HEXAGRAMA COMPLEMENTARIO
24. Fu/El Retorno (El Tiempo del Solsticio)

INFLUENCIAS ASTRALES PARA
AMÉRICA LATINA
Y ESPAÑA 2006

Por Ana Isabel Veny

Hoy más que nunca vemos a América latina comprometiéndose consigo misma, reconociendo toda su fuerza espiritual que es lo único que la ha sostenido a lo largo del tiempo. Pueblos hermanos que se reencuentran, estrechan sus manos honrando compromisos adquiridos en tiempos perdidos de su memoria, y simultáneamente toman conciencia de su riqueza humana, espiritual y material.

Para el año 2006 continúan los procesos regenerativos y depurativos de los cuales surgirán los nuevos pueblos americanos.

Despiertan ya los hijos e hijas de la luz, América latina dará el mensaje de unificación, paz y esperanza. Los cuerpos celestes confluyen en silencio para que la gran obra de los finales del tiempo quede completada.

Vale la pena resaltar los tránsitos de planetas tales como Urano, Neptuno y Plutón ya que ellos emiten energías muy sutiles que alcanzan no al ser humano individualmente sino que afectan a las masas, es decir a la mente colectiva.

Es evidente que estas influencias llegan a nuestro planeta y son absorbidas por muchos grupos de personas de determinadas latitudes. En algunos puntos del planeta debido a que el hombre ha descendido cada vez más a niveles materiales de conciencia, la capacidad de captarlas se ve disminuida.

En los grupos o pueblos con cierta evolución espiritual, estas energías promueven el desenvolvimiento de una conciencia colectiva.

Esa manifestación es necesaria en un momento de cambio de frecuencia planetaria donde el avance radica en saber que no estamos solos en el planeta Tierra sino que cualquier acción, por mínima que sea, afectará a todo lo que nos rodea.

La conciencia de unidad para los terrícolas será la forma de adaptarse a las nuevas energías así como de elevarse frente a tendencias retrógradas, separatistas, destructivas, que en el mundo actual se manifiestan en forma exacerbada, y comenzar a cuidar nuestro propio planeta, nuestra casa, nuestra gente.

¿Cómo son las influencias de Urano para estos años?

Bueno, esto empujará a las mentes colectivas a encontrar nuevos valores sociales que permitan el crecimiento de la sociedad cuando se libere de las malas experiencias pasadas y hasta de sus triunfos para caminar en su espiral hacia logros mayores. Es fuente de innovación en su tránsito por Piscis.

En cuanto a Neptuno, es el gran soñador del sistema. Si se recepciona su parte positiva barrerá con los miedos y temores ancestrales del subconsciente colectivo. Obligará suavemente a salir del letargo y a construir sueños verdaderos y no utopías inalcanzables. Las crisis serán superadas en su tránsito por Acuario.

Refiriéndonos al dueño del submundo, el señor de los secretos, el enigmático Plutón, vemos que desde 1995 se ha ubicado en el idealista signo de Sagitario con el riesgo no tanto de una transformación sustancial sino de un fanatismo exagerado obviando por momentos los derechos de los individuos, aunque astrológicamente pronto se cerrará este ciclo con su pasaje a un territorio capricorniano (ya en 2008). A partir de aquí es donde lentamente todos los ideales anteriores, en beneficio de una humanidad y gobiernos más globales, podrán tener una manifestación real.

ARGENTINA
EN UN SENDERO POSITIVO

EN LO INTERNO

Recordemos que la Argentina pertenece al signo de Cáncer (9-07-1816, básicamente humanista) con ascendente en Libra (tendencia colectivista e integradora) y viene soportando una influencia saturnina algo nefasta por el tránsito de este planeta en su sector de acción social. Sin embargo a medida que este cuerpo celeste avance se sentirán menos presiones y sus autoridades podrán ver más claro el camino hacia las soluciones definitivas.

Aún no han encontrado los mecanismos correctos para solucionar la mayoría de sus dificultades. Pese a ello en los meses finales de 2006 logrará cierta estabilización.

ACCIÓN REGENERADORA

Por la posición de Plutón en su carta natal continuará una búsqueda intensa de nuevos esquemas que le permitan salir de sus crisis económicas. La actividad mental de los dirigentes políticos se intensificará y se replantearán una y otra vez cuáles son los mecanismos más eficaces para sostenerse. Además, este año como nunca buscará una integración más auténtica con los países limítrofes.

Estas reflexiones desorientarán un poco al principio pero en el segundo semestre del año muchos de los asuntos gubernamentales entrarán en equilibrio.

De todos modos no se librará del malestar en ciertos sectores sociales, que deberá contener a como dé lugar, y de desórdenes en algunas regiones que podrían alterar la paz pública. Esto puede acontecer en los primeros meses de 2006.

ESPERANZAS ENCENDIDAS

La conjunción de Neptuno anual con Saturno natal en el sector de riesgos es un aspecto astrológico que viene soportando y que le juega en contra; es algo que, a pesar de la voluntad de ordenar el caos, no exime de ansiedades. A raíz de esto el estado de cosas podrá parecer a veces peor de lo que en realidad es, pero luchará hasta sobreponerse. La clave está en las acciones comunitarias y lo positivo es que los ideales irán adelante hasta ser concretados.

POLÍTICA EXTERIOR

A pesar de lo difícil que vienen siendo los últimos años del país, sobrevendrán firmas de acuerdos internacionales con otros países que redundarán en un beneficio económico y una perspectiva más amplia para comercializar con buenos dividendos parte de su producción. De todas formas vuelvo a hacer hincapié en lo liberador del tránsito uraniano al sol canceriano del país, con salidas ingeniosas, sorpresivas y geniales tal como se manifiesta la energía de este planeta.

ECONOMÍA

En el plano económico tiene a favor el tránsito jupiteriano en su sector de recursos y ahorros, que le aporta ayudas imprevistas y esa cuota extra de suerte a pesar de las adversidades que genere su balanza de pagos.

IMPREVISTOS

Los meses de junio y agosto y la primera quincena de setiembre de 2006 son de especial cuidado ya que se pueden presentar serios movimientos de tierra que afecten la zona centro y noroeste del país, quizá como nunca antes se hayan sentido, aunque fenómenos similares pero de menor intensidad se manifestarán a lo largo del año.

Los fuertes vientos se harán sentir con velocidades extremas en las zonas más altas. Además de ello como si fuera poco, deberá atender las reservas de agua y el abastecimiento de energía eléctrica para la población. En ciertas regiones del suroeste las lluvias pueden hacer estragos que obligarán a implementar planes de evacuación para los afectados.

CIENCIA

Serán vistos con asombro notorios adelantos en los rubros de in-

gen.ería y física, así como también en robótica. Valdrá la pena invertir en estos campos.

ARTE

El cine resurge con buenas producciones del mejor estilo, también importantes figuras del ámbito artístico; el teatro no quedará atrás y pueden destacarse en forma inusual la pintura, la escultura, la moda.

La posición ocupada por su Júpiter anual al medio cielo (lugar de poder) puede reportarle grandes honores a Argentina, es decir, lucirse en diferentes rubros.

SU PRESIDENTE

El Señor Carlos Kirchner es del signo de Piscis (25-02-1950) y en el correr de su mandato hemos podido observar su capacidad de adaptación a diversas situaciones que se le han presentado, no sólo en lo político sino en lo económico, social e internacional.

Son varios los planes de acción de su gobierno para mitigar la pobreza, recuperar la educación, proteger a la niñez, dar soluciones a empresas decadentes, mejorar jubilaciones. Piscis es el signo de las mil opciones y humanista por excelencia.

La oposición interna es fuerte y este año puede traerle algunas complicaciones pero con su personalidad maleable encontrará salidas. Éste será un año muy movido para él en los temas económicos, de macroinversiones, de expansión comercial en lo interno y externo.

Esta apreciación surge del aporte de Júpiter anual en buena aspectación a su Sol natal, que le aporta más optimismo que el año anterior; su tendencia será ir mucho más allá, aunque deberá lidiar al mismo tiempo con un aspecto disonante de Marte anual a su Sol que exige controlar actitudes a veces demasiado arriesgadas.

Resumiendo, será un año para encontrar soluciones más viables, aunque estará sujeto a la variabilidad.

ESPAÑA
CON TODAS SUS FUERZAS

En los últimos tiempos el gobierno español ha tenido su reconocimiento por parte de la ciudadanía, ya que ha cumplido y está cumpliendo muchos de los objetivos proyectados. Es indudable que durante el gobierno del presidente José Luis Rodríguez Zapatero (Leo), España ha tenido avances importantes sobre todo en lo interno, donde vemos la aplicación de políticas sociales acertadas (favoreciendo la educación, los salarios mínimos, pensiones, becas, etcétera).

De todas formas su presidente deberá sobrellevar en este año un aspecto de mucho peso (tránsito de Saturno sobre su Sol natal) por el que se sentirá algo agobiado en lo personal, con demasiadas cosas que resolver y teniendo que prestar atención a su salud. Deberá contar con otra disciplina diferente para alcanzar sus proyectos y concentrarse en ello sin dispersarse demasiado.

Esta hermosa tierra pertenece al signo de Sagitario con ascendente en Leo. Con semejantes influencias es muy difícil pasar desapercibida, el elemento fuego danza a su alrededor.

PRUEBAS QUE FORTALECEN

Abocándonos a nuestro análisis astrológico observamos que para 2006 la carta de España registra un interesante aspecto de Marte anual en el signo de Tauro (en carta anual del presidente existe la misma posición planetaria para este año) conjunto a su sector de poder.

Esto desata acciones fuertes, seguras, sin marcha atrás visto desde quienes ostentan la autoridad. Pero a esto debemos agregar que un aspecto negativo desde el sector de limitaciones, peligros insospechados, enemigos ocultos, está en contra y también de la casa de las asociaciones; en lo político significa muchas presiones que pueden frustrar iniciativas en este ámbito y planes extraoficiales en algunos sectores. Esta influencia incidirá con mayor fuerza en los primeros meses del año, aunque no desaparecerá totalmente.

Sin embargo, la carrera que ha emprendido Saturno hacia el ascendente de España brindará mucha mayor disciplina y responsabilidad donde los planes principales se encomendarán para seguir trabajando, en parte con los recursos ya adquiridos. Pero hay que tener presente que deberá lidiar con la oposición de Neptuno desde el sector de asociaciones, esto puede traer dificultades en el cumplimiento de ciertos acuerdos comerciales o posturas algo rígidas que generen fuertes críticas y comentarios en lo internacional.

ECONOMÍA

La actividad en este aspecto será incesante y promoverá el crecimiento a nivel empresarial, profesional, etcétera. El gobierno mostrará buena disposición para brindar apoyo en los distintos sectores de su economía para lograr el avance general.

La moneda se desenvolverá en sus parámetros de normalidad en 2006 y en general el país mantendrá una imagen productiva. Las dificultades del inicio del período se irán atenuando hacia la mitad, y al final las cifras mostrarán un beneficio moderado. A pesar de esto intervienen aspectos de cuidado tales como Júpiter anual desde Escorpio en conjunción con su Neptuno natal que advierten de una predisposición a exagerar con los propios recursos y por momentos salirse del carril. Resumiendo, períodos del año de mucho avance y otros de cierta frustración en lo que se refiere a los macroemprendimientos.

AVANCE TECNOLÓGICO

Se llevarán adelante los planes para el avance en la investigación y el desarrollo de aspectos creativos, como por ejemplo el proyecto llamado "Compromiso ingenio 2010" respaldado por el propio presidente José Luis Rodríguez Zapatero.

Esta importante inversión apunta a motivar a los profesionales con verdaderos talentos a trabajar en y para su país. Se resalta en estos sectores el alcance que puedan tener la informática y las comunicaciones. No olvidemos que este interés surge desde el origen sagitariano del país, expansionista, de largo alcance.

PRECAUCIONES 2006

Se deberá prestar atención a la contaminación de las aguas; en distintas regiones habrá serios reclamos que deberán ser observados para evitar situaciones límite. Se darán temperaturas extremas: muy frías para el invierno –igual que el año anterior, nieve por doquier con bloqueos más que importantes y tendencias a huracanes y tornados–, y un verano con incendios y temperaturas bochornosas (para 2006 configuración de Marte angular) que complicarán a la población con problemas orgánicos.

Evaluando su situación general para 2006 no cabe duda de que llevará a la práctica varios de sus proyectos.

BOLIVIA
DE CARA
A SU DURA REALIDAD

SIGNO SOLAR LEO, 6-08-1825

Nos encontramos con uno de los países de América del Sur más conflictuados, donde los riesgos son extremos.

Los peligros del año anterior aún la rodean y le será difícil acomodar sus estructuras. Aquí las cosas no tendrán resolución efectiva hasta finales de julio y principios de agosto de 2006, donde una nueva forma de organización política mostrará un camino más libre de obstáculos por donde transitar.

Mientras, hasta llegar a ese tiempo, no está exento de revueltas, enfrentamientos, caos y confusión (contacto astral entre Plutón natal y luna anual).

Otra influencia astral importante es la del planeta de la guerra, Marte, que desde su ubicación anual en el signo de Leo (con fuerza y representativo de movilizaciones militares, agresividad e iniciativas), nos lleva a pensar en mucho inconformismo con grandes alteraciones en el poder ya que se involucra con este sector de la carta de Bolivia, por lo menos en el primer semestre.

El conjunto de personas que estén relacionadas con la política y administración del país tendrán una dura tarea para organizar los distintos sectores de funcionamiento interno, social, económico, etcétera. Volverán una y otra vez sobre las mismas temáticas sin hallar salidas prácticas productivas.

El estancamiento será evidente: parálisis, protestas de todo tipo, restricciones, una visión pobre de corto alcance, (Neptuno transitando el punto más bajo de su carta) aunque hacia finales de 2006 según su cielo lograría un cierto acomodo y algo de paz.

Con esta proyección de desilusión y falta de propósitos claros, su recuperación será lenta. Se vislumbran serios problemas con las comunicaciones y a nivel de sus fronteras.

Otro asunto para las autoridades que está en el tapete, a resolver, es el de las clases indígenas y los conflictos que surgen de sus derechos territoriales, culturales, sanitarios y educativos. Estos reclamos han sido una herencia a través del tiempo que en los dos años siguientes logrará ser instrumentada para una mejor calidad de vida de estos sectores.

Logrará con lentitud los planes de integración regional junto con Brasil y Perú, para encontrar una vía de solución a la exportación de sus productos con la implementación de vías de salida Atlántico-Pacífico permanentes.

No escapa a la lucha con el narcotráfico donde trabajará junto con países vecinos para combatirlo.

Múltiples procesos depurativos, necesarios para poder estabilizarse, estarán presentes este año.

BRASIL
NO SE DOBLEGA

SIGNO SOLAR VIRGO, 07-09-1822

A este gran país virginiano le resultará más beneficioso el último tramo del año para gran parte de sus proyecciones y sueños.

Debemos tomar en cuenta que para su presidente Luis Inàcio Lula Da Silva puede no ser un año fácil, deberá poner límites a determinados sectores políticos que pueden ocasionarle demoras y contratiempos.

De todas formas su imagen continuará fortalecida y no defraudará la confianza popular.

Principal país integrante del Mercosur, continuará estimulando la integración regional con éxito.

La visita de Júpiter por Escorpio alcanzará el Sol de Lula Da Silva aportándole más optimismo a pesar de los reclamos de diversos sectores de la sociedad brasileña.

Todo lo que hasta ahora lo inhibía o limitaba va declinando y le sobreviene una época de mayor apoyo después de las irregularidades administrativas del año anterior.

Además, viajará más concretando acuerdos internacionales que incidirán fuertemente en una economía más equilibrada. Se retira el cristalizador Saturno de su Marte natal en Cáncer (planeta de la acción) entonces quizá podrá avanzar en ideales postergados para lograr el mejoramiento general (además lo sostiene el trígono del creativo Urano desde Piscis).

Al transitar Júpiter (altas filosofías, educación superior) sobre su Mercurio natal (aprendizaje) mostrará fuerte interés en aspectos educativos y culturales replanteando formas de organización para las clases sociales más bajas.

La observación es que en lo personal puede estar sometido a períodos de cansancio extremo y desgastes fuertes tanto en lo mental como en lo emocional. Comienza una cuadratura saturnina que limita al sol natal que es su vitalidad; y Neptuno, gran causante de ansiedades y estrés transitará en fricción a Mercurio natal, a pesar de ello se sostendrá en sus funciones.

CRECIMIENTO PAULATINO

Los aspectos astrológicos de Brasil confluyen en la recuperación de fondos públicos y su redireccionamiento para mejores resultados, considerando que para un país como éste es siempre grande el desafío.

Los acuerdos comerciales con países extranjeros pueden resultar muy redituables sobre todo entre octubre a diciembre desembocando en mejoras financieras sustanciales.

En lo interno, la construcción de nuevas carreteras y salidas a los países vecinos será un buen aporte al desarrollo comercial.

La preocupación por el avance en lo social será permanente, a mitad del período mejorarán los salarios con ajustes importantes y será un año de progresos en la investigación médica, así como en la atención sanitaria y el resto de las necesidades primordiales de la población.

ASPECTOS DESAFIANTES

Sin duda continuará con una lucha sin cuartel contra la corrupción en distintas áreas del país. A veces con éxito, otras veces con mucha lentitud, sin poder cortar de raíz el flagelo.

Otro aspecto a tener en cuenta es que en lo interno pueden producirse cambios políticos que de alguna forma modifiquen los procedimientos y eso concluya con una mejor actuación.

BELLEZA TROPICAL

En este año tendrá una fuerte actividad turística, una interesante presentación de nuevas propuestas y multitud de turistas atraídos por los maravillosos encantos de playas y lugares naturales.

Resumiendo, éste será un año de recuperación en el prestigio de sus autoridades que intentarán mejorar sus métodos para gobernar con mayor eficiencia y honestidad. Fuertes perspectivas en la integración del Cono Sur con avance paulatino pero firme.

CHILE
VISIÓN ACERTADA
SIGNO SOLAR VIRGO, 18-09-1810

Es indiscutible que Chile dispone de grandes atractivos naturales y una geografía de contraste, la aridez al norte en el desierto de Atacama, paisajes muy fértiles en el centro y lluvias en el sur. Cuenta también con la enigmática Isla de Pascua y zonas arqueológicas que atraen a personas de otras regiones e incrementan el turismo.

DESARROLLO ECONÓMICO

El país seguirá consolidándose y cumpliendo varios de los objetivos económicos internos. La agricultura le aportará buenos dividendos, aquí influye favorablemente en la modernización de las técnicas en el sembrado (no en vano pertenece a Virgo asociado con las cosechas) y el procesamiento de sus productos sometidos a serios controles de calidad. Con su balanza de pagos mayormente ordenada dentro de lo previsto no tendrá dificultades en este ámbito.

Analicemos que el tránsito de Saturno por el signo de Leo en buen aspecto a su Ascendente y a su Saturno natal, es indicador de actitudes muy disciplinadas, quizá más que antes, y de hechos sumamente predecibles en este sector, dejando poco margen para el azar.

EN LO INTERNACIONAL

Logrará incorporarse a mercados más importantes con acuerdos duraderos (su ascendente sagitariano busca siempre expansión).

Sostendrá su estabilidad con un comercio exterior en desarrollo y haciendo gala de algunos de sus productos. La excelencia de sus vinos tradicionales no pasará desapercibida, continuará trabajando en minería, industria pesquera, etcétera.

SECTORES BENEFICIADOS

Por iniciativa de su presidente Señor Ricardo Lagos Escobar (Piscis, signo humanista, condescendiente con los más necesitados) se continuará aplicando el plan oficial de atención sanitaria (puesto en marcha en 2005) que brinda asistencia a todos los habitantes, con lo que logra mejorar la calidad de vida en general así como la implementación de nuevas técnicas ambientales para el bienestar urbano en este período.

PREVENCIONES

Hay que tomar en cuenta que este país podrá estar expuesto a erupciones volcánicas y movimientos de tierra en forma súbita sobre todo en las zonas costeras y centro. Sus autoridades pueden estar muy movilizadas frente a esto.

Es indiscutible la exitosa gestión del presidente Ricardo Lagos en diversos sectores de la vida nacional, ha logrado cumplir muchos de sus objetivos y alcanzará otros de más largo plazo preparando el terreno para quien le suceda más adelante en el cargo. Chile continuará trabajando para su desarrollo con un buen apoyo estelar.

COLOMBIA
COMBATIENDO SU DUALIDAD
SIGNO SOLAR CÁNCER,
20-07-1810

Por lo menos en 2006 se quita un peso de encima según sus aspectos astrales.

La carga de Saturno sobre su Sol natal cede y finaliza un ciclo extremadamente cristalizador.

Además algunos de los planetas mayores se acomodan a su favor, por ejemplo Júpiter y Urano desde signaturas acuáticas (Escorpio y Piscis) acordes con su sol canceriano. Esto permitirá que en forma lenta se asome al mundo con mucha timidez pero consciente de lo que ha de resolver.

Algo interesante para tener en cuenta es el aspecto Urano-Plutón a mitad y finales de 2006 (con más fuerza en esos tiempos) tendiente a producir una actividad regenerativa general y cambio de las condiciones existentes de las cuales estamos en conocimiento (pobreza en diversas regiones, economía interna con altibajos, fuertes enfrentamientos internos de distintos grupos, etcétera).

No será tarea fácil aun para quienes poseen el poder y la administración buscar otra estructura social y económica que pueda sostenerse, pero por lo menos sabrán dónde está el punto de partida.

Hay que aclarar que Colombia nace con influencias que le pegan en negativo, el aspecto político controvertido y de guerra interna lo carga en forma karmática y esto le ha impedido proyectarse a más largo plazo.

TIEMPOS DEPURATIVOS

Este país se ubica en un año muy importante de elecciones presidenciales y viene arrastrando mucho disconformismo y malestar entre los distintos grupos políticos.

Convengamos de todas formas que el presidente Álvaro Uribe Vélez (Cáncer) cuenta con cierta popularidad y posibilidades de reelección a pesar de las críticas a su gestión de gobierno.

Por pertenecer al mismo signo del país, para él también llega un ciclo lentamente liberador.

Las dificultades han surgido además por las marcadas diferencias entre los mismos habitantes pues parte de los colombianos habitan en zonas selváticas en condiciones riesgosas.

COMERCIO EXTERIOR

En línea ascendente competirá en mercados internacionales con sus rubros clásicos tales como las exportaciones de carbón, frutas (banana, pitaya, etcétera) y por supuesto continuará con las negociaciones petroleras.

Astralmente en estos temas se verá apoyado por el contacto Marte natal-Júpiter transitando Escorpio, indicador de mayor productividad y mejores acuerdos.

Trabajará más en sus artesanías y diseños, que siempre han sido reveladores de su tradición cultural.

MEDIO AMBIENTE

En los próximos años la contaminación atmosférica en aumento puede representar un serio problema en las zonas urbanas, las sequías excesivas y además la repercusión de terremotos con epicentro en el Océano Pacífico.

Al igual que su propio signo, Cáncer, los colombianos son muy susceptibles en su forma de ser, con un centro interno vulnerable, por lo que les ha faltado identificación con sus valores intrínsecos.

Pero este año les augura un nuevo comienzo basado en sus principios y el reconocimento de sus verdaderas posibilidades.

ECUADOR
CONSTRUYE BASES NUEVAS
SIGNO SOLAR LEO, 10-08-1830

El país luchará por reconstruir sus esquemas básicos pero con sobreesfuerzos permanentes, que pueden resultar muy pesados.

Merece ser comentado el aspecto astral del contacto del Sol leonino del país y la oposición de Neptuno, visitante de Acuario desde hace varios años. La influencia ha sido desintegradora y muchas veces con el peligro del autoengaño, pero cada vez se va debilitando más esta aspectación por lo cual se podrán programar nuevas bases de funcionamiento real y así alcanzar por lo menos algunas de las aspiraciones de la sociedad ecuatoriana en este año.

El clima de tensión del año anterior no desaparecerá totalmente ya que a Ecuador le costará resolver una economía heredada muy fluctuante, con falta de puestos de trabajo, combatiendo una emigración constante y moderando todas las irregularidades que se arrastran a lo largo del tiempo.

Otro punto importante es el de dar pleno cumplimiento a los derechos de los pueblos indígenas, sectores importantes en el futuro del país, los que irán obteniendo parte de sus demandas.

Resumiendo, Ecuador se sustenta sobre su producción agropecuaria, agroindustrial, pesquera, forestal, artesanal, etcétera; es evidente que cuenta con muy buenos recursos aunque recién entre octubre y diciembre podrá manejar cifras que le den un respiro en sus finanzas.

Seguirá desarrollando una buena actividad turística pero deberá estar prevenido por contingencias climáticas tales como peligrosas tormentas súbitas, vientos fuertes y en otros momentos incendios desmedidos.

En el balance general, sus irregularidades no desaparecerán aún pero hará uso de todo su potencial.

MÉXICO
IMAGEN PERSISTENTE

SIGNO SOLAR VIRGO, 16-09-1810

Éste es otro de los países que para este año espera cambios de gobierno y se mantiene firme dentro de las expectativas anteriores. Persistirá en su afán de apoyar las iniciativas comerciales del sector privado para reactivar la economía interna y crear fuentes de trabajo. Al respecto es buena la posición de Marte anual al Sol natal en Virgo por lo que inyecta un nuevo impulso para no perder de vista las metas trazadas.

La preocupación del presidente Vicente Fox Quesada (Cáncer, 2/07/1942) por combatir la pobreza, mejorar la salud de los pobladores, generar nuevos recursos internos y obtener mayor transparencia en la administración pública es indudable, convirtiéndose en un desafío del año anterior, por lo que vemos resultados que pueden considerarse aceptables en este sentido. Sin duda que no es tarea fácil y que a México le quedan muchas cosas por hacer pero en relación con las influencias astrales de 2006 resalta el trígono de Saturno a su posición natal como el comienzo de un ciclo más estable.

Lo más probable es que en este año los representantes logren acuerdos internacionales más sustanciosos y proseguirá con sus exportaciones de productos tradicionales como trigo, maíz, lácteos, café, etcétera.

ADELANTOS

Avanzará en comunicaciones, investigaciones médicas, y la educación tendrá un puesto especial con la instrumentación de mejores programas educativos. Resaltará la música, el teatro y todo tipo de actividad cultural.

ADVERTENCIAS

En el Pacífico puede haber movimientos de masa oceánica que pongan en riesgo las zonas costeras y sismos que afecten el sur del país, sobre todo en los meses de agosto y septiembre.

Prosigue el tema de la contaminación ambiental con énfasis en la ciudad capital, la erosión y deforestación, y también problemas con el abastecimiento de agua, todas temáticas desafiantes para las autoridades públicas.

La apreciación última es que México no se librará totalmente de ciertos conflictos pero seguirá intentando un acercamiento a las soluciones definitivas.

PARAGUAY
TENAZ Y LABORIOSO

SIGNO SOLAR TAURO, 14-05-1811

TRASMUTACIONES

Los aspectos regenerativos toman fuerza bajo la influencia de Plutón (el alquimista) transitando su sector de poder en conjunción con Saturno (el que disciplina) natal, lo que se traduce como hechos necesarios para mostrar y erradicar lo que ya no sirve para el funcionamiento social.

A lo largo del año habrá cambios de dirección basados en la búsqueda de mejores sistemas para lograr una mayor eficiencia del gobierno central.

Las cargas económicas de la administración exigirán por sí mismas otro trato para aliviar aspectos restrictivos y de peso agobiante.

Además, la posición de su Venus (que alivia presiones) anual conjunto al natal en el sector de recursos financieros y en buena ubicación con el medio cielo, le aportará un poco más de suerte en el manejo de los fondos públicos y con una economía un poco

más predecible.

El sitio que ocupa Saturno para este año afloja un poco el bloqueo del año anterior en cuanto a compromisos asumidos, lo que permitirá mostrar en el plano internacional otra cara del país.

Urano, el gran innovador, proseguirá su viaje por el ascendente de Paraguay modificando las conductas sociales en un aspecto más independiente, amplio y constructivo.

Es digno de mencionar otro aspecto benéfico, el gran trígono anual entre Urano, Júpiter y Marte que matiza el año en forma expansiva, creativa y aporta más optimismo y dinámica para los proyectos en general.

ASPECTOS SOCIALES

En este sentido proseguirá el intento de cumplir con la programación oficial para alcanzar un nivel aceptable en salud, educación, vivienda y medio ambiente. Nada le será regalado, cumplirá exitosamente parte de lo proyectado para este año gracias a su mayor esfuerzo.

La corrupción interna podrá ser contenida y combatida en un porcentaje aceptable, pero no totalmente.

MOVIMIENTO TURÍSTICO

Será un tiempo de mayor dinámica y buenos resultados. Para el turista resultará seductor visitar Paraguay por sus paisajes, su tradición, su gente, sus artesanías, el idioma guaraní, selvas y ríos que maravillan.

Paraguay contará este año con mejores influencia que le permitirán avanzar en las temáticas más importantes.

PERÚ
EXPECTANTE

SIGNO SOLAR LEO, 28-07-1821

REORDENAMIENTO

Aún no ceden las presiones y un nudo neurálgico difícil de desatar puede estar presente este año, continuarán sobre el tapete asuntos no resueltos del año anterior que serán analizados varias veces antes de poder ser encauzados. Los enfrentamientos políticos no cesarán en lo interno y el descontento se hará presente con situaciones fuera de control.

Recién a partir de agosto en adelante las autoridades tendrán un poco de claridad en cómo llevar adelante al país que viene con complicaciones y retrocesos en sus áreas más importantes.

Mientras Saturno persista en su pasaje por Leo (signo de Perú) con aspectos conflictivos, será difícil encontrar un método adecuado para ordenarse tanto en la administración de fondos públicos como en los temas de primer orden para la población, que reclamará soluciones inmediatas.

A esto se agrega el puesto ocupado por Marte y Júpiter anuales al Sol peruano que provoca conductas algo agresivas entre los sectores de poder.

Esto involucra, además, que cualquier acción relacionada con las finanzas que se realice de manera irreflexiva puede provocar serias pérdidas económicas con altibajos y dificultad para alcanzar la estabilidad deseada.

SUCESOS INESPERADOS

En lo climático, en algunas zonas puede sufrir sequías que se convertirán en un serio problema, y también recibir influencias de sismos, al igual que el resto de los países con costas al Pacífico.

Sin embargo, proseguirá con sus exportaciones de productos tradicionales, tratando de lograr acuerdos con los demás países para sostenerse a como dé lugar; en fin, debe atravesar estos ciclos para su depuración, que lo llevará, un tiempo después, a construir bases políticas y sociales más seguras.

VENEZUELA
MEJORA SUAVEMENTE

SIGNO SOLAR, ARIES, 19-04-1810

SE CONCIENTIZA

En este ciclo son mejores las perspectivas: el propio gobierno podrá llevar a cabo cambios estructurales para beneficio de la sociedad venezolana. Se gestarán importantes proyectos para desarrollar todo el potencial productivo y esto dentro de un proceso de transición donde los verdaderos resultados se verán más allá de este año.

La relación entre Plutón (reformador) desde Sagitario hacia el Sol natal en Aries (pionero, de impulso) en poco tiempo llegará al lugar exacto para que se traduzca en una recomposición de los programas sociales y económicos.

En su política exterior logrará mejorar sus negociaciones y comercializar su producción con buenas ganancias. Recordemos que se maneja con una industria del petróleo sumamente significativa para sus recaudos, y agricultura, metales, etcétera, rubros que la ayudarán a encaminar sus ingresos.

Sin embargo, no se pueden desconocer los aspectos disonantes (Urano transitando Plutón natal) que por momentos despertarán en forma de tensiones populares, exigencias desde los sectores más carenciados, que para acomodarse requerirán un proceso en el tiempo.

En cuanto a nuevas inversiones, en lo interno se obtendrán mejoras significativas y las estadísticas en el aspecto financiero mostrarán un avance gradual. Recordemos que Saturno con su ingreso en Leo el año anterior, que continúa en el 2006, representa un pasaje liberador para la signatura ariana de Venezuela donde se harán programaciones apelando a una mayor lógica y respetando los ritmos necesarios.

En un análisis final vemos que Venezuela, un país potencialmente productivo, realizará un avance modesto, pero avance al fin, de su panorama general.

PAÍSES CENTROAMERICANOS

Persistirán las irregularidades en el ambiente político y social, con graves demandas en algunos de ellos, economías por momentos en alza y luego muy oscilantes a pesar de que algunos poseen muy buenos recursos naturales. No habrá mucha diferencia respecto del año anterior.

Pero por encima de las voluntades humanas hay acontecimientos imposibles de manejar y a los cuales pueden quedar expuestos el conjunto de estos países. Esto se refiere sobre todo a las alertas de tormentas tropicales que pueden convertirse en verdaderos ciclones, que arrasen todo a su paso, quizá como nunca se haya dado.

PANORAMA ASTROLÓGICO PARA URUGUAY 2006
SIGNO DE VIRGO, ASCENDENTE EN PISCIS, 25/08/1825, HORA 19.36, EN FLORIDA.

Nos encontramos aquí con un país potencialmente productivo en diversos aspectos, atravesando aún por un proceso de cambio muy profundo de un pasado no demasiado lejano y con una nueva política de gobierno. Sin duda que tiene sobrados recursos para sobreponerse a sus crisis y mirar el futuro con esperanza y optimismo. El ser humano siempre propone pero el cielo dispone, por lo que hasta que no se cumplan los correspondientes ciclos astrales, los uruguayos deberán volcar todo lo mejor de sí mismos para sacar su país adelante y mostrar "su garra charrúa".

Su signo Virgo es representado muchas veces por la virgen celestial con una espiga de trigo en sus manos, lo que hace referencia a las cosechas, a los suelos uruguayos (fértiles y generosos), a la forma de encarar el trabajo para lograr los mejores resultados. Sus características más sobresalientes son el ingenio, la teoría llevada a la práctica, el análisis exhaustivo, la tendencia adquisitiva, todo lo cual se refleja en el grupo humano que habita esta tierra.

Su presidente el doctor Tabaré Ramón Vázquez Rosas nació el 17/01/1940 en Montevideo y pertenece al signo de Capricornio que corresponde a la energía tierra, por lo que manifiesta una personalidad muy emprendedora, creativa, y por sobre todas las cosas muy realista a la hora de las resoluciones.

La peculiaridad radica en que tanto el signo de Uruguay como el de su presidente, ambos pertenecen a la trilogía de tierra pero, como si fuera poco, los ascendentes son del mismo signo o sea Piscis (influencia muy humanista-colectivista) que resulta altamente compatible y le otorga una sobrecuota de suerte en el desarrollo de su mandato.

En 2006 se verá beneficiado ampliamente por el tránsito de Júpiter (asociado con el entusiasmo) a través del profundo signo de Escorpio, con una buena aspectación a su Sol natal en Capricornio.

Es un indicador de que todo lo que emprenda en este año, a pesar de que los ritmos por momentos se pueden tornar más lentos, le resultará muy beneficioso a medida que avance, obteniendo grandes satisfacciones no sólo en lo personal sino en su gestión gubernamental.

Su visión objetiva le ayudará a establecer contactos internacionales para el país dentro del marco económico-financiero, así como a disipar situaciones confusas e impedimentos y le otorgará un gran optimismo para fortalecer la imagen de un país que paulatinamente sale del estancamiento.

Urano en tránsito lo acompaña desde Piscis, su ascendente, apoyando a su sol natal y esto activa fuertemente su nivel mental con ideas originales y una mayor libertad de acción. Desarrolla su intuición y es fuente de inspiración en su trayecto. El pasaje de Saturno (regente de Capricornio, su signo) en trígono a su Marte natal hará que se manifieste muy práctico y con un esfuerzo sostenido de sus objetivos nacionales. Además ya que Saturno es de naturaleza reflexiva y disciplinada no importarán los obstáculos que aminoren la marcha, con un impulso controlado (por el aspecto con Marte que es acción inmediata) pero siempre en avance, esto será aplicado constructivamente y con una actitud persuasiva hacia sus objetivos (lo favorece el hecho de que Saturno se retira de la oposición a su sol, situación que anula inseguridades).

Si bien tendrá que enfrentarse por momentos con sectores de oposición, hay que tomar en cuenta el contacto Júpiter en tránsito a Mercurio natal en Capricornio, que denota un ciclo muy positivo por el cual el presidente de Uruguay podrá realizar acuerdos tanto dentro y fuera del país con habilidad y gran acierto. Saturno alcanzará durante los próximos dos años a varios de sus planetas en Aries (además de Marte, a la Luna, Júpiter y Saturno natal), lo que generará, con el paso del tiempo, una gran popularidad y estabilidad.

PALABRAS CLAVES PARA 2006: PLANIFICACIÓN, REFLEXIÓN Y COHERENCIA

El cielo de Uruguay denota configuraciones altamente significativas en cuanto a la aplicación de una política que atiende realidades en el hoy y el ahora y no se pierde en argumentos tan solo teóricos.

El ingreso del organizado y concentrado Saturno en tránsito por el creativo signo de Leo durante el año, se encuentra con toda la acción y energía de Marte natal en ese sitio. Esta significativa conjunción planetaria hará que las autoridades se proyecten con una estrategia, es decir con propósitos bien definidos, de mediano y de largo plazo. Continuarán las revisiones de todo tipo en los distintos ministerios y organismos estatales a fin de lograr estructuras bien conformadas donde cada recurso será aprovechado al máximo. Los emprendimientos se harán con fuerza y verdadera convicción a fin de llevar adelante y encauzar las distintas problemáticas de la población.

Con la influencia saturnina desde el sector quinto de la carta natal (la propia expresión del yo) Uruguay podrá encontrar su verdadera identidad quizás desdibujada en años anteriores. Se logrará establecer bases más seguras y firmes con una expresión original e independiente, lo más probable es que no se copien modelos convencionales de manejo sino la utilización de sistemas más modernos necesarios para un país en desarrollo.

POLÍTICA INTERNACIONAL

Por supuesto que uno de los objetivos del plan de gobierno es alcanzar la integración de intereses de los países que conforman el Mercosur, así como lograr el intercambio de sus diferentes aspectos culturales en virtud de lo que puede significar como posibilidades de crecimiento.

En definitiva lograr la reactivación del Mercosur. Desde la nueva ubicación de Júpiter para este año, o sea Escorpio, y su efecto suavemente benéfico hacia el sol natal de Uruguay, se notará un desarrollo económico y expansión sobre todo en asuntos exteriores. Habrá muchos proyectos e iniciativas con respecto a países extranjeros y con muchos de ellos buenas perspectivas de intercambio (Venus anual en el sector séptimo natalintegrador) no sólo en lo comercial sino en lo científico y tecnológico, así como el cierre de acuerdos muy beneficiosos. Los logros más importantes serán alcanzados mayormente en el último trimestre del año.

PRIORIDADES

En temas de política interna una firme y seria actitud se manifestará para llevar a cabo los propósitos establecidos. El buen aspecto entre Saturno en tránsito a Plutón natal indica el fin de procesos complicados y el comienzo de una instancia de reordenamiento y eficacia. También como Plutón en su esencia alude a lo que está oculto, saca a la luz, para ser analizadas y reordenadas, situaciones que pudieron perjudicar al país en un pasado tanto lejano como cercano. Esto sobre todo en temas administrativos públicos.

INSTAURACIÓN DE UN SISTEMA NACIONAL DE SALUD

Una atención integral en la salud pública favorecerá a los habitantes quizá bajo procesos lentos en un principio, pero sí se verán los frutos sobre todo en el segundo semestre del año. Una equitativa distribución de los fondos del estado permitirá llevar estos beneficios a una población desatendida anteriormente en este aspecto tan básico.

REFORMAS EN PLANES EDUCATIVOS

La ubicación anual de Mercurio en contacto con el quinto sector natal favorece el reordenamiento e instauración de sistemas educativos más efectivos (continúa apoyando el tránsito de Plutón por el noveno sector de estudios superiores) así como la reinserción de estudiantes en los nuevos sistemas. La educación es uno de los pilares del crecimiento social y si bien las metas serán alcanzadas en un mediano plazo habrá resultados tangibles.

ECONOMÍA

Es evidente que con el regente de la casa de los recursos económicos del país por carta anual ubicándose en ese mismo sector, se tratará, a como dé lugar, de elevar los ingresos. El riesgo estriba en que esta ubicación generará oscilaciones y mucho esfuerzo. La clave estaría en el ritmo y el control entre los gastos y las ganancias para evitar momentos desestabilizantes. Los períodos de mayor tensión en la economía se ubicarían en agosto y setiembre de 2006. De todas formas ya hacia finales entraría en un proceso regulador.

MEDICINA DE AVANZADA

Con el correr del tiempo Uruguay puede ubicarse en una posición relevante respecto de las investigaciones y descubrimientos médicos, con algunas sorpresas y reconocimientos internacionales ya para este año.

La medicina holística continuará buscando su lugar en la curación para brindar beneficios en forma integral.

CICLOS PRODUCTIVOS

En 2006 se plasma un gobierno que apoyará en su programación la producción de los complejos agroindustriales (rubros: cárnico, lácteo, arrocero, forestal y pesquero). Como

consecuencia veremos hacia el último trimestre un incremento de divisas provenientes de estos sectores fundamentales para el avance del país. Aunque se advierte que en el año se presentarán períodos adversos por la variabilidad climática. Será un hecho la reactivación de la industria en general, creando nuevos puestos y mejorando el nivel de vida.

ACTIVIDAD CULTURAL Y ARTÍSTICA

Continuará un ciclo de brillo para Uruguay en posiciones internacionales y el aplauso a figuras relevantes del ámbito nacional tanto en música como cine, pintura y otros ámbitos culturales.

DEPORTE

Un año en el que se brillará un poco más, con mejores tácticas; la actividad en este campo será más intensa. Nuevas figuras surgirán en los sectores futbolísticos para dar relevancia al deporte uruguayo.

UN CLIMA ALTERADO

Uruguay no escapa, como el resto de sus países vecinos, a un clima totalmente atípico y alterado. Un verano con sequías intensas en ciertas zonas, días nublados por demás, lluvias inesperadas, descenso inusual de temperatura, para el asombro de los uruguayos. Un invierno con fuertes vientos y tormentas eléctricas, lluvias incesantes con caída de granizo en ciertas zonas.

Al final de este ciclo veremos un suave avance en la calidad de vida de la población respecto del año anterior; aunque con moderación, Uruguay prosigue su destino, y no se detendrá.

PREDICCIONES
PARA LA ARGENTINA
EN EL AÑO DEL
PERRO DE FUEGO

BASADAS EN LA INTUICIÓN, LA COSMOVISIÓN Y EL I-CHING

SOY YO LA QUE TARDÉ EN IR HACIA USTEDES
QUE DÍA A DÍA HACEN PATRIA
EL SOL ESTABA FRÍO AFUERA
Y MUY TIBIO DENTRO DE LAS AULAS.
CADA PUERTA QUE SE ABRÍA
ERA PARA RESPIRAR VIDA
GANAS, PUPITRES DE MADERA NOBLE CONTENIENDO ALMAS.
SENTÍ QUE ESTABA EN EL CENTRO DEL MUNDO,
MIRÁNDOLOS A LOS OJOS
HABLANDO APENAS PARA APACIGUAR LOS FANTASMAS
QUE QUEDARON EN EL PATIO.
NIÑOS SILVESTRES
MAESTRAS Y DIRECTOR SIMPLES Y VALIENTES
QUE CULTIVAN EL DESTINO
DE NUEVOS PROFETAS, CAMPESINOS Y POETAS
CON PANORÁMICA A LAS SIERRAS.
AMIGA COCINERA QUE LOS ALIMENTAS
AUNQUE TE CAIGAS DE TRISTEZA
QUÉ LEJOS ESTOY DE USTEDES VIVIENDO TAN CERCA,
Y QUÉ GANAS DE ACORTAR DISTANCIA.
SÉ QUE MI VIDA TIENE SENTIDO,
HOY QUE LA LUNA NUEVA ES UN PUENTE
ENTRE LOS NIÑOS Y LOS ASTROS.

L. S. D.

DOS MIL SEIS AÑO DEL PERRO

Desde cada niño que está en la escuela del país y de los maestros, directores, personas a cargo de diferentes responsabilidades están dedicadas estas predicciones.

Y desde los que no pueden ir porque no llegan por razones familiares, sociales, económicas, espirituales; a ellos también los incluyo en este tiempo donde todos somos parte del país que nos alberga, nos da y quita posibilidades de evolucionar o involucionar según sea nuestra mirada interior y exterior.

Desde el nido que se hace día a día se construye el país.

Y entrar en el nido de la escuela es un privilegio que agradezco a la vida, pues desde allí saldrán las predicciones para nuestro país en el año del perro.

Además de abrir nuevas puertas para regar cada semilla que somos y traemos y que, gracias a las inclemencias del tiempo, se modelan y diferencian unas de otras.

Abramos el corazón, la mente y el alma para recibir al sabio I-CHING y sus consejos como guía del tiempo que nos toca atravesar.

El mundo está cansado de girar y girar sin detenerse a sentir. Nosotros necesitamos una pausa que nos conecte en un mismo latido y un único ser.

Mano a mano, corazón a corazón, mirada a mirada, convoquemos la fuerza vital para renacer como personas, pueblo, nación y habitantes de la Tierra.

Dejemos atrás lo que no sirve, los malos espíritus y aremos la tierra para remover lo que no floreció por falta de atención y amor. Ayudemos en el día a día con lo que cocinemos en nuestras casas e intercambiemos saludos, sonrisas, amabilidad, ternura.

Estamos famélicos de buenos tratos, respeto, cariño, amistades de fierro.

Abramos fronteras mentales y seamos más gauchos en recibir al que nos enseña su arte.

Caminemos. Junto a nuestros perros.

Tuve el honor de ser invitada a la escuela Manuel Belgrano de Las Rabonas para contarles a los alumnos de 4°, 5° y 6° grados cómo escribo el libro y de qué manera preparo las predicciones basadas en el I-CHING.

Me pareció didáctica e interesante la oportunidad de preguntarle al *Libro de las mutaciones* sobre el futuro del país, integrando a los niños y a los maestros en la consulta.

Previamente les di información sobre el significado de la consulta asociando con imágenes de la naturaleza reflejadas en los ocho trigramas que multiplicados por ocho dan los 64 hexagramas del I-CHING.

Afuera el sol de invierno aumentaba su calorcito rumbo al mediodia, y a pesar de que sonó el timbre para el recreo los chicos prefirieron continuar con la clase.

Les expliqué lo importante que es tomar conciencia de que el país depende de cada uno de ellos, de nosotros, de los padres y vecinos del pueblo y que según sean sus deseos y pensamientos será el futuro que nos espera.

En un clima de curiosidad, ansiedad y concentración de cada participante para arrojar las monedas y con la tiza en la mano –algo que extrañaba tanto–, marqué con firmeza una a una las líneas que se revelaron empezando de abajo hacia arriba formando el hexagrama 6, EL CONFLICTO, EL PLEITO, que mutó al 40, LA LIBERACIÓN.

Hice una explicación accesible leyendo partes del texto y entre bostezos, ojos profundos y almas florecientes cité al *Martín Fierro* "los hermanos sean unidos pues ésa es la ley primera. Tengan unión verdadera en cualquier tiempo que sea porque si entre ellos pelean los devoran los de ajuera". Hablé de globalización y humanización. De la importancia de preguntar cuando no sabemos algo y de no tener vergüenza cuando queremos aprender.

Desde el aula que miraba a las violáceas sierras, en la que apenas cabíamos, pensábamos en el futuro del país.

El año del Perro de Fuego nos hará participar a los argentinos dentro y fuera del aula, de la cucha, del taller, de la oficina, del kiosko, del mercado, del teatro, del cine, del potrero, del campo, del gallinero, del hospital, del estadio, de la cancha.

Nos convertirá en protagonistas en cada acto social donde estaremos reflejados en situaciones que nos despertarán el espíritu solidario y humano.

Ladrarán perros salvajes y rabiosos ante la injusticia social que pedirá resultados a corto plazo y más efectividad.

Habrá que razonar, verbo difícil de conciliar en un país intoxicado por mensajes ambiguos; gente contaminada por ambiciones de bajo astral; por la cuota mafiosa enquistada en el inconsciente colectivo; por la chatarra mediática; por la falta de atención, tiempo y ocupación de algunos padres hacia sus hijos cada día, que los deja a la deriva navegando en un mar de incertidumbre.

Será necesaria más ayuda interactiva y dinámica en la sociedad. Se desatará el canibalismo feroz, la furia, el odio, el rencor, la competencia desleal por un hueso.

Habrá que encauzar esa energía *shan* (negativa) en obras de bien, empezando por el pensamiento, los sentimientos, la ambición y transformarla en un pozo de agua que riegue y fertilice la tierra para sembrar nuevos seres de luz, compasión, comprensión y sabiduría.

El pleito es con nosotros mismos, con nuestra dualidad, esquizofrenia, desconexión tántrica, falta de armonía y comunicación. Debemos perdonarnos por el desvío que nos trajo a este laberinto del cual no podemos salir ni ver la luz pues estamos enceguecidos.

Perdonarnos, hacer las paces, curar las heridas del desamor, el dominio salvaje sobre la condición humana femenina y masculina. Apostar a la vida y a la dulzura y evitar los discursos y acciones que potencian el ego.

El perro es leal, fiel, honesto, pero guardián y cancerbero: estará pendiente de nosotros y nos tomará examen desde lo privado, personal, afectivo, hasta lo práctico, real y aburrido.

La Argentina es un sueño que puede concretarse si dejamos de lado las quejas, los reclamos de ser otros de los que somos. Aceptemos nuestras huellas, pasado, historia de raíces oscuras y tenebrosas con algunos gérmenes de luz y conciencia, de gente honesta y anónima, de almas generosas y compasivas, de mezcla de razas, credos y colores. Convivamos con tolerancia dando lugar a quienes no piensan como nosotros y lograron otras cosas, diferentes a las nuestras.

Tiremos del mismo trineo como los perros de Siberia aunque nos cueste el cambio de actitud. La Argentina estará poblada en los próximos años de gente que vendrá del mundo en llamas y, como dijo el gran profeta Solari Parravicini, "Argentina samaritana será anfitriona, madre de nuevas almas que nos aportarán otra visión del mundo, del trabajo, del respeto, de la solidaridad, de la caridad".

Mis predicciones no son políticas, nunca lo fueron. Creo en cada ser humano y en su propio camino de evolución y en los instrumentos que use para ello.

El turismo será una de las mayores fuentes de ingresos del país, saquemos a la luz nuestro talento para lo que sea, desde cocinar empanadas salteñas hasta tejer en el telar, cocinar arcilla negra, pintar, bailar tango y folklore; despleguemos en cada región del país nuestros productos regionales para crear fuentes de producción que multipliquen la inversión humana, familiar y social que implica el esfuerzo. Seamos dueños de nuestro destino.

Nos pueden comprar todo menos el alma o podemos vender todo hasta el alma.

El perro estará presente en el momento de tomar la decisión y nos mirará con sus ojos guardianes para guiarnos con amor filial. Retornemos a izar la bandera de la Patria con el corazón más abierto a la transformación.

Cierro el libro entre aromos, coronas de novia, ciruelos y duraznos en flor.

Argentina está naciendo y despertando en cada uno de nosotros.

Hay demasiado que atender. Desde los chicos de la calle hasta la recaudación impositiva que no sabemos a quiénes o a qué obras va destinada.

Desde las leyes que se votan en el Senado a las que duermen profundamente entre las ratas.

El nuevo plan de educación para preparar al nuevo hombre y mujer que deberá transitar una época muy acelerada de cambios interiores, climáticos, ecológicos, sociales, psíquicos y económicos.

Para apaciguar a la Pacha hay que hacer más ceremonias con los aborígenes que están en nuestro país, aprender de sus costumbres milenarias, de su arte, su cosmovisión y fusionarnos con razas, credos que están y llegarán de todo el mundo.

Cada provincia, ciudad, pueblo, rincón del país es un universo que interactúa con los demás. Por eso, quienes puedan, viajen, conozcan nuestro maravilloso país, intercambien poemas, zambas, cuadros, esculturas, telares con nuestros hermanos.

Miremos hacia adentro nuestro.

Nos enriqueceremos, creceremos como nación, y sabremos de qué estamos hablando cuando nos ataquen.

Para ser argentino hay que entregarse en cuerpo y alma al lugar, aunque vivamos fuera del país, también podemos participar a través de nuestras ideas, planes y proyectos, amigos y familia.

Hay que estar abiertos, ser receptivos con la gente de buenas intenciones que necesite iniciar una nueva etapa acá, pero además, SOLIDARIDAD, COMPASIÓN y el CORAZÓN ABIERTO son los ingredientes que el año del perro necesita de nosotros para que atravesemos un conflicto que es humano y nos liberemos para vislumbrar un nuevo amanecer.

IN LAKECH. ¡Yo soy otro tú!

Y compartamos los huesos con nuestro perro favorito.

L. S. D.

EL I-CHING DICE

HEXAGRAMA PRINCIPAL
6. Sung/El Conflicto (El Pleito)

EL DICTAMEN

El conflicto: eres veraz y te frenan.
Detenerse con cautela a mitad
de camino trae ventura.
Ir hasta el fin trae desventura.
Es propicio ver al gran hombre.
No es propicio atravesar
las grandes aguas.

Cuando uno se halla envuelto en un pleito, lo único que podrá traerle salvación es una vigorosa y firme serenidad, dispuesta en todo momento a la conciliación del pleito, al arreglo a mitad de camino. Continuar la querella hasta su amargo fin acarrea malas consecuencias, aun cuando uno concluya teniendo razón, puesto que en tal caso se perpetúa la enemistad. Es importante ver al gran hombre, vale decir a un hombre imparcial, cuya autoridad sea suficiente como para solucionar el pleito en forma pacífica o bien para fallar con justicia. Por otra parte, en tiempos de discordia es preciso evitar "atravesar las grandes aguas", vale decir iniciar empresas riesgosas.

LA IMAGEN

Cielo y agua se mueven en sentido
contrario: la imagen del conflicto.
Así el noble, en todos los negocios
que realiza,
reflexiona debidamente
sobre su comienzo.

La imagen indica que las causas del conflicto residen en las orientaciones opuestas, ya previamente existentes, de ambas partes. Una vez que aparecen tales direcciones divergentes necesariamente se origina en ellas el conflicto. Se infiere entonces que a fin de precaver el conflicto conviene pensar cuidadosamente en todo desde el mismo comienzo. Cuando se establecen claramente derechos y deberes, o si en una asociación humana convergen las orientaciones espirituales, la causa del conflicto queda de antemano eliminada.

LAS DIFERENTES LÍNEAS

Nueve en el quinto puesto significa:
Pleitear ante él trae elevada ventura.

Aparece aquí el componedor del pleito; es poderoso y justo y dispone de la fuerza necesaria para imponer el derecho. Si uno tiene razón y está en su derecho obtendrá ventura.

Al tope un nueve significa:
Aun cuando acaso a alguien
se le otorgue un cinturón de cuero,
al terminar la mañana
le será arrancado tres veces.

Una persona ha llevado el pleito hasta su amargo fin haciendo valer su razón. Se le confiere una distinción. Pero esta dicha no es duradera.

HEXAGRAMA COMPLEMENTARIO
40. Hsieh/La Liberación

PREDICCIONES PREVENTIVAS PARA LA
RATA
BASADAS EN EL I-CHING
DE LA OPRESIÓN A LA LIBERACIÓN

**SOS EL VIENTO ME DIJISTE.
NO TE PUEDO APRESAR.
Y TAMPOCO ME RESIGNO.**

L. S. D.

Tiempos difíciles los del año del gallo para la rata. Cursó un *master*, PhD en supervivencia, pues pagó con creces las ventajas y atajos que le permitieron llegar primero a usufructuar las praderas fértiles del zoo. Se sintió recluida y excluida del mundo, pues su energía se diluyó y debió refugiarse en los oscuros laberintos y cañerías que encontró para naufragar y seguir elucubrando su estrategia.

Demasiadas heridas abiertas, cansancio, dispersión, abuso del poder, del imperio de los sentidos, del límite psíquico del prójimo, que rebasó.

En el inicio del reinado canino la rata se contagiará del entusiasmo, coraje, espíritu humanista y altruista que la expulsará de la baticueva para iniciar una larga travesía.

Llegan los ayudantes, los instrumentos para que tome conciencia de EL TRABAJO EN LO ECHADO A PERDER.

La nihilista rata descreída, escéptica, le encontrará un sentido a su vida.

Empezará por mejorar su *look*, vestuario y FENG-SHUI personal y creativo.

Descubrirá sus dones secretos y los modelará invirtiendo más tiempo en las tareas domésticas: cocinar, limpiar, coser, tejer, cultivar la tierra, hacer manualidades, carpintería, plomería, *bricolage* y alfarería.

Aceptará el trueque como forma de vida y ahorrará en los gastos ordinarios viviendo como un monje *zen*.

LIBERTAD, LIBERTAD, LIBERTAD. Se rompen las cadenas que la mantuvieron prisionera en su propia cárcel y así entrará el CHI, energía vital para poner a funcionar su autoestima:

Será prioridad el equilibrio entre cuerpo, alma y mente. Trabajará profundamente en el control de sus emociones, la respiración y hacer yoga la mantendrán en un estado ideal para iniciar un nuevo tiempo de adaptación en su profesión, familia y círculo social.

La rata conseguirá tener avances lentos y progresivos, su curiosidad, sentido común y búsqueda espiritual florecerán, encontrará almas gemelas y socios en nuevos emprendimientos que la alentarán y le brindarán garantías y apoyo afectivo.

Volverá a ser confiable y la llamarán para integrar grupos de trabajo e investigación.

Participará activamente en la comuna brindando su conocimiento, destreza, agilidad y experiencia integrándose a los planes de reformas sociales y ambientales.

La rata despertará el deseo, la pasión y buscará a su compañera y alma gemela para transitar este período.

El ánimo mejorará, recuperará el sentido del humor y será agasajada, admirada y escuchada por diferentes generaciones.

Aceptará al otro sin prejuicios, estará abierta al diálogo, a compartir, sin ponerse en juez ni *testigo en peligro.*

Ayudará con su tiempo a gente mayor, enferma, desvalida.

Deberá resolver problemas legales y jurídicos, tendrá que asumir una sucesión, un pleito laboral o familiar y apoyar a sus padres y hermanos en esta nueva etapa.

Sentirá ganas de participar en actos políticos o en movimientos humanistas y pacifistas.

Encauzará una relación afectiva que quedó en medio de las tinieblas y demostrará que puede cambiar *cuando el amor es más fuerte.*

Saldrá a estudiar nuevas tácticas de supervivencia disfrutando de la vida nocturna y de nuevas compañías.

Estará dispuesta al cambio de bienes materiales, dejará de lado los excesos, los vicios y se pondrá a trabajar en causas que la estimulen y reditúen.

Lentamente se enamorará y recuperará la fe en la vida.

Tendrá ganas de formar una familia y criar perritos.

Estará activa, radiante, llena de fuerza para atravesar una etapa de conflictos y cambios internos que serán fundamentales en su adaptación al medio social.

Saldrá en busca de nuevas oportunidades, se relacionará con gente del exterior y fundará una empresa de importación y exportación.

Dinámica, hiperactiva se meterá en los medios de comunicación transmitiendo su pasión a través del arte, el deporte y la política, deberá tomar días de descanso y salir de compras para despejarse y no cargar con responsabilidades ajenas que la alejen de sus objetivos.

Estará dispuesta a empezar una nueva vida en otro lugar, dejando hábitos, manías y costumbres.

Recuperará la autodisciplina y podrá concretar proyectos que dormían en los cajones.

En la familia habrá despedidas y nacimientos que la mantendrán muy ocupada en arreglos domésticos y económicos.

Volverá a leer a sus escritores favoritos, hará intercambio estudiantil y mejorará su relación con alumnos y profesores.

Podrá iniciar la construcción de su casa, dedicarse a *full* a conseguir socios que la ayuden y crear una comunidad con gente de ideas similares.

Estará radiante, imaginativa, *sexy,* audaz, llena de ideas innovadoras que pondrá en práctica.

Durante este año la rata logrará un aumento notable en su patrimonio debido a la apertura en su manera de actuar y de pensar.

Atravesará un *peeling* emocional, dinámico, de gran limpieza profunda y de introspección que la convertirán en un ser lúcido y práctico.

Será mediadora de conflictos entre socios y la familia por bienes gananciales.

La gran transformación será a través de la ciencia hindú yogui de la respiración, pues revisará su historia personal navegando por desiertos y mares profundos.

Comenzará una etapa más conciliadora con su entorno, recuperará la confianza, la alegría, el optimismo y la fe en la vida.

Será protagonista de un cambio de estructura en su naturaleza y buscará la armonía.

Conocerá a una persona que la ayudará a salir de la crisis y con quien compartirá momentos de gran conexión afectiva.

Revisará asignaturas pendientes y se preparará para mejorar y saldar con más conciencia lo que quedó *stand by*.

El perro la reunirá con la familia, los amigos del pasado que quedaron en el camino y con compañeros de la escuela.

Su gran logro será asumir una etapa de transformación en su vida cotidiana guiada por las jerarquías y los espíritus que la acompañen.

EL I-CHING TE ACONSEJA
40. Hsieh/La Liberación

EL DICTAMEN

La Liberación. Es propicio el Sudoeste.
Si ya no queda nada a donde
uno debiera ir,
es venturoso el regreso.
Si todavía hay algo a donde
uno debiera ir,
entonces es venturosa la prontitud.

Se trata de una época en la cual comienzan a disolverse, a disiparse tensiones y complicaciones. En tales momentos es preciso retirarse cuanto antes hacia las condiciones comunes o normales: he aquí el significado del Sudoeste. Semejante a una lluvia liberadora que afloja y disuelve la tensión de la atmósfera haciendo estallar brotes y pimpollos, también un tiempo de liberación de cargas oprimentes obtiene efectos salvadores y estimuladores que se manifiestan en la vida. Pero hay por cierto algo muy importante al respecto: en tales épocas es necesario que nadie intente exagerar el valor del triunfo. Es cuestión de no avanzar más allá de lo indispensable. Retornar al orden de la vida no bien alcanzada la liberación, he ahí lo que aporta ventura.

LA IMAGEN
Trueno y lluvia se levantan:
la imagen de la Liberación.
Así el noble perdona las faltas
y exime de culpa.

La acción de la tormenta purifica la atmósfera. Así procede también el noble con respecto a las faltas y los pecados de los hombres que provocan estados de tensión. Mediante su claridad promueve él la liberación. Sin embargo, cuando las transgresiones surgen a la luz del día, no se detiene para insistir en ellas; sencillamente pasa por alto las faltas, las transgresiones involuntarias, tal como va perdiéndose el sonido reverberante del trueno, y perdona la culpa, las transgresiones deliberadas, al igual que el agua que limpia todas las cosas y quita toda suciedad.

PREDICCIONES PARA LA RATA Y SU ENERGÍA

RATA DE MADERA
(1924-1984)

Encenderá el fuego de la pasión y de la vocación; encontrará un lugar en la sociedad donde empezará a expandirse y serán reconocidos su talento y sus logros.

Estará hiperactiva, sociable, llena de propuestas laborales que deberá analizar para no desbordarse y no caer en trampas.

Acrecentará su patrimonio, invertirá en bienes raíces y será líder en causas de defensa del medio ambiente.

Se asentará emocionalmente formando una pareja con la que compartirá viajes, estudio y trabajos afines.

En la familia habrá cambio de roles y deberá actuar con eficacia mediando entre las partes.

Un año de renovación, asentamiento, nuevas perspectivas laborales que la conectarán con gente de diversos grupos humanos y sociales.

Tendrá oportunidades de afianzarse en una profesión compartiendo trabajo, amor y conocimiento.

RATA DE FUEGO
(1936-1996)

La doble energía fuego la mantendrá hiperactiva e inspirada para iniciar una nueva etapa de aventuras en su vida afectiva y profesional.

Romperá con el pasado y estará dispuesta a empezar una nueva vida invirtiendo en la experiencia y en la trayectoria.

Sentirá deseos de independencia, reformulará el rol familiar y delegará responsabilidades para salir al mundo en busca de ayuda para la comunidad y el país.

Estará más comprometida socialmente, participará de grandes causas y será mediadora entre la gente y los gobernantes.

Entrará en una etapa contemplativa y la compartirá a través del arte, la literatura, los medios de difusión y la gente que se acerque al fogón.

Invertirá en bienes raíces, participará en sociedades del agro y la minería con gente extranjera amplificando sus negocios.

Renovará desde su *look* hasta el FENG-SHUI y le dará una nueva perspectiva a su vida y entorno.

RATA DE TIERRA
(1948)

Después del tiempo de ciencia ficción y de retiro a las cañerías más profundas de la vida reaparecerá de pie como una *star* para seguir con sus ideas propias e inventos ultrasofisticados.

LUZ, CÁMARA, ACCIÓN.

Saldrá de la baticueva y renovará su energía apuntando al blanco con precisión.

Un nuevo oficio que se convertirá en su supervivencia la estimulará y le abrirá nuevos contratos sociales y humanos donde desplegará su inteligencia, destreza, astucia e imaginación.

Hará buenos negocios e inversiones. Saldará deudas interiores y exteriores y recuperará a su mascota.

Mejorará la relación con su familia y proveerá algún aporte material o espiritual que resultará muy valioso.

Viajará y se radicará un tiempo en el exterior logrando establecer una empresa o negocio redituable que convocará gente de todo el mundo.

Crecerán los contactos con personas afines, en su vida habrá movimiento artístico y cultural y una mayor expansión en sus ganancias.

El perro la mantendrá con un cable a tierra que le permitirá enfrentar cada día con solvencia y seguridad.

El amor hacia una nueva pareja le dará fuerza e inspiración para seguir en la salsa de la vida.

RATA DE METAL
(1900-1960)

Recuperará el sentido de la vida conjugando una etapa liberadora de responsabilidades que la detenían en su camino.

Sentirá una necesidad de búsqueda espiritual y se sumergirá en experiencias de trabajos interiores y chamánicos.

Reconquistará su equilibrio físico y emocional y emprenderá nuevas empresas laborales que la mantendrán hiperactiva y con posibilidad de ingresos notables en su profesión.

Viajará casi todo el año por trabajo y encontrará nuevas fuentes de inversión y lazos que le permitirán el acceso a otras formas de negocios relacionados con el arte y la comunicación.

Retornará a personas queridas dentro de la familia que le levantarán

el ánimo y la apoyarán en el plan de vivienda y recursos.

Estará *sexy*, radiante, eufórica, comprometida con su entorno y llena de ideas innovadoras para aplicar en su vida.

Se enamorará a fuego lento estableciendo una relación del tercer milenio con *feed back*.

RATA DE AGUA
(1912-1972)

Con el ladrido del perro llegó el tiempo para desarrollar ideas y encontrar quien las escuche y apoye.

Volverá a sentir los brotes de vida después de un tiempo de estancamiento y exclusión.

Estará dedicada a tomar las riendas en su profesión, trabajar con horario y acrecentar sus ingresos.

Reclamada en el medio profesional ocupará un lugar protagónico.

Estará incentivada, estimulada para cumplir un rol social y humanista con la comunidad.

Afianzará una relación afectiva estableciendo las bases de la convivencia y de la familia.

Atravesará pruebas legales que le abrirán los ojos para resolver asuntos financieros.

Buscará el camino del peregrino, de Santiago de Compostela, del camino del inca y de la India. Recuerde que todo movimiento es una imperfección.

DOS MIL SEIS AÑO DEL PERRO

PREDICCIONES PREVENTIVAS PARA EL BÚFALO

BASADAS EN EL I-CHING

AVANZANDO DECIDIDAMENTE CON LUZ INTERIOR

Una vez más el búfalo atravesó con integridad y valentía las pruebas, trampas, espejismos y obstáculos del año del gallo.

Es cierto que el estrés, las exigencias con el medio, los problemas familiares y domésticos, la inseguridad en la profesión lo llevaron a una etapa de BARDO TODOL (transición entre la vida y la muerte) pero renació y desafió al destino con más convicción y proyectos.

El buey estuvo en emergencia con su salud psíquica, física y emocional; apostó a la medicina preventiva o a las intervenciones quirúrgicas que lo sacudieron como un sismo y le enseñaron a ejercitar la paciencia china y maya.

Por eso durante el año del perro renacerá con otra mirada del mundo, enfoque, energía y empuje, logrando alcanzar sus metas con éxito.

Estará más activo, dinámico, organizado, creativo, sociable y participará en todos los eventos que le dé su agenda real y virtual.

El exigente gallo lo amparó, le dio fe, hizo pequeños y grandes milagros y lo dejó descansar o reponerse mientras le tiraba maíz en el nuevo sendero rumbo al tiempo canino.

El crecimiento es interior, alumbró zonas oscuras y erróneas y libró la batalla en el día a día. Por eso se reflejará en cada acción el arte de vivir integrando lo inesperado a lo cotidiano.

El búfalo estará más abierto, receptivo y flexible.

Sentirá que el deber es parte del llamado de sus voces interiores y, cuando no coincidan, dejará de lado los mandatos para iniciar su propio peregrinaje.

El perro lo guiará con amor, lealtad y confianza hacia una pradera fértil donde sembrará nuevas semillas de creatividad para compartir con amigos, familia, socios, y gente que conocerá en la comunidad, en viajes y que le aportará una nueva conciencia.

El búfalo sentirá el llamado vocacional. Retomará una actividad que quedó trunca por cuestiones personales y librará una batalla con sus fantasmas para seguir en la lucha por sus ideales.

Renacerá desde las pezuñas hasta la áspera piel, que se convertirá en seda.

Cambiará hábitos, costumbres; no estará tan disciplinado y se animará a trabajar menos horas y disfrutar más el ocio creativo.

APOSTARÁ AL CAMBIO.

Respetará sus prioridades, desde viajar a lugares que quedaron pendientes hasta delegar responsabilidades familiares y compartir el trabajo con sus íntimos enemigos.

Moverá la energía del dinero, del

patrimonio, con ayudantes confiables que le darán ideas de renovación.

Saldrá del monasterio, del retiro, del ostracismo, y participará en actos públicos, manifestaciones políticas, humanistas y sociales con gran convicción.

El búfalo vivirá la gran metamorfosis de su vida. Buscará en su interior las causas de su estancamiento, las aceptará y, lentamente, comenzará a pisar la tierra con firmeza hacia una vida más equilibrada entre su psiquis, resistencia física y emocional.

Estará más cariñoso, llamará por teléfono a parientes que tenía en el freezer, o que había sepultado en vida y reconocerá sus méritos. Se humanizará. Volverá a reír, a cantar, a bailar, a abrir la puerta para ir a jugar, y destilará un nuevo perfume que fascinará a quienes se acerquen a su lado.

Deberá administrar lo que le delegan con más responsabilidad y sentido común.

Es probable que surjan problemas legales, jurídicos o de la DGI.

Tendrá que asesorarse y mantenerse centrado, pues un ataque de "bufalitis" podría terminar con su vida.

Pondrá en orden desde los papeles hasta su azotea mental.

Reunirá a hijos, padres, hermanos ex parejas y repartirá bienes y patrimonio equilibrando su karma.

Estará inspirado para transmitir su experiencia profesional y vital. Será un tiempo ideal para enseñar, dar cursos, intercambiar conocimientos con gente de otras creencias y culturas, y desafiar su espíritu sedentario.

Necesitará compartir sus horas libres o su ocio con gente amiga que comparta el mismo gusto por el arte, el deporte, la naturaleza, los viajes interiores y la cocina.

Su claridad interior alumbrará a gente confusa y falta de fe, contagiará el espíritu del entusiasmo y será protagonista de escenas de pasión, al estilo *Otelo* o *Cumbres borrascosas*.

Definirá una larga relación afectiva dándole un corte abrupto o reciclándola en una amistad profunda. Buscará compañerismo, contención, equilibrio en los roles más que una relación clandestina, peligrosa y pasional.

Contemplará más permisos en la pareja, no será tan exclusivista, dominante, celoso ni posesivo, y jugará con las mismas cartas.

Comprará, arrendará, o alquilará un lugar que lo gratificará y le despertará el compromiso social con la comuna.

Encontrará eco a sus ideas, acciones y reclamos.

Convertirá al trueque en el eje de su vida. Desde servicios y mano de obra hasta productos de la huerta, arte e informática.

Sentirá agobio por la situación mundial. Se rebelará y saldrá a luchar o se quedará dentro de su casa tratando de cambiar el mundo.

Haga ejercicios, desde aerobismo, danza, yoga, tai-chi, hasta deportes donde pueda plasmar su caudal enérgetico.

Disfrute una puesta de sol, la luna llena, las tardes de otoño, la chimenea, una charla íntima, un partido de truco, una caminata, y valore las pequeñas cosas que tienen otro sabor cuando uno se entrega sin expectativas.

El perro, con su humor ácido y corrosivo lo pondrá contra la soga: lo querrá siempre listo como un *boy scout* o un hombre de Green Peace.

Es aconsejable que mantenga el perfil bajo, que evite las discusiones, las peleas que no tienen fundamento.

Encontrará piedras en el camino, pero su actitud debe ser la de un arqueólogo que descubre, en la aridez de la vida cotidiana, la piedra fundamental.

El año del perro purificará sus imperfecciones, lo mantendrá ágil, alerta, compasivo, curioso, receptivo, terrenal y más sabio.

Suelte las cadenas que lo atan al pasado, mire de frente e inicie una nueva etapa. Su experiencia será el gran tesoro que compartirá con quienes se crucen en su camino, y desde allí sumará leguas y millas.

Su compromiso ético y moral serán fundamentales para guiar e iluminar a quienes se acerquen a rumiar sus descubrimientos.

UN TIEMPO DE TRANSFORMACIÓN EXISTENCIAL.

EL I-CHING TE ACONSEJA

HEXAGRAMA PRINCIPAL
14. Ta Yu/La Posesión de lo Grande

EL DICTAMEN
La Posesión de lo Grande:
Elevado Logro.

Los dos signos primarios indican que la fuerza y la claridad se unen. La Posesión de lo Grande está predeterminada por el destino y en correspondencia con el tiempo. ¿Cómo es posible que ese débil trazo tenga la fuerza suficiente como para retener y poseer a los trazos fuertes? Lo es gracias a su desinteresada

modestia. Es éste un tiempo propicio. Hay fortaleza en lo interior, y claridad y cultura en lo exterior. La fuerza se manifiesta con finura y autodominio. Esto confiere elevado logro y riqueza.

LA IMAGEN
El Fuego en lo alto del Cielo:
la imagen de La Posesión de lo Grande.
Así el noble frena el mal
y fomenta el bien,
obedeciendo con ello la buena
voluntad del Cielo.

El sol en lo alto del cielo que alumbra todo lo terrenal, es el símbolo de la posesión en gran escala. Mas semejante posesión ha de ser correctamente administrada. El sol saca a la luz del día lo malo y lo bueno. El hombre debe combatir y refrenar el mal y fomentar y favorecer el bien. Únicamente de este modo corresponde uno a la buena voluntad de Dios que sólo quiere el bien y no el mal.

LAS DIFERENTES LÍNEAS
Nueve en el segundo puesto significa:
Un gran carruaje para cargarlo.
Se puede emprender
algo. Ningún defecto.

Una gran posesión consiste no sólo en la cantidad de bienes que uno tiene a su disposición, sino y ante todo en su movilidad y aplicabilidad. En este caso, podrá uno utilizarlos en bien de empresas a realizar y permanecerá libre de escrúpulos y de faltas. El gran carruaje que puede cargarse con muchas cosas y con el que puede viajarse lejos sugiere la existencia de hábiles ayudantes que tiene uno a su lado, idóneos para su tarea. A gente así puede confiarse la carga de una gran responsabilidad, lo cual es realmente necesario cuando se trata de empresas importantes.

HEXAGRAMA COMPLEMENTARIO
30. Li/Lo Adherente, El Fuego

☲

PREDICCIONES PARA EL BÚFALO Y SU ENERGÍA

BÚFALO DE MADERA (1925-1985)

Sus planes se evaporarán como pompas de jabón en el aire. Deberá permanecer centrado, atento a las señales y oportunidades que le pongan en el camino.

Ejercitará meditación, zazen y el camino espiritual para equilibrarse.

Su amigo el perro le brindará protección, ayuda, y lo estimulará creativamente para que siga produciendo obras de arte y acción social.

En la familia habrá cambio de roles, movimientos, mudanzas y nuevas ideas para concretar.

Sentirá deseos de retornar a un lugar de la infancia. Es recomendable que busque el contacto con la naturaleza y con la gente que lo inspira.

Asesórese legalmente antes de invertir o hacer alguna transacción o negocio.

HAGA MEDICINA PREVENTIVA Y TRABAJE LA ENERGÍA DEL KUNDALINI.

BÚFALO DE FUEGO (1937-1997)

Durante el año del perro se rebelará y saldrá por el mundo como un *sanyasin* (buscador del conocimiento).

Dejará atrás una vida y empezará un peregrinaje hacia otra.

Conocerá gente joven, extranjeros, con los que compartirá trabajo, amor, conocimiento, techo y vestimenta.

Sentirá que puede vivir dignamente con su oficio u ocupación sin rendirle cuentas a nadie.

Renovará su *look*. Estará más atento, sensible, sociable, comunicativo y lleno de interrogantes que resolverá en el camino.

En la familia habrá rebeliones, rupturas, partidas y replanteos. Una herencia o legado saldrá a la luz y lo hará partícipe de nuevas opciones para desarrollarse.

Los discípulos serán la gran fuente de inspiración que lo mantendrá en el TAO y con una causa justa para integrarse en la sociedad.

En la pareja habrá sobresaltos. Tal vez un cambio de lugar, mudanza o viajes temporales que lo desviarán de sus planes. Fluya, sea WU-WEI, no fuerce la acción de las cosas.

Practique la meditación dinámica.

Será una luz en medio de las tinieblas, guiará a la gente con su experiencia y resultará un eslabón fundamental entre el presente y el futuro.

BÚFALO DE TIERRA (1949)

Durante el año del perro cosechará lo que sembró en su vida. Estará decidido a cambiar las reglas del juego y buscar trabajo donde pueda sentirse útil.

Tendrá que atravesar una crisis familiar que lo dejará devastado y alucinado.

Remontará el día a día con su tesón, su perseverancia y su sentido práctico sorteando los ladridos, mordiscos y campos minados.

Incursionará en nuevas disciplinas, estudios, investigaciones y técnicas de respiración y meditación dinámica.

Consolidará una relación, estará más abierto y flexible y dará nuevas oportunidades a quienes se acerquen a su vida.

Tendrá que cuidar su patrimonio, asesorarse en nuevas inversiones y no delegar responsabilidades en gente que no conoce.

Mejorará su estado anímico, conocerá gente de diversos lugares del país y del mundo con los que fundará una nueva etapa social y creativa.

El mundo cambiará velozmente y usted deberá adaptarse o quedará atrapado en la ilusión.

Viajará por amor hacia un lugar que siempre soñó y descubrirá nuevas fuentes de trabajo e inspiración.

Los amigos compartirán los momentos agridulces de la vida y lo acompañarán incondicionalmente.

UN TIEMPO DE APRENDIZAJE Y RENDICIÓN DE CUENTAS KÁRMICAS.

BÚFALO DE METAL
(1901-1961)

La transmutación del año del gallo le abrió un nuevo panorama para seguir en el TAO.

Consolidará su situación económica, laboral y profesional, y abrirá el juego a nuevas propuestas de socios, amigos y entidades del ciberespacio.

Viajará y se radicará en el exterior desarrollando una labor creativa, altamente redituable y muy exitosa.

Estará con viento a favor para intercambiar trabajo por vivienda o alimentos valiéndose del trueque.

Su labor en la comunidad crecerá, estará asediado por los medios y la gente carenciada.

Sentirá un nuevo motor y estímulo desde el ADN hasta la renovación de su *look*, ideas y proyectos.

En la pareja habrá un "antes y después". Sentirá ganas de reformular la convivencia, compartir el tiempo libre y salir a buscar hijos adoptivos antes de que el nido esté vacío.

Un flechazo inesperado le despertará el eros y lo sacará de la tierra una temporada. El aterrizaje será contundente y tendrá un SATORI.

Haga dieta, deporte y técnicas de meditación dinámica para encauzar el caudal energético.

Un tiempo de recolección, ajuste de cuentas y planificación a largo plazo.

BÚFALO DE AGUA
(1913-1973)

Durante este año consolidará el rumbo de su vida integrando su experiencia, aprendizaje y vocación.

Estará abierto a embarcarse en un plan apostando a su capacidad de adaptación y coraje. Viajará por trabajo, afectos y familia e iniciará una etapa de inversiones profesionales y estudios.

Sentirá deseos de formalizar una relación, compartir aventuras, viajes interiores y exteriores.

Será líder, guía y brújula en la comuna. Saldrá al mundo y volverá transformado. Estará dispuesto a iniciar una etapa de búsqueda espiritual en la que encontrará razones y respuestas para seguir en la lucha por los derechos humanos.

Sentirá presiones y cambios imprevistos que modificarán su visión del prójimo.

Llegará a tocar fondo, física y espiritualmente. Investigará sus zonas inexploradas que saldrán a la luz y brillará como un diamante.

PREDICCIONES PREVENTIVAS PARA EL
TIGRE
BASADAS EN EL I-CHING

LA PLENITUD Y EL OCASO

Celebro con la salida del sol el cumple de un tigre que partió hace un tiempo y que con su viaje guió el mío hacia insondables profundidades en las que me encuentro.

Ser tigre es tener una vida llena de contrastes y poca quietud, calma, espacios para reflexionar o aceptar las treguas que da la vida cuando la adrenalina es el motor de la existencia.

El mejor amigo del tigre es el perro y finalmente ambos decidirán poner en *on*, TAO IN sus vidas, sumar más que restar, apostar con plenitud en cada inhalación y exhalación y compartir las aventuras confiando en el otro.

El tigre tuvo tiempo para reflexionar en los últimos años, hacer un balance de su vida, saciar sus apetitos terrenales de lujuria, pasión, ambición desmedida, atracción por el peligro y el poder, y se quedó contemplando el cambio del mundo mientras preparaba la estrategia para insertarse en forma más sabia en la sociedad.

Demasiados conflictos, ataques imprevisibles, disputas, querellas, peleas y cambios de lugar, mudanzas, búsqueda interna del tesoro.

El tigre recupera el escenario, los micrófonos y medios de comunicación.

Claramente dispara sus ideas con solvencia y arenga a la gente a seguirlo en su travesía.

El tigre sale de la jaula famélico a buscar nuevas emociones e inicia un gran safari.

Agudiza los cinco sentidos y los utiliza oportunamente con precisión y destreza, saboreando cada momento como un alquimista.

Intuitivamente sabe dónde está la presa y apunta milimétricamente hacia ella.

Recupera la autoestima, la fe, las facultades ejecutivas para resolver desde los quehaceres domésticos hasta las grandes hazañas que lo mantienen entretenido.

Reencontrará amigos del pasado en su viaje alrededor del mundo o del barrio, aparecerán nuevos socios, compañeros de causas humanas, sociales e ideológicas que le abrirán las puertas del paraíso y del infierno.

Cantará, bailará, tocará nuevos instrumentos y partituras y estará radiante, altamente estimulado por nuevos desafíos.

El secreto es mantenerse centrado. Consciente de lo que genera y, por supuesto, hacerse cargo.

Experimentará bruscos cambios en el estado de ánimo. Con *up* y *down*, es recomendable que busque apoyo en quienes puedan contenerlo emocionalmente.

EL TIGRE VOLVERÁ A ENAMORARSE. Apasionadamente. Concretará una pareja del tercer milenio.

Dejará atrás relaciones micromambo que lo atosigaban y llenaban de culpa y abrirá el juego para el *casting* del zoo chino. Se divertirá desplegando su talento como amante, compañero de safari, protector y empresario antes de rodear con sus garras al elegido-a.

Su carisma, su *sex appeal* brillarán como el sol al mediodía y tendrá una legión de admiradores *stand by* esperando turno para salir de cacería con el rey de la selva.

Definirá el rumbo de su profesión encauzando una etapa creativa y de investigación donde desplegará su vocación con resonancia magnética y *feed back*.

El tigre recuperará su integridad, sentido del humor, espíritu combativo, creando fuertes polémicas y debates en la comunidad.

En el año del perro tendrá FENG, viento a favor, a pesar de que dependerá de la administración de energía que invierta en cada acción; por eso no se desborde ni pretenda grandes resultados en épocas de sequía.

Su gran logro estará relacionado con el afianzamiento en su carrera, oficio o profesión.

Recibirá ofertas que deberá estudiar seriamente para no dispersar su energía en quimeras y estar consciente del tiempo de siembra antes de esperar LA RECOLECCIÓN.

La comunicación se verá favorecida este año; su imaginación estará acentuada y su discurso tendrá contenido.

Las rayas de su sedosa piel volverán a brillar, mejorará su *look*, pasará tiempo realizando compras en lugares hechos a su medida y ayudará a gente carenciada con su generosidad y espíritu altruista.

Tendrá encuentros predestinados.

Aparecerán ayudantes que lo activarán en su profesión, oficio y vocación y con quienes emprenderá trabajos de acción social, educación y arte. Deberá transmitirles su experiencia, consejos, creatividad y empuje.

Será imposible no sucumbir a sus encantos, carisma y fascinación.

Embriagará con su estilo felino a hombres y mujeres y despertará pasiones al estilo Marilyn Monroe y Dalmiro Sáenz.

Lúcido, acertado, profundo, desplegará su histrionismo en fiestas y acontecimientos públicos, y se infiltrará en nuevos ambientes y sectores.

La plenitud tiene como contrapartida EL OSCURECIMIENTO DE LA LUZ.

El tigre es tan intenso, visceral e independiente que le costará graduarse en cada decisión, acción o aparición.

Es por eso que durante este año debe medir su CHI, energía, y dosificarse si no quiere pasar el umbral hacia la eternidad. Es fundamental que escuche consejos de gente sabia y se asesore en lo que no conozca antes de iniciar una empresa o aventura.

EL LÍMITE ES SUTIL E INVISIBLE.

Resulta imprescindible que aprenda las lecciones del pasado, los altos precios que pagó por necedad juvenil y omnipotencia, y que valore a la gente que aún está a su lado.

Es un tiempo de grandes logros y tal vez irrevocables retrocesos.

Hay que ser justo, leal y fiel como

su amigo el perro si no quiere sentirse traicionado y estafado moralmente.

Hago un recreo para ver la puesta de sol –implica la zona oeste, para los chinos regida por el tigre– que tiñe las sierras de lilas, fucsias y azules profundos.

Mientras caminaba hacia la tranquera, para acostar a Maximón, la luna casi llena me sorprendió saliendo plateada desde el pico de las sierras al tiempo que el sol le daba su beso de despedida antes de sumergirse en el Lago de la Viña.

Supe que esta sincronicidad me hablaba de un encuentro en el plano astral.

Agradecí una vez más tanta abundancia y me quedé sobre Lo-shu, la tortuga mágica que está en la parte norte del jardín mirando hacia los antepasados, espiando la luna entre un espinillo florecido en aromo.

Medité, y supe que sólo en el silencio podemos saber qué nos está pasando sin necesitar ninguna predicción.

EL I-CHING TE ACONSEJA

HEXAGRAMA PRINCIPAL
55. Feng/La Plenitud

EL DICTAMEN

La plenitud tiene éxito.
El rey la alcanza.
No estés triste; debes ser como
el sol al mediodía.

No cualquier mortal está predestinado a promover una época de máxima grandeza y plenitud. El que pueda lograr semejante cosa ha de ser un soberano nato que gobierna a los hombres, pues su voluntad se orienta hacia lo grande. Una época de tal plenitud es, por lo general, breve. Un sabio bien podría entristecerse tal vez en vista del ocaso que habrá de producirse a continuación. Pero semejante tristeza no le cuadra. Únicamente un hombre interiormente libre de preocupación y aflicción es capaz de hacer surgir una época de plenitud. Él habrá de ser como el sol a mediodía, que alumbra y alegra todo lo que hay bajo el cielo.

LA IMAGEN

Trueno y rayo llegan ambos:
la imagen de la plenitud.
Así el noble decide los procesos
judiciales y ejecuta los castigos.

Este signo tiene cierta afinidad con el signo "La Mordedura Tajante", donde igualmente se juntan trueno y rayo, aunque en secuencia inversa. Mientras que allí se fijan las leyes, aquí se ejecutan y se aplican. La claridad en lo interior posibilita un examen exacto de las circunstancias, y la conmoción en lo exterior procura una severa y precisa ejecución de las penas.

LAS DIFERENTES LÍNEAS

Nueve en el cuarto puesto significa:
La cortina tiene tal plenitud
que al mediodía se ven
las estrellas polares.
Él se encuentra con su amo
que es su par. ¡Ventura!

Aquí las tinieblas ya están disminuyendo, por eso todo lo que mutuamente se corresponde, se junta.

También en este caso ha de encontrarse la complementación: a la alegría de actuar debe unirse la necesaria sabiduría. Entonces todo irá bien. Aquí se toma en cuenta una complementación inversa de la que se observa en el texto del primer trazo. Allí la sabiduría había de complementarse con la energía, aquí es la energía a la que debe unirse la sabiduría.

HEXAGRAMA COMPLEMENTARIO
36. Ming I/
El Oscurecimiento de la Luz

PREDICCIONES PARA EL TIGRE Y SU ENERGÍA

TIGRE DE MADERA
(1914-1974)

Empezará el año del perro con un pan o un hijo debajo de las rayas aterciopeladas.

Estará radiante, sereno, seguro de sí y lleno de optimismo. Cambiará la estrategia para negociar. Llorará más y tendrá a sus pies a quien desee.

Habrá más obligaciones familiares y deberá encauzar su estado mental para no desbordarse.

Viajará, saldrá de safari y se comprometerá socialmente ayudando a quienes se crucen en su TAO.

Amará y será correspondido. Sentirá una conmoción existencial que provocará nuevas exigencias en su vida afectiva y profesional.

Estudiará, saldrá seleccionado en un deporte, beca o gestión humana y aportará su plenitud para titilar en el firmamento.

TIGRE DE FUEGO
(1926-1986)

Durante este año consolidará los frutos de su agitada existencia.

Estará dispuesto a embarcarse en nuevos proyectos sociales y humanos en los que desplegará su osadía, sentido del humor, talento y productividad.

Estará asediado socialmente. Tendrá que organizar su agenda y seleccionar las actividades para no desbordarse.

Se enamorará, formará una pareja del tercer tipo y tendrá ganas de traer perritos al mundo. Se reconciliará con la familia, estará más abierto al diálogo y al intercambio de ideas.

Compartirá un legado, testamento o herencia y reformulará sus prioridades en la vida.

El compromiso con la gente lo mantendrá activo, ocupado y lleno de proyectos que serán fundamentales para su desarrollo.

Nuevos estímulos, amigos, maestros y guías espirituales lo acompañarán y le abrirán la percepción y el corazón.

Una etapa de búsqueda interior que le activará el KUNDALINI.

TIGRE DE TIERRA
(1938-1998)

Tiempo de cambios profundos desde el ADN hasta su manera de vivir.

Variará hábitos, costumbres, saldrá a la selva en busca de nuevas emociones y no dejará nada librado al azar. Compartirá trabajo, amor y conocimiento con su pareja e iniciará un viaje a tierras sagradas que despertará su vocación de aventurero.

En la familia habrá cambios de lugar, rebeliones, reclamos y pedidos de auxilio. Estará más abierto al diálogo y a negociar sus derechos.

Participará en el cambio social del país y del mundo militando desde su oficio o profesión.

Ganará premios, concursos, becas y será un digno ejemplar para sus compatriotas y amigos.

Un tiempo de renovación y situaciones imprevisibles que alterarán la rutina.

Haga ejercicios, terapia, técnicas de respiración, yoga, tai-chi, para armonizar su vida.

TIGRE DE METAL
(1950)

Durante este año vivirá su *tsunami*.

Borrón y cuenta nueva. Sentirá que tiene la sartén por el mango y que debe tomar decisiones *caiga quien caiga*.

Estará asediado por varios frentes que deberá calmar con su destreza, inteligencia, coraje y valentía.

Tiempo de transición entre dos etapas, deberá estar bien sereno para arremeter en nuevos emprendimientos.

En la familia habrá conmoción, cambios de rumbo y rebeliones.

Estará lleno de ideas renovadoras, brillantes y muy creativas que plasmará exitosamente. Su labor será reconocida, obtendrá ascensos laborales, nuevas ofertas y se cotizará alto.

Saldrá a la calle a defender los derechos, la justicia, la libertad y será líder de causas nobles.

Su vida afectiva estará teñida de sucesos imprevisibles a los que deberá adaptarse o renunciar.

Sacudirá los malos espíritus dejando que entren los buenos y marchará orgulloso por el nuevo camino.

Tendrá que definir una relación peligrosa y darle otro lugar en su vida si quiere mantenerse centrado.

AÑO DE APRENDIZAJE, DESAFÍO Y DESAPEGO.

TIGRE DE AGUA
(1902-1962)

Durante este año podrá encauzar creativamente su energía y consolidar sus sueños.

Iniciará una etapa fecunda, creativa y llena de proyectos que compartirá con socios, amigos y gente afín.

Saldrá a la jungla a cazar nuevas presas y volverá saciado.

Estará en el escenario reclamando justicia, derechos y libertad.

Estará feliz con su pareja, iniciará una etapa de gran compañerismo, erotismo y gustos artísticos.

Desarrollará técnicas de meditación y caminos de autoayuda que lograrán estabilizarlo.

En la familia habrá replanteos, cambio de roles y rebeliones.

Sentirá el llamado de amor indio y saldrá de safari en busca de nuevas experiencias que le devolverán su ferocidad, coraje y curiosidad.

Año de oportunidades, ganancias, ascensos y, sobre todo, de recuperar la autoestima, la risa y las ganas de rugirle a la vida con convicción.

Será protagonista de un ciclo, suceso artístico, deportivo, político o social que tendrá apoyo y difusión masiva.

Su responsabilidad social crecerá y tendrá que buscar colaboración en nuevas generaciones.

AÑO DE DESPEGUE Y FECUNDIDAD.

PREDICCIONES PREVENTIVAS PARA EL CONEJO

BASADAS EN EL I-CHING

LA REVOLUCIÓN DEL ALMA

Tuve una mala noche donde los sueños se enredan con la vida y cuesta salir de la cama a enfrentar la realidad.

Sonó el teléfono y apareció Gus, mi amigo gato del alma, a darme sólo buenas noticias, empuje, optimismo y a aconsejarme una duchita y colocar los chakras para que fluya el KUNDALINI.

Portadores de grandes noticias, quiero decirles que el árido, desértico y filoso año del gallo terminará en una gran metamorfosis que les dará la oportunidad de elegir alguna de las siete vidas que sólo ustedes tienen por pertenecer al signo más afortunado del zoo chino.

Es cierto que la revolución es sólo para conejos como Fidel Castro, y que ustedes prefieren esconderse en algún *puff* o altillo hasta que pase la maroma. Pero es inevitable no atravesar la crisis que le deparó el gallo y que seguirá hasta promediar el año del can.

No quedar atrapado y poder ordenar el caos hasta llegar a un final feliz dependerá de su capacidad de reciclaje, de su sabiduría y la sinceridad que tenga con usted mismo.

Es cierto que perro y conejo o gato son grandes socios y aliados, se adoran, respetan y comparten miles de aventuras galácticas y terrenales con un gran sentido del humor, filosofía alta y taco aguja.

¡¡¡Ayyy!!! Qué chamuscado quedó, cuánto viento en contra, qué desbarajuste en la comodidad y el equilibrio que tanto necesita para ser feliz.

Por eso, este año estará más alerta, despierto, dormirá menos, pues la revolución es un estado interior que lo mantendrá muy solidario, entretenido, lubricado física y mentalmente y listo para cambiar el juego cada día y en cada lugar.

El perro lo desafiará en cada situación poniéndolo entre la espada y la pared.

Deberá apelar a recursos extras para zafar y caer bien parado; no alcanzará con la seducción, el *glamour* y las artimañas que siempre usó.

Lealtad, honestidad, trabajo y buenas intenciones serán necesarias para atravesar las cornisas, alambres, pircas, acueductos y fronteras.

Deberá aterrizar en un nuevo lugar, estará dispuesto a rematar, trocar o intercambiar sus pertenencias y empezar de cero.

El mundo le pedirá más compromiso social. Saldrá de los almohadones, cojines y lugares confortables a la intemperie, a abrazar a sus hermanos sanguíneos y humanos.

Estará más rebelde, lleno de ideas propias, de vanguardia, sumamente originales, que serán apreciadas por la sociedad.

Sentirá deseos de libertad e independencia y no soportará las situaciones ambiguas. AL PAN PAN Y AL VINO VINO.

Su frondosa imaginación estará potenciada por situaciones absurdas e imprevisibles. Nuevos contactos sociales, laborales, de encuentros causales cambiarán sus hábitos.

Deberá adaptarse sin chistar a las decisiones tomadas por la familia o el jefe y dejar de lado los caprichos y los arrebatos.

Le aullará felinamente a quienes traten de imponerle un nuevo esquema de trabajo o de rutina.

Su humor oscilará como el tiempo y estará irritable; es aconsejable que busque apoyo terapéutico o caminos de autoayuda que lo contengan.

Su estado general será de un gran desconcierto ante las situaciones que lo desborden.

Estará más receptivo hacia los consejos del entorno. Sentirá deseos de compartir charlas íntimas, noches de tejados calientes con amores prohibidos, viajes chamánicos, zapadas hasta que le ladren los perros, y mimos y caricias con sus seres amados.

Durante el año del perro el conejo tendrá que dejar de lado el snobismo, los pedidos de privilegio y ser uno más.

Sentirá que está TAO *OFF* y que el mundo se encuentra revuelto por las necesidades básicas de las que siempre estuvo a salvo.

Padecerá más estrés, confusión y nervios que lo habitual y tendrá peleas callejeras o diplomáticas que lo afectarán seriamente.

Es un tiempo de cambios sísmicos en su naturaleza.

Sus empleados le exigirán ajuste de sueldos, horarios y horas extras.

Este tiempo requiere cautela, pre-

visión, sintonía con la realidad del mundo, y humildad.

En la familia habrá disputas por dinero, herencias y cambios de lugar.

Deberá encauzar esta etapa de gran ebullición, pues podría terminar arrepentido de los manejos maquiavélicos que elucubró.

El año del perro lo enfrentará con sus deudas interiores y pagará el peaje de su vida.

Aparecerán amigos de antaño que le ofrecerán nuevos emprendimientos y lo sacarán del statu quo.

Deberá asesorarse legalmente para llegar a un acuerdo y no tratar de imponerse y sentirse personalidad obsequio.

Convivirá con miles de seres dentro de usted que estaban tapados y saldrán a la luz con la fuerza de un volcán dormido.

Podrá indexar charlas, episodios del pasado que se estancaron por su manera de evaporarse del planeta.

Retomará un hobby, alguna rama del arte que estaba esperando despertar o un oficio que le permitirá tener nuevos ingresos para la canasta familiar.

Estará melancólico y romántico.

Demandante y pendenciero. OM. OM. OM.

Es recomendable que durante este año haga obras de caridad y atenúe la frivolidad y el esnobismo.

Hay mucho para dar a través de la experiencia, el arte, la comunicación y los recursos sociales y humanos.

Enfrentará situaciones complicadas con gente del pasado que le reclamará más franqueza, solidaridad, armonía, y sentido común.

La revolución estallará con su pareja cuando estén a solas, enfrentando sus soledades.

Nuevos compromisos y obligaciones lo mantendrán más despabilado, atento, considerado y ejecutivo.

El mundo cambiará a un ritmo vertiginoso y necesitará refugiarse, ampararse y mantener a salvo sus ahorros.

Su inestabilidad emocional deberá ser atendida por especialistas y gente que lo contenga.

Es esencial que busque ayudantes, delegue lo que le chupa la energía y disfrute más tiempo con la familia.

Atravesará imprevisibles estados anímicos que podrían traerle malas ideas y repercutir en la armonía y estabilidad de su psiquis.

Maremotos, terremotos y *tsunamis* afectivos podrían afectarlo si no se entrega al cambio de muda o piel que el tiempo requiere. Estará solo frente al mundo y su ritmo vertiginoso.

Aprenderá nuevos idiomas, lenguajes, para relacionarse con gente de otras culturas, credos y profesiones.

Descubrirá el mundo con una nueva mirada.

Pagará los excesos en el cuerpo y en el alma.

EL I-CHING TE ACONSEJA

HEXAGRAMA PRINCIPAL
49. Ko/La Revolución (La Muda)

EL DICTAMEN
La Revolución.
En tu propio día encontrarás fe.
Elevado éxito, propicio
por la perseverancia.
Se desvanece el arrepentimiento.

Las revoluciones estatales son algo sumamente grave. Hay que recurrir a ellas únicamente en caso de extrema emergencia, cuando ya no queda otra salida. No cualquiera está llamado a ejecutarlas, sino únicamente aquel que goza de la confianza del pueblo, y también éste sólo cuando haya llegado la hora. Debe procederse al respecto de un modo correcto, causando alegría en el pueblo e impidiendo, mediante el esclarecimiento, los excesos. Por otra parte es menester que uno esté libre por completo de objetivos egoístas y realmente subsane la miseria del pueblo. Únicamente así no habrá nada de que arrepentirse.

LA IMAGEN
En el lago hay fuego: la imagen
de la revolución.
Así ordena el noble la cronología
y clarifica las épocas.

El fuego abajo y el lago arriba se combaten y se destruyen recíprocamente. Así también en el transcurso del año tiene lugar una lucha de la fuerza luminosa con la oscura, que repercute en las revoluciones de las estaciones del año. El hombre se hace dueño de los cambios de la naturaleza cuando reconoce su regularidad y distribuye en forma correspondiente el curso del tiempo. Con ellos se introduce el orden y la claridad en el cambio, aparentemente caótico, de las temporadas y uno puede tomar anticipadamente las previsiones necesarias, de acuerdo con las exigencias de las diferentes épocas.

LAS DIFERENTES LÍNEAS
Nueve en el cuarto puesto significa:
Se desvanece el arrepentimiento.

Se halla fe.
Cambiar el orden estatal trae ventura.

Lo que se emprende ha de estar en concordancia con una verdad superior; no es lícito que surja de motivaciones arbitrarias o mezquinas. Si se dan estas condiciones, la empresa aportará gran ventura. Cuando una revolución no se funda en tal verdad interior, indefectiblemente acarreará males y no tendrá éxito. Pues en última instancia los hombres sólo apoyan aquellas empresas cuya justicia interior perciben instintivamente.

HEXAGRAMA COMPLEMENTARIO
63. Chi Chi/
Después de la Consumación

$$\begin{array}{c}
\rule{3cm}{1pt}\ \rule{3cm}{1pt}
\end{array}$$

PREDICCIONES PARA EL CONEJO Y SU ENERGÍA

CONEJO DE MADERA
(1915-1975)

El amor lo sacudirá como un huracán y lo convertirá en un conejo doméstico, amoroso y protector. Estará dispuesto a embarcarse en una vida familiar, dejar de lado el mundanal ruido y criar al zoo con alegría. Cambios en la profesión le permitirán acceder a otras realidades sociales donde ayudará para mejorar la calidad de vida.

Estará dinámico, alerta, con ganas de estudiar, investigar, unir gente de diversas culturas y formar grupos de trabajo, acción social y educativa.

Tendrá un golpe de suerte, de azar, una beca o suplencia inesperada que le abrirá posibilidades de avanzar en su profesión.

Necesitará tiempo para usted, clases de yoga, tenis, esquí, o desfilar por las pasarelas para que lo admiren y aplaudan. Aprenderá a equilibrar la vida interior con la exterior y ser más considerado con la gente carenciada.

La revolución será positiva para ordenar su vida afectiva y familiar.

CONEJO DE FUEGO
(1927-1987)

Durante el año del perro sentirá que tiene que cumplir con sus obligaciones sociales y salir a defender sus derechos y los del zoo.

Estará eufórico, radiante, *sexy*, inquisidor y revolucionario.

Moverá estructuras dentro de la familia. Eligirá un nuevo lugar para vivir o radicarse un tiempo.

Estudiará, conocerá gente nueva que le ampliará su visión del mundo.

Sacudirá viejos amores y relaciones que lo y atrasaban en su evolución.

Volcará su vocación en acciones sociales, educativas y empresariales.

Ganará un puesto de trabajo y será reconocida su labor como un positivo ejemplo en la sociedad.

Se enamorará y perderá el sentido de la realidad; volverá a ser el exquisito conejo que todos adoran.

No se perderá ninguna fiesta ni acontecimiento social. Estará siempre listo para partir a la aventura.

Un año de grandes cambios y consolidación de su destino.

CONEJO DE TIERRA
(1939-1999)

Aún sigue en estado de transformación y de metamorfosis.

Estará dispuesto a empezar una nueva vida con su amigovio, pareja o ET.

Estará lleno de magia, lucidez, sentido crítico, y será buscado en el país y en el exterior para exponer su obra y transmitir su experiencia.

En la familia habrá rebeliones, intrigas, situaciones confusas que podrían desestabilizarlo emocionalmente. Sea sincero y enfrente la vida si quiere estar en paz y armonía. No esconda la cabeza como el avestruz.

Nuevas influencias artísticas y espirituales le abrirán la mente y el corazón. Estará más comprometido socialmente y buscará lugares energéticos que lo mantendrán inspirado.

Un tiempo de cambios esenciales en su vida familiar, afectiva y profesional. Estará menos expuesto y se comportará de un modo más humano.

Iniciará una etapa de introspección y creatividad que puede abarcar desde un retiro a un monasterio hasta nuevos proyectos de difusión masiva. CALMA MAYA Y CHINA.

CONEJO DE METAL (1951)

Vivirá una revolución. Estará entregado al cambio que se inició en el año del gallo y lo transformará en una etapa altamente productiva.

Sentirá deseos de independencia, saldrá de su casa en busca de nuevas emociones por el mundo. Se radicará un tiempo en otro país, pueblo o ciudad: iniciará una etapa de estudio y renovará su vocación con nuevos estímulos.

Estará muy exigido familiarmente. Cambios, rebeliones, despedidas y nuevos integrantes lo mantendrán hiperactivo.

Despertará el deseo y la pasión con nuevos compañeros de ruta.

Ganará más en el plano espiritual que en el material.

Apostará a una nueva forma de vivir, con perfil bajo y menos calorías.

Sentirá que tiene la posibilidad de dejar atrás seis vidas y jugarse en la séptima a PURO HUEVO Y CANDELA.

Un tiempo de desafío y de búsqueda interior que lo convertirá en un sabio consejero y amigo.

CONEJO DE AGUA (1903-1963)

Durante este año transformará el tiempo viejo en nuevo y saldrá a la vida con más convicción a defender su territorio, familia y patrimonio. Estará lleno de ideas originales y creativas que se disolverán en medio del caos y de las disputas callejeras.

En la familia deberá poner límites, orden, y encauzar los proyectos para salir adelante.

Estará de buen humor, más sociable, con la valija lista para partir de viaje y dispuesto a compartir los problemas de la comuna con soluciones inmediatas.

Estudiará, reunirá gente de diversos sectores y trabajará en proyectos de salud, educación y ecología con pasión.

Recibirá una indemnización, herencia o legado que le cambiará la óptica de su destino.

Compartirá largas charlas con amigos filosofando y tratando de cambiar el mundo desde el planeta de sus sueños. Crecerá espiritualmente y será protagonista de episodios sociales relevantes.

Buscará socios para seguir con sus empresas y poder escaparse por los tejados en las noches de luna llena.

PREDICCIONES PREVENTIVAS PARA EL DRAGÓN
BASADAS EN EL I-CHING
ATERRIZAJE HIPERREALISTA

Más importante que escribir poesía es hacer de la vida una poesía.

No está en la rima, ni en la métrica, sólo puede estar en tu alma y con ella puedes o no volcarla al papel.

Tienes en la justa medida que das o tal vez... ¡¡mucho más!!

Dionisio dijo: "Todos poseemos, heredamos, una chispa divina, ¡¡soplemos esa llama y seremos como dioses!!".

Llegó el tiempo en el que el dragón debe asumir que dejará de ser el rey del zoo chino para bajar a la tierra y humanizarse.

El perro, su opuesto complementario, le tomará examen en cada acción, obra, pensamiento que realice y lo mantendrá contra las sogas del *ring*, o en una cueva encerrado, esperando que reconozca las causas de su omnipotencia que lo alejaron del mundo terrenal.

Como una bola de nieve acumuló el ambicioso plan de vida sin que midiera las consecuencias. Por eso surgirán conflictos en cada lugar, con cada persona con la que establezca una relación de dependencia, afectiva, emocional, familiar o como miembro de la comunidad a la que pertenece.

Cuando el dragón se propone algo casi siempre lo consigue. Apela a su *charme*, magnetismo, carisma, irresistible seducción, poder de persuasión, manejos de las debilidades humanas, espacio que ocupa en la sociedad, convocatoria, *rating*, audacia y sobre todo el dominio consciente que ejerce sobre el prójimo apelando a sus armas de seducción.

Por eso este año tendrá un matiz diferente.

El perro, que siente una gran fascinación hacia él, y que es víctima de sus artilugios, tomará su revancha para tenerlo a sus pies cumpliendo con tareas terrenales, humanistas, concretas, de real contacto con la gente más carenciada y le dará la gran oportunidad para que transmute hacia una vida más acorde con los tiempos que vienen.

En el año del gallo el dragón brilló, voló alto y tuvo situaciones imprevisibles que lo dejaron pensativo.

Durante este tiempo resolverá cada situación como un experto jugador de ajedrez que piensa la estrategia para no ser derrotado.

El conflicto que enfrenta cara a cara y que lo conectará con la realidad es de gran aprendizaje para el dragón, acostumbrado a delegar responsabilidades o a esconderse en el firmamento detrás de las nubes fosforescentes que sobrevuela.

De golpe y porrazo el dragón estará amenazado en su paz, en su vida privada, familiar y profesional.

Es aconsejable que busque ayuda, desde personas que ejercen caminos de terapias alternativas hasta asesores jurídicos y financieros.

En el hogar habrá conflictos con los hijos, el cónyuge, los suegros y los hermanos. OM. OM. OM.

Será necesario llamar a los bomberos para apaciguar tanto fuego y dialogar junto a la salamandra, en el jardín comiendo un asadito, en el hangar donde hace escalas para ponerse de acuerdo...

Estallará una crisis familiar que tenía razones profundas y que negaba debido a su arrogancia, vanidad y sobrevaloración personal.

El mundo estará impaciente y no lo esperará en sus reclamos, deberá adaptarse y conciliar su vida interior con la exterior convirtiéndose en un gran aviador y enviado del cosmos a la tierra.

Habrá que ejercer la paciencia, la humildad, la modestia y la abnegación como disciplina. Tendrá que encauzar su energía en acciones creativas, de ayuda a la sociedad, para nivelar la brecha social y calmar a las fieras.

Durante este año el dragón iniciará una etapa de grandes avances en su vida personal.

Saldrá de la casa en busca de experiencias cotidianas en las que pueda compartir arte, cultura, viajes y obras de beneficiencia con amigos.

Cuando resuelva cada situación desde la causa del conflicto sentirá una gran liberación que lo mantendrá más liviano de equipaje, ágil, despierto y rebosante de salud.

Se dedicará a *full* a la casa. El FENG-SHUI será de gran ayuda para mejorar algunas situaciones que lo mantenían estancado y será un sabio consejero en el círculo de amigos y del ciberespacio.

Buscará todas las herramientas para lograr el cambio, y lo conseguirá gracias a su adaptabilidad, destreza, eficacia y buena onda.

Sentirá el llamado de la sociedad para participar en la lucha diaria por los derechos humanos, la justicia y la libertad.

Estará más, activo, comprometido. Lo buscarán como líder de opinión y sentirá una nueva vocación. En el futuro continuará amparando a los niños, ancianos y enfermos.

El dragón hará *zapping* con situaciones límite.

Su humor oscilará como el clima. Tendrá ataques de euforia, de depresión, de rabia, de sorpresa y es recomendable que sea consciente de esto para no tirárselos a los demás en situaciones imprevisibles

Estará estimulado por gente joven que le dará pautas nuevas para la profesión participando en actos creativos como maestro y discípulo simultáneamente.

El espíritu realista del año le hará reformular la profesión y dejar de lado compañeros, y viejos arquetipos.

En la pareja habrá un antes y un después. Finalmente tomará una decisión que lo liberará de lazos de amor que lo estancaban en su crecimiento y podrá reencontrarse con gran plenitud.

Se fortalecerán los principios éticos, morales, y dejará de lado los fuegos artificiales.

Caminará derecho, erguido, orgulloso, con la frente alta, respondiendo a las inquietudes de quienes le exigen respuestas para cada situación que quedó *stand by.*

A través de gente conocida podrá iniciar un nuevo emprendimiento laboral que le renovará la visión del mundo.

Trabajará en equipo, manual o intelectualmente, generando nuevas oportunidades de expansión económica.

Buscará en el exterior socios que lo potenciarán y se radicará meses o tal vez años en un nuevo continente, país o provincia.

Un golpe de azar le permitirá alcanzar un sueño. Tendrá que estar atento a las oportunidades que se presenten, reales más que ficticias, para desarrollar un nuevo trabajo o concurso.

Al promediar el año estará dispuesto a interrumpir la rutina para embarcarse en una misión diplomática o humanista.

La ecología lo reclamará para que milite y convoque gente para despertar la conciencia.

El trabajo interior será el más necesario durante este tiempo.

Tocará fondo, sacará a la luz las zonas erróneas y se desintoxicará.

Volverá al barrio de la infancia, a visitar parientes lejanos y olvidados y a sentirse más humano.

La salud deberá ser atendida holísticamente.

Habrá cambios en la psiquis y en el soma, por eso es fundamental la medicina preventiva.

Aquietar el corazón, calmar la furia, aceptar las diferencias, ser tolerante, no ser arbitrario ni déspota es parte del aprendizaje del reinado canino.

El dragón encontrará el eslabón perdido, volverá al origen de lo esencial, ayudará sin pedir nada a cambio y convocará con su talento, imaginación y originalidad a quienes se reflejen en su destino.

EL I-CHING TE ACONSEJA

HEXAGRAMA PRINCIPAL
6. Sung/El Conflicto (El Pleito)

EL DICTAMEN

El conflicto: eres veraz y te frenan.
Detenerse con cautela
a mitad de camino trae ventura.
Ir hasta el fin trae desventura.
Es propicio ver al gran hombre.
No es propicio atravesar
las grandes aguas.

Cuando uno se halla envuelto en un pleito, lo único que podrá traerle salvación es una vigorosa y firme serenidad, dispuesta en todo momento a la conciliación del pleito, al arreglo a mitad de camino.

Continuar la querella hasta su amargo fin acarrea malas consecuencias, aun cuando uno concluya teniendo razón, puesto que en tal caso se perpetúa la enemistad. Es importante ver al gran hombre, vale decir a un hombre imparcial, cuya autoridad sea suficiente como para solucionar el pleito en forma pacífica o bien para fallar con justicia. Por otra parte, en tiempos de discordia es preciso evitar "atravesar las grandes aguas", vale decir iniciar empresas riesgosas, pues éstas, si han de tener éxito, requieren una real unificación de fuerzas. El conflicto en lo interior paraliza la fuerza necesaria para triunfar sobre el peligro en lo exterior.

LA IMAGEN

Cielo y agua se mueven en sentido contrario: la imagen del conflicto. Así el noble, en todos los negocios que realiza, reflexiona debidamente sobre su comienzo.

La imagen indica que las causas del conflicto residen en las orientaciones opuestas, ya previamente existentes, de ambas partes. Una vez que aparecen tales direcciones divergentes necesariamente se origina en ellas el conflicto. Se infiere entonces que a fin de precaver el conflicto conviene pensar cuidadosamente en todo desde el mismo comienzo. Cuando se establecen claramente derechos y deberes, o si en una asociación humana convergen las orientaciones espirituales, la causa del conflicto queda de antemano eliminada.

LAS DIFERENTES LÍNEAS

Nueve en el cuarto puesto significa:
Uno no puede pleitar, se vuelve y acata el destino, cambia, y encuentra paz en la perseverancia. ¡Ventura!

Al principio, una actitud interior que no halla sosiego. Uno no se siente cómodo en la situación en que se encuentra y quisiera pleitear para procurarse una mejor situación. Tiene que habérselas con un adversario más débil y estaría por lo tanto per-

fectamente capacitado para hacerlo, sin embargo, pleitear no le resulta, porque no hallando para ello justificación interior, su conciencia no se lo permite. Por lo tanto opta por volverse atrás y se conforma con su destino. Modifica su actitud y encuentra paz duradera en la armonía con la ley eterna. Esto aporta ventura.

Al tope un nueve significa:
Aún cuando acaso a alguien se le otorgue un cinturón de cuero, al terminar la mañana le será arrancado tres veces.

Aquí se describe a una persona que ha llevado el pleito hasta su amargo fin haciendo valer su razón. Se le confiere una distinción. Pero esta dicha no es duradera. La atacarán una y otra vez, y un conflicto sin fin será la consecuencia.

HEXAGRAMA COMPLEMENTARIO
29. K´an/Lo Abismal, El Agua

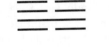

PREDICCIONES PARA EL DRAGÓN Y SU ENERGÍA
DRAGÓN DE MADERA (1904-1964)

El año del perro enfrentará al dragón con sus deudas interiores y asignaturas pendientes. Encenderá el fuego de su corazón y saldrá a buscar aventuras.

El desafío empezará por casa, enfrentará el conflicto familiar aclarando el rol de cada uno.

Necesitará cambiar de lugar, mudarse, buscar nuevos horizontes para establecer las bases de su nueva vida.

La pareja atravesará una crisis profunda, será un paso decisivo en la relación y contará con el apoyo de sus hijos y padres para reformular la vida familiar.

Si puede tomarse un año sabático haciendo un retiro espiritual o monacal, se lo recomiendo. Si no, busque ayudantes que lo guíen en su abismo existencial.

Matizará la vida contemplativa con nuevas fuentes de inspiración y trabajo.

La comuna lo reclamará. Tendrá que colaborar en apoyo social, humano y ecológico.

Deberá aceptar las despedidas, rebeliones y situaciones inesperadas que el perro le ponga en el camino.

Deberá asesorarse jurídicamente ante nuevos contratos y sociedades.

Estará más tranquilo, contemplativo y abierto a propuestas originales que lo conectarán con gente creativa y sabia.

Dará un giro de 180° en su vida.

DRAGÓN DE FUEGO
(1916-1976)

En el año del perro arderá Troya.

Es un tiempo de cambios radicales desde la dermis hacia la epidermis.

Sentirá que su vida tiene nuevos objetivos y prioridades. Entrará en conflicto con su vida afectiva, que necesitará alineación y balanceo y nuevos protagonistas.

Tendrá que dejar atrás un oficio, trabajo o profesión y empezará un nuevo ciclo más humanista, social y ecológico.

Cambiará de lugar, viajará y se radicará en otra ciudad, país o continente

por estudios, becas u oportunidades muy redituables.

Le costará adaptarse a los cambios y tendrá que controlar su carácter para no generar situaciones conflictivas con jefes, patrones y personas de diferentes creencias e ideologías.

Iniciará una etapa creativa, despertará una vocación, sueño de la infancia y podrá plasmarlo exitosamente.

En el amor habrá fuegos cruzados, peleas, desencuentros y poca paciencia para alimentar utopías.

En los breves períodos de paz con su pareja tal vez engendren perritos o adopten seres indefensos.

Crecerá y encontrará maestros que lo guiarán en su despertar.

Deberá mantener orden en su economía y asesorarse para realizar nuevas inversiones. El aterrizaje puede ser abrupto.

DRAGÓN DE TIERRA
(1928-1988)

Durante este tiempo dejará la ilusión para conectarse con la realidad.

Deberá asumir nuevas responsabilidades familiares y definir una relación afectiva.

Sentirá deseos de rebelión. Salir de la casa, del entorno, del grupo de amigos en busca de nuevas experiencias.

Un llamado de su corazón lo incentivará para integrar grupos de ayuda social, espiritual, y humanitaria.

Los conflictos crecerán si no los ordena a medida que se presentan.

En el terreno profesional deberá elegir entre dos propuestas. Aparecerán socios y nuevas personas que lo estimularán para emprender un negocio de importación y exportación.

Estará más sensible, vulnerable y

receptivo. El mundo se mostrará hostil y será necesario asumir nuevas responsabilidades humanas y sociales.

En la familia habrá choques, desencuentros y falta de diálogo.

Buscará nuevos amigos, gente de otras culturas que lo ayuden a recorrer los accidentes geográficos del mundo y le aporten cariño, protección y seguridad.

En la pareja habrá replanteos, metamorfosis y cambios imprevistos. El amor resultará esencial para seguir juntos atravesando las pruebas del apego y el desapego.

Un tiempo de transición que lo fortalecerá y le abrirá nuevas posibilidades en el mundo exterior. Logrará crear una fuente de ingresos original que será su patrimonio en el futuro.

AÑO DE GRANDES REVELACIONES.

DRAGÓN DE METAL
(1940-2000)

Durante este año el dragón será combatido y derretido por la oposición canina. Estará listo para la pelea, enfrentará conflictos laborales, profesionales, sociales y familiares.

Necesitará formar un ejército de ayudantes para que se alisten en su causa.

Trabajará arduamente para sobrevivir y creará nuevos recursos para la comuna.

Sentirá que debe dejar atrás el pasado y partir en busca de horizontes.

Será aclamado y reconocido profesionalmente y tendrá opciones de establecerse en otros países o ciudades a transmitir su experiencia.

Volverá a enamorarse, a apostar a la pareja y sentará las bases de una tribu que lo apoyará en sus proyectos e ideas.

Saldrá a la calle, será líder de manifestaciones por la paz, la ecología y los derechos humanos.

En la familia habrá conflictos de *allá lejos y hace tiempo* que explotarán durante el año canino.

Haga yoga y meditación trascendental para equilibrar la energía, que oscilará como un péndulo.

DRAGÓN DE AGUA (1952)

El dragón observará desde el fondo del mar o del estanque lo convulsionado que está el mundo en el año del perro y sacará sus conclusiones.

Sentirá deseos de quedarse quieto, contemplar, y colaborar en lo que pueda sin aparecer en público.

Necesitará organizar su casa, pareja, familia y empresa.

Tendrá que tomarse tiempo para reformular cada situación y desapegarse del pasado.

En la familia habrá rebeliones, replanteos, discusiones y conflictos que deberá atender para no desbordarse psíquica y emocionalmente.

En la profesión habrá notorios cambios, estímulos, proyectos que lo mantendrán ocupado y contento.

Sentirá deseos de viajar por razones humanitarias para colaborar con el mundo que cambia velozmente.

Estará más doméstico. Echará raíces en la tierra, cuidará del jardín y de la huerta y regará nuevos proyectos con su pareja.

Desafiará a la gente que lo cuestione y producirá debates históricos que serán para alquilar balcones.

Se avecina un tiempo de cambios profundos en la cosmovisión de su vida.

PREDICCIONES PREVENTIVAS PARA LA SERPIENTE
BASADAS EN EL I-CHING
PROGRESANDO CON CONCENTRACIÓN Y EFICACIA

El año del gallo cambió la piel de la serpiente y la preparó para un renacimiento existencial.

Tal vez las exigencias, las presiones y los picotazos del gallo la llevaron a un lugar desconocido, donde jamás había estado; iluminaron sus zonas erróneas, ávidas de poder y reconocimiento, famélicas de aplausos y elogios, llenas de yuyos silvestres para desmalezar y la impulsaron a comenzar un paulatino cambio que deje atrás la vida de Superman o Mujer maravilla para convertirse en alguien de carne y hueso.

El perro la ayudará en esta misión terrenal y humana. Porque aprecia su constancia, perseverancia, esfuerzo y responsabilidad, y porque admira su belleza, sentido estético y refinamiento.

Es un tiempo en el que habrá que tomar el toro por las astas, cortar con el pasado sin anestesia y seguir hacia adelante despertando y agudizando aún más su intuición y tercer ojo.

Quedaron asignaturas pendientes sin resolver: comenzando por el rol familiar que cambió debido a tantos frentes de tormenta congestionados, a su apuesta al cambio de trabajo, nuevas sociedades, emprendimientos, ideas que encontraron eco, y su adaptación a la realidad socioeconómica del país.

La serpiente, como el perro, tiene humor negro, ácido y cínico, se entienden telepáticamente, con los tácitos que ayudan a atravesar la vida en *snowboard* y seguir adelante.

Por eso, cada acción que realice en el 2006 tendrá una inmediata reacción y pagará ojo por ojo, diente por diente.

Sentirá deseos de expansión, comenzará por cambiar de lugar o agrandar su casa para desplegar papeles, proyectos y mapas.

Estará resuelta a multiplicar sus ganancias. Invertirá tiempo, energía e investigación en su especialidad para avanzar atenta, sagaz, entrenada para dar LA MORDEDURA TAJANTE frente a cada obstáculo que se le presente.

Desplegará su seducción en alta escala. Estará encendida, radiante, *sexy*, fascinante, llena de *glamour*, enroscando nuevas víctimas.

Estudiará cada propuesta laboral y le aconsejo que busque asesoramiento legal antes de firmar contratos.

Su estabilidad emocional correrá riesgos que afectarán su salud. La medicina preventiva es esencial para no somatizar en sus zonas frágiles: aparato digestivo, pulmones, riñones, aparato genital.

Hay que mantener la higiene y salir de la madriguera para que entre el sol y se ventile.

ES UN TIEMPO DE REPLANTEOS Y

REFORMULACIONES en todos los campos. Los nuevos integrantes del zoo, la familia cósmica y la sanguínea y amigos que llegarán desde otros destinos buscarán su apoyo y consejos.

Estará dispuesta a empezar una nueva vida en otro ambiente, país, comuna y a ganarse el sustento con sus múltiples habilidades.

El año del perro la mantendrá más sociable, humana, considerada y solidaria.

Participará en actos sociales a los que aportará su trabajo y experiencia manteniendo su perfil bajo.

El amor será un lujo extra. Necesitará altas dosis de seducción, sentirse estimulada, amada, inspirada en su talento amatorio que recobrará el alto *rating* del zoo chino.

Protagonizará episodios de novela, enfrentando a sus amantes en público o descubriendo infidelidades conyugales. Será un tiempo de grandes contrastes. Días apacibles y hogareños y días de furia y *la guerra de los Roses*.

Es recomendable que busque contacto con la naturaleza, aprenda a estar sola y a leer, meditar, hacer deporte, yoga, tai-chi o artes marciales.

Necesitará expresarse, salir al escenario, enfrentar a sus rivales con la lengua y los colmillos bien afilados.

Estará dispuesta a un duelo al sol con sus íntimos enemigos.

Sorprenderá al mundo con su poder de oratoria, seducción, agudeza de espíritu y frondosa imaginación.

Utilizará estrategias notables que le brindarán resultados óptimos.

Desplegará el arsenal de sustancias venenosas como antídoto para que no la hipnoticen ni la desarmen.

Cuando su paz se sienta amenazada estará dispuesta a contar cosas o largar información que tenía escondida.

Tendrá días de somnolencia, letargo y depresión que cambiarán su humor y temperamento. Es necesario que busque gente vital, alegre, joven y dinámica que le brinde su apoyo y la acompañe en sus largas veladas de insomnio y filosofía alta y taco aguja.

Recibirá ataques imprevistos y se defenderá como una yarará.

Sentirá una extraña fuerza, sutil, que viene de la Pacha, del más allá, y la arrastra a un nuevo destino.

Es recomendable que suelte el control remoto y se deje guiar por el perro y sus aventuras sociales.

Desmalezará su vida. Con crudeza, sin velos, ni adornos. Sentirá que remonta un tiempo que parecía perdido y cada día habrá un mensaje, una señal, una luz que la salvará antes de que caiga en la tentación.

La serpiente sabe que tiene que adaptarse al ritmo vertiginoso del tiempo canino y ser útil para la sociedad. Atrás quedaron las épocas de ostentación, caviar y champaña.

Vivirá un *peeling* afectivo. No dejará que nadie se adhiera a su piel si no siente que es por amor, cortará de raíz a los piqueteros galácticos y florecerá desde el KUNDALINI dejando que la energía se mueva sin trabas.

Encontrará maestros, guías espirituales o padres y madres que compartirán su nueva etapa y la protegerán, le darán consejos y ayuda psicológica.

Se humanizará y participará de todos los problemas que la rodeen, desde la situación de parientes hasta la de los vecinos.

El progreso será firme, seguro, concreto y palpable. Ahorrará bastante y tendrá dinero para darse algunos gustos sin perder la cabeza.

Se adaptará a nuevos paisajes interiores que se nutrirán de gente solidaria, altruista y original.

Sumará millas y dejará atrás relaciones nocivas que tienen fecha de vencimiento. Retornará a un lugar del pasado donde se originó un antes y un después en su vida.

Retomará relaciones con ex parejas, amigos y el harén que la espera en cada puerto y ciudad indexando cuentas pendientes y *cien años de soledad*.

Navegará nuevos mares, conocerá mecenas y nuevos artistas con los que compartirá un viaje o gira.

La adrenalina del tiempo de perros alborotará sus hormonas, ideas, proyectos y sentimientos y les dará un vuelco favorable. No se deje abatir por la depresión mundial, el pánico y el inestable panorama del entorno.

Usted sabe que aunque el mundo se acabe se salvará hundiéndose en la tierra, en el agua, en el fuego, o retornando al espacio, como KUKULCAN, en busca de nuevas profecías.

EL I-CHING TE ACONSEJA

HEXAGRAMA PRINCIPAL
21. Shih Ho/
La Mordedura Tajante

EL DICTAMEN

La Mordedura Tajante tiene éxito.
Es propicio administrar justicia.

Cuando un obstáculo se opone a la unión, el éxito se obtiene atravesándo-

lo con una enérgica mordedura. Esto rige en todas las circunstancias. En todos los casos en que no se logra la unidad, ello se debe a que es demorada por un entrometido, un traidor, un obstaculizador, alguien que frena. Entonces es necesario intervenir a fondo y con energía, para que no surja ningún perjuicio duradero. Tales obstáculos conscientes no desaparecen por sí mismos. El enjuiciamiento y castigo se hacen necesarios para provocar la intimidación y la consiguiente eliminación.

Pero es preciso proceder al respecto de un modo adecuado. Es importante que el hombre que decide, representado por el quinto trazo, sea de naturaleza bondadosa, aun cuando en virtud de su posición, inspire una actitud de gran respeto.

LA IMAGEN

Trueno y rayo: la imagen
de la Mordedura Tajante.
Así los reyes de antaño
afirmaban las leyes mediante
penalidades claramente establecidas.

Las penalidades son aplicaciones ocasionales de las leyes. Las leyes contienen el registro de los castigos. Reina claridad cuando al establecer los castigos se discrimina entre leves y graves de acuerdo con los correspondientes delitos. Esto lo simboliza la claridad del relámpago. La afirmación de las leyes se lleva a cabo mediante la justa aplicación de los castigos. Esto es simbolizado por el terror del trueno. Claridad y severidad cuyo objetivo es mantener a los hombres en la observación del debido respeto. Únicamente mediante la claridad y una resuelta rapidez en la ejecución de los castigos se afirman las leyes.

LAS DIFERENTES LÍNEAS

Al comienzo un nueve significa:
*Tiene metidos los pies en el cepo,
al punto de desaparecer sus dedos.
No hay defecto.*

Cuando alguien, ya en el primer intento de cometer algo malo, sufre inmediatamente el castigo, la pena suele ser leve. Tan sólo los dedos de los pies son cubiertos por el cepo. De este modo se le impide seguir pecando y logra liberarse de faltas. Es ésta una advertencia para detenerse a tiempo en el camino del mal.

HEXAGRAMA COMPLEMENTARIO
35. Chin/El Progreso

PREDICCIONES PARA LA SERPIENTE Y SU ENERGÍA

SERPIENTE DE MADERA
(1905-1965)

Durante el proceso de transformación del año del gallo aprendió nuevas formas de adaptarse a la vida cotidiana, social, profesional y familiar que tendrán mayor estabilidad, solidez y consistencia durante el año del perro.

Buscará protegerse de los piqueteros terrenales y afectivos, estará más atenta, alerta, dispuesta a cambiar de oficio integrando la realidad social a su vida.

La salud deberá ser atendida con medicina preventiva y una relación afectiva que pueda colmar sus demandas de *superstar*.

En la familia habrá rebeliones, viajes, cambios de roles y tendrá que ser muy sabia para encauzar las obligaciones sin perder el centro.

Un amor se cruzará en el camino y la mantendrá hipnotizada, fascinada y le enseñará nuevas experiencias. El desafío será integrarlo a su vida afectiva, familiar, social y profesional.

Progresará día a día si tiene coraje para cortar lazos con el pasado, abrirse a un nuevo ser y no especular.

Le recomiendo instalarse en algún lugar donde tenga cable a tierra y pueda cargar CHI (energía) de la naturaleza.

SERPIENTE DE FUEGO
(1917-1977)

Después del envión del año del gallo estará dispuesta a seguir apostando al progreso invirtiendo en su profesión y en su crecimiento espiritual.

Desafíos y caminos que se abren la harán para apostar a una empresa, proyecto o idea que progresará si sigue su intuición y el olfato perruno.

La tentará una oferta que cambiará su destino profesional.

Trabajará en equipo con otro jefe y encontrará socios extranjeros con los que progresará.

Tomará las riendas de la economía familiar y tendrá que administrar los ingresos con restricción.

Volcará su amor en una pareja del tercer milenio, preparada para atravesar la tempestad y el arco iris. Agrandará la familia, el corazón, la casa.

Viajará, se impregnará de nuevas culturas integrando las experiencias cotidianas a su gran corazón.

SERPIENTE DE TIERRA
(1929-1989)

Después del sísmico año del gallo

recuperará el tiempo y la energía para emprender un trabajo que le dará seguridad, crecimiento, encuentros espirituales y solidez financiera.

Retornará a su lugar, tierra, país empezando una etapa de aprendizaje y progreso en su oficio o profesión.

Dice Juan Domínguez al respecto: "Para mí, el futuro que se aproxima (para todo y para todos) es un futuro donde habrá mucha más tecnología, avances científicos y nuevos descubrimientos y curas para las enfermedades que hoy en día son un problema.

Espero, sobre todo, que el hombre se dé cuenta del daño que hace cazando animales que corren el peligro de extinguirse, como el elefante, el tigre siberiano, las ballenas, etcétera.

También que sea posible el hallazgo de un nuevo combustible menos contaminante.

En el futuro me veo dibujando historietas o personajes para la televisión, o en algún trabajo bueno, donde los ingresos compensen los esfuerzos para vivir dignamente, como corresponde, y afrontar cada día el mañana que nos espera.

SERPIENTE DE METAL (1941-2001)

Después de una temporada en el desierto, sin brújula ni estrella que la guíe, recuperará el sentido de la vida y tendrá viento a favor.

Desplegará sus recursos intelectuales, artísticos, humanos para emprender una sociedad redituable que la mantenga inspirada, divertida y con CHI $$$ amarrocado.

Viajará para la gran cita de su vida. Recuperará sus dones de amante, amiga, buena interlocutora y consejera.

Sentirá un fuerte deseo de recuperar a quienes perdió en el camino.

Será líder de causas humanas, ecológicas, sociales y políticas. En la familia habrá nuevos perritos a los que cuidará con amor y que le darán un sentido a su vida.

Invertirá en bienes raíces, tendrá golpes de suerte y recuperará su territorio aquerenciándose, sembrando semillas, ideas y utopías.

Su salud deberá ser atendida con medicina preventiva, homeopatía y antroposofía.

Recuperará su espíritu crítico, humor negro y vocación de médium entre la gente y el cosmos.

Iniciará una etapa de cambios de actividades, estudios, ciudad o región que le resultará favorable y le brindará nuevos amigos y contactos sociales.

SERPIENTE DE AGUA (1953)

Tendrá viento a favor para seguir con los proyectos del año del gallo.

Se consolidará un negocio, empresa o corporación que le aportará ganancias y nuevos contactos sociales.

Retomará el timón de su vida, mejorará desde el *look* hasta los modales, hábitos y vicios ocultos.

Tendrá un fuerte flechazo con alguien inesperado con el que deberá reformular una pareja, convivencia y tiempo compartido. Sentirá nuevos brotes de vida y sumará perritos al zoo.

Una etapa de acción, renovación, nuevos emprendimientos, contactos sociales y humanos.

Saldrá del letargo encandilando a nuevas víctimas con su imaginación, seducción y *sex appeal*.

Retornará a su tierra para compartir con su familia momentos de trabajo, amor, viajes y cuentos de la abuela.

PREDICCIONES PREVENTIVAS PARA EL
CABALLO
BASADAS EN EL I-CHING
NUTRICIÓN MUTUA Y RECEPTIVA

Amanecí soñando con dos caballos que están en mi vida desde antes de que naciera.

Dulces sueños entrelazados como enredaderas me anunciaron un día perfecto, transparente, nítido en el agosto templado de traslasierra.

Buena señal para inspirarme con las predicciones del mejor amigo del equino, el perro, el signo que más escuchan y al que obedecen aunque no lo reconozcan abiertamente.

El caballo atravesó un año del gallo con mucho estrés y frentes que se precipitaron inesperadamente y aún no se ha repuesto.

Cuestionado, juzgado, jaqueado en sus principios y prioridades el caballo prefirió el perfil bajo para seguir en carrera sabiendo que si no está despierto, activo, imaginativo e inspirado en su despliegue escénico y laboral puede deprimirse.

Por eso, entrando en el reinado canino se concentrará en LA NUTRICIÓN de su espíritu, cuerpo y corazón debido a que dependerá de sus elecciones para estar en buen estado emocional, psicológico y físico.

Hay que desechar lo que paraliza, limita, perturba, atrasa y condiciona y mirar hacia adelante con la frente en alto.

Su relación con el otro cambiará, estará más flexible, menos demandante y arbitrario, dispuesto a escuchar otros ladridos. Se humanizará, volcará su atención en ayudar concretamente a quienes lo necesiten y sentirá una alta gratificación en ello.

Estará presente en cada acto y lugar que lo reclamen, tomando partido en causas humanas, de defensa de derechos, justicia, libertad y dignidad.

Será protagonista en su ámbito y estará receptivo a los reclamos y demandas de la gente que lo rodea. Relinchará verdades y apoyará a docentes, médicos y seres indefensos. Alimentará su alma con influencias que le abrirán puertas y contactos sociales.

Avanzará velozmente en su profesión. Será un *boom*. Le saldrá fuego por la boca, los ojos y el corazón. Desbordará energía, buena onda, CHI, y avanzará sorteando cada prueba de bendiciones disfrazadas que el azaroso año del perro le ponga en su bello andar.

El caballo tomará las riendas de su vida y será uno con el jinete. Aprenderá a conjugar los verbos ayudar, esperar, aceptar, intercambiar, y será consciente del respeto hacia otras vidas que no comparten sus puntos de vista y filosofía.

Deberá reconocer sus límites.

Buscará ayuda en terapias alternativas y en caminos de autoayuda.

Alimentará conscientemente su vida, estará atento a las oportunidades y se dejará aconsejar y asesorar.

Su espíritu rebelde y justiciero galopará por nuevos territorios contagiando el entusiasmo y la creatividad por los cuatros vientos.

Escuchará consejos y dócilmente permitirá que lo guíen por nuevos caminos; recuperará así la autoestima.

Saldrá del establo hacia el mundo. Incursionará en nuevos empleos y oficios y participará en grupos de investigación científica. El arte, la cultura, los progresos cibernéticos lo tendrán como protagonista, alimentando una nueva faceta de su ser.

Estará solicitado públicamente. Convencerá a la gente con su oratoria y reivindicará los derechos del ciudadano. Pero el gran trabajo que le espera en el año del perro es trabajar profundamente consigo mismo, con sus asignaturas pendientes, llegar al fondo del corazón y de su conciencia.

Retomará una relación que quedó trunca indexando las causas del desvío y producirá nuevas posibilidades de encauzarla.

Estará dinámico, fogoso, apasionado, inspirado, se divertirá, recuperará su sentido del humor, *glamour, sex appeal* y dejará un tendal a su paso.

En la pareja habrá replanteos, reformulaciones y pequeños *breaks* o vacaciones para seguir conviviendo. Necesitará oasis, remansos, y estará disponible para salir del establo más seguido.

En la familia habrá novedades. Mudanzas, viajes inesperados a los que deberá adaptarse sin relinchar.

Si se jubiló, ¡¡¡ALELUYA!!!

Tendrá tiempo para el ocio, la laborterapia, para visitar amigos, jugar a las cartas, al ajedrez, al golf, al polo o para practicar *EL TAO DEL AMOR Y DEL SEXO*.

Sentirá que tiene nuevos brotes de vida. Renacerá desde un profundo llamado del corazón, y compartirá sueños y vocaciones con sus hijos, padres y parientes lejanos.

Ordenará todo: el ropero, las cuentas, los asuntos pendientes entre amigos y, si se muda, regalará gran parte de sus pertenencias.

Encontrará gente confiable que lo ayudará a atravesar la crisis.

Alimentará equilibradamente su cuerpo físico y astral y recuperará al fin la alegría de vivir.

El I-CHING muta hacia LO RECEPTIVO. Este hexagrama habla de la entrega, de la docilidad para dejarse guiar.

La yegua pertenece a la tierra y es por eso que el éxito del tiempo canino residirá en ser dúctil, flexible y estar abierto. Muchos bloqueos psicológicos, del ego, y de exigencias reales y ficticias lo mantuvieron prisionero de usted mismo. En esta etapa abandonará el yo, sacudirá las crines y las dejará al viento para sentirse ligero de equipaje y fluirá con el tiempo que será hostil, difícil y lleno de impedimentos en el afuera.

Librará la mejor de las batallas con usted mismo. Dejará de lado la competencia desleal para afrontar sus propios fantasmas.

Estará más doméstico: pasará más tiempo en la casa disfrutando de los quehaceres, de los momentos en familia y aportará su cuota de interés por los problemas ajenos.

Compartirá momentos placenteros con su pareja, caminatas a la luz de la luna, reuniones, ciclos de arte y deportes.

El año del perro es clave para el gran astro del zoo chino. Lo disfrutaremos amigos, amores y quienes compartan un pedazo de destino.

EL I-CHING TE ACONSEJA

HEXAGRAMA PRINCIPAL
27. I/Las Comisuras de la Boca (La Nutrición)

EL DICTAMEN

Las Comisuras de la Boca.
Perseverancia trae ventura.
Presta atención a la nutrición y a
aquello con que trata de llenar
su boca uno mismo.

Al dispensar cuidados y alimentos es importante que uno se ocupe de personas rectas y se preocupe en cuanto a su propia alimentación, del modo recto de realizarla. Cuando se quiere conocer a alguien, sólo es menester prestar atención a quién dispensa sus cuidados y cuáles son los aspectos de su propio ser que cultiva y alimenta. La naturaleza nutre todos los seres. El gran hombre alimenta y cultiva a los experimentados y capaces, valiéndose de ellos para velar por todos los hombres.

LA IMAGEN

Abajo, junto a la montaña, está el
trueno: la imagen de la Nutrición.
Así el noble presta atención
a sus palabras
y es moderado en el comer y el beber.

A comienzos de la primavera, cuando las semillas caen hacia la tierra, todas las cosas se tornan cabales. Esto da la imagen de La Nutrición expresada en el movimiento y la quietud. El noble toma esto por modelo en lo relativo a la alimentación y al cultivo del carácter. Las palabras son un movimiento que va desde adentro hacia fuera. El comer y el beber son el movimiento que va desde afuera hacia adentro. Las dos modalidades del movimiento han de moderarse mediante la quietud, el silencio. Así el silencio hace que las palabras que salen de la boca no sobrepasen la justa medida y que tampoco sobrepase la justa medida el alimento que entra por la boca. De este modo se cultiva el carácter.

LAS DIFERENTES LÍNEAS

Al comienzo un nueve significa:
Dejas escapar a tu tortuga mágica
y me miras a mí, caídas las comisuras
de los labios. ¡Desventura!

La tortuga mágica es un ser que no requiere alimento terrestre alguno, pues posee un poder mágico tal que le permite vivir del aire. La imagen sugiere que uno, de acuerdo con su naturaleza y su posición, podría vivir perfectamente en libertad e independencia, por sí mismo. Pero en lugar de hacerlo renuncia a esta autonomía interior y mira con envidia y disgusto hacia otros que se encuentran en situación más elevada y que exteriormente lo pasan mejor. Esta baja envidia, empero, sólo provoca en el otro un sentimiento de burla y desprecio, y acarrea malas consecuencias.

Al tope un nueve significa:
La fuente de la nutrición.

Conciencia del peligro aporta ventura.
Es propicio atravesar las grandes aguas.

Aparece aquí un sabio de la más elevada especie, del cual emanan todos los influjos que velan por la nutrición de los demás. Semejante posición acarrea una grave responsabilidad; si se mantiene consciente de esa responsabilidad, tendrá ventura y podrá emprender, confiado, aun obras grandes y difíciles como el cruce de las grandes aguas. Tales obras aportarán una dicha general, tanto para él como para todos los demás.

HEXAGRAMA COMPLEMENTARIO
2. K´un/Lo Receptivo

☷

PREDICCIONES PARA EL CABALLO Y SU ENERGÍA

CABALLO DE MADERA (1954)

Renovará desde el ADN hasta su bello pelaje, crines y jinete.

Comenzará una etapa de búsqueda profunda en su vocación, asignaturas pendientes y contactos humanos.

Estará cotizado y muy reclamado en su profesión. Tendrá que elegir con conciencia qué camino seguir y buscar asesores que lo guíen en esta etapa de tanto caos y ebullición.

El amor le ladrará una nueva canción, recuperará su *sex appeal,* buen humor, alegría y ganas de relinchar.

Formará una pareja tercer milenio o reciclará la propia abriendo el corazón a nuevas formas de convivencia y romanticismo.

En la familia habrá reencuentros, discusiones, definiciones de herencias y gratificaciones.

Volcará su energía en la ayuda social. Será un eslabón fundamental entre gente carenciada.

Viajará renovando sus elementos de trabajo, intercambiando opiniones y formando un equipo de ladridos y relinchos humanos.

Un año de grandes transformaciones que lo revitalizará cósmica y existencialmente.

CABALLO DE FUEGO (1906-1966)

Doble energía fuego y la afinidad entre caballo y perro potenciarán al máximo sus posibilidades.

El secreto será escuchar consejos, encauzar energía, no desbordarse y mantener el perfil bajo.

Tiempo de recuperación anímica y espiritual. Recibirá jugosas propuestas laborales que lo cotizarán y lo tendrán en la vidriera relinchando los reclamos de la gente.

Tiempo de invertir en bienes raíces, trabajo artístico y comunicación.

Lo invadirán fuertes deseos de rebelarse contra la injusticia y será líder en causas humanas.

En la familia habrá cambio de roles, nuevos integrantes de la fauna social y del barrio con los que compartirá trabajo, amor y conocimiento. Viajará al exterior, se radicará un tiempo allí por estudio, y una pasión que le replanteará los dos katunes (40 años).

Sentirá que pisa fuerte, que está respaldado, y que tiene una larga y pintoresca cabalgata con su fiel amigo el perro a su lado.

CABALLO DE TIERRA
(1918-1978)

Tiempo de reflexión y de acción. Estará dispuesto a salir del establo con ideas claras y contundentes.

Un panorama de estudio relacionado con su vocación lo tendrá ocupado y muy activo integrando grupos de trabajo social y comunitario.

Despertará a un nuevo llamado de conciencia. En la pareja habrá replanteos, reformulaciones y nuevos ingredientes para seguir enamorado.

Se unirán amigos y socios para promover obras públicas y de difusión sobre ecología y derechos humanos.

Tal vez adopte o traiga perritos al mundo. Es un año de fuertes sismos, de transformaciones donde deberá escuchar consejos de gente sabia.

Necesitará apoyo terapéutico y espiritual. No dude en pedirlo y en compartir su experiencia con quien se acerque a su corazón.

Viajará por el país descubriendo realidades conmovedoras que le cambiarán el rumbo de su cabalgata.

Tendrá éxito en lo que emprenda siempre que sea honesto y sepa apreciar las virtudes ajenas sin competir ni subestimar al prójimo.

CABALLO DE METAL
(1930-1990)

Durante este año será derretido por el fuego de la pasión y de la acción.

Se convertirá en un corcel lleno de ideas brillantes que concretará con éxito.

Deslumbrará con su sentido artístico, espiritual y su poder de oratoria.

Se radicará temporalmente en otra ciudad o país en intercambio estudiantil, por trabajo o investigación.

Tendrá un romance largo y de gran compañerismo con el que atravesará las aventuras de Harry Potter.

Estará lleno de entusiasmo por nuevos ideales, planes y participará en eventos culturales y sociales que lo nutrirán y le abrirán la percepción.

En la familia deberá enfrentar nuevas opciones de convivencia.

Recuperará el respeto, la chispa y el buen humor que resucita a los muertos.

Será un tiempo de cambios existenciales y de nuevas posibilidades de intercambio humano.

CABALLO DE AGUA
(1942-2002)

En este año galopará con el corazón encendido por la llama de la inspiración, la creatividad y el amor. Sentirá que recupera el centro de gravedad y se expandirá desde sus chakras y KUNDALINI generando fuentes de trabajo.

Será reclamado por el perro para participar en actividades humanistas, sociales y ecológicas y aportará su trayectoria y experiencia.

En la familia habrá armonía, diálogo, aceptación de nuevas relaciones.

Desplegará su creatividad, aumentará su patrimonio; gente de diferentes culturas buscará su obra y se valorizará.

Sentirá deseos de engendrar una nueva tribu con gente que aparecerá en su vida y le aportará otra óptica.

En la familia habrá que ajustarse la cincha y asumir los cambios imprevisibles que lo alejarán de la querencia.

Nutrirá su alma de nuevos estímulos y recuperará el humor, la gracia, el *sex appeal* y la capacidad de asombro.

Podrá reencontrarse con un amigo y encauzar una era creativa y afectiva.

Un tiempo de relinchos y ladridos conjugados en la misma sintonía.

PREDICCIONES PREVENTIVAS PARA LA
CABRA
BASADAS EN EL I-CHING
REFORMULAR LA VIDA PARA LIBERARSE DE LOS ESPEJISMOS

Beeeeee. Guauuuu. Tendrá que hacer un dúo con el perro y salir por el mundo ladrando y balando una nueva canción, o quedarse inmóvil, atenta y al resguardo en un corral lleno de provisiones para tomarse un año sabático.

El romanticismo, la sutileza, el refinamiento y la fragilidad de la gran sibarita del zoo se verá amenazada por cambios bruscos e inesperados que aparecerán como un temblor desde las entrañas de la tierra.

Demasiados frentes, conflictos y dificultades sin tregua aparecerán durante el tiempo canino. Será necesario fortalecer el espíritu, estar lúcida, tomar conciencia de cada pisada antes de actuar y sobre todo de pedir amparo en la ONU o en la familia.

La cabra tendrá que encauzar el tema del I-SHO-KU-JU, este año techo, más que vestimenta y comida.

Cambios en su economía y patrimonio la llevarán a un balance de sus necesidades y prioridades.

Pasará una crisis existencial que la sacudirá desde el ADN hasta el sentido que imprimirá a su vida en esta etapa; deberá valorar las relaciones afectivas, familiares y de amistad más que las debidas a contactos con la gente de influencia o de poder.

LA CONMOCIÓN tiene elevado éxito si se entrega conscientemente a ella y la vive como una purificación y un aprendizaje hacia el desapego.

La cabra estará harta de que los planes se corten o esfumen antes de empezar a soñarlos. Crítico, hostil y realista, el perro le pinchará el globo cuando intente remontar el barrilete.

Por eso lo más recomendable es el perfil bajo, tratar de encauzar los proyectos sin grandes expectativas de éxito y hacer laborterapia.

Estará asediada por acreedores y la DGI, gente que no tiene nada que ver con su espíritu solidario y artístico.

Habrá situaciones que la irritarán, sacarán del TAO y le producirán mal humor y ganas de huir hacia otras praderas. A reír, a bailar, a desafiar al crudo año del perro con más filosofía, arte y derroche de talento. En la pareja habrá planes, proyectos y cambios de rol.

Tendrá que ser *yin* y *yang* y ayudar a resolver la crisis económica inventado con su talento nuevas formas de vida.

Estará ocupada, trabajando horas extras y en viejos oficios que la mantendrán más activa, involucrada en la acción social y con ideas que compartirá con gente de la comuna.

Llegará un día en que se sentirá mejor, más aliviada, segura y decidida a emprender un nuevo rumbo.

Alquilará su casa y saldrá por el país y el mundo en busca de nuevas oportunidades, tocando la flauta de bambú, vendiendo pan casero, trabajando de carpintera, manicura, masajista, terapeuta floral y juglar.

Dejará de lado las responsabilidades que la atan al mundo y se arriesgará en microemprendimientos.

El amor... Extrañará los momentos compartidos con su pareja *allá lejos y hace tiempo*, los viajes en tren, a caballo o a pie por playas y arroyos, y tendrá que conformarse con seguir compartiendo el día a día sin quejarse ni protestar. Es lo que hay y es bastante en épocas de crisis mundial.

Deberá tomar una decisión con un bien inmobiliario.

Se acentuará la incertidumbre con respecto al futuro y la estabilidad.

No tenga pena, nadie sabe a ciencia cierta qué ocurrirá en el mundo.

Por eso, trate de achicar gastos, ser gasolera y ajustarse el cinturón en todo.

Siempre tendrá golpes de suerte, mecenas que la amparen y amigos que le brinden estabilidad emocional.

Su gran duda radicará en si debe quedarse donde está y esperar que amaine el temporal o si tiene que iniciar un nuevo ciclo en otro lugar.

El aprendizaje durante el reinando canino será el desapego. De personas, bienes materiales y patrimonios.

No le aconsejo pleitear ni enredarse en conflictos que le saquen su divina energía.

Es necesario que tome distancia, inhale CHI, cargue las pilas y busque nuevas formas de relacionarse en el medio. Tendrá que estar más sociable, amable y solidaria.

El mundo afilará los colmillos para devorarla.

Durante este tiempo renacerá espiritualmente. Dejará atrás lo innecesario, lo que le pesa y la aleja de la esencia.

Situaciones imprevisibles en las que deberá adaptarse a la velocidad de la luz la mantendrán flexible, sabia y más humana.

Se involucrará como consejera y creará nuevas fuentes de trabajo, de ayuda, de solidaridad y de arte.

Recuperará un lugar en la familia y sentirá que le reconocen sus esfuerzos, su cariño y su generosidad.

Saldará sus deudas interiores y sentirá una gran liberación.

Su estado anímico oscilará como el clima. Es fundamental que pida ayuda si se siente deprimida o tiene ataques de angustia.

La vida se tornará seria, áspera, amarga, para su vulnerabilidad y alta sensibilidad.

Buscará refugiarse en la naturaleza y acudirá al llamado de amigos para emprender un proyecto ecológico, turístico, artístico o agropecuario.

Dejará de lado los espejismos y encauzará su vocación para superar el estrés o el desgaste de energía que mina su fuerza.

Deberá atender su salud con más prevención: dieta, deportes, yoga, *zazen* y hacer el amor más que siempre; ése es el desafío por el que atravesará.

El perro la admira secretamente y valora que ponga su talento al servicio de la comunidad y explote sus dones artísticos.

Sentirá nostalgia del futuro.

Retomará hobbies, la lectura de

autores clásicos, la escultura, la pintura y la filosofía.

Volcará su gran capacidad amatoria en niños huérfanos, de la calle, y adoptará a sus padres y hermanos si es necesario.

Viajará y se especializará en su profesión y oficio conociendo gente de diversas culturas que le aportarán otra visión del universo.

Será un *sanyasin*, una buscadora de la verdad y estará dispuesta a vivir en un monasterio.

El año del perro sacará lo mejor de usted y lo pulirá como un diamante.

EL I-CHING TE ACONSEJA

HEXAGRAMA PRINCIPAL
51. Chen/Lo Suscitativo
(La Conmoción, el Trueno)

EL DICTAMEN

La Conmoción trae éxito.
Llega la conmoción: ¡Ju, ju!
Palabras rientes: ¡Ja, ja!
La conmoción aterra a cien millas,
y él no deja caer el cucharón
sacrificial, ni el cáliz.

La conmoción que se levanta desde el interior de la tierra a causa de la manifestación de Dios, hace que el hombre sienta temor, pero este temor ante Dios es algo bueno, pues su efecto es que luego puedan surgir el regocijo y la alegría. Si uno ha aprendido interiormente qué es el temor y el temblor, se siente seguro frente al espanto causado por influjos externos. Aun cuando el trueno se enfurece al punto de aterrar a través de cien millas a la redonda, permanece uno interiormente tan sereno y devoto que no incurre en una interrupción el acto del sacrificio. Tan honda seriedad interior, que hace que todos los terrores externos reboten impotentes sobre ella, es la disposición espiritual que deben tener los conductores de los hombres y los gobernantes.

LA IMAGEN

Trueno continuado: la imagen
de la conmoción.
Así el noble, bajo temor y temblor,
rectifica su vida
y se explora a sí mismo.

Con sus sacudidas el trueno continuo ocasiona temor y temblor. Así el noble permanece siempre en actitud de veneración ante la aparición de Dios, pone en orden su vida y escruta su corazón indagando si acaso, secretamente, hay algo en él que esté en contradicción con la voluntad de Dios. De tal modo, el temor devoto es el fundamento de la verdadera cultura de la vida.

LAS DIFERENTES LÍNEAS

Al comienzo un nueve significa:
Llega la conmoción: ¡Ju,ju!
Le siguen palabras rientes: ¡Ja, ja!
¡Ventura!

El temor y el temblor de la conmoción embargan a uno antes que a otros, de modo que se siente en posición de desventaja frente a los demás. Pero esto es sólo provisional. Una vez asumido y superado el enjuiciamiento, lleva el alivio. Y así ese mismo terror en el cual cada uno tiene que sumergirse trae ventura.

Seis en el segundo puesto significa:
La conmoción llega con peligro.
De cien mil maneras pierdes tus tesoros
y has de subir a las nueve colinas.
No corras ávidamente tras ellos.
Al cabo de siete días los recuperarás.

Se describe aquí una situación en la cual, a raíz de una conmoción, se afronta un peligro y se sufren grandes pérdidas. Las circunstancias son tales que una resistencia sería contraria a la orientación de la marcha del tiempo, y por lo tanto no tendría éxito. Por eso, simplemente hay que retirarse hacia regiones altas inaccesibles a los peligros que amenazan. Las pérdidas de propiedades deben tomarse como parte del precio que se paga y no hay que preocuparse excesivamente por ellas. Sin que uno corra tras de su posesión, la recuperará por sí sólo una vez que pase el lapso cuyas conmociones se la hicieron perder.

HEXAGRAMA COMPLEMENTARIO
40. Hsieh/La Liberación

≡≡
==
≡≡
==

PREDICCIONES PARA LA CABRA Y SU ENERGÍA

CABRA DE MADERA (1955)

Durante este tiempo sentirá que tiene a favor medio siglo de experiencia y demostrará al mundo su talento, oficio y aprendizaje.

Estará llena de ideas para concretar en su profesión, será escuchada, respaldada y podrá cotizarse en yuans.

Reformulará su vida, desde su rela-

ción afectiva, convivencia, matrimonio, hasta el rol familiar.

Estará abatida por los sucesos del mundo, participará en actos de acción social, humana y educativa. Con su ejemplo será líder en la comunidad.

Sentirá deseos de emanciparse, salir del corral en busca de nuevas emociones. Pasará una crisis afectiva que le deparará nuevos encuentros sociales, laborales y el retorno a un tiempo de acción y de rebeldía. Estará dispuesta a sacarse los problemas de encima y achicar gastos viviendo modestamente. Tiempo de grandes cambios y nuevas oportunidades para acrecentar su patrimonio.

Saldará una deuda afectiva apostando un pleno a su corazón. Será un tiempo de recompensa e integración de nuevas compañías en su peregrinaje.

SU LEMA SERA: "LADRAN SANCHO, SEÑAL QUE CABALGAMOS".

CABRA DE FUEGO (1907-1967)

Aparecerán muchas tentaciones para desviarse de la rutina y tendrá que elegir entre quedarse en el corral o salir a ganarse el sustento en la feria de las vanidades.

Estará atenta a los reclamos en la familia y al ajuste de cuentas.

Deberá superar una crisis afectiva que la mantendrá en un estado de emergencia, cambiando planes y costumbres.

Tendrá que elegir entre seguir en un trabajo estable y rutinario o ser una empresaria líder. Necesitará ayudantes de confianza, asesores legales y mucha disciplina para encauzar un tiempo caótico e imprevisible.

Volcará su pasión en el estudio, el deporte, el arte y los amigos que serán el pilar de su vida.

Estará más atenta a los problemas terrenales, colaborará en obras de acción social, ecológica y humanitaria.

Recuperará la autoestima, el coraje y el sentido práctico para contener la avalancha de situaciones imprevistas que le depara el tiempo de perros.

CABRA DE TIERRA
(1919-1979)

Añorará las épocas donde vivía WU-WEI, sin forzar la acción de las cosas.

Tendrá que asumir nuevas responsabilidades económicas, familiares, conyugales y profesionales con coraje y precisión. Sentirá que está sumergida en un temblor y que no hay tiempo que perder.

Iniciará una fecunda etapa de estudio, investigación y búsqueda de nuevos caminos que estaban estancados esperando que los hiciera surgir en forma creativa.

Aprenderá una nueva disciplina u oficio que será su medio de vida y le brindará nuevas amistades.

En la familia habrá chubascos, piquetes y revanchas. Estará acorralada entre el deber filial y el conyugal.

Dejará atrás proyectos de estabilidad a largo plazo adaptándose a los ladridos y baladas del caótico tiempo canino.

OM. OM. OM.

CABRA DE METAL
(1931-1991)

Estará muy ocupada en atajar los *tsunamis* que se avecinan en su vida afectiva, familiar y profesional.

Sentirá que tiene energía extra para conjugar las diversas fases de su crecimiento y amoldarse a una etapa de vuelcos bruscos en su matrimonio, pareja o reciente reencuentro afectivo.

Enfrentará situaciones legales, peleas, querellas y deudas pendientes con familiares, socios y amigos.

Saldrá de viaje por el país y por el mundo explorando nuevas vivencias espirituales y chamánicas que la ayudarán a comprender esta etapa tan volcánica.

Estará dispuesta a dejar atrás una vida para empezar un nuevo ciclo sin testigos ni fantasmas.

Un tiempo de reflexión, introspección y profundos cambios.

Es recomendable que haga deporte, meditación, yoga, tai-chi, squash, tenis, y que cante, baile y practique el sexo sagrado.

CABRA DE AGUA
(1943-2003)

Siguen tiempos de gran purificación y aprendizaje para llegar a un puerto donde recupere la inocencia.

Sentirá nuevos estímulos para reformular su vida y sus prioridades. Empezará por la familia, la reunirá en el corral y asumirá sus deudas pendientes.

Profesionalmente tendrá que competir con pesos pesados y delegar responsabilidades en gente idónea.

Saldrá al mundo a contar sus teorías, a predicar su filosofía y a buscar nuevos amigos e hijos adoptivos.

Renovará desde el FENG-SHUI hasta el *look* y viajará para intercambiar conocimiento y fuentes de ingresos para vivir sabiamente.

Recuperará las huellas de un gran amor y le tocará la puerta para ver si aún sigue en su vida. Compartirá los míos, los tuyos y los nuestros.

SERÁ UN TIEMPO DE SEPARAR LO ESENCIAL DE LO SUPERFLUO Y HACER LA ESCULTURA DE SU VIDA.

PREDICCIONES PREVENTIVAS PARA EL
MONO
BASADAS EN EL I-CHING
DE LA OPULENCIA A LA VIDA MONACAL

LA TRISTEZA ES UNA PLOMADA
QUE CAE SIN AVISO
Y ANIDA ESTÁTICA
HASTA QUE UNA MARIPOSA
AMARILLA
CRUZA EL HORIZONTE CONVERTIDA
EN MADRE
EL ÚLTIMO DOMINGO
DEL VERANILLO.

L. S. D.

Siento a mi madre perro que con su protección aun me cuida, guía, protege, acaricia, da CHI, fe, fuerza vital para apostar a la vida, no creo que podría transitar el espinoso, crítico, transmutador, catártico año del gallo sin su incondicional mirada encarnada en señales que me envía para continuar rumbo a su año.

Creo que está instalado en el inconsciente colectivo el arduo tiempo que nos espera si no hemos tomado conciencia del detonador que nos hizo estallar la crisis más profunda en nuestra psiquis, alma, siete cuerpos, y que nos prepara para un tiempo de espera, mientras metabolizamos el aterrizaje forzoso que nos acercó a examinarnos con espejos visores, cámaras ocultas y radares sofisticados nuestras zonas dormidas, erróneas, olvidadas, abandonadas, negadas, abismales y oscuras.

El mono, auténtico *homo sapiens,* se entrega, fluye, juega con la vida para transformarse y buscar en lo más profundo de su corazón las causas del terremoto que vivió.

El mono astuto, hábil, huidizo, desconfiado, taimado y egoísta se puso la careta y salió con la navaja a crear más karma en su existencia.

TO BE OR NOT TO BE.

El año del perro será eficaz en el cambio de rumbo del mono.

Finalmente, después de tantas contradicciones, vacilaciones, angustias, marchas y contramarchas sentirá la confianza del perro a su lado para definir situaciones de alto riesgo que lo llevaron a un gran estrés y depresión o escapismo peligroso que atentó contra su salud física y emocional.

La espera le baja cuatro cambios al inquieto primate y lo ordena para continuar su camino despejado de malezas, espinas, yuyos brujos, cáscaras de banana y de su propia elucubración lindera con la paranoia crítica.

Sentirá fuego en sus chakras y comenzará a poner en marcha nuevos proyectos en los que convocará ayudantes, gente especializada y técnicos, dejando de lado el amiguismo que le produjo grandes pérdidas afectivas y económicas en los últimos años; deberá reformular su vida y tomar decisiones claves en el AQUÍ Y AHORA.

El mono, que pagó el peaje en el año del gallo y quedó *net,* entrará tranquilo, consciente e inspirado en el reinado canino.

Renacerá el buen humor, el espíritu de lucha, las ganas de aprender y la curiosidad por lo nuevo, exótico, original que lo diferencia del resto del zoo.

También el mono guerrero sentirá el llamado de igualdad, libertad y fraternidad y saldrá a defender sus derechos y el de sus seres queridos.

En la familia habrá fuertes reencuentros, mordiscones, arañazos y peleas por el territorio, por maníes y por recuerdos del futuro que lo desviarán del TAO.

Nuevos proyectos de estudio e investigación se abrirán y tendrá que poner en la balanza sus prioridades afectivas y familiares para no sentirse tan solo y cansado.

Logrará encauzar su patrimonio y delegará responsabilidades que lo tenían preocupado y TAO OFF. Aparecerán propuestas para trabajar en nuevos oficios y dejar una trayectoria de éxito y solidez a cambio de perfil bajo y el sustento diario como ejercicio vital.

Viajará por el mundo transmitiendo su experiencia. El mono necesitará enseñar, narrar, compartir los frutos de su recolección entre amigos, tribu cósmico-telúrica y seres de otros planetas.

La autodisciplina le ayudará a organizar su vida nuevamente y a sentar las bases de sus creencias azotadas por las inclemencias del NAJT (tiempo-espacio).

El mono aparecerá *on stage*, en la vida pública y social aportando optimismo, credibilidad, conciencia e ideas innovadoras que contagiarán a la gente y le producirán entusiasmo.

El verdadero cambio del simio se producirá en la cosmovisión del universo y en su función humanitaria, altruista y desinteresada.

Un verdadero *peeling* en este signo, ¡¡que no da puntada sin hilo!!

En la espera hay que ser paciente, no tomar decisiones apresuradas y mantener el tercer ojo alerta.

Ser consciente del peligro, ser veraz, íntegro, pues la "espera en el fango" no es afortunada para pegar un salto cuántico y remontar la cuesta empinada.

LA RESTRICCIÓN sigue ordenando al mono en su derroche de energía y dinero y purifacándolo en su ambición desmedida.

El tiempo aún requiere mucha precaución, sutileza, que sean surfistas, jinetes cabalgando la ola de zuvuya para seguir adelante con más claridad, compasión, concentración, enfrentando los desafíos para entrar por las puertas del cielo.

Buda es mono y su vida es un excelente ejemplo para todos.

Renunció a la riqueza, a la abundancia y a los placeres para conocerse a sí mismo y encontrar un sentido a su vida y a la de muchos que creemos en la reencarnación.

Vienen tiempos difíciles y tenemos que estar unidos para compartir lo que somos, tenemos, aprendimos, y brindarlo sin esperar resultados, pues la vida se encarga de equilibrarnos.

Anoche vi *Camino a la meca*, pues llegó la entrañable China Zorrilla y su elenco a los pagos.

Rescato la libertad, la integridad de su protagonista, y el volver a confiar en alguien para compartir este pedazo de destino en la tierra.

Cada día será una eternidad o un suspiro según sea nuestra actitud hacia el gran ladrido interior que nos rebele ante la injusticia y el dolor, nos despierte del sueño soporífero que nos anestesió.

A los monos se nos pinchó el globo por completo.

Resulta difícil seguir en el camino real, pero perseverando en su recorrido encontraremos riqueza y plenitud.

Hagamos ceremonias, evoquemos a nuestros antepasados para que nos iluminen, hagamos ofrendas, seamos ecológicos, graduemos nuestra ambición y deseo y seamos más humanos.

El territorio se verá amenazado, cada mono sabrá si aplicará a la acción la reacción o la transmutará en un nuevo estado de sabiduría.

Fundarse cada día es el trabajo que nos da el año del Perro de Fuego.

PREPARATE, LISTO. PENSÁ ANTES DE ACTUAR.

EL I-CHING TE ACONSEJA

HEXAGRAMA PRINCIPAL
5. Hsü/La Espera
(La Alimentación)

EL DICTAMEN

La espera.
Si eres veraz, tendrás luz y éxito.
La perseverancia trae ventura.
Es propicio atravesar
las grandes aguas.

Alguien afronta un peligro y debe superarlo. La debilidad y la impaciencia no logran nada. Únicamente quien posee fortaleza domina su destino, pues merced a su seguridad interior es capaz de aguardar. Esta fortaleza se manifiesta a través de una veracidad implacable. Únicamente cuando uno es capaz de mirar las cosas de frente y verlas como son, sin ninguna clase de autoengaño ni ilusión, va desarrollándose a partir de los acontecimientos la claridad que permite reconocer el camino hacia el éxito. Consecuencia de esta comprensión ha de ser una decidida actuación perseverante; pues sólo cuando uno va resueltamente al encuentro de su destino, podrá dominarlo. Podrá entonces atravesar las grandes aguas, vale decir tomar una decisión y triunfar sobre el peligro.

LA IMAGEN

En el cielo se elevan nubes: la imagen
de La Espera.
Así come y bebe el noble y permanece
sereno y de buen humor.

Cuando las nubes se elevan en el cielo es señal de que va a llover. En tales circunstancias no puede hacerse ninguna otra cosa más que esperar, hasta que se precipite la lluvia. Lo mismo ocurre en la vida, en momentos en que se va preparando el cumplimiento de un designio. Mientras no se cumpla el plazo no hay que preocuparse pretendiendo configurar el porvenir con intervenciones y maquinaciones personales; antes bien es menester concentrar tranquilamente, mediante el acto de comer y beber, las energías necesarias para el cuerpo, y mediante la serenidad y el buen humor, las que requiere el espíritu. El destino se cumple enteramente por sí solo, y para entonces uno está dispuesto.

LAS DIFERENTES LÍNEAS

Nueve en el tercer puesto significa:
La Espera en el fango
da lugar a la llegada del enemigo.

El fango, ya lamido y humedecido por el agua del río, no es un sitio favorable para la espera. En lugar de juntar fuerzas suficientes para poder cruzar las aguas de un tirón, uno ha arremetido, con prematuro ímpetu, valiéndose de un impulso cuya fuerza alcanza no más que para llegar al fango. Semejante situación desfavorable atrae a los enemigos de afuera, que naturalmente aprovechan las circunstancias. Únicamente con seriedad y precaución podrá uno preservarse de perjuicios.

HEXAGRAMA COMPLEMENTARIO
60. Chieh/La Restricción

PREDICCIONES PARA EL MONO Y SU ENERGÍA

MONO DE MADERA (1944)

La energía fuego enciende la madera, es por eso que deberá estar atento a la avalancha de planes, proyectos, ideas que quiera poner en práctica, pues corre el riesgo de desbordarse, alienarse, contracturarse y perder el sentido del humor que es su mejor patrimonio.

El año del perro le propone aprender a esperar sin ansiedad ni reclamos, ordenar el caos interno, hacer las paces con la familia y cooperar en lo que le pidan sin interferir en el karma ajeno.

En todos los frentes necesitará colaboradores que sean de total confianza y le den una nueva visión de la situación en la que se encuentra. Estará más abierto al diálogo, al *feed back*, al intercambio de ideas, y también más flexible ante lo inesperado.

Su profesión deberá enfrentar nuevos desafíos: cuestionamientos, querellas y cambios desde la base hacia las formas.

Conocerá gente nueva que lo revitalizará, y con la que podrá empezar un nuevo ciclo de amistad y amor del tercer milenio.

Tendrá golpes de suerte; contactos con el exterior le abrirán las puertas para avanzar en la profesión y desarrollar planes humanistas y de servicio a la comunidad.

Mejorará su situación financiera. Estará con ganas de estudiar, de reiniciar una sociedad y enamorarse como a los quince años.

Será buscado para participar en movimientos sobre la paz, la ecología y la justicia.

Un tiempo de transformación profunda y de replanteo en la forma de vivir.

MONO DE FUEGO (1956)

En el umbral del medio siglo el mono de fuego se replantea su existencia. Cambio de rumbo en las prioridades.

Sentirá que es el tiempo de compartir con los seres queridos el fruto de su vida.

Empezará por encauzar su profesión, patrimonio y deudas interiores.

Vislumbrará un horizonte más claro y más liviano. Al mismo tiempo deberá apagar incendios con respecto a su situación personal en el medio donde trabaja y tendrá que aceptar las reglas del juego.

Con mucho esfuerzo logrará ascensos y deberá elegir conscientemente a los acompañantes y personas de su entorno.

Saldrá a la calle a reclamar justicia, solidaridad y empezará una tarea de ayuda en la comunidad.

Deberá canalizar su energía con técnicas de meditación, yoga, tai-chi, caminatas y grupos de intercambio que lo alentarán en el nuevo rumbo de su vocación.

Deberá romper con relaciones que lo atrasan en su evolución y aceptar a quien lo quiere sin agregarle virtudes que no existen.

Se enfrentará con usted mismo y la vida en forma real y comenzará a transitar un nuevo camino.

En la familia habrá reclamos, pedidos de ayuda y solidaridad. Deberá responder a situaciones imprevisibles que cambiarán el rumbo de sus planes.

Sentirá el deseo de formar un hogar y compartir la vida con un compañero que lo ayude en sus inventos, viajes interiores y exteriores.

Tendrá que trabajar en lo profundo de su ser para adaptarse al ritmo que le impondrá el perro en cada situación y decisión.

Un tiempo de desapego, de renacimiento, de encuentro profundo con lo esencial y de amores perros.

Únicamente atravesando el fuego –que es su energía y la del año– y haciendo una limpieza kármica profunda podrá convertir la experiencia en oro puro.

Dejará de lado la dualidad para convertirse en el ser único.

Encuentros con personas afines le pondrán en marcha sueños y vocaciones.

Es tiempo para aullar y ladrar al unísono con el cambio del mundo y para ser responsable de sus inventos.

MONO DE TIERRA (1908-1968)

Durante este tiempo sentirá que debe responder a demandas, preguntas y responsabilidades con sentido común y presencia.

Tendrá que llevar a cabo un emprendimiento que le demandará tiempo, dedicación, estudio, y del cual será el líder.

Es fundamental que empiece a equilibrar su vida profesional con técnicas de autoayuda, terapias alternativas, yoga, deporte, chikung, tai-chi, pues puede desbordarse emocionalmente y somatizar.

En la familia habrá que llegar a un acuerdo para repartir bienes, alimentos y gastos. Estará a la defensiva y perderá el control de la situación enfrentando a sus seres queridos.

Sepa esperar las señales que le dará la vida para actuar y no se adelante a los acontecimientos.

En la pareja habrá una renovación de propuesta e intercambio.

Más libertad, roles equilibrados, viajes, tareas compartidas, trabajo en la comunidad que los unirá y alentará para enfrentar los cambios intempestivos del año del perro.

Estará dedicado a transmitir su experiencia, abrir fuentes de trabajo, centros de arte, técnicas espirituales e ideas para vivir en el tercer milenio.

Viajará por trabajo o estudio y se radicará en nuevas ciudades y países.

Deberá elegir entre los amigos más cercanos para delegar trabajo y nuevos ofrecimientos.

Crecerá espiritualmente y se colocará en un nuevo lugar en la sociedad.

MONO DE METAL (1920-1980)

Es un tiempo de acción y de resultados palpables en el rumbo de su vida.

Iniciará una etapa fecunda de actividad, deberá controlar la impaciencia y trabajar en las zonas interiores que lo alejan de lo humano, para corregirlas y prestar servicios a la sociedad.

Estará encendido por el amor, las pasiones y las relaciones peligrosas. Cuidado, es un tiempo donde cada encuentro tendrá un sentido profundo. Sepa elegir a sus amigos, pareja y socios.

Sentirá fuertes deseos de rebelión e independencia.

Estará estimulado artísticamente y verá los frutos en obras que compartirá con la comunidad.

Excelentes inversiones, ascensos profesionales y golpes inesperados de azar le abrirán nuevas puertas en el medio.

Será llamado para colaborar en misiones ecológicas y humanistas.

Sentirá que el perro le contagia el espíritu de solidaridad e independencia.

Tal vez en el zoo aparezcan perritos que le despierten un amor incondicional. Crecerá como persona y romperá con el pasado, para iniciar un nuevo ciclo en su vida.

MONO DE AGUA (1932-1992)

Este año tendrá que enfrentarse con sus deudas interiores y saldarlas.

Estará abierto a compartir nuevas ideas, proyectos, planes de estudio y de trabajo para iniciar una etapa fructífera con la comunidad.

En la familia habrá reencuentros, despedidas y algunos trances por problemas de dinero y herencias, que se resolverán legalmente.

Estará abierto a escuchar a maestros, guías y a los mayores que le indicarán un nuevo rumbo en su vida.

Tendrá que hacer ejercicios, dieta, cuidar su energía y tomar conciencia de sus límites.

El perro lo estimulará para viajar y empezar un nuevo camino en su existencia, rodeado de amigos, amores y los seres queridos.

Deberá cuidar el dinero y los ahorros y administrar como gasolero cada momento de la vida.

Tendrá una gran oportunidad para cambiar de profesión, estudio, o iniciar una nueva empresa.

Dice Federico Domínguez:

"Yo siento que hay más trabajo y más gente, pero hay que salir bien derechito, como un árbol, y no enredarse en la pelea y terminar en la cárcel.

En el futuro que nadie ni nada me lleve por delante, para eso se necesita un trabajo en el que no se dependa de nadie.

Para mí es así el futuro. Tener vacas y que yo las cuide para que me provean y obtener una ganancia a partir de ellas.

También que la situación del país esté cien por ciento estable, que vuelva el dólar uno a uno".

PREDICCIONES PREVENTIVAS PARA EL
GALLO
BASADAS EN EL I-CHING
ORDENANDO EL PAISAJE INTERIOR CON SABIDURÍA

*C*antando al sol como la cigarra, después de un año bajo la tierra, igual que sobreviviente que vuelve de la guerra...

Sólo ustedes saben cómo quedaron después de atravesar su reinado.

Alguna excepción siempre hay, aún deben conservar plumas y copete, pero conociendo las leyes que rigen el año chino la mayoría estará todavía atravesando la crisis más profunda de su vida rumbo a un nuevo tiempo.

Dependerá de la predisposición, el empuje, la sabiduría, la experiencia transmutada en alquimia, el tránsito de la noche oscura del alma, que continúe en este año que tampoco será fácil ni sereno pues le llevará un tiempo organizar el gallinero desde afuera hacia adentro o viceversa.

La experiencia es enriquecedora en un espíritu como el suyo.

Con su pico y sus patas ha conseguido excavar en lo más profundo de la tierra, del inconsciente, de las relaciones personales, para abrir el tercer ojo, o la luz que enceguece cuando iluminamos las zonas oscuras, tapadas, olvidadas y desoladas.

Hay que entregarse y dejar el control remoto escondido para siempre. ¡¡¡Qué horror, pedirles tanto!!!

Lo que pasa es que a todo animal, en su año, le llega el peaje kármico y si no lo pagamos conscientemente, la vida se ocupa de hacerlo.

El gallo dejó atrás un ciclo de su vida para iniciar un tiempo de recolección de sus frutos, de enseñanza y aprendizaje en sus sueños y vocaciones.

Estará decidido a asumir sus responsabilidades familiares con más libertad, sin tanto COCOROCOCÓ, dejando que la vida siga WU-WEI (no forzar la acción de las cosas) y relajándose, algo inusual en usted, que está siempre vigilando el *tic-tac* del universo.

Manos a la obra, hay que buscar en los escombros, en los pantanos laterales de la vida, en los arrozales, en los campos de maíz cosechando el alimento, el estímulo para continuar en el día a día, algo que con tanto caos, presión y exigencias dejó de lado para enfrentar los problemas cotidianos, la tarea ardua de alimentar a sus pollos, organizar el trabajo fuera de la casa y sostenerse anímicamente.

El perro lo admira en secreto por su capacidad multifacética y organizadora. Es cierto que a veces lo irrita su *egotrip*, omnipotencia, tono mandón y autoritario y su manera de imponerse en la vida, pero le dará la gran oportunidad de rearmarse, organizarse, estabilizarse, equilibrarse con los recursos con los que cuenta y lo observará en silencio desde su escepticismo.

Es fundamental que sea previsor y no despilfarre. Es un tiempo de restricción en los gastos, en la economía, y el mundo exige perfil bajo para las decisiones que emprenda.

Hay que compartir todo lo que tenga atesorado, acumulado: riquezas, bienes, posesiones materiales, pues es energía estancada que bloquea su fluir, su despliegue energético, mental y afectivo.

Abra la trabex interior y deje que la vida se ocupe de llevarlo por nuevos territorios que le ofrecerán nuevos emprendimientos, ofertas, sociedades, pensamientos creativos y oxígeno para sus venas y arterias tapadas por tantas responsabilidades.

El año del perro le ofrecerá una nueva vida, más simple; estará rodeado de gente con problemas similares, más solidaria, con sentido común y garra.

Escuchará el canto de las sirenas y se dejará tentar por nuevas ilusiones.

Aun cansado y abatido por los esfuerzos de su año, buscará nuevas actividades que equilibren su estado mental, físico y psíquico.

Nadie le regalará nada durante el épico tiempo canino.

Su utopía aterrizará sin red ni parapente y tendrá que enfrentarse con la cruda realidad. Entre ladridos y cacareos, aturdido por las voces exteriores, la injusticia social, los desocupados, la familia que golpeará su puerta en busca de I-SHO-KU-JU (techo, vestimenta y comida), tendrá que estar muy atento para no sucumbir ni interferir en el karma ajeno, que es parte de su naturaleza.

Sorpresas ingratas en la familia lo dejarán desolado y muy angustiado.

Es fundamental que durante este año recurra a todos los recursos de amparo, desde ángeles hasta medicina preventiva, flores de Bach, yoga, meditación dinámica, tai-chi y lo que encuentre para que le dé aliento en la vida.

Sobre todo, busque apoyo en su pareja, en sus amigos y tribu cósmica.

Sentirá que puede enfrentar el antagonismo, la oposición, el cambio de criterio y de ideas y aprender a convivir en un mundo más intolerante, cruel, desalmado, con instrumentos que lo ayuden a amanecer cantando un blue a la humanidad.

Extrañará el *glamour*, la sofisticación, el refinamiento de otras épocas.

Convivirá con el desapego, el fatalismo, el cinismo de este tiempo y se convertirá en un gallo de riña que dará el ultimátum cuando sienta que sonó el gong.

El cambio de eje y rumbo lo convertirá en un *sanyasin*, un buscador de la verdad.

Estará alerta a las oportunidades que se crucen en su camino: desde el trueque —en el cual es especialista—, hasta viajes cortos o más largos en busca de socios que apoyen sus ideas e inventos.

Sentirá un aire oprimente en la familia, deberá salir a pasear o proponerle vacaciones a su cónyuge para atravesar esta travesía, tiempo de cambios veloces en el que se sentirá TAO OFF o *out of the limb*.

El gallo es duro por dentro y, si es sabio, flexible por fuera.

LA POSESIÓN DE LO GRANDE le dará la verdadera dimensión del lugar en que está parado en este nuevo prólogo o epílogo, según sea su cosmovisión.

Dice Dionisio:

"La mayoría busca la paz y la felicidad, afuera y por cualquier medio, llenándose de cosas materiales, poder, fama, dinero. Todo es en vano, no está afuera, ¡se encuentra dentro de ti!, ¡siempre estuvo allí!

Sólo tienes que ser honesto contigo mismo, tus pensamientos tienen que ser impecables, sólo eso; eres lo que tus pensamientos, ¿lo sabías? Ellos moldean tu futuro".

EL I-CHING TE ACONSEJA

HEXAGRAMA PRINCIPAL
14. Ta Yu/
La Posesión de lo Grande

EL DICTAMEN

La Posesión de lo Grande: Elevado Logro.

Los dos signos primarios indican que la fuerza y la claridad se unen. La Posesión de lo Grande está predeterminada por el destino y en correspondencia con el tiempo. ¿Cómo es posible que ese débil trazo tenga la fuerza suficiente como para retener y poseer a los trazos fuertes? Lo es gracias a su desinteresada modestia. Es éste un tiempo propicio. Hay fortaleza en lo interior, y claridad y cultura en lo exterior. La fuerza se manifiesta con finura y autodominio. Esto confiere elevado logro y riqueza.

LA IMAGEN

El Fuego en lo alto del Cielo:
la imagen de La Posesión
de lo Grande.
Así el noble frena el mal
y fomenta el bien,

obedeciendo con ello la buena voluntad del Cielo.

El sol en lo alto del cielo que alumbra todo lo terrenal, es el símbolo de la posesión en gran escala. Mas semejante posesión ha de ser correctamente administrada. El sol saca a la luz del día lo malo y lo bueno. El hombre debe combatir y refrenar el mal y fomentar y favorecer el bien. Únicamente de este modo corresponde uno a la buena voluntad de Dios que sólo quiere el bien y no el mal.

LAS DIFERENTES LÍNEAS

Nueve en el tercer puesto significa:
Un príncipe lo ofrenda al
Hijo del Cielo
Un hombre pequeño no sabe hacerlo.

Es cosa de un hombre magnánimo y de pensamiento libérrimo el no considerar su posesión como propiedad exclusivamente personal y de ponerla más bien a disposición del soberano o del bien público. Adopta así un punto de vista correcto frente a la posesión que, en cuanto propiedad privada, jamás puede ser duradera. Un hombre de corazón estrecho, un hombre mezquino, ciertamente no es capaz de semejante actitud. En su caso una gran posesión acarrea daños, puesto que en vez de sacrificar él intenta conservar.

HEXAGRAMA COMPLEMENTARIO
38. K´uei/El Antagonismo
(La Oposición)

PREDICCIONES PARA EL GALLO Y SU ENERGÍA

GALLO DE MADERA
(1945-2005)

¿Cómo pasaron el tai- su?

Cada gallo cosechó la siembra de su vida en el balance y aceptó las pruebas y asignaturas pendientes con estoicismo.

Tendrá que arar su humus para que nazcan nuevas semillas de ideas, proyectos artísticos, laborales y comunitarios.

Estará dispuesto a reciclar su vida empezando por su *look,* gallinero u oficina.

Retomará su vocación y trayectoria dando pasos decisivos y acompañando a amigos de toda la vida a sumarse a sus aventuras por el planeta.

Su salud deberá ser atendida holísticamente. Necesitará estar en contacto con la naturaleza, los amigos y gente que lo inspire.

Atravesará un mar de incertidumbre y es recomendable que aclare deudas, firme contratos y se asesore legalmente.

Sentirá cambios bruscos en el humor, en la conducta y en la relación con quienes lo rodean.

Busque ayuda terapéutica, guías espirituales y considere retornar al TAO DEL AMOR Y DEL SEXO.

Sus finanzas se acrecentarán, invertirá en bienes raíces y consolidará una etapa de gran fecundidad cerca de sus seres queridos.

UN TIEMPO DE CAMBIOS DESDE LO INTERIOR HACIA EL MUNDO EN TRANSFORMACIÓN.

GALLO DE FUEGO
(1957)

Después de enfrentar como don Quijote a los molinos de viento, tocará fondo y saldrá pisando firme y con la cresta en alto a desafiar las pruebas del año del perro.

Retomará su vocación con resultados notables, iniciará un ciclo de apertura profesional que lo mantendrá entretenido y comprometido con la crisis social y será protagonista de situaciones decisivas en la sociedad.

Ayudará desde el corazón, buscará aliados, socios y colegas que aporten trabajo y conocimiento.

Definirá una relación afectiva, tal vez llegó la hora de compartir el gallinero y traer perritos al mundo.

Tendrá un enfoque diferente de la vida a partir de un cambio profundo en su familia; debatirá nuevos territorios y defenderá su patrimonio con solvencia.

Reformulará su vida a partir de nuevos caminos, el despegue familiar y una extraña pareja.

Buscará un lugar alejado del ruido para contemplar el presente con calma y perspectiva.

Deberá decidir si levanta vuelo y pasa una temporada en el extranjero trabajando, estudiando y recibiendo premios.

GALLO DE TIERRA
(1909-1969)

¡¡¡Bienvenidos a la otra orilla del Ganges!!!

Atravesaron su año con mucho ruido y pocas nueces, por eso pudieron destilar lo superficial de lo esencial y reencontrarse en una cita a solas.

El trabajo invertido empezará a dar sus primeros frutos y sentirá que sus méritos, logros e ideas son reconocidos. Estrenará gallinero, sentirá un despegue y comprobará que continúa en su viaje interior a pesar de las demandas, exigencias y reclamos de su pareja, familia y socios.

Afianzará su vocación, aumentará su patrimonio por herencias o por nuevos contactos con socios que están en la misma vibración y que apuestan a su talento.

En medio de tanto alboroto aparecerá un amor que le cambiará el ritmo y le dará luz y brillo a su plumaje.

SENTIRÁ DESEOS DE REBELIÓN E INDEPENDENCIA.

Cambiará la comodidad por una peregrinación, una búsqueda de identidad que lo conectará con la familia y los ancestros.

Desmalezará lo accesorio, recuperará la fe y sumará gente en sus proyectos, aumentando su caudal creativo y económico.

El tiempo canino le dará la oportunidad de conocer sus límites y aceptarlos.

GALLO DE METAL
(1921-1981)

Acomodará las prioridades de su vida una a una y comenzará con el desapego.

Saldrá a buscar nuevos recursos de supervivencia y despertará de un sueño hacia la realidad.

Enfrentará a la familia que le reclamará más tiempo y dinero.

Consolidará una carrera, oficio o profesión y logrará un lugar destacado en la sociedad.

El amor le pedirá coraje para reconstruir una relación con la que atravesó una temporada en Plutón.

Viajará al exterior y permanecerá aquerenciado con la familia, la tierra y los proyectos que nacerán a partir de un encuentro causal.

Retornará a los amigos de antaño, viajará a lugares arqueológicos y compartirá trabajos en la comunidad aportando su experiencia.

Encontrará nuevas fuentes de inspiración, reformulará su carrera u oficio y navegará por Internet hasta anunciar un nuevo día.

GALLO DE AGUA
(1933-1993)

Después de un agitado tiempo de revolución interior desovillará un nuevo ciclo de planes sociales, culturales y artísticos.

Empezará por la pareja, la familia, los amigos y los socios o discípulos.

Enfrentará una gran crisis donde deberá hacer medicina preventiva para no caer en estados depresivos o eufóricos.

Retomará un estudio, oficio o profesión, activando así su caudal energético y su poder de convocatoria. Viajará al exterior, recuperará la alegría, el tiempo para filosofar y los amigos diseminados por el mundo.

Volcará toda su experiencia en trabajos de acción social, de ecología, sociología y antropología para ayudar a la gente a transitar un tiempo de cambios radicales en la humanidad.

Estará dispuesto a tomar distancia de su realidad, salir a explorar nuevos mundos y adoptar nuevos amigos o hijos del corazón.

Recuperará el ocio creativo, el espíritu de aventura y la fe.

PREDICCIONES PREVENTIVAS PARA EL
PERRO
BASADAS EN EL I-CHING
MANANTIAL DE VIDA, AMOR Y SABIDURÍA

Todos saben a esta altura que en el propio año hay que entregarse al WU-WEI (no acción y fluir con el TAO) más que pretender comandar el rumbo de la vida.

Es un año de crisis, de los que cambian la vida sin escapatoria.

Deseo que sean conscientes del movimiento cósmico que rige el año chino y desde este instante encaucen sus prioridades para mantenerse íntegros, lúcidos, atentos, dinámicos, alineados y balanceados, porque la energía fuego potenciará y sacará a la luz lo mejor y lo peor de cada uno.

Arriba el ánimo, a desalojar el pesimismo, el cinismo, el bajo astral y a convertirse en el pozo de agua que nos hidratará física y mentalmente, nos resucitará, reconfortará el corazón, los pensamientos, la sed de justicia, derechos humanos y libertad que reclama el mundo a través de sus ladridos.

El perro saldrá a ganar votos con su honestidad, sentido común, tesón, sensibilidad, voluntad de mejorar un poco las cosas, y se jugará en esa misión confiando en su intuición y olfato.

Sabe cuáles son sus necesidades, el momento en el que se encuentra, los riesgos a los que se expone saliendo de la cucha al escenario mundial en el cual se debatirá entre altos competidores.

Enfrentará a la oposición integrando sus principios intelectuales, éticos y morales.

El espíritu de búsqueda y para olfatear la necesidad del otro, del soldado herido, del enfermo, de los niños de la calle, de los ancianos, de los locos, su voluntad para apagar incendios, se acentuarán día a día contagiando a la gente.

Será médium entre lo posible y lo imposible, se convertirá en líder y mantendrá el fuego de Prometeo.

El perro tendrá viento a favor en su año para ordenar el caos interior y crear una bella escultura con la materia que tenga en sus manos.

En cada área de su vida cursará desde el *kinder* hasta la universidad. Pagará el peaje de cada asignatura que quedó pendiente indexando las deudas y quedando estable.

Será Hermes, el mensajero del nuevo tiempo, llevando y trayendo noticias a través de largas caminatas o navegaciones por Internet.

El tiempo será de cambios fuertes, drásticos y revueltos...

Se transformará en un mastín, perro lobo o policía, sacará colmillos y garras para defender a sus seres más cercanos con valentía, pasión y estoicismo.

Al fin reconocerán sus méritos y los peregrinos beberán de su cristalino, purificado y renovado POZO DE AGUA.

El año se presenta positivo si tiene claro cuáles son sus metas, prioridades y objetivos.

Ladrará sus derechos y ajustes salariales a jefes, socios, colegas y amigos.

Encauzará con solvencia temas legales, jurídicos y herencias y llegará a un buen entendimiento.

Deslumbrará al público con su convicción, oratoria, inteligencia, destreza y sentido común. Será inspirador de acontecimientos humanos, artísticos, científicos y políticos.

Descubrirá la percepción, el tercer ojo y el KUNDALINI. Estará abierto al diálogo y plasmará sus experiencias contagiando con entusiasmo a sus hijos, padres, pareja y amigos.

EL PERRO OCUPARÁ UN LUGAR CENTRAL. Llegará el reconocimiento a la trayectoria y se cotizará en yuans.

Invertirá en estudios, especializaciones, entrenamiento y en autodisciplinarse para salir a competir en su oficio con el empuje de los perros más salvajes y sofisticados.

Estará asesorado, *aggiornado*, producido como una estrella de la televisión.

Se afianzará en sus ideas y creencias provocando discusiones, debates y enfrentamientos que serán el epicentro de los medios de comunicación y despabilarán a la gente del letargo.

Combatirá con la pluma y la palabra.

Cerrará un tiempo de incertidumbre, preguntas y cuestionamientos para consolidarse interiormente y descubrir sus múltiples facetas que esperaban ser exploradas.

Sumará millas, leguas, cambiará el aire, el entorno que estaba contaminado, por un viento fresco y sutil que penetrará en su psiquis y alma para guiarlo por nuevos países, ciudades, pueblos y caminos de tierra.

Recuperará el sentido del humor que lo caracteriza dando un toque de genialidad en situaciones límite.

No tendrá tiempo en la agenda para concurrir a estrenos, actos políticos, de beneficencia, grupos de autoayuda y partidos de tenis, truco o canasta.

SU PUNTO G SERÁ EL AMOR...

Recuperará el eros, la confianza, la complicidad, el compañerismo con su pareja (el que la tiene) o la reciclará descubriendo nuevas facetas que lo enamorarán al estilo tercer milenio.

Cuando menos lo imagine, más débil se sienta y esté fuera del circuito tendrá un flechazo de los que cambian la historia canina. Encargará perritos o aceptará al zoo que trae el elegido con alegría.

Estarán los perros que, sintiéndose derrotados, se retiren al monasterio decepcionados por las apuestas que hicieron.

Se abrirán las puertas del cielo o del infierno, según sea su trayectoria por el planeta y su actitud ante la vida.

Su corazón y cucha estarán abiertos para integrar a los míos, los tuyos y los nuestros agrandando el zoo y compartiendo viajes cortos y largos, asados, deporte y charlas junto al fogón.

Recibirá ofertas laborales muy gratificantes. Ganará premios, concursos, viajes, y podrá exponer su obra en diferentes lugares del país y del mundo con éxito.

Su salud deberá ser atendida por los bruscos cambios de clima, lugares y las destapadas en la cucha.

Penetrará suavemente en la vida de quienes ama y protege, será un bálsamo, una brisa que sopla cuando la vida cae como soplete y parece que no hay oxígeno ni fe para seguir en la lucha.

Su estado general mejorará, estará radiante, magnético, *sexy*, despertando admiración y pasiones entre la lista que da la vuelta manzana. Y como por suerte es perro, no lamentará perder *rating* por sus arrebatos de ira, cólera, pasión y celos a flor de piel.

Como un orfebre pulirá su gran piedra preciosa y la convertirá en un brillante.

EL I-CHING TE ACONSEJA

HEXAGRAMA PRINCIPAL
48. Ching/El Pozo de Agua

EL DICTAMEN
El Pozo.
Puede cambiarse de ciudad,
mas no puede cambiarse de pozo.
Éste no disminuye y no aumenta.
Ellos vienen y van y recogen del pozo.
Cuando casi se ha alcanzado
el agua del pozo
pero todavía no se llegó abajo
con la cuerda
o se rompe el cántaro, eso trae desventura.

El pozo es un símbolo de la organización social de la humanidad en cuanto a sus necesidades vitales primarias, e independiente de todas las formaciones políticas. Las formaciones políticas, las naciones, cambian, pero la vida de los hombres con sus exigencias sigue siendo eternamente la misma. Esto no puede modificarse. Asimismo, esa vida es

inagotable. No disminuye ni aumenta y está ahí para todos. Las generaciones vienen y se van y todas ellas disfrutan de la vida en su inagotable plenitud.

Sin embargo, para una buena organización estatal o social de los hombres hacen falta dos cosas. Es necesario descender hasta los fundamentos de la vida. Toda superficialidad en el ordenamiento de la vida, que deje insatisfechas las más hondas necesidades vitales, es tan imperfecta que no difiere de un estado en el cual ni siquiera se hubiese hecho algún intento de ordenamiento. Asimismo, acarrea males una negligencia a causa de la cual se rompe el cántaro.

LA IMAGEN
Sobre la madera está el agua:
la imagen del pozo.
Así el noble alienta al pueblo
durante el trabajo
y lo exhorta a ayudarse mutuamente.

Abajo está el signo Sun, madera, y encima el signo K'an, agua. La madera succiona el agua hacia arriba. Así como la madera en cuanto organismo imita la actividad del pozo que redunda en beneficio de las diferentes partes de la planta, ordena el noble la sociedad humana, de modo que a la manera de un organismo vegetal haya una mutua interpretación para bien del todo.

LAS DIFERENTES LÍNEAS
Al tope un seis significa:
Extraen del pozo sin impedimento.
Se puede confiar en él.
¡Elevada ventura!

El pozo está ahí para todos. Ninguna prohibición detiene a los que sacan agua de él. Por numerosos que sean los que acuden, encontrarán lo que necesitan, pues se puede confiar en este pozo. Tiene una fuente y ésta no se seca; de ahí que aporte gran ventura para todo el país: así es el hombre realmente grande, inagotablemente rico en cuanto a su acervo interior. Cuantos más sean los hombres que se nutren de él, tanto más grande se tornará su riqueza.

HEXAGRAMA COMPLEMENTARIO
57. Sun/Lo Suave (Lo Penetrante, El Viento)

——————————
——————————
—————— ——————
——————————
——————————
—————— ——————

PREDICCIONES PARA EL PERRO Y SU ENERGÍA

PERRO DE MADERA
(1934-1994)

Encenderá el fuego para arder en sus llamas con pasión.

Recuperará el sentido atlético, deportivo, cósmico-telúrico e iniciará una etapa de conexión con la gente más cercana, compartiendo su tiempo, experiencia, ayuda y apoyo.

Retornará a sus hobbies, sueños y vocaciones que le permitirán ganar amigos, contactos profesionales y un lugar más destacado en la profesión.

Renacerá el espíritu de aventura y saldrá de expedición por el mundo para descubrir tesoros y amores.

Estará divertido, sociable, abierto a dar y a recibir, a iniciar una etapa de reconstrucción con lo que aprendió, ganó y perdió en la escuela de vida.

Reaparecerá una amistad atemporal que resultará el amor que esperaba mientras descubría sus multifacéticas personalidades.

Las hormonas se alborotarán y empezará a explorar sus zonas ocultas de la mano de amigos, maestros y amores perros.

PERRO DE FUEGO
(1946-2006)

¡Bienvenidos al TAI SU, el año celestial!

Los chinos dice que un hombre recién puede elegir en la vida a los 60 años.

Comparto esta teoría y les vaticino el mejor tiempo en la Tierra.

Al fin saben quiénes son, qué quieren y se dejan de gastar pólvora en chimangos. Al fin eligen con criterio a su pareja, consorte o compañera de destino sin tabúes ni exigencias. Al fin ladran su verdad interior sin que les importe el qué diran; al fin son libres, creativos, tienen humor con ustedes y se compadecen de los que no captaron las señales del cosmos.

Año para disfrutar: para lo que son ustedes, es una novedad.

Y de sumar amigos, compañeros de ideas, alumnos iluminados, amores fosforescentes y de alto vuelo.

Sacaron pasaporte a la realidad, al tiempo de transición y de lucha y no están solos.

Los acompañamos quienes sabemos que vivir es un arte que nadie enseña, y que se recorre con la experiencia. CHIN CHIN.

REYES DEL DOBLE AÑO, REDOBLEN SUS APUESTAS.

PERRO DE TIERRA (1958)

Etapa de sacar de EL POZO DE AGUA un manantial de fecundidad y prosperidad.

Llegará a su reinado centrado, concentrado, y muy íntegro.

Aparecerán los frutos de una larga siembra y estará dispuesto a apostar en su profesión a pleno.

Su vida afectiva atravesará las cuatro estaciones y tendrá que poner orden en sus emociones, ansiedades y expectativas para llegar a un acuerdo y seguir en armonía con la familia.

Estará hiperexigido, por lo tanto es fundamental que retome la medicina china, el yoga, el tai chi y las dietas macrobióticas para compensar tanto estrés.

Viajará al exterior e iniciará una etapa de grandes cambios, estudios, contactos con amigos y nuevas energías que lo nutrirán y le traerán nuevos estímulos.

En medio del mejor contrato de su vida elegirá retornar a la cucha con el posible candidato/a del resto de su vida para armar un refugio de amor.

Dice Mona Estecho:

Quedémonos en silencio en nuestras casas. ¿Cuánto mide nuestro reino? Una familia entera, un trabajo, amigos, amores que fueron y otros que no vienen, sueños a futuro, un corazón que no escuchamos... ¡y el Maestro que siempre está dictando! Vale la pena nuestro reino un viraje de perspectiva, confiados, amorosos, humildes. El año del Perro será para cada uno, lo que cada uno tenga en su corazón.

PERRO DE METAL (1910-1970)

Despertará los sentidos y los chakras y los nutrirá con los estímulos que aparecerán en su camino.

Saldrá de la cucha a pelear por los derechos humanos, la justicia, la independencia y será líder en su comuna y país. Sentirá que cumplió un ciclo en su profesión o en su etapa de investigación consolidando parte de sus objetivos.

Como Nora en *Casa de muñecas*, tendrá una rebelión en la familia y dejará todo atrás en busca de su identidad.

Recuperará amigos del pasado, viajará y aprenderá nuevos lenguajes y códigos de convivencia y decidirá empezar una nueva vida estrenando amor o pareja.

Se moverán la tierra y el cielo, y sentirá que al fin es libre y sabe más de usted de lo que creía.

PERRO DE AGUA (1922-1982)

Llegó el tiempo de las recompensas en slots que caerán día a día sorprendiéndolo con su inocencia.

Recibirá estímulos, premios, ideas para iniciar emprendimientos muy redituables que aumentarán su patrimonio y cotización.

Estará asediado y deberá repartir su tiempo entre su profesión, su pareja y su familia que le pedirán mas tiempo y compañía. Habrá cambios en los roles, problemas legales o de herencia que le cambiarán la óptica de los socios o familiares, que serán aves de rapiña.

Encontrará nuevos amigos con los que viajará, aprenderá nuevos oficios y compartirá turismo de aventura.

Necesitará encauzar su motor, graduar el trabajo y compartir experiencias místicas y chamánicas.

Sentirá deseos de retornar a cuidar a su familia, hijos y tribu a cambio de caricias y un hueso para compartir con sus cachorritos.

PREDICCIONES PREVENTIVAS PARA EL CHANCHO
BASADAS EN EL I-CHING

EL DESPERTAR DE LA CONCIENCIA

Amanecí deseando hablar con mi guía humano, el doctor Domingo Grande, para contarle mi estado actual de metamorfosis.

Me atendió amablemente, me contuvo como el horno de barro cuando ponemos el pan hasta que sale tibio y crocante y me dio aliento para seguir en la aventura del día a día.

A la tardecita, cuando el sol de la sierra aún está tibio, visité a Elvira, la gran mujer que dedicó su vida a alimentarnos con el don de que le sale todo riquísimo e insuperable.

Ambos son chanchos. Para inspirarme con las predicciones del signo más ingenuo, amigable e incondicional cuando nos elige en silencio.

EL PERRO ADORA AL CHANCHO Y VICEVERSA.

Es una unión que estimula a ambos y los ayuda a progresar en el día a día atravesando infierno y paraíso.

Es famosa y absolutamente adorable la ingenuidad porcina, digna de seres no contaminados, íntegros y apasionados.

Es por eso que el año del perro será para el chancho un tiempo para salir del chiquero a acompañar al perro en todas sus proezas, hazañas, decisiones, que cambiarán la estructura de su vida por otra más dinámica y flexible.

El chancho estará abierto, receptivo, alerta, entusiasmado por nuevos emprendimientos relacionados con la vida en la comunidad.

Sentirá el llamado del compromiso social y actuará en diferentes áreas, salud, comedores, asistencia social, trabajos de ecología y educación.

Podrá resolver un dilema que lo tenía fragmentado. Encauzará un rol familiar y recuperará los derechos sobre su familia, integrando la realidad de los demás a su infraestructura y economía.

Estará eufórico, optimista, lleno de ideas propias y originales que chocarán con el cinismo, lucidez y pragmatismo del perro, que lo ubicará en la cruda realidad.

Deberá renunciar a una forma de vida si quiere avanzar en el crecimiento de su vocación o profesión.

Estará decidido a cambiar el rumbo de su trayectoria por una nueva propuesta que lo sacará de su tierra o ciudad.

Delegará responsabilidades, debe estar muy atento en la elección de ayudantes y asistentes pues tendrán que ser de total confianza y seguir su línea de pensamiento y acción.

En realidad sentirá un clima de ansiedad y de estrés que lo perturbará. Trate de mantenerse alejado del caos del mundo, del país, del barrio y de su entorno y preserve la paz en el chiquero. Demasiada demanda para su apacible quietud.

Tendrá que develar un misterio relacionado con cuestiones familiares que lo mantenían al margen de una sucesión o patrimonio. Su estado emocional oscilará como el clima.

Tendrá que buscar apoyo terapéutico, de técnicas de autoayuda, laborterapia para encauzar el desborde emocional que le producirá el año del perro.

En la familia habrá reencuentros, replanteos, cortocircuitos y ladridos intensos que alterarán su salud física y emocional.

Recurra a los amigos, a la tía, a los hijos adoptivos y a su tribu cósmica para equilibrar las sorpresas e imprevistos que podrían sacarlo de las casillas y convertirlo en un temerario jabalí salvaje.

Deberá combatir con colegas y socios por su puesto de trabajo.

Sentirá que se desata una revolución en su vida afectiva.

Su pareja le dará un ultimátum para formalizar la relación o para darle una buena despedida.

Tendrá deseos de revolcarse en el chiquero, ser promiscuo y evadirse.

Es fundamental que no pierda el control de su vida, pues cuando se siente presionado es candidato a tomar decisiones drásticas de las que puede arrepentirse.

Retomará un hobby, un deporte o un juego que lo divierte y le permite reencontrarse con amigos *de allá lejos y hace tiempo*.

Gozará de un aumento de ganancias en su profesión.

Estará expuesto públicamente y podrá desplegar su talento, sabiduría y credibilidad sumando adeptos a la causa.

Sentirá deseos de renovarse, desde el *look*, el auto, el FENG-SHUI, hasta la búsqueda espiritual que crecerá como la luna.

Al promediar el año o después del cumpleaños recibirá una noticia que lo embarcará en un cambio radical de vida.

Estará relacionado con un llamado de algún familiar que lo reclamará, con una ex pareja o con un amigo que lo convocará a compartir trabajo y conocimiento.

A pesar de lo que le cuesta levantar sus petates pondrá en la balanza los factores en pro y los factores en contra para compartir esa experiencia.

Deberá buscar espacios de distracción, cine, teatro, penas, *vernisagge*, recitales, congresos *New Age* y estudio de nuevas técnicas de autoayuda.

El compromiso social será inexorable.

Participará en nuevos planes de educación, cultura y arte. Integrará grupos de autoayuda y convocará a gente de diversos estratos para trabajos de solidaridad y recursos humanos.

Recibirá una herencia, donación o premio inesperado que lo aliviará de las penurias económicas.

Sentirá deseos de rebelión, de independencia y de libertad.

Habrá enfrentamientos con amigos, hermanos y con el harén.

Estará exaltado, nervioso y agresivo; cuidado con las reacciones impulsivas y con los *tsunamis* interiores.

El año del perro pondrá a prueba sus límites, prioridades, afectos y capacidad de adaptación a lo imprevisto. La inocencia se transformará en alerta, precaución, luz, magia, jamón serrano y de bellota.

SÓLO PARA GOURMETS CINCO ESTRELLAS.

Durante este año el chancho matizará la vida doméstica con la pública, social, política y revolucionaria.

OM. OM. OM.

Dice Dionisio:

"Cuando das amor el mundo cambia, el mundo eres tú, si tú cambias, el mundo cambiará. No esperes que los otros cambien, empieza tú. Si logras comunicarte con tu yo, sabrás lo que es el cosmos, sin libros, sin prácticas raras, sin maestros.

Somos individuos total y definitivamente diferentes, irrepetibles... singulares".

EL I-CHING TE ACONSEJA

HEXAGRAMA PRINCIPAL
25. Wu Wang/La Inocencia (Lo Inesperado)

EL DICTAMEN

La Inocencia. Elevado éxito.
Es propicia la perseverancia.
Si alguien no es recto tendrá desdicha,
Y no será propicio emprender algo.

El hombre ha recibido desde el Cielo su naturaleza originalmente buena, inocente, con el designio de que ésta lo guíe en todos sus movimientos. Al entregarse a esta índole divina que tiene dentro de sí, alcanza el hombre una límpida inocencia, la cual, sin segundas intenciones en cuanto a recompensas y ventajas, hace sencillamente y con instintiva certeza lo que es recto. Esta certeza instintiva obra elevado éxito, y es propicia mediante la perseverancia. Pero no todo es naturaleza instintiva en ese elevado sentido de la palabra, sino que lo es tan sólo lo recto, aquello que concuerda con la voluntad del Cielo. Sin observar lo recto en este sentido, un modo de obrar instintivo e irreflexivo, tan sólo acarreará desgracia. El Maestro Kung dijo al respecto: "El que se aparta de la inocencia, ¿a dónde irá a llegar? La voluntad y la bendición del Cielo no acompañan sus acciones."

LA IMAGEN

Bajo el cielo va el trueno:
Todas las cosas alcanzan el estado natural de la inocencia.
Así, ricos en virtud y en correspondencia con el tiempo, cultivaban y alimentaban los antiguos reyes a todos los seres.

Cuando el trueno –la energía vital– vuelve a agitarse bajo el cielo durante la primavera, todo brota y crece y todas las criaturas reciben de la naturaleza creadora la inocencia infantil de la esencia primigenia. Así obran también los buenos gobernantes de los hombres: con la riqueza interior de su ser cuidan ellos de todo lo que vive, y de toda cultura, y realizan a su debido tiempo todo lo que es necesario para su cultivo.

LAS DIFERENTES LÍNEAS
Nueve en el cuarto puesto significa:

*El que es capaz de perseverar,
permanecerá sin tacha.*

Lo que a uno le pertenece realmente no se puede perder aunque se lo tire. Por eso no hace falta preocuparse en absoluto al respecto. Solamente hay que cuidar de permanecer uno leal a su propia esencia sin escuchar a otros.

HEXAGRAMA COMPLEMENTARIO
42. I/El Aumento

PREDICCIONES PARA EL CHANCHO Y SU ENERGÍA

CHANCHO DE MADERA (1935-1995)

El chancho sabio acentuará su certeza instintiva mediante la perseverancia logrando resultados óptimos en el año del perro.

Le indexarán ganancias atrasadas. En su profesión encontrará socios, colegas y amigos que potenciarán su creatividad y le brindarán una oportunidad para dar un salto cuántico.

Estará asediado por el harén, amigas/os del pasado reaparecerán pidiéndole sexo, maíz y ternura. Se mudará, viajará y empezará una relación sentimental que le renovará su visión del universo.

Haga medicina preventiva, deportes, salga a cuanta reunión lo llamen y transmita sus experiencias en escuelas o por Internet.

Será buscado por la comuna para participar en comedores escolares, apoyo a las escuelas rurales y públicas y organización de nuevos programas de salud y ecología.

Es una etapa de florecimiento y renovación de amigos y contactos sociales.

Deberá definir una relación afectiva *caiga quien caiga*.

CHANCHO DE FUEGO (1947)

Durante este tiempo renovará su optimismo y apostará a grandes emprendimientos.

Estará asediado social y profesionalmente y deberá tener horas extras para cumplir con todas sus obligaciones.

Un cambio de lugar, ciudad o país lo mantendrá ocupado, curioso, hiperactivo y con nuevos planes de vida.

Sentirá ganas de compartir los frutos de la experiencia con alumnos, amigos, y se dedicará a enseñar su oficio o profesión a través de grupos de investigación y autoayuda.

En la pareja habrá reclamos, una crisis que lo fortalecerá y donde encontrará la inspiración que necesita para salir a la lucha.

Estará decidido a empezar una etapa filantrópica, de trabajos manuales de todo tipo: jardinería, fotografía, cocina, pintura, escultura y masajes *shuiatsu*.

Sentirá el llamado social y saldrá a luchar por los derechos humanos arriesgando su vida y su honor.

Estará tironeado entre dos mundos, personas, países, y se debatirá entre el *TO BE OR NOT TO BE.*

CHANCHO DE TIERRA (1959)

Entrará pisando fuerte en el año del perro y cosechará los frutos que sembró. Será solicitado social y profesionalmente; encabezará la lista de candidatos en la comuna, el barrio, la escuela y la universidad.

Trabajará en proyectos que lo conectarán con obras, ideas, personas y descubrirá su vocación.

En la familia habrá rupturas, bodas, que lo mantendrán encendido y dinámico. Formalizará con su pareja, traerá perritos al mundo y cuidará el chiquero con coraje y sentido común. Quizá realice un viaje al exterior uniendo trabajo, amor y conocimiento.

Deberá hacer medicina preventiva, cuidar salud y pesetas pues adoptará huérfanos y amigos desocupados.

Por su inspiración ganará premios, becas y un *bonus track*.

UN TIEMPO DE MEDITACIÓN EN MOVIMIENTO.

CHANCHO DE METAL (1911-1971)

Durante este tiempo logrará avanzar y afianzarse en su profesión.

Sentirá deseos de salir en busca de nuevas experiencias y oportunidades. Tendrá lista la mochila para partir a la aventura.

Conocerá gente nueva, joven, fascinante, ligada a otros amigos que están en el mundo y con los que compartirá trabajo, amistad, conocimiento y nuevos proyectos sociales.

Sentirá deseos de rebelarse con el statu quo. Romperá lazos que lo ahogan, paralizan y le sacan energía.

Su ingenuidad estará a prueba con experiencias que lo convertirán en un samuray, flexible por dentro y duro por fuera.

En la familia habrá nuevos integrantes que lo mantendrán ocupado, feliz y muy inspirado.

Sentirá que la pasión retorna a su vida y lo desconcentra de sus labores cotidianas. Respire hondo y atrévase a vivir un gran amor.

Desbordará fuerza para emprender un proyecto donde será el jefe, líder o responsable no inscripto.

Retomará un hobby o una vocación de la infancia que le traerá un aumento en su patrimonio.

CHANCHO DE AGUA (1923-1983)

Durante este tiempo despertará la pasión por vivir y salir de la rutina.

Buscará nuevas aventuras, inspirado por maestros y discípulos.

Estará más disponible para compartir distracciones, reuniones, viajes cortos y largos con la familia y dejarse influenciar por nuevas opiniones.

Tendrá que reformular una relación afectiva que lo acompañó y escuchar la voz de su corazón.

El ladrido del perro lo guiará y aconsejará en momentos de duda.

Aumentará su patrimonio, será testigo del cambio del mundo y de su influencia en la vida cotidiana.

Su humor oscilará como un péndulo. Tendrá que resguardarse de los chubascos sociales, los estallidos del mundo que lo afectarán en su comportamiento y costumbres.

Apreciará las pequeñas cosas de la vida, desde un chipá tibio hasta un atardecer navegando por el Río de la Plata.

Despertará desde un sueño a la realidad y se comprometerá con su profesión apasionadamente. Encontrará gente con ideas afines que lo seguirá incondicionalmente.

ÉPOCA DE RENOVACIÓN DESDE EL ADN HASTA EL TIMÓN DE SU VELERO.

10 centavos en todo el país

MARILU

Año III — Nº 130   Directora: Alicia Larguía   Jueves 29 de agosto de 1935

Palito

Indudablemente, los perros somos sociables. Nos gusta reunirnos, aunque no pocas veces la diferencia de edad, de temperamento y de educación determina el estallido de conflictos más o menos graves, y de mordiscos más o menos feroces. El caso es que yo, apenas distinguía perros, conocidos o no, me incorporaba al grupo, y me interesaba en todos los detalles de la vida perruna con la despreocupación del vagabundo que, no teniendo casa, ni familia, pasa su vida en completa libertad.

Aquel día estaban observándose con desconfianza tres mastines en el centro de la calzada. Yo iba en busca de algún hueso para saciar el apetito, y en cuanto divisé a mis congéneres me dirigí hacia ellos. El más corpulento me miró con desagrado, me olió, y, enseñándome los dientes con un gruñido inquietante, me dió a entender que era mejor que me retirase. Atemorizado, quise alejarme; pero, en ese momento, pasaba un automóvil y me rompió una pata. Aullaba lastimeramente, perdía sangre y no podía caminar. Una señora que pasaba en ese momento se detuvo y me miró con profunda simpatía, se acercó, me levantó con mucho cuidado y me llevó a su casa. Allí la buena señora me lavó la patita, la entablilló, la vendó, me dió un poco de leche y me puso en una cómoda cama.

Calladito y agradecido, tuve vergüenza de ser un pichicho vagabundo, con el hocico sucio y la piel llena de polvo y de basura.

La señora me cuidó hasta que estuve sano. Cuando ya podía caminar y correr perfectamente, me hizo ir hasta la puerta de calle y dijo: — ¡Bueno, amigo, ya está curado! Ahí tiene usted la calle por su cuenta.

Me hice el desentendido.

—Le he dicho — repitió mi protectora, — que se vaya a su casa.

Me senté en el umbral y levantando la cabeza cuanto pude clavé los ojitos reñegridos en aquella persona que había sido para mí una verdadera amita bondadosa.

—No me iré; no me iré por nada del mundo — decía con los ojitos y con mi cola.

A la señora le pareció que lloraba de la

pena de verme despedido, y a ella también se le cayeron algunas lágrimas.

—Está bien — dijo la señora. — ¡Quédate conmigo!

Hice una vida muy distinta después de mi desgracia y de mi suerte. No salí nunca más a la calle sin el ama, y por más perritos que encontrara no me alejaba de ella. Cuando llegaba al borde de la acera, me detenía y esperaba que la patrona diera los primeros pasos antes de cruzar la calzada. Nadie hubiera reconocido en aquel modelo de perro fino, limpio, silencioso y sin pulgas, al pichicho atorrante y vagabundo que diariamente alborotaba el barrio en continuas reyertas y peleas.

Así gané, cada vez en mayor grado, el aprecio de las personas de la casa.

Un domingo de mañana la señora me llamó y comprobó que yo no estaba en la casa. Aquello era muy raro. La señora se asomó a la puerta de calle, y vió lo siguiente: Por la acera de enfrente había pasado, dando aullidos de dolor, otro perrito, con una pata ensangrentada. Yo había salido tras él y ambos nos hallábamos en la esquina conversando. Después de un rato, eché a andar hacia la casa y el lastimado se arrastraba, siguiéndome. Cuando llegamos, la señora se había ocultado y observaba aquella escena con la más grande sorpresa.

Muy despacito, atravesamos el zaguán. Yo, siempre adelante, avanzaba, me detenía, observaba al compañero y volvía a andar lentamente por el centro del patio.

La señora estaba ya en el fondo de la casa, y de pie, fingiendo no ver nada, se entretenía en arreglar una planta.

La marcha continuaba, lentamente. Yo, siempre adelante, deteniéndome de trecho en trecho para esperar que mi protegido me alcanzase, y así, paso a paso, llegamos al lado de la buena señora.

Ella notó que yo contemplaba al herido, como indicándole que estaba como yo antes, con la pata rota, y que había que curarlo.

La señora aceptó sonriente al nuevo enfermo, y desde ese día somos dos los guardianes modelos de la casa; dos los que debemos eterna gratitud a la patrona, y la desgracia y la felicidad que ambos hemos experimentado nos unen para siempre como los mejores amigos del mundo.

Constancio C. Vigil

BIBLIOGRAFÍA

Squirru, Ludovica, *Horóscopo chino*,
Editorial Atlántida, Buenos Aires, 2002, 2000, 1999, 1998.

Wilhem, Richard, *I-CHING*
Editorial Sudamericana, Buenos Aires, 1991.

Kushi, Michio, *Astrologia oriental*,
Industria gráfica del libro, Buenos Aires, 1983.

Aizcorbe Dionisio, *Hijos del kosmos*,
Santa Vera Cruz, La Rioja, 1997.

Osho, *Consciencia femenina, experiencia femenina*,
EDAF, 2004.

Too, Lillian, *Feng Shui esencial*,
Ediciones Oniro, Barcelona, 1998.

Chevalier, J., Gheerbrant, A., *Diccionario de los símbolos*,
Ediciones Herder, Barcelona, 1986.

Spear, William, *Feng Shui*,
Editorial Printer latinoamericana, Bogotá, 1997.